本书研究获国家哲学社会科学基金项目（08BJY152）资助

基金激励机制与投资行为研究

曹兴 著

科学出版社
北京

内 容 简 介

本书立足于中国基金行业的实际情况，具体分析了基金行业的激励与投资行为问题。在此基础上，本书设计了基金激励机制，以规范基金经理投资行为，从而达到稳定股市的目的。全书一共五个部分，共计十三章，对基金激励机制、投资行为与股市稳定之间的关系，进行了全面、深入的分析。本书研究与实践紧密联系，基于理论与实证研究所提出的对策具有针对性，能够为我国基金行业的发展提供良好的指导。

本书适合从事金融风险管理、金融学、公司治理、管理科学与工程等专业的研究人员和高等院校师生阅读参考，也可作为基金管理、机构投资等方面从业人员的参考书。

图书在版编目（CIP）数据

基金激励机制与投资行为研究／曹兴著．—北京：科学出版社，2014

ISBN 978-7-03-039631-0

Ⅰ.①基… Ⅱ.①曹… Ⅲ.①基金管理–激励–研究–中国 ②基金–投资行为–研究–中国 Ⅳ.①F832.51

中国版本图书馆 CIP 数据核字（2014）第 012895 号

责任编辑：林 剑／责任校对：赵桂芬
责任印制：徐晓晨／封面设计：耕者工作室

科 学 出 版 社 出版
北京东黄城根北街 16 号
邮政编码：100717
http://www.sciencep.com

北京教园印刷有限公司 印刷
科学出版社发行 各地新华书店经销

*

2014 年 1 月第 一 版 开本：720×1000 1/16
2017 年 4 月第二次印刷 印张：20
字数：400 000

定价：**160.00** 元
（如有印装质量问题，我社负责调换）

课题组主要成员

曹 兴　　彭 耿　　杨春白雪　　邬陈锋

秦耀华　　聂雁威　　龙凤珍

作 者 简 介

曹兴，男，1964年1月生；管理学博士，中南大学教授，博士生导师，2010年调任湖南工业大学担任副校长；中南大学国家重点学科"管理科学与工程"技术创新与技术管理方向学术带头人之一，国家自然科学基金委员会"复杂环境下不确定性决策的理论与应用研究"创新研究群体主要研究骨干；2007年被评为"教育部新世纪优秀人才"。

主要学术与社会兼职为：担任湖南省系统工程与管理研究会常务理事、副理事长，《系统工程》杂志编委，湖南省人力资源管理学会副会长，中国社会经济系统分析研究会理事；担任国家自然科学基金委员会管理科学部基金项目、国家哲学社会科学基金项目通讯评审专家，湖南省哲学社会科学基金项目评审专家，湖南省科学技术进步奖评审专家。

主要研究领域为技术管理和技术核心能力构建，技术联盟、网络组织与知识管理，高技术企业、新兴技术企业及其成长性，风险投资、投资决策及其风险管理等。主持完成了国家自然科学基金项目、国家哲学社会科学基金项目、教育部高校博士点基金项目、湖南省软科学研究计划重点项目、湖南省哲学社会科学基金项目等10多项科研项目。主持和参与的项目曾获国家科技进步二等奖1项、国家教学成果二等奖1项、省部级一等奖3项、省部级二等奖4项、省部级三等奖2项。在《管理科学学报》《中国软科学》《科研管理》《科学学研究》等期刊上发表学术论文80余篇。

目前，正在主持湖南省哲学社会科学基金重大项目"湖南战略性新兴产业协同创新与发展对策研究"，湖南省哲学社会科学基金重点项目"新兴战略产业中自主技术创新能力形成与提升研究"等项目，参与国家自然科学基金委员会"复杂环境下不确定性决策的理论与应用研究"创新研究群体项目，教育部哲学社会科学研究重大项目"两型建设标准及指标体系研究"等项目研究。

前　　言

　　证券投资基金已成为证券市场上的重要投资主体之一，其专业投资对扩大证券市场的规模、稳定股市等都有着重要的作用。但目前，基金激励机制不能有效地规范基金经理的投资行为，损害了基金投资者的利益，阻碍了基金业的发展。因此，对基金激励机制进行研究，规范基金经理投资行为，寻求完善基金激励机制的方法，对促进我国股市稳定发展具有重要的理论意义和现实价值。

　　本书对基金经理影响投资组合收益及风险的机理进行理论分析，并以此作为课题研究的理论基础，在假定激励契约为线性的条件下，分析线性契约在基金行业中的应用，以及两种费用结构契约（对称费用结构与非对称费用结构）对基金经理投资行为的影响，并对其进行比较分析。结合我国股票市场的实际，对管理费激励和相对业绩排名激励的应用效果进行实证研究；从理论分析和实证检验的角度，研究显性激励中的管理费激励对基金经理投资行为的影响，采用了改进的实证方法分析了相对业绩激励的实践效果；从激励机制的角度对中国股票市场上存在的"羊群"行为、"老鼠仓"行为、基金自购行为等相关问题进行了分析。通过以上研究，提出了持基激励机制，构建了持基激励模型，对持基激励进行了机理分析，结合我国实际，对管理人持基数据进行了实证分析，在此基础上，提出了完善基金激励机制促进我国股票市场稳定发展的对策建议。

　　本书的理论意义在于将激励理论、证券投资组合理论、行为金融理论纳入到基金经理激励理论的研究框架中，对原有研究的理论与方法进行了拓展和补充，丰富和完善了基金经理激励的相关理论，讨论不同的激励契约对经理投资行为的影响，实证检验理论分析所得到的结论，构建适合我国基金行业发展的最优激励机制。其现实价值在于通过对经理人激励的设计，规范机构投资者的投资行为，避免一些不理性的、影响股票市场稳定的投资行为的发生，如"羊群"行为、"老鼠仓"行为等，通过设计最优的激励机制，规避经理人的道德风险，对于投资者和股票市场的稳定发展，具有重要的现实价值。

　　本书是国家哲学社会科学基金项目"基金行业激励机制设计与中国股票市场

健康发展问题研究"（项目编号：08BJY152）的主要研究成果之一。尽管本书的出版标志着此项课题正式完成，但在我国股票市场健康发展方面还有大量的理论和实践问题亟待研究和解决。因此，本书仅是抛砖引玉，希望更多的专家和学者提出宝贵意见。

因笔者能力有限，书中存在纰漏在所难免，敬请各位读者批评指正。

曹 兴

2013 年 4 月

目　　录

第一篇　基　础　篇

第二篇　理　论　篇

第三篇 实 证 篇

第四篇 实 践 篇

第五篇　总　结　篇

第一篇

基 础 篇

第一章　绪　　论

第一节　证券投资基金对股市稳定的重要性

证券投资基金的发展改善了投资者结构，在引导投资理念、加强对上市公司的外部制约、促进上市公司改善治理结构、维护投资者利益、推进股权分置改革实施等方面发挥了重要的作用，对资本市场、金融业及实体经济都产生了重要影响。作为目前证券市场上最重要的机构投资者群体之一，其行为对稳定股市有着重要的意义。

近几年，中国监管层一直强调积极发展机构投资者的政策，前中国证券监督管理委员会（简称证监会）主席尚福林在第四届中国证券投资基金国际论坛曾提出："发展机构投资者对完善中国金融体系和实现经济发展的远景目标具有非常重要的作用，是金融服务业的重要组成部分，也是建立现代金融体系以及社会主义市场经济体制的客观要求。"同时，他也指出发展机构投资者具有"四个有利于"：有利于改善储蓄转化为投资的机制与效率，促进直接金融市场的发展；有利于促进不同金融市场之间的有机结合与协调发展，健全金融市场的运行机制；有利于分散金融风险，促进金融体系的稳定运行；有利于实现社会保障体系与宏观经济的良性互动发展。

机构投资者是指具有法人资格并由投资专家管理，以其所能利用的资金在证券市场上进行各类股票和债券投资的机构。机构投资者有广义和狭义之分，在西方国家，广义的机构投资者不仅包括证券投资基金、养老基金、社会保险基金、证券公司、保险公司，还包括各种私人捐款的基金会和社会慈善机构。狭义的机构投资者主要是指证券投资基金、养老基金、社会保险基金、证券公司及保险公司，其中证券投资基金是机构投资者的重要组成部分。

证券投资基金是一种利益共享、风险共担的集合投资方式，它通过发行基金份额，集中不特定投资者的资金，委托专业的基金管理公司进行证券资产的投资管理，以达到分散风险、节约成本、提高收益的目的。证券投资基金是最为规范的投资主体之一，因此发展机构投资者必须大力发展证券投资基金业。1998年3月我国首批规范的基金管理公司——南方和国泰基金管理有限公司先后成立，成为中国基金业发展的起始标志。在证监会的政策指导下，中国基金业得到了突飞猛进的发展，截至 2012 年 12 月 31 日，中国共设立基金管理公司 70 家，基金数量达 1174 只，基金份额为 31 558.97 亿份，管理净资产规模为 27 967.03 亿元。其对中国证券市场的发展所起的重要作用，主要表现在以下两个方面。

1）发展证券投资基金有助于证券市场规模的扩大

证券市场的发展离不开强有力的资金支持，尤其是在证券市场扩容速度加快时，更需要大量的后续资金源源不断地注入。如果后续资金不能满足市场扩容的要求，则不利于经济的发展，更不利优质企业的发展。因为，优质企业一般均可以上市，资本市场如果有大量的资金供给，优质企业则更便于筹集资金。如果缺乏资金供给，证券市场就会因"贫血""失血"而走向萧条，从而影响证券市场的发展。近几年证券市场的发展，已显露出资金短缺问题，业内人士也常常为增量资金不足而担忧，随着证券投资基金的推出和不断壮大，很大程度上缓解了这一后顾之忧，证券投资基金在吸引社会闲散资金尤其是个人投资者资金方面具有独特的优势，在为证券市场吸引更多资金上起到了突出的作用。证券市场增量资金的进入，与国家的有关政策、经济形势、物价水平、利率状况及证券市场本身的发展等因素相关，而最主要的、最直接的因素还是人们的收益预期。另外，投资于证券市场要受到一些条件的限制，如要有相应的专业知识，具体的操作技术，对上市公司基本面的掌握，对国家宏观形势的了解，还要有足够的时间，有良好的心理素质和回避风险的能力等。因此，不是所有人都能够直接进入证券市场，尤其是证券市场存在着很大的风险，高收益诱惑的背后是高风险的陷阱，收益预期不同决定了许多人不愿意从事证券投资，从而也就限制了众多投资者，限制了大量资金进入证券市场。

证券投资基金具有专家理财、理性投资、收益共享、风险共担等特点，尤其是具有收益较为稳定和风险系数较小的优势，使其能够吸引众多的中小散户和那些远离证券市场的人们，能够聚集大量的闲散资金和各种游资。证券投资基金在吸纳机构资金进入证券市场方面也具有一定的促进作用，证券市场中不仅有众多的中小投资者，还有为数众多的机构投资者，机构投资者在资金方面具有中小投资者难以比拟的雄厚的资金优势，是证券市场不可忽视重要力量。根据有关规定，一些法人单位经过合法程序可以直接进入证券市场进行证券投资，但由于主客观条件的限制，能够直接进入证券市场的机构毕竟不是很多，相当数量的机构也只是间接地进行证券投资，这种间接入市的方式也主要是通过投资证券投资基金来实现的，如果以成立证券投资基金的形式全部入市，那么对证券市场的资金供给是相当可观的。另外，证券投资基金也吸纳了一些包括国有企业在内的其他机构的资金，这些机构由于自身条件的限制，没有专业从事证券研究和投资的人员，为规避风险，转而投资于基金，以获取较为稳健的收益。证券投资基金增加了资本市场的资金供给，扩大了证券市场规模，从而推动证券市场的发展。

2）证券投资基金对股市的稳定作用

证券市场中的投资主体包括个人投资者和机构投资者，目前中国沪深两个证券市场的投资主体是以个人投资者为主。据统计，截至 2012 年 12 月 31 日，基金持股市值为 1.4 万亿元，A 股流通市值为 18 万亿元，基金在 A 股的持股市值占流通市值比例只有 7.814%。个人投资者占主体是证券市场发展初期的一个重要特征，个人投资者与机构相比在市场竞争方面处于明显的劣势，尤其是在对公司基本面的掌握上存在着信息不对称现象，个人投资者只能凭借自己所获悉的零碎而粗略的信息资料做出判断，投资往往带有很大的盲目性。中国证券市场上的机构投资者主要有证券公司、证券投资基金、保险公司和国有企业、银行、国有控股公司、上市公司等，尽管为数不多（与众多的个人投资者比），但资金十分雄厚。这些机构投资者是真正的市场主力，完全决定着市场走向。随着证券投资基金规模的不断扩大，逐渐改变了这种格局，证券投资基金将成为证券市场机构投资者的主角，发挥越来越重要的作用。证券投资基金数量的增加、个人投资者比例相应下降、证券市场投资主体结构的变化，都可以克服种种弊端，全面发挥证券投资基金在证券市场上的投资优势。理性投资理念便是其优势，它是基金得以生存和发展的关键所在，推崇理性投资也是由基金本身的性质所决定的，理性投资是其本质要求。成熟的证券投资基金一般都是长期投资者，它们所看重的是公司的基本面及公司的未来，它们经过审慎的研究分析市场、行业及企业的详细情况，一旦做出投资决策，只要企业不更弦易辙，不脱离正确轨道，就会长期持有企业的股票，基金所追求的是公司长远的升值潜力。从总体上看，基金不是投机者，不会受谣言的影响而博取一时暴利。另外，法律对基金的披露要求很高，故基金的透明度也很高，也不容许它们从事任何内幕交易。基金的入市，特别是当基金具有相当规模，占证券市场市值相当比例的时候，对于证券市场的稳定发展具有重要的积极意义。更为重要的是，随着机构投资者数量的增加，市场由原来的机构与个人之间的不平等的投资竞争，转变为主要是机构与机构之间的平等地位的投资竞争。机构之间竞争的不断深化，也更有利于推动市场交易的公开化，防止暗箱操作，从而有利于证券市场的发展。

第二节 中国证券投资基金发展现状

中国证券投资基金发展非常迅速，如图 1-1 所示。1987 年，由于中国银行与中国国家信托投资公司更多涉及国外投资项目，他们最早接触到国外的证券投资基金相关业务。五年后，证券投资基金在中国各大城市相继出现。深圳证券投资基金管理公司是中国第一家正式批准成立的基金管理公司，成立时间为1992年10月8日。同年8月20日，淄博基金证券在上海证券交易所挂牌交易，中国证券投资基金步入了公开上市交易的阶段。1997年11月14日，《证券投资基金管理暂行办法》颁布实施，中国证券投资基金的发展以法律为支撑开始逐步规范化。紧随淄博基金的是开元和金泰两只基金证券，它们于1998年3月23日公开上市交易，自此，中国封闭式基金进入了一个崭新的发展阶段。开放式基金的发展伊始以华安创新的成立为标志，华安创新由华安基金管理公司发起成立。从此，中国开放式基金展现出巨大的发展潜力，规模逐渐扩大，成为中国基金市场的主流品种。中国证券投资基金进入有法可依的阶段以2003年10月28日颁布与实施的《证券投资基金法》为标志，这是中国证券投资市场发展的一个重要的里程碑，它为中国证券市场的稳定发展及切实保障投资者的利益提供了法律的依据。

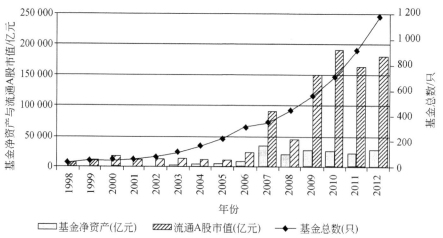

图1-1 证券投资基金发展变化图

资料来源：Wind数据库

自2010年证监会基金部对基金产品实行分类审核制度后，新基金发行速度加快，截至2012年12月31日，中国共设立基金管理公司70家，基金数量达1174只，基金份额为31 558.97亿份，管理净资产规模为27 967.03亿元。中国的证券投资基金在中国的证券市场中扮演者越来越重要的角色。

第三节　中国证券投资基金发展中存在的问题

尽管当前中国基金业发展速度非常快，但其发展的历史并不长，仅仅经历了十余年的时间，其中存在问题主要体现在以下几个方面。

1）中国证券投资基金业内部治理结构存在缺陷

首先，证券投资基金的持有人与管理人之间是一种委托代理关系，委托人期望资产增值来最大化自己的投资收益，代理人期望代理效用最大化，两者的目标函数有时候会不完全一致，这就产生了基金持有人与基金管理人激励不相容的委托代理问题。在信息不对称的情况下，基金管理人在投资运作过程中所执行的操作是基金投资人无法充分观察到的，期间可能会出现基金持有人不愿看到的损害基金持有人利益的行为，这种在委托代理关系形成之后的信息不对称现象被称为道德风险。整体而言，中国基金管理公司的治理结构远远没有达到现代金融企业的要求。由于中国的基金是由基金管理公司成立的，而基金管理公司的大股东一般都是证券公司、银行或者信托公司。所以，在基金持有人利益与基金公司控股股东利益发生矛盾时，基金管理公司往往不是服务于基金持有人，而是服从于基金管理公司的控股股东的利益。这时基金管理公司的运作目的也就不再是为持有人增加收益，而是动用基金资产通过关联交易将利益输送给控股股东，从而损害基金投资者的利益。

其次，基金持有人大会虚置。中国的基金都是契约型基金，契约型基金份额持有人在购买基金份额后，无权直接干预基金管理人对基金资产的经营和运作，其监督制约权只能通过出席基金份额持有人大会来行使。《证券投资基金法》规定，代表基金份额10%以上的持有人有权自行召集持有人大会和自行提案审议，但实际上，持有人一般都不会行使这一权力。

再次，独立董事制度存在一定局限性。其所聘请的独立董事只对基金管理公司的股东负责，并不对基金持有人负责，他们并不承担维护基金持有人利益的职责，也就是说，基金管理公司独立董事只对提高基金管理公司的治理起到了作用。

最后，基金托管人地位缺乏独立性。在中国现行法规中，基金托管人有监督基金管理人的投资运作之职责，但这种监督在实际中是难以做到的。

2）基金持股存在趋同性

目前我国大多数基金公司采用的选股模式都是通过研究建立"股票池"，在具备投资价值的公司较少的情况下，大多数基金公司必然存在高度相似的"股票池"，这种共通的投资决策流程导致其持股的趋同性。当然，基金管理人的心理因素同样起到一定的作用，谨慎或竞争压力也导致持股趋同。基金持股趋同可能造成如下问题：当市场上一只个股的流通股为少数机构投资者共同持有时，客观上造成"坐庄"现象；当基金大规模对某一持仓品种同时清仓时，对该股股价的冲击不言而喻，从而会造成较大的市场波动性，交叉持股较严重的公司，在大盘上涨时累计净值平均增幅将要大一些，但当大盘大幅下调时，这些基金抗跌性也明显要差一些，客观上起到了"一荣俱荣，一损俱损"的作用，进而增加了风险性。

3）缺乏有效的基金激励机制

除了治理结构本身的缺陷外，中国目前现行的基金管理人报酬制度也是基金管理人不能按投资者利益最大化的方式去运作的一个重要原因。《证券投资基金法》规定，基金管理人的报酬，以年底基金净资产值的 1.5% 年费率计提管理年费。从实际上来看，目前股票基金管理费都是按 1.5% 的年费率提取的，开放式基金还要另外加上 1.5% 左右的申购费及 0.5% 的赎回费，如果加上 1 年期银行储蓄利率，投资者购买基金的机会成本已接近 5%。这意味着基金规模越大，提取的管理费就越多，基金管理人收入也越高。因此，这种计提报酬的方式造成基金管理人管理能力与报酬没有直接关系，只取决于基金规模，即使盈利能力低下，甚至给基金持有人造成了损失，也仍然可以照提管理费。由此可见，在这种缺乏风险激励机制和投资损失风险赔偿约束机制下，基金管理人收益报酬和风险责任不能对称起来，报酬与风险是不相关的，导致基金管理人缺乏盈利的动力。

第四节　研究对象的界定

一、基金经理

基金经理代表基金管理公司管理证券投资基金或其他投资项目，做出相应的投资决策，它是基金管理中的核心人物，在一定程度上影响基金的业绩。基金经理的概念可区分为广义的基金经理与狭义的基金经理，前者是指基金管理公司中直接或间接处理基金管理事物的员工，而后者则具体指基金管理公司中直接进行基金操作的员工。本书研究的对象界定为狭义的基金经理。

基金经理在投资决策委员会的投资战略的指导下，根据研究部门提供的有关宏观经济形势及个股的研究报告，结合其对宏观经济、证券市场、上市公司的研究分析，做出其管理的基金的投资计划，投资计划中包括如何将资金在资产间进行配置、如何将资金在行业间配置，以及对于重仓个股的选择和投资方案，基金管理公司中的投资决策委员会对资产配比、增仓减仓等做原则性的指导，并不具体干涉基金经理在个股方面的投资决策。因此，在基金管理公司的整体投资研究的团队中，基金经理是中坚力量，对基金的投资行为承担直接责任。

二、基金经理投资行为

基金经理对于基金具有直接的影响，基金经理投资行为一方面影响基金的运行效率，另一方面也反映出基金经理在证券投资方面的能力和实力。2009 年，中国证监会发布修订后的《基金管理公司投资管理人员管理指导意见》（简称《指导意见》），这是第一个监管层对于基金经理群体的规范。《指导意见》在公平交易、投资过程等方面对基金经理准则做了进一步的规范，并对流动性较大的基金经理提出了更加严格的监管要求。

本书研究所指基金经理投资行为包括基金经理努力水平的选择及风险的选择。另外，基金业绩作为基金经理投资行为的直接可测量的结果，同样纳入到基金经理投资行为的概念中。基金业绩是基金行业按照一定的价值标准及原则要求，运用特定指标体系和相应的权重系数，采用相应的技术方法和手段，对基金经理运用资金进行投资组合的过程及其结果做出的价值判断。基金业绩评价的各项指标不仅能为投资者提供关于基金的各项有效信息，同时为基金激励机制的研究及金融监管部门有效监管基金提供了重要的依据。

三、基金激励机制

（一）显性激励

显性激励主要是满足基金经理的显性需求，即能够被观察与衡量的，需要用物质资源给予满足的需求。对于基金经理来说，这种激励方式主要有基金管理费和业绩报酬等内容。显性激励通常产生于代理契约的制定，在契约中会对基金经理的报酬形式与多少作出规定。显性激励契约既要符合基金投资者的利益也要满足基金经理的需求，平衡两者之间的利益关系，使基金经理的权益和风险相对等。其具体激励效用依赖于费用的计提方式、基准、费率大小和基金经理的报酬结构。

在中国基金市场上，基金经理显性激励最重要方式是管理费的提取。在 2000 年年初，基金市场上曾实施过基于业绩报酬的管理费提取方式，报酬由两个部分构成：一是按基金资产净值的 1.5% 年费率逐日计提；二是根据基金业绩按一定比例提取业绩报酬。但这种管理费提取方式容易造成基金经理操纵净值，虚增可分配净收益来获得业绩报酬，所以最终被中国证监会取消。当前中国基金市场上采用管理费计提方式是固定管理费的模式，依据《发行证券投资基金招募说明书的内容与格式》的规定，大多数基金以资产净值的 1.5% 的年费率计提，随着基金品种多元化、风险和收益特征的不同，管理费率的标准也出现一些差异。

（二）隐性激励

隐性激励主要是满足基金经理的隐性需求，这种需求是难以具体观察和衡量的，其具体的表现形式有：基金经理声誉、职业发展、事业成就感、良好的人际关系等。

隐性激励的产生并非是因为基金经理与基金投资者个体之间的合约，而是受市场合约的影响，市场将不确定性的隐性事实还原给基金经理，由基金经理判定之后来做出理性的选择，进而起到有效的激励效果。这种激励方式的有效性需要以证券市场、基金经理市场的有效性为前提条件，即当证券市场有效时，调节市场供求机制、价格机制及竞争机制，使得证券市场上的股票价格能够准确体现股票的价值。这样的结果是基金经理因为价格对市场信息判断的及时性和准确性而难以得到超额收益，但是同时也能准确反映基金经理的努力水平。而且，市场的有效性使得基金经利用操纵股票价格来牟取短期利益的空间被压缩。当基金经理市场能及时准确判断基金经理力资本价值，具备优胜劣汰的公平竞争机制时，基金经理将会非常重视起个人在基金经理市场中的声誉，因为声誉水平直接影响了基金经理的职业发展前景、薪酬水平等一系列长期效益。

四、"羊群"行为

"羊群"行为被金融学家借用来描述金融市场中的一种非理性行为，指投资者趋向于忽略自己的有价值的私有信息，而跟从市场中大多数人的决策方式。"羊群"行为表现为在某个时期，大量投资者采取相同的投资策略，或者对于特定的资产产生相同的偏好。根据投资者的理性差异程度分为：理性"羊群"行为、有限理性"羊群"行为和非理性"羊群"行为。其中，理性"羊群"行为是指基于理性人假设，认为市场上跟风、模仿者选择"羊群"行为的目的完全出于寻求自身利益的最大化。然而市场上完全理性是不存在的，投资者更多的是一种有限理性，投资者往往出现无法完全准确地判断、理解与充分利用信息而违背了利益最大化倾向，也就是说有限理性"羊群"行为中跟随者并不是完全遵从贝叶斯过程，而是受到心理情绪等因素的影响，部分或者彻底地忽视理性分析而盲从于他人行为。相反，非理性"羊群"行为则是指投资者的跟风、模仿并非是因为利益的缘故，它只是一种随机行为。因此，本书研究中所指的"羊群"行为是一种有限理性羊群行为。

五、"老鼠仓"行为

人们通常对"老鼠仓"的解释是做仓者先打压股价，使自己或者亲友成员的资金在低位建仓，再用公有资金拉升股价至高位，然后做仓者和亲友成员率先卖出股票获利，使得机构和散户的资金被套牢，继而亏损。基金、券商等机构投资者往往是做仓者，他们利用自己所管理着的属于委托人的资产，通过将某些（某种）股票价格打压，或者拉升到非正常水平，然后用以有利于做仓者的价格买入或者卖出，以此谋取高额非法的利润。通过以上步骤进行利益输送的现象称为"老鼠仓"行为。"老鼠仓"行为是一种合谋交易，这种合谋是指投资者为了获取超额收益而彼此达成的价格联盟。与一般合谋交易行为不同的是，在"老鼠仓"交易过程中，作为投资代理方的做仓机构投资者主要关注的是"老鼠仓"的收益，而不是自己职务所管理的资产收益。

六、基金管理公司自购行为

基金管理公司自购行为也简称为"基金自购"，是指基金管理公司将自有资金投资于旗下的基金中，基金管理公司拥有基金的份额。在基金管理公司发生自购行为时，基金管理公司也成为基金投资者，使基金管理公司同时具有基金份额持有人和基金管理者的双重身份，基金管理公司不仅将基金投资者的资产委托给基金经理，也将自有资产委托给基金经理，基金管理公司的资产也会跟随着基金投资者的资产增值而增值、亏损而亏损。因此，基金管理公司的收入中除了基金管理费外，还有资产增值带来的收入。

第五节　本书研究的主要内容

在基金的现实运行中，基金经理具有较强的信息搜集及处理能力，可以凭借信息优势和资金优势将信息有效地反映到市场中去，既可以提高证券市场的有效性，也可以给投资者带来稳定的收益。但是，在投资者利益方面，会产生基金经理的"道德风险"问题，作为理性人，基金经理的投资行为是以自身效用或利益最大化为准则，如与投资者的利益不一致时，有可能会采取有利于基金经理而损害投资者利益的行为：一是基金经理存在"偷懒"问题，不努力为投资者工作；二是基金经理对于投资组合所进行的风险选择，可能会大大损害投资者的利益，甚至影响股票市场的稳定。

本书针对中国基金行业实际，运用委托代理理论，分析基金行业中存在的问题，在此基础上设计激励机制，达到规范基金的投资行为。基金经理控制努力以及风险水平的能力，对激励机制的设计是一个十分重要的因素。本书研究的理论意义在于通过分析前人的研究，结合委托代理理论、投资组合理论，讨论不同的激励契约对经理人投资行为的影响，并通过实证来检验理论分析所得到的结论，目的是为了构建适合中国基金行业发展的最优激励机制。其实际意义在于通过对经理人激励的设计，规范机构投资者的投资行为，避免一些不理性的、影响股票市场稳定的投资行为，如"羊群"行为、"老鼠仓"行为等。通过设计最优的激励机制，规避经理人的"道德风险"，无论对于投资者，还是对于股票市场的健康发展，都有重要的理论与现实意义。

本书认为基金业的不规范、基金投资理念不成熟等问题可以通过强化基金经理的激励来解决。对基金经理激励机制进行系统研究，拓展了基金行业激励契约设计的思路，丰富了基金行业激励的方法论体系，从而为政府规范基金的投资行为，促进股票稳定发展提供理论支持的目的。主要内容有如下几个方面。

（1）基金激励机制、投资行为与股市稳定的研究现状。这是本书研究的理论基础。对委托代理理论、投资组合理论进行研究，同时综述了基金激励机制的相关研究，为本书研究奠下了基础。

（2）基金经理投资行为的解释。从信息经济学的角度，解释努力水平对基金经理的投资组合构建的影响，并给出这种影响的信息结构。在投资组合构建过程中，经理人有能力在提高收益率的同时，降低风险，但必须付出一定的努力成本，这是经理人必须考虑的一个方面。

（3）线性契约对基金经理投资行为的影响研究。考虑基金经理可以同时影响基金收益及风险的情况下，讨论经理人的最优激励契约的设计。由于经理人与投资者之间的委托投资组合管理与一般的委托代理关系不同，而在一般的代理关系中，产出的风险是由外部环境决定的，在委托投资组合管理中，风险是内生的，即风险是由经理人自由选择的。所以，在委托投资组合管理背景下，研究经理人的激励契约设计必然更加复杂。在假定契约是线性的条件下，研究经理人的努力及风险选择，并与一般代理理论进行比较分析。

（4）不同费用结构的线性契约的效果分析。费用结构安排对投资者利益的影响是很重要的。任何给定的费用结构，都规定了投资者与经理人之间特定的风险分担水平，也就是不同的收益分配。对称费用与激励费用结构是两种比较流行的费用安排，比较研究两种费用结构对经理人努力和风险选择的影响，并比较两者对投资者福利的影响。

（5）中国基金管理费激励的效果研究。中国基金市场目前实行的经理人激励制度单一，就是所谓的"管理费激励制度"，具体体现了基金的业绩越高，从而基金的资金流入增加，基金规模扩大，基金经理提取的管理费就越高；通过实证来检验中国基金市场是否存在这种关系，以验证其激励制度的有效性；并从理论及实证上对基金管理费对基金经理投资行为的影响进行分析，研究中国管理费机制对基金经理的努力水平及风险选择的影响。

（6）相对业绩激励对基金经理风险选择的影响研究。相对业绩会对基金经理的声誉产生影响，经理人为了获得良好的声誉，会努力提高自己在排名中的位置，改变排名位置的方式就是改变投资组合的风险。基金经理在选择投资组合风险时，不仅要考虑排名的前后，还会考虑到各自业绩之间的差距；一方面这决定了在年末取得好名次的概率；另一方面，也决定了经理人所选择风险的大小。在实证研究时，必须重新考虑中期业绩衡量，包括中期排名及与最好业绩之间的差距。

（7）激励机制对影响股市稳定的基金投资行为研究。基金对稳定股票市场的作用发挥是有条件的。基金的"羊群"行为、"老鼠仓"行为等会加剧市场风险和泡沫，影响股票市场的健康发展，因此必须规范基金的投资行为。以往的研究均从法律法规、治理结构、监管的角度进行规范，实际上，从激励角度，建立激励约束机制，规范基金的投资行为，引导基金在确定投资组合时，注重中长期利益，发挥价值投资理念的示范作用，促进股票市场健康发展，也是一个非常重要的研究视角。基金自购行为是目前基金管理公司最为显著的行为，可看成基金管理公司的自我激励，分析其效果能够为设计激励机制提供一种借鉴。

（8）中国基金激励机制设计与优化。在基金经理激励机制的理论与实证研究的基础上，提出可以利用持基激励机制来对中国基金经理激励机制进行创新，构建了持基激励的理论模型；并从持基激励的原理上分析持基激励的激励效果，为中国基金行业激励机制设计提供一种新的思路。

（9）完善基金激励机制促进股票市场健康发展相关建议。在相关研究基础上，从建立"收益共享、风险共担"的基金行业激励机制，完善和细化管理费激励机制，健全声誉机制，以及激励机制的保障措施等四个方面，对完善基金激励机制和促进中国股票市场健康发展提出相应的对策建议。

（10）结论与展望。对全书进行研究结论和总结，提出本书研究的不足之处以及未来的研究方向。

本书的研究框架如图 1-2 所示。

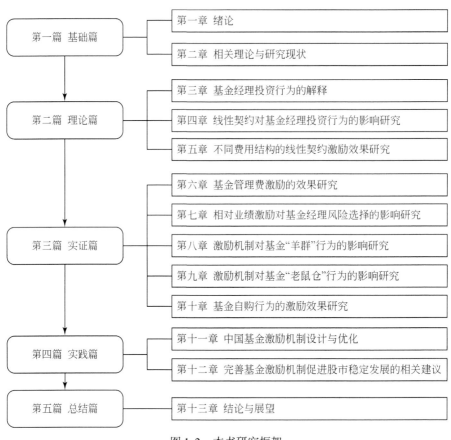

第一篇　基础篇	第一章　绪论
	第二章　相关理论与研究现状
第二篇　理论篇	第三章　基金经理投资行为的解释
	第四章　线性契约对基金经理投资行为的影响研究
	第五章　不同费用结构的线性契约激励效果研究
第三篇　实证篇	第六章　基金管理费激励的效果研究
	第七章　相对业绩激励对基金经理风险选择的影响研究
	第八章　激励机制对基金"羊群"行为的影响研究
	第九章　激励机制对基金"老鼠仓"行为的影响研究
	第十章　基金自购行为的激励效果研究
第四篇　实践篇	第十一章　中国基金激励机制设计与优化
	第十二章　完善基金激励机制促进股市稳定发展的相关建议
第五篇　总结篇	第十三章　结论与展望

图 1-2　本书研究框架

第二章 相关理论与研究现状

第一节 委托代理理论

证券投资基金是不同的投资人将资金委托给基金管理人（基金经理），由基金管理人进行投资选择，投资人获取收益并付给基金管理人酬金的一种资本运作方式。投资人和基金经理之间是一种典型的委托代理关系，其中投资人是委托人，基金经理是代理人，两者具有不对称信息。因此，对基金激励机制的研究要以委托代理理论的研究为基础。

委托代理关系起源于"专业化"。当存在"专业化"时，就可能出现一种关系，在这种关系中，代理人由于相对优势，代表委托人行动（Hart and Holmstrom，1987）。现代意义上的委托代理的概念最早是由 Ross（1973）提出的："如果当事人双方，其中代理人一方代表委托人一方的利益行使某些决策权，则代理关系就随之产生了。"委托代理理论从不同于传统微观经济学的角度，分析企业内部、企业之间的委托代理关系，在解释一些组织现象时，优于一般的微观经济学。

委托代理理论认为，由于代理人对自身利益的追求，没有任何理由或证据可以表明他们是无私的，或者会天然地与委托人的利益保持一致。信息完全的假设背离了客观现实，这表现为两个方面：一方面由于人的有限理性，人不可能拥有完全的信息；另一方面，信息的分布在个体之间是不对称的。所以，由于委托人和代理人的效用函数经常不一致，而且委托人与代理人之间的信息不对称，前者不能完全观察到后者的行为。除非委托人能有效地约束代理人，否则代理人就有可能做出违背委托人利益的机会主义行为。

对这一问题的解决原则就是如何建立一种激励机制，使代理人的行为有利于委托人的利益。20 世纪 60 年代以后，随着信息经济学和契约理论在微观经济学领域的突破，现代企业委托代理理论取得了迅速发展，进而促进现代激励理论出现了一系列突破性的进展。Ross（1973）、Grossman 和 Hart（1983）、Holmstrom 和 Milgrom（1991）、Mirrlees（1999）等的开创性的委托代理理论和应用模型分析，主要解决了委托代理关系中存在的信息不对称问题，他们指出，在对称信息的情况下，代理人的行动是可以被观察到的，委托人可以根据观测到的代理人的行动对其实行奖惩，此时，帕累托最优风险分担和帕累托最优努力水平都可以达到。在非对称信息情况下，委托人不能观测到代理人的行为，只能观测到相关变量，这些变量由代理人的行动和其他外生的随机因素共同决定。因而，委托人不能使用"强制合同"来迫使代理人选择委托人希望的行动，激励相容约束是起作用的。实际上，委托人的问题就是选择满足代理人参与约束和激励兼容约束的激励合同以最大化自己的期望效用。当信息不对称时，最优分担原则应满足莫里斯–霍姆斯特姆条件，这是由莫里斯（Mirrless，1974，1976）提出，霍姆斯特姆（Holmstrom，1979）做了进一步的解释，认为代理人的收入随似然率（likelihood ratio）的变化而变化。似然率度量了代理人选择偷懒时，特定可观测变量发生的概率与给定代理人选择勤奋工作时，此观测变量发生的概率的比率，它告诉我们，对于一个确定观测变量，有多大程度是由偷懒导致的。较高的似然率意味着产出有较大的可能性来自偷懒的行为；相反，较低的似然率告诉我们产出更有可能来自努力的行动。分配原则对似然率是单调的，因此，使用此原则的前提是似然率对产出是单调的，这就是统计中著名的单调似然率概念，它是由米尔格罗姆引入经济学的。Mirrless（1974）和 Holmstrom（1979）引入"一阶条件方法"，证明了当代理人行为是一个一维连续变量时，信息非对称时的最优合同与非连续变量情况相似。由于一阶条件方法存在，不能保证最优解的唯一性的问题，Grossman 和 Hart（1983）及 Rogerson（1985）导出了保证一阶条件有效的条件：分布函数要满足单调似然率和凸性条件。

在委托代理的静态模型中，委托人为了激励代理人选择委托人所希望的行动，必须根据可观测的结果来奖惩代理人，这样的激励机制称为"显性激励机制"。当代理人的行为难以证实甚至无法证实，显性激励机制很难实施时，长期的委托代理关系就有很大的优势，长期关系可以利用"声誉效应"。Rubbinstein（1979）和 Radner（1981）的模型很好地解释了这种情况，他们使用重复博弈模型证明，如果委托人和代理人之间保持长期的关系，双方都有足够的耐心（贴现因子足够大），那么，帕累托一阶最优风险分担和激励可以实现。直观地讲，在长期关系中，根据大数定理，外生的不确定性可以剔除，委托人可以从相对准确地观察到的变量中，推断代理人的努力水平，代理人不可能用偷懒的办法提高自己的福利；此外，通过长期合同向代理人提供保险的办法，委托人可以免除代理人的风险。进一步，即使合同不具法律的可执行性，出于长期的考虑，委托人和代理人双方都会自觉遵守合同。

明确提出声誉问题的是 Fama（1980），他认为激励问题在委托代理中被夸大了，在现实中，由于代理人市场对代理人的约束作用，"时间"可以解决问题。

Fama（1980）与 Radner（1981）、Rubbinstein（1979）的解释不同，Fama（1980）强调代理人市场对代理人行为的约束作用。他为经理人市场价值的自动机制创造了"事后清付"（expost settling up）这一概念。他认为，在竞争的市场上，经理人的市场价值取决于其过去的经营业绩，从长期来看，经理人必须对自己的行为负责。所以，即使没有显性的激励合同，经理人也有积极性去努力工作，因为这样做可以改进自己在经理人市场上的声誉，从而提高未来的收入，一个竞争性的经理人市场会减轻经理人员的道德风险。Holmstrom（1999）模型化了 Fama（1980）的思想，虽然该模型是在一些特殊情况（经理人是风险中性，不存在未来收益贴现）下建立起来的，但它证明了声誉效应在一定程度上可以解决代理人问题；并且，它还说明努力随年龄的增长而递减，因为随年龄的增长努力的声誉效应越小。这就解释了为什么越年轻的经理越是努力。声誉模型告诉我们，隐性激励机制可以达到显性激励机制同样的效果。

如果几个代理人从事相关的工作，即一个代理人的工作能够提供另一个代理人工作的信息，那么，代理人的工资不仅要依赖自己的产出，还要考虑其他代理人的产出，这就是"相对业绩评估"。相对业绩评估的目的是排除外生的不确定性，让代理人努力程度表现得更为直观。相对业绩评估很普遍，特别是在组织内部有关奖励方面的问题（如内部提拔）。事实上，在劳动力市场上，相对业绩评估直接或间接地起着很重要的作用。相对业绩评估一个很重要的方法是"锦标赛制度"，在此制度下，每个代理人的所得依赖于他在所有代理人中的排名，与他的绝对表现没有关系，它最早由 Lazear 和 Rosen（1981）提出，并由 Green 和 Stokey（1983）进一步发展。Lazear 和 Rosen（1981）认为，按锦标制规则设计的激励合同具有以下优点：对代理人的业绩评价不是基于绝对业绩，而是基于相对业绩，由于边际产出排序比较方便，可以有效地节约计算成本；相对业绩比较可以有效地排除外部干扰因素的影响，提高业绩评价的准确性，从而增加业绩以及报酬方案的激励强度；可以减少委托人或监督人员主观评价的道德风险或机会主义行为。Green 和 Stokey（1983）研究发现，当存在相同的业绩评价标准和很多代理人时，锦标赛制度在缓和代理问题方面的作用优于其他形式的激励制度。总之，用锦标赛制度作为激励的基础，在基本的委托代理模型中虽然不是最优的，但具有自己的优势。因为锦标赛制度容易操作以及锦标赛制度可以部分解决委托人的道德风险问题。

目前中国的证券投资基金都是契约型基金，基金持有人作为委托人将基金的控制权委托给基金管理公司，基金管理公司作为委托人再将基金的使用权委托给基金经理。根据委托代理理论，只要代理人不能完全承担行为的全部结果，其"败德行为"就不可避免。因此，解决的原则就是如何设计一种能够达到基金持有人的目的，且基金管理公司和基金经理都愿意接受的合同或契约，以及如何安排剩余控制权和剩余索取权在基金持有人、基金管理公司与基金经理之间的分配。另外，相对业绩评估在基金市场中更加容易实行，在基金管理市场有句格言，"基金管理不是为了管理金钱，而是为了吸引资金来管理"。在基金管理的实践中，基金管理者的报酬并非基金业绩的函数，而是他所管理资产的函数，如所管理基金总资产的一个固定百分比，即管理者的报酬与所管理的资金挂钩，这样所管理资金就纳入基金管理者的目标函数中，基金管理者对吸引新资金感兴趣。从多期视角看，最终该类合同的报酬取决于基金的相对业绩（本书认为，相对业绩的高低实质上就是所谓的声誉效应），因为投资者根据基金管理者过去的相对业绩或者声誉（超过某一基准的收益或业绩排名）来分配他们的资金。投资者相信过去的业绩表明管理者的能力，基金市场是一场锦标赛，每个基金管理者为了取得投资者的财富而竞争。

第二节　投资组合理论

现代投资组合理论产生的标志是 Markowitz 于 1952 年发表的《投资组合选择》论文及其在 1959 年出版的《投资组合选择：有效的分散化》（Markowitz，1959）一书。其主要思想体现为投资者的效用是关于投资组合的期望收益率和标准差的函数，一个理性投资者总是在一定风险承受范围内追求尽可能高的收益率，或者在保证一定收益率下追求风险的最小化，通过选择有效的投资组合，从而实现期望效用最大化，这是从投资者的角度来讨论投资组合风险的最优选择问题，奠定了现代投资组合理论的基础。但是，此理论在实际应用时存在以下缺点：一是模型计算繁杂，当遇到解决投资证券数目较大的投资组合问题时，涉及的参数多，且极难估计，计算工作量十分巨大；二是该理论的假定前提条件较多，部分假定的可靠性值得怀疑。鉴于 Markowitz（1959）投资组合理论的缺陷，Sharpe（1964）、Lintner（1965）和 Black（1972）提出了均衡资本市场条件的著名的资本资产定价模型（CAPM），认为所有证券的价格只与系统风险有关，试图用这个单一因素来推导证券的价格，显然 CAPM 模型过于简单。Ross（1976）在前人的基础上，提出了套利定价模型（APT），认为证券投资的收益率应与一些基本因素有关，投资者可以构造一个零风险组合，使其预期收益率为零，以此来推导证券的价格。此后，大量的投资者组合理论集中于讨论投资组合风险的衡量，使得风险最小这种经典投资理论中的最优化思想更加符合实际市场情况，如应用随机优势法、绝对离差法、下方风险法、VaR 法等方法来衡量证券风险，即使是近年来发展起来的行为投资组合理论，也只是基于对不同资产的风险程度的认识及投资目标来构建一种金字塔状的行为资产组合，位于金字塔各层的资产都与某一特定的风险态度相联系，而各层之间的相关性则被忽略了。

基金投资组合业绩评价理论是从投资组合理论的基础上发展而来的，业绩评价理论的产生促进了基金业绩评价方法的发展。Treynor（1965）、Sharpe（1966）和Jensen（1968）发现，运用CAPM中的"均−方差"关系，即资本市场线（CML）和证券市场线（SML）提供的风险和收益之间的关系，可以对基金的业绩进行排名。基金经理可以通过选择基金投资组合的风险来影响投资业绩，通过对所选择投资组合的业绩的评价，可以判断基金经理的管理能力。另外，基金经理也可以通过努力来判断市场时机的选择，如果基金经理能够对市场时机做出正确的分析和判断，并积极参与市场的变化，就可以为其带来优异的投资业绩，基金经理的激励机制是影响其投资行为，即努力选择及投资组合风险选择的关键。

第三节　委托投资组合管理研究

一、委托投资组合管理理论研究

大多数国家的金融财富不直接由投资者管理，而是通过金融中介，这就意味着在投资者（委托人）与投资组合经理人（代理人）之间存在代理合同，共同基金由于中小家庭委托投资的特征而成为相对标准化的产品，就如Lakonishok等（1992a）强调的那样，投资者经常把一些资源给予专门的基金经理，而基金经理从投资者手中获得基金，这是因为投资者希望把自己拥有的资金投资于金融市场，但本身却没有时间及专业知识。正是由于这些原因，投资组合管理中就会存在代理人，使得传统的组合选择理论不再真实有效，新的研究领域就此出现，这就是委托投资组合管理（delegated portfolio management）。委托投资组合管理是指经理人把投资者的资金投资于金融市场，然后在一段时间后根据投资产生的收益，投资者支付给经理人一定的报酬。

随着二十多年来基金的迅速增长，委托投资组合管理已成为实践者感兴趣的问题，学术界对此也越来越关注。委托投资组合管理实质上就是应用成熟的委托代理理论，分析经理人的组合选择问题，与本书相关的委托投资组合管理研究主要包括对基金经理激励的最优报酬契约特征的研究、对称与激励契约对经理人风险选择的影响研究，以及相对业绩对基金经理风险承担行为的影响研究这三个方面。

（一）委托投资组合管理合同的特征研究

Bhattacharya 和 Pfleiderer（1985）最先在委托代理框架下研究投资组合管理问题，认为投资者面对大量的具有不同能力的代理人时的第一个问题便是如何鉴别代理人，一旦代理人被雇佣，他就会观察到一个私人信号；委托人的第二个问题是利用代理人的私人信号来做出正确的投资组合选择。Bhattacharya 和 Pfleiderer（1985）的研究表明存在最优合同，代理人会如实地报告他的能力及私人信号，补偿是收益的凸函数，此函数当收益低于均值时是递增的，当收益高于均值时是递减的。他们的模型是隐藏信息的模型，其中委托人能够证实代理人承担风险的水平，最优合同是非单调的。

Bhattacharya 和 Pfleiderer（1985）的模型实质上是一个隐藏信息的模型，以后发展起来的委托投资组合管理文献所提出模型都是隐藏行动的，也就是信息不对称是在合同签订之后发生的。实际上，许多组合经理直接管理他们客户的资产组合，而不是提供信息使得他们能够直接在金融市场上交易。交易成本及其他摩擦通常使得客户不方便，甚至不可能直接参与交易。

传统委托代理模型中有一个著名的结论，即增加代理人面对的输出份额，能够使其更加努力地为委托人的利益工作。但在委托组合管理关系中的这个结论是不正确的，Stoughton（1993）得到了这个结果。Stoughton（1993）的研究表明，线性合同倾向于导致代理人低水平的努力，在线性合同无效的结论下，检验了二次合同对投资者的福利及经理人努力获取信息的影响。得到的结论是，假如投资者是风险中性的，二次合同就可以使投资者得到一阶最优结果。但假如允许经理人以非线性的方式去响应信号，Stoughton（1993）的二次合同是无效的。

Dow 和 Gorton（1997）的研究表明，虽然基金经理发现最好的决策是简单地持有现存的组合，也就是无所作为，但是他们也可能有动力去从事噪声交易。也就是说，即使他们对某项资产没有任何偏好也会去进行交易，这是由于经理人没有能力让投资人相信不作为可能是最优的，因为投资人可能错误地认为经理人的不作为是没有付出足够的努力或者无能的表现。这反映出收益或风险的事后衡量是采纳的组合或组合策略的期望收益或风险的噪声衡量。所以，给定短期水平的评价来区别经理人的幸运与才能，以及好的与差的经理人，是很艰难的任务。

在线性的、对称的契约形式下，Admati 和 Pfleiderer（1997）研究了单期风险资产基准投资组合的使用。研究表明，至少在使用线性补偿合同及没有做出更多限制性的假设的条件下，在补偿合同中包含一个基准，可以激励代理人去从事有成本的努力的思想是错误的。Admati 和 Pfleiderer（1997）强调在委托组合管理的风险分担中基准不起任何作用，因为最优风险分担总是关于总的风险组合的收益，而不是与基准相关的收益。在代理理论相关文献中经常提到关于基准可能存在的优势，即基准能够作为一个监测设施去防止差的经理人签订合同（逆向选择），但基准不是一个评价业绩的最优方式，除非基准是最优条件组合。最后，Admati 和 Pfleiderer（1997）得出结论，即基准（除非它是最优条件投资组合，这个对于委托人来说是很难得到的）是一个扭曲的因素，在委托组合管理合同中最好不予考虑。

Admati 和 Pfleiderer（1997）的研究结果，对那些采用包含风险资产的投资组合作为基准的激励费用结构的实践造成了冲击，因此，此结果是非常有意义的。但由于他们的目标并不是去研究如何设计最优合同，而只是考察基准的作用，所以没有提供其他可替代的基准。例如，在多期情形中，就会扩大包含风险资产的基准组合空间，较大的空间不仅包括了消极指数，也包括了积极指数，积极指数在单期中是不可能得到的。

Lynch 和 Musto（1997）解释了广泛使用的把净资产价值（NAV）作为变量的合同，该标准合同是支付 NAV 的一个固定比例给经理人，当补偿依赖于 NAV 和努力时，NAV 合同就会把经理人的激励与投资者的利益联系起来。在 Lynch 和 Musto（1997）的模型中，经理人的努力先于投资决策被观察到，但却是不可证实的，在这个假设条件下，表明基于 NAV 的固定比例支付优于基于收益的合同，特别是在基金收益是努力的噪声信号的时候。然而，假如经理人的管理能力很高，占 NAV 的比例随基金收益的增加而增加的合同会比固定比例的合同更有吸引力，这就解释了为什么对冲基金偏好业绩费用，而共同基金合同是基于 NAV 的固定比例的。

Ou-Yang（2003）在连续时间委托代理框架下，研究个人投资者与专业组合投资经理之间的合同问题，试图为对称激励费用的评价、为经理人的职业考虑对他们的交易行为影响的研究，以及为委托投资组合管理中的资产定价模型的发展提供一个理论基础。在最优合同解中，委托人与代理人的动态最优化问题一起被解决，即代理人的组合选择依赖于委托人指定的合同，并且委托人的合同考虑了代理人的组合选择。Ou-Yang（2003）在一个庞大的合同空间得到了最优合同，此合同具有对称的形式，即基金经理被支付一个固定的费用、被管理总资产的一定比例、依赖于组合超额收益的奖励或惩罚。另外，他认为适当的基准组合应该是积极指数（其中每一项资产的投资份额是随时可变的），而不是所谓的消极指数（其中每一项资产的投资份额是固定不变的）。这个结果是在假设经理人的效用函数具有负指数形式，投资者同样具有指数效用函数，同时假定经理人的成本函数是一个常数的情况下得到的，否则难以得到最优合同的解析解。

胡昌生等（2003）讨论了委托投资中的最优线性分担合同，研究了投资基金中广泛存在的线性支付合同，认为在信息对称条件下这种合同更多的是具有风险分担的特点，并发现了在这种合同下决定代理人的资产选择相关因素。在完全信息条件下，最优的风险资产配置比例由风险资产的超额收益率、风险资产的方差和市场参与人的综合风险厌恶程度决定。

盛积良和马永开（2006）等在考虑基金经理搜集信息需要成本的情况下，研究了基于业绩的线性报酬结构对经理人最优投资组合选择的影响，以及对经理人的激励作用，建立了一个基于基准组合的投资者与经理人之间的委托代理模型，并讨论了线性报酬结构中的参数选择问题。他们在假设基金经理的信息成本是投资组合超额收益的函数的条件下（也就是说，投资组合超额收益越大，经理人的信息成本越高）发现，基于基准组合的报酬结构的对基金经理能够起到一定的激励作用。

（二） 对称与激励契约对经理人风险选择的影响研究

Starks（1987）比较了对称的"支撑"业绩费用合同（对超出基准的奖励及对低于基准的惩罚相对称）和奖金合同（支付 NAV 一定百分比加上超出基准的奖金）。在他的模型中，经理人决定组合的整体风险水平及努力水平，Starks（1987）发现，虽然对称业绩费用在委托投资组合管理关系中不能解决所有的代理问题，但在使经理人选择最优风险水平方面，它比奖金合同要好，因为它至少能够把代理人对风险的态度及委托人对风险的态度结合起来。

在委托投资组合管理中，经理人只承担有限责任，如经理人可以在事后破坏投资组合。在经理人的有限责任下，一个线性对称合同事实上成为一个期权型补偿合同。在存在有限责任时，经理人是否更有激励去选择风险更大的投资组合？投资者是否能够改变补偿合同的结构去抵消这种激励？尤其在投资者是风险规避的情况下。Gollier 等（1997）考察了有限责任下风险规避决策者问题。决策者选择风险项目的规模，项目收益的分布函数采用一般的正态分布。他们的研究表明，决策者在有限责任下所选择的风险水平比无限责任下通常要高，他们根据决策者的初始财富的重要性也提出了比较静态结果，但并不是在委托代理框架下分析有限责任问题的。

Rajan 和 Srivastava（2000）证明，假如经理人是风险中性的，那么必须限制补偿合同，否则经理人将偏好无限风险，从而使得委托投资组合管理问题可能会无解。因此，线性合同与有限责任是不相容的。Rajan 和 Srivastava（2000）证明，经理人的最优组合选择是一个所谓的"bang-bang"组合，投资者通过选择基准也能够影响风险的水平，但受限于经理人的参与约束。Rajan 和 Srivastava（2000）的一个主要结论是，金融创新增加了可得到的资产工具，使得经理人可

以从事更激进的冒险，这个可能有害于投资者，因为它导致经理人对任何给定的
基准都承担过大的风险。

　　Carpenter（2000）提出了一个模型，对那些补偿了看涨期权型合同的风险规
避型经理人的最优投资选择给出了严格的描述。一方面，补偿的凸性鼓励经理人
去寻找远远偏离现金资产收益的投资组合，经理人可能获得显著超越基准的业
绩，但也可能招致严重的损失，这样就增加了收益的方差，而且这个趋势被期权
所放大。另一方面，假如资产组合的价值足够大并且可以固定经理人的收益，由
于他的风险规避性，经理人也会降低收益的方差。Carpenter（2000）分析得到的
结果是，在特定的条件下，期权型补偿合同可以引导经理人选择的收益的波动性
低于他以自己的资产交易时所选择的水平，期权补偿不可能成为导致更大风险的
必要条件。实际上，考虑经理人风险态度的期权型合同的补偿效应是非常复
杂的。

　　Garcia（2001）提出，对称的线性合同，或者更一般的没有明确的业绩相关
的补偿合同，在规范的共同基金行业中是普遍存在的，而在不规范的对称基金行
业中看涨期权型合同广泛存在。看涨期权型补偿合同同样在金融公司中流行，主
要是因为它们被认为能够使 CEO 们不那么保守，这有利于股东权益。另外，这
些补偿合同是否最优通常是不可知的（甚至在一般委托代理框架下）。Garcia
（2001）试图对看涨期权型合同的最优性给出理论证明，以表明这种合同至少在
线性合同中可以是最优的，能够让经理人对于固定薪酬有一个低的预期，对或有
补偿有一个高的预期。他的模型主要依赖于代理人的参与约束不仅在事前而且在
事后都要被满足的假设。

　　Cuoco 和 Kaniel（2001）研究了一个经济体，其中一部分投资者把投资决策
委托给基金经理，基金经理的补偿（不要求是一个最优合同）被假设包括稳定
的费用，这取决于所管理资产总价值的一个比例费用及业绩费用，以及所管理组
合与基准组合收益之间的差距。Cuoco 和 Kaniel（2001）分析了基于业绩的两种
费用结构，即对称费用及不对称费用的一般均衡含意，但他们仅考虑显性激励，
而没有考虑由声誉关系带来的隐性激励。关于对称业绩合同，在其他条件都相同
的情况下，Cuoco 和 Kaniel（2001）发现单个风险规避的经理人喜欢过度投资包
含在基准组合中的股票，而对不包含在基准组合中的股票投资不足。在总体上，
这会导致基准组合中的股票有较高的均衡价格及夏普比率，这个与得到的经验证
据也是一致的（例如，包含在 S&P500 中的股票价格一般都会增长）。对于不对
称的业绩合同，一方面，风险规避的经理人为了最小化补偿的方差，总想保持资
产与基准高度相关；另一方面，也需要与指数低度相关来最大化业绩费用的期望
收益（超额收益的凸函数）。实际上，两种激励都在起作用；但是，不对称业绩

费用情况下对价格及夏普比率的影响要小于对称费用情况下的影响。

Das 和 Sundaram（2002）比较了 SEC 规定的对称合同（支撑合同，fulcrum contracts）跟凸的不对称合同（激励合同）。他们发现，激励费用与支撑费用相比，导致具有更多风险的组合被采纳，因此，支撑费用比激励费用提供了更好的风险分担，并降低了代理人选择过度风险组合的动力。然而，他们也发现，如果差的代理人有一个足够低的保留效用，那么在激励费用下均衡投资者福利会严格高于支撑费用下的均衡投资者福利。实际上，不对称合同可能引诱差的代理人去从事委托组合管理业务，此时，他们不会参与对称类型费用的市场，因为支撑费用使得好的代理人更加容易与差的代理人分离开来，同时使得差的代理人的模仿成本高昂。如果委托人需要共同分担合同，并且好的代理人有足够高的保留效用的话，给好的代理人提供一个更加容易分离的合同是更可取的，在这个方面，激励合同比支撑合同更好。

Palomino 和 Prat（2003）发现，在有限责任下，没有最优的线性合同。因此，他们分析了奖金合同并模型化了风险中性的投资者与风险中性的经理人之间的相互作用。他们发现，在一定的假设条件下，最优合同集中包含一个奖金合同，当经理人控制组合风险时，最优合同只是一个简单的奖金合同：假如组合收益高于基准，经理人被支付一个固定数额。他们得到了一个准则来判定最优合同是否引致了过度或者不足的风险：假如与有效风险承担的偏离导致组合期望收益率大幅（小幅）降低，则最优合同引致了过度（不足）的风险。换句话说，经理人承担风险越廉价，就会承担更少的风险。Palomino 和 Prat（2003）得出结论，假如经理人承担风险是廉价的（如高性能的金融工具可以利用），则只能指望一个低的基准及经理人无效率的保守行为。

事实上，期权型激励合同使得代理人更加偏好风险的看法并不总是成立的。在没有对代理人的效用函数进行进一步的假设条件下，得出通过给予经理人期权来使他们更加偏好风险及更加努力去工作的结论是不正确的。评估补偿方案的总体效用，必须考虑代理人的效用函数加上补偿合同的函数形式，这样能导出代理人的引致效用函数形式。Ross（2004）的研究表明，除了要考虑到期权型补偿方案是凸的（凸性效应）之外，实际上还存在两个额外效应：第一，转化效应把任何风险赌注的价值转换成效用函数的不同部分。假如代理人有一个递增的绝对风险规避度，他就会偏向以一种更加风险规避的方式做出行动，补偿合同相对于他的初始财富水平就会越不对称。这种情况之所以会发生是因为在看涨期权补偿下，代理人只会以效用函数的一部分来评估风险，此时，他是更加风险规避的。第二，依赖于激励参数大小的放大效应，提高了代理人冒险的风险，从而降低了承担风险的积极性。Ross（2004）的研究表明，即使对于具有 CARA 型效用函数的经理人（显然，此时没有转化效应），放大效应也能弥补凸性效应。他的分析的结果是，在委托投资组合管理中，给予经理人一个看涨期权能够增加他承担风险的积极性，但这并不是一个理所当然的结论。

倪苏云等（2004）从保护投资者的角度，讨论了证券投资基金的管理费率的设计。针对现行的固定管理费率的缺陷，他们将管理费率设计成基金收益与市场收益差的某个函数，以便将管理费率与基金经理的投资能力相结合，通过参数设计，解决信息不对称所导致的不同基金都面临认购率较低的问题。通过一定的简化和假设，设计了管理费率上下限方案，并说明该方案给持有人所提供的保护如何计算。通过仿真方法，在上下限费率条件下，计算了期权价值与费率参数的关系，讨论了投资能力不同的基金经理为了吸引投资者的积极认购，在不同参数设置上的区别。

王明好等（2004）研究了费用结构对基金风险承担行为的影响，发现随着基金管理费用结构的不对称程度的增加，基金经理所选择的投资组合偏离基准组合的程度将增加，研究表明，基金组合偏离市场组合程度的增加，不一定导致基金收益的方差的增加，这表明在以前的一些实证研究中，用基金收益的方差来度量基金的风险不一定有效，用基金组合偏离基准组合的程度来度量基金的风险更合适。

目前中国基金管理费采用固定费率制度，即无论基金投资盈亏，基金公司都按不变费率对基金净资产提取基金管理费，基金公司不必承担投资管理风险和市场风险，即使在所管理的基金出现业绩下滑甚至亏损的情况下，也可以稳定地提取远超出运营成本的巨额基金管理费。在这种费用制度下面，基金公司为了扩大基金规模，可能会增加基金投资组合的风险，损害投资者的利益。武凯（2005）认为，作为委托方的基金受益人的利益，容易受到基金管理人的隐性侵害。在这样的现实背景下，基金业未来行业政策的制定应向社会公众受益人倾斜，尽快实行旨在保护广大中小受益人利益的基金管理费模式的改革，调整基金管理人与基金受益人的目标函数趋向一致，使基金经理们在追求自身利益目标的同时，也在努力追求基金受益人的利益最大化，从而规避在信息严重不对称和委托人无法监管的基金运作过程中，可能存在的道德风险和逆向选择对基金受益人的损害。他比较分析了固定管理费模式与浮动管理费模式对基金经理投资行为与努力程度的影响，发现在浮动管理费制度下，基金经理会更加努力工作，而且基金受益人的基金福利得到提高。最后，他提出了一个混合管理费模式，并指出这种模式是最优的，以上研究只考虑了激励对经理人努力的影响，没有考虑激励对经理人的其他投资行为，也就是经理人对投资组合风险选择的影响。

(三) 相对业绩对基金经理风险承担行为的影响研究

考虑基于业绩的基金费用看起来确实能够带来比较好的激励效果，但是必须注意到在共同基金行业中激励费用与业绩之间的关系其实并不是那么紧密。事实上，许多激励合同甚至根本就没有基于业绩的部分，补偿只是简单的所管理资产的一个固定比例。补偿合同通常都会包含一个费用，即所管理资产的一定比例，这就隐含了一个隐性的激励，促使经理人努力获得优异的业绩，吸引新的投资者购买基金，从而扩大所管理资产的规模。实际上，委托投资组合管理基本上都是一个多期博弈，在这种情况下，经理人有在未来吸引新的资金加入的愿望，并激励自身去努力工作，这与显性的基于业绩的补偿以同样的方式对委托人带来好处。声誉（相对业绩）可能在委托投资组合管理中对经理人面对的激励产生显著的影响，因此，隐性的而不是显性的激励在实践中也是有效的，这就引起了学者们对由声誉关系（reputation concern）提供的可能的替代激励的关注。

Huberman 和 Kandel （1993） 提出了一个逆向选择模型，其中经理人的目标是投资成果的期望效用的大小及根据市场对他的能力的推断而给予的奖金，经理人管理的财富数量及他得到的费用依赖于他的声誉。Huberman 和 Kandel （1993） 发现投资组合的权重向量如果被用来传递经理人的能力的信号，可能会扭曲低素质及高素质经理人的资产配置策略，尤其是在特定的参数设置下，假如在经理人市场中只有很少的差的经理人存在，会导致共有均衡（pooling equilibrium），这使得两种类型的经理人都会过度投资。在另外一个替代的参数设置下，仅是高素质的经理人过度投资相对于最优水平时的风险资产头寸，目的是阻止低素质的经理人模仿（分离均衡，separating equilibrium），声誉关系导致对风险资产的过度投资。

Heinkel 和 Stoughton （1994） 利用一个两期模型，通过比较不同经理人的去留来分析声誉激励效果，即如果经理人的业绩足够好的话就会保留下来，是否保留的决策假设在第一期末由投资者决定。在他们的模型中，投资者不能观察到经理人的素质及他的努力水平。Heinkel 和 Stoughton （1994） 的主要发现是，在早期采用的合同不是完全分离的，并有弱的基于业绩的构成，这与基于业绩、单期的合同明显不同。他们认为，投资者更有兴趣通过基于业绩评价的解雇威胁来提供激励，而不是由在第一期合同中提供一个大的基于业绩的费用构成。这种合同创造了一种隐性激励，鼓励经理人与竞争者进行比较。相对而言，第二期合同跟任何一个单期合同一样有强的基于业绩的费用。声誉在多期设置下的早期是非常重要的，也就是说，声誉效应在第一期是很重要的；但是当声誉变得很好时，这种效应就会逐渐消失，在后期，显性激励必须替代先前由声誉关系提供的激励。

在锦标赛制中共同基金的风险承担行为，依赖于年中的中期业绩的比较。基金在锦标赛制中获胜而获得的报酬的数量，取决于它与其他参与人的相对业绩，在这种情况下，Chevalier 和 Ellison（1999）认为，在年中落后于基准的基金随后将承担更多的风险，而在竞争中处于领先的基金，为了确保它们的地位将变得更加保守。假如基金经理被提供了一个具有不对称的激励结构（好的业绩得到的奖励比差的业绩得到的惩罚要多）的合同，则这种经理人的不对称行为是理性的，这个对年轻的基金经理显得尤其现实，因为对他们来说，声誉关系更加重要。

Goriaev 等（2001）却认为排名在引致过度风险承受方面可能会加剧声誉关系的扭曲。研究表明，在由两个风险中性的并具有排名目标的基金经理竞争所形成的两期模型中，好的中期业绩会对经理人产生强有力的激励去承担更多而不是更少的风险，目的是为了在年末排名第一。因此，假如根据排名来决定业绩，中期胜利者而不是输者将会承担更大的风险。

Chen 和 Pennacchi（2002）的研究表明，组合经理人在锦标赛制下，并没有真正的动力去增加投资组合的整体波动性，而只是增加跟踪误差的方差，也就是基金投资组合与基准组合的偏离。Chen 和 Pennacchi（2002）的研究表明，恶化的业绩（这将引起经理人为复苏而冒险）可能使组合更加接近于最小化绝对收益方差的组合。

与声誉关系相关的另一个委托投资组合管理问题是共同基金经理放弃私人信息的"羊群"行为，这种倾向可能与委托投资组合管理的两个特征相联系：第一，许多合同只有一个相对短的评价期，如一年，因此，共同基金经理们没有足够的时间等到他们的私人信息（即使最终证明是正确的）体现在资产价格上。第二，业绩根据作为隐性基准的基金行业平均业绩来评价，在这种情况下，再加上补偿结构与风险承担的不对称性，风险规避的组合经理们倾向于坚持紧随的组合分配策略来最小化业绩风险。

Arora 和 Ou-Yang（2001）提出了一个两期连续时间模型，由于经理人是风险规避的，他希望用跟踪来衡量他的业绩的基准。Arora 和 Ou-Yang（2001）发展了一个动态委托代理模型，主要分析了由声誉关系给定的隐性激励与由补偿合同给定的显性激励之间的相互影响，在这个模型中，最优组合投资策略就是采用"羊群"行为。他们得出结论，经理人在声誉更重要的职业生涯早期阶段比在晚期阶段更愿意紧随基准组合，而且，对"羊群"行为的激励随标底资产波动性的增加而增加。

Goldman 和 Slezak（2003）考虑了一个经理人序列，其中每个后来的经理人继承他前任的投资组合。该模型的关键假设是，经理人的任期比委托人的投资期限要短，经理人被假设根据组合价值的变化（与他继承的组合价值相比较）来获得报酬。他们得到的主要结论：继承的组合扭曲了后来的经理人根据长期信息进行交易的激励，这使得不正确的信息及错误定价会持续下去，继承的头寸将创造"锁定"效应。例如，假如经理人从他的前任继承了一个多头头寸，在代理框架下以及短期期限中，即使在当经理人拥有资产的负面私人信息时，他也不会去卖出资产。

李俊青等（2004）在一定的假设条件下，得到相对业绩报酬结构是对基金经理的最优激励契约的结论。分析表明，当其他基金经理接受最大化投资者利益的激励契约时，其他基金的业绩表现对所设计激励契约是非常有用的。各基金经理之间博弈的纳什均衡是：两个基金经理都去收集投资信息，然后依据这一信息进行投资，但基金经理博弈的均衡点并不是唯一的，两个经理人还有可能采取同时不收集投资信息，然后将基金资产全部投资于安全资产的策略。因为，这一策略不会给基金投资人任何信息，并保证在没有任何劳动付出的情况下得到一定的报酬支付。

王明好等（2004）从基金经理投资行为的角度分析了相对业绩对基金经理投资组合的风险选择的影响，把投资基金市场视为一系列的"联赛"，建立了一个博弈模型，在这个模型中，两个年中业绩不同的基金为了在年末"联赛"结束时获得更多新的净资金流入而相互竞争。研究发现，当年中两个基金业绩的差距越大、风险资产的收益越高、波动越低时，由于理性地预期到年中业绩较差的基金会冒险选择风险较大的投资组合，在年末，年中业绩较好的基金比年中业绩较差的基金更有可能选择风险较大的投资组合。

孙静和高建伟（2006）在界定了信息结构和基金经理投资策略的基础上，建立了一个用于求解最优相对业绩报酬契约的规划模型。研究发现，在最优契约下，虽然有时基金经理可以利用自己的信息优势，采取违背投资人意愿的投资策略，从而获得更高的支付，但通常状况下，符合投资人意愿的纳什均衡也构成占优战略均衡。

二、委托投资组合管理实证研究

在委托投资组合管理实证研究方面，已有文献主要检验了基金流量与历史业绩之间的关系及相对业绩排名对基金风险承担的影响。Brown 等（1996）发展了 BHS 方法，即采用标准方差率（SDR）来检验年中业绩较差的基金是否会在后半年增加基金收益标准差。他们采用该方法分析了业绩排序对基金经理投资组合风险选择的影响，指出那些在业绩排序中成为输家的基金经理往往倾向于操纵投资组合的风险水平。按照基金单位净资产的累积月回报率对基金业绩进行排序，并以中位数为标准将基金经理划分为输家和赢家，发现当以年度为基金业绩的最终评定期时，那些在年中的业绩排序中成为输家的基金经理比成为赢家的基金经理更倾向于提高投资组合的风险水平，通过研究还发现，与成立时间长的、规模大的基金的经理相比，业绩排序对新成立的、规模小的基金的经理的影响更加显著。

Chevalier 和 Ellison（1997）通过实证解释了资金流入与业绩之间的关系，并作为基金投资者给予经理人的隐性激励，以此来推断基金的风险承担行为。他们应用一个半参数模型来分析数据，发现资金流入与业绩之间的关系会激励经理人减少或增加投资组合的风险，这种激励对新基金的作用要比老基金强，而且经理人是在 9 月到 12 月（第四季度）改变组合风险的。

关于资金流入基金的敏感性与历史业绩之间关系的研究文献中比较重要的是 Sirri 和 Tufano（1998）的研究，他们利用一种分段线性回归的方法检验了资金流入与历史业绩之间的关系。实证研究结果表明，历史业绩与当前基金流动之间的关系是正向的、非对称的关系，投资者投资于优越业绩的基金，但是不以同样的速度退出业绩差的基金。

Busse（2001）使用日收益数据，而不是 BHS 的研究中使用的月收益数据来计算更加精确的基金收益标准差。他重复了 BHS 的检验，发现了跟 BHS 相反的结论；而且他也发现，如果是使用每月月中的收益，而不是 BHS 中的每月月初的收益来计算标准差的话，同样得不到 BHS 的结论。

Chen 和 Pennacchi（2002）提出了一个基于年末相对业绩补偿的基金经理模型，应用非参数及参数实证方法检验了模型中得到的基金经理风险承担行为。通过理论模型发现，经理人的最优投资行为是当基金相对业绩下降时，去提高基金收益的跟踪误差（超越基准的收益），而不是去提高基金收益的标准差。实证结果表明，此结论是正确的，对于新的、小规模的基金，这种效应更加明显。

中国基金成立的历史不长，且基金激励的方式单一。因此，从激励的角度对基金业绩进行实证的文献不多。罗真和张宗成（2004）应用概率单位模型，对基金经理所面临的"隐性激励"——职业（声誉）忧虑如何影响其投资行为进行了研究。结果表明，基金经理面临消极职业结果（降职或离职）的可能性与基金当期业绩有显著的相关性。当业绩较差时，基金经理有消极职业结果的可能性在小规模基金中更小，而在大基金家族中更大，年轻的基金经理采用非常规的投资策略失败后将受到更严厉的惩罚，因而他们在投资组合的行业选择上更容易产生"羊群效应"。

曾德明等（2005a）对管理费与基金业绩之间的关系进行了实证研究，发现基金管理费与投资组合的收益不相关，而与投资组合的系统风险及总风险正相关，其原因是基金管理人除了关注现期的收入，还会关注未来的收入，这种关注产生的影响可以控制他们的败德行为，不管管理费的高低，他们都将竭尽全力去提高投资组合收益。另外，以净资产为基础提取的管理费有着激励契约的特征，进而引起潜在的投资组合风险的选择和利益的冲突，基金管理人通过增大投资组合的风险来最大化他们所获得的收入，在投资组合风险的选择上将出现逆向选择问题，基金管理费与投资组合风险的积极相关意味着基金管理人会接受过高的风险水平以获得更多的收益。

史晨昱和刘霞（2005）探讨了定期业绩评估系统对基金经理所持投资组合风险调整的影响。研究发现，由于中国基金市场的竞争日趋激烈，基金公司数目日益增加，业绩相对较差的基金经理有加大风险调整比率的倾向。此外，新基金对投资风险的调整程度，会比老基金更大。

吴航（2006）假定，一种有效的激励约束机制将促使被列入"输家"的经理人更倾向于在下一期加大投资组合的风险水平，以期获得较前期更高的业绩，弥补前期不佳的业绩；而"赢家"则试图维持现有业绩而不愿加大风险水平，以"锁定"现有业绩水平。实证结果表明，只有在大盘下跌的情况下，才会突出各基金之间的比较和竞争。另外，净值增长率排名越是在前的基金，越易于改变其风险承担，也就是说业绩较好的基金经理比业绩较差的经理人更倾向于增加风险。

丁振华（2006）研究了业绩表现较差的基金是否会加大投资组合的风险的问题。通过实证研究发现，过去的业绩排名并不一定会影响基金未来的风险选择，过去业绩表现较差的基金也不一定会倾向于增加基金投资组合的风险。另外，采用 logit 模型来分析影响基金风险选择的因素，结果发现，基金经理从业年限越长、基金申购费和赎回费越低、基金资产净值越大及基金成立时间越短，基金经理越倾向于在业绩表现不好时增加基金的投资组合风险。

王茂斌和毕秋侠（2006）利用中国开放式基金数据，采用回归的方法来检验基金业绩与未来资金流入之间的关系，采用 BHS 的方法检验投资基金之间的"竞赛假说"。结果发现，基金业绩与未来资金流入存在显著的正相关关系，且中国投资基金行业不存在"竞赛假说"，但投资基金在年末业绩排名竞争中存在显著的竞赛特征，投资基金在年中排名竞争方面则未表现出明显的竞赛特征。

第四节　基金经理激励机制研究

一、基金经理显性激励机制研究

（一）管理费率与基金经理投资行为

1. 管理费率与基金业绩关系

从已有文献来看，单独对管理费率进行研究的并不多，有研究认为基金管理费率与业绩是正相关的关系。Ippolito（1989）的研究结果表明，共同基金所付出的费用是值得的，高换手率与高费用率的基金所获得的风险调整收益足以弥补其相对高的交易费用。Golec（1992）应用委托代理理论建立了投资者与基金经理的契约关系模型，并进行实证检验，实证结果认为，基于激励费率系数与经风险调整后的基金收益正相关，基于资产的管理费率与激励费率之和与经风险调整后的基金收益正相关。Droms 和 Walker（1996）根据美国 151 只基金连续 20 年（1971～1990 年）的混合数据研究发现，承销基金（load fund）的费率低于非承销基金（no-load fund）的费率，且两种类型基金的平均费率都低于 1%，并且发现基金费率与基金收益正相关。Warner 和 Wu（2006）认为，费率的增加与过去高的收益率相关，但是费率降低反映出规模经济的作用。武凯（2005）研究发现，浮动管理费制度可以提高投资人的福利。肖奎喜（2007）对中国开放式基金的费用率与业绩关系的研究发现，消极型指数型基金费用率低于积极型指数型基金，但其收益低于后者，开放式基金的总费用率与基金收益呈正比。

与 Droms 和 Walker（1996）的研究结论相反，Prather 等（2004）研究发现，管理费率与基金收益负相关，这种负相关性表明投资者为基金经理低的基金业绩支付了过多的管理费。也有研究认为，费率与基金收益之间的关系不明确。Golec（1996）的实证研究表明，低费率的基金（低于 0.8%）表现出较高的收益，但同时高费率基金（高于 0.75%）也表现出较高的收益，认为投资者应关注基金营运费用，而不是管理费。曾德明等（2005）实证研究发现，对于业绩好的基金，基金费用率与基金收益负相关，业绩差的基金，基金费用率与基金收益正相关，就整体而言，基金费用率与基金收益负相关。

对现有文献的梳理发现，管理费率与基金收益关系的研究并不多，很多文献将基金承销费率纳入到费率的研究框架中，且研究结果大相径庭，这可能是样本期和样本量的选择差异造成的。

2. 管理费率与基金风险的关系

在管理费率与风险关系的研究方面，Hugonnier 和 kaniel（2010）发现，基金的费率和风险正相关，这是因为费率高的基金管理者持有更多的风险资产。盛积良和马永开（2008）发现，在线性合同下，提高管理者的收益分享比例不能激励管理者持有更多高风险资产，此时风险分享比例和高风险资产的持有比例的乘积为一常数。盛积良和马永开（2009）通过博弈模型研究使用业绩型报酬合同，业绩领先的基金持有高风险资产的概率随着资产收益分享比例的增加而减少，随着对超基准组合收益的奖罚程度的增加而增加，随着 PBF 合同中的相对系数增加而增加。王明好等（2004）认为，随着基金管理费率不对称程度增加，基金经理所选择的投资组合偏离基准组合的程度将增加，尤其当基金收益小于市场组合收益而对基金经理处罚为零时，基金组合将完全偏离市场组合。基金经理风险规避系数越小，因基金收益超过市场收益而对基金经理的奖励程度越小，并且证券组合相对市场组合的收益越大而波动越小，则基金组合偏离市场组合的程度也将越大。

学者们对管理费率与风险关系影响的研究较少，对中国基金市场管理费率与风险研究则更多地倾向于理论模型的构建和分析，缺少相应的实证分析和检验。本书在模型构建和分析的基础上，提出了相应的假设，并针对中国基金市场的数据进行了实证检验。

3. 管理费率影响因素

在管理费率影响因素方面，Malhotra 和 McLeod（1997）研究发现，基金费率与换手率正相关，但是和基金规模及基金年龄负相关。Elton 等（2003）发现了采用激励费的基金的费率小于比没有激励费的基金的费率的方法。唐宇（2003）提出管理费率可依据基金单位资产净值的变化来确定。倪苏云等（2004）利用期权的方法对管理费率重新设计，将管理费率与基金收益与市场收益的差值部分挂钩，通过仿真方法，计算了上下限费率下，期权价值与费率参数的关系。研究结果表明，设定费率上下限时，投资人所获得的保护随基金经理的能力与初始费率的增加而增加，随费率下限的增加而递减，且在基金经理能力大于市场能力时随激励系数的增加而增加，在基金经理能力小于市场能力时，随激励系数的增加而递减。他们认为，投资能力强的基金可以设置较大的激励系数、较低的初始费率和下限费率以显示其投资能力。刘慧和刘造林（2008）实证研究发现开放式基金受基金类型的影响较为显著。

国内外学者单独对管理费率影响因素的研究较少，其原因可能是目前管理费更多的是受国家宏观政策对其的调控，但是对管理费率影响因素的研究是必要的，能够为相应的政策实施提供理论参考。

（二）管理费用与基金经理投资行为

1. 管理费用与基金业绩

已有文献大多认为基金管理费用与基业收益呈正相关关系。Golec（1996）研究发现，基金的费用及投资组合的多样化与优秀的业绩相联系，但是高额的管理费并不一定意味着差的业绩，提取高额管理费的基金经理表现出较高的投资能力，这种优秀的基金经理往往带来比较高的业绩水平。Volkman 和 Wohar

（1996）发现，基金激励费与风险调整后的收益呈正相关关系。Sirri 和 Tufano（1998）发现基金收益与管理费用之间存在积极的内在联系。Coval 和 Moskowitz（2001）研究发现，基金管理费中业绩报酬与经风险调整后的收益呈正相关关系，与投资组合非系统风险和系统风险为正相关关系。Massimo Massa 和 Rajdeep Patgiri（2009）研究认为激励会增加经风险调整后的收益，但同时会降低基金的生存率。也有研究得出一些其他的结论，Detzel 和 Weigand（1998）通过对基金 1975～1986 年的数据研究认为，管理费和基金收益之间几乎没有相关性。Berkowitz 和 Kotowitz（2002）的实证研究发现，好的基金经理获得的费用与收益正相关，而差的基金经理获得费用与收益负相关。但有些研究得出了相反的结论，Hooks（1996）研究了 1012 只共同基金的承销费、管理费与基金收益的关系，发现低费用的基金的收益显著高于高费用的基金，有承销费用且管理费低的基金的收益由于无承销费且高费用的基金。Tufano 和 Sevick（1997）研究了历史业绩与管理费用的关系。计算业绩以之前一年、三年、五年为计算期，实证结果表明，管理费与过去业绩几乎无显著的相关关系。这表明基金经理向投资者收取高额管理费的行为使得更多的董事也无能为力。

对中国管理费与基金收益关系的研究一般认为，中国目前的管理费与收益之间正相关关系不显著。曾德明等（2005）利用 2002～2004 年 154 个观测值实证研究管理费用与基金业绩及风险的影响，研究结果表明，管理费与收益之间的相关关系不显著，但与基金的系统风险及总风险呈正相关关系。陈三梅（2006）研究基金年度费用与基金业绩、规模间的关系，样本选择期为 2000～2003 年，并将样本基金分为四组进行实证检验，实证结果表明，在 2000 年和 2001 年，基金收益和规模与基金管理费相关，但 2002 年之后，基金收益与管理费的相关关系不显著。方志国（2007）通过对创业投资基金实证研究发现，基金的管理费并不与基金收益呈正相关关系。基金管理费与创业投资基金成立的时间长短也并没有正相关。而创投基金的业绩报酬与基金收益有着较强的正向关系，与创投基金的年限也有正向关系，因此通过改善加大业绩报酬体系能较好的促进基金收益的提高。李豫湘与刘栋鑫（2009）以 2006～2008 年上半年固定费率为 1.5% 的 559 只开放式基金为研究对象，对基金年度管理费与基金经营业绩、基金规模之间的关系进行了实证检验。研究结果表明，基金规模对基金年度管理费用的影响比基金经营业绩对基金年度管理费用的影响大，并且基金规模系数远大于基金经营业绩的系数。相比提高基金经营业绩而言，基金管理人更愿意扩大基金规模以获得更多的基金年度管理费用。

2. 管理费用对基金经理努力程度及风险的影响

Modigliani 和 Pogue（1975）认为，对称业绩报酬结构并不能将投资者和基金经理的利益联系起来，他们主张对称的费用结构会激励基金经理选择高于投资者所期望的风险水平。Grinblatt 和 Titman（1989a）的研究表明，基于业绩的激励契约会使基金经理选择比较高的风险水平。Cohen 和 Starks（1988）的研究结论表明，道德风险问题与投资者与基金经理风险规避度的关系有关，他们认为存在基金经理会付出大于投资者期望的努力水平的情形；但同时，基金经理也会选择一个高于投资者期望的风险水平。Volkman 和 Wohar（1996）采用三种实证方法研究基金管理费与基金业绩之间的关系，研究结果表明，基于基金规模的管理费与基金的非系统风险呈正相关关系，而与基金的系统风险呈负相关关系，基金业绩的管理费与基金系统风险呈正相关关系。

但也有的研究得出不一致的结论。Starks（1987）认为，激励费用并不会导致基金经理接受的风险水平高于投资者所预期的风险水平。Lynch 和 Musto（1997）研究发现，基于资产净值的固定比例的费用结构优于基于业绩的费用结构，尤其是当适当业绩是基金经理努力的噪声信号时，这可以作为共同基金和对冲基金广泛使用基于资产净值的费用结构的一个解释。另外还发现，在期末按资产净值的固定比例提取费用优于在期初提取，原因是期末提取可以分担风险并使基金经理付出努力。Carpenter（2000）研究了在补偿看涨期权型合同的情形下，风险规避型的基金经理的最优选择，认为期权型补偿合同可以使基金经理选择较低的收益方差，这种类型的合同不一定导致基金经理高风险的选择。Gehrig 等（2009）通过设计调查问卷的方式调查了美国、德国及瑞士研究与业绩相关的合同，发现业绩费用与基金经理的努力程度正相关，但是与基金经理的年龄与经历没有关系，还发现在这些国家业绩费用与风险承担没有显著关系，反而基金经理的年龄与经历与风险有关。龚红与付强（2007）将基金经理和投资者的效用函数定义为二次效用函数，分析线性契约的管理费对基金经理努力及风险选择的影响。结果表明，线性契约使基金经理付出低于投资者期望的努力水平，并且当基金经理的风险规避程度小于投资者的风险规避程度时，基金经理选择高于投资者期望的风险水平。

基金管理费用与业绩的关系研究比较广泛，尤其对于美国及欧洲地区的共同基金的研究，大多数研究倾向于研究不用费用结构下管理费与业绩的关系，期望能够找到一种最优的费用结构以激励基金经理并同时保护投资者的利益。

二、基金经理隐性激励机制研究

(一) 声誉理论与基金经理激励

声誉理论的发展方向主要有两个方面：一方面是对研究个体的声誉的建立和保持，形成了个体声誉理论；另一方面则是分析组织是如何建立声誉和维持的，我们称之为组织声誉，如基金管理公司的声誉，经济学家们将其归之为企业声誉的范畴。个体声誉和组织声誉不同，但是两者又有关联性。

1. 个体声誉理论

自 20 世纪 80 年代开始，委托代理理论中出现了动态博弈分析，研究委托人和代理人在多次重复代理情形之下，声誉机制所产生的一种隐性激励效应。新制度经济学家 Demsetz (1983) 认为，当有效的制度结构有利于以最小的成本来优化代理人的行为时，显性激励与隐性激励能够共同产生作用，彼此之间实现互补。甚至有的新制度经济学家提出，隐性激励机制对代理人的激励效果比起显性激励的效果更为显著。

关于声誉理论的作用，Fama (1980) 的研究具有一定的代表性，他认为经理人过去的业绩情况极大程度上影响了现有市场上的价值，从长期来说，经理人需要对自身的行为活动承担完全的责任。所以，即使没有显性激励合同，经理人站在长期收入角度，也会非常努力工作以求得更好的市场声誉。在这种思想的基础上，Holmstrom (1982) 通过构建代理人与声誉关系的模型，比较早的将声誉与企业管理者的激励问题结合，并得出了声誉可以替代显性契约的关系。此后，Kreps 和 Wilson (1982) 及 Milgrom 和 Roberts (1982) 也从经理人市场的角度，通过建立市场——声誉的数学模型，证明了声誉对经理人的行动、策略具有约束作用。也就是说，经理人在市场上的价值及谈判力度会因为声誉的提升而得到加强，对经理人产生正面的影响作用；反而言之，经理人的职业生涯会因为声誉的变差而受挫，对经理人的机会主义行为有很好的约束效果。

上述学者都论述了声誉的重要性。此外，还有学者从动态的角度，分析了声誉机制在个人职业发展的不同阶段所产生隐性激励效果的作用。Rosen (1986) 提出在个人职业发展的早期声誉机制所产生的激励效果比起后期效果更为显著。但对于如何克服生命周期的时间变化所产生的声誉机制效果衰退，他并没有做出进一步的研究。Lazear and Rosen (1981) 的研究则认为，将经理人的报酬后置能起到作用，也就是说，延期推迟付给经理人报酬可以让经理人即使在职业发展的后期也能努力工作，产生好的激励效果。Tadelis（1999）则从企业声誉市场对经理人不同职业阶段的激励作用的角度进行了分析，围绕代理人"逆向选择"和"道德风险"构建了一般动态均衡模型，研究的结论是企业声誉与个人声誉的不同就在于前者可以视为一种可进行交易的资产，即企业声誉在这个声誉市场中交易能对代理人产生跨越职业生涯的长期激励作用。这是由于年纪偏小的代理人出于对长期收入的考虑会自觉地限制机会主义行为，保持自身的声誉；而年纪偏大的代理人出于重视"卖出"企业声誉的未来值而努力保持良好的企业声誉。从定量角度来看，个人声誉和企业声誉所产生的激励作用是相似的，良好声誉的稀缺性为代理人产生了声誉租金。

国内学者也对声誉机制做了相关的研究。朱雪琴和孙振峰（2002）指出，在经理人市场竞争中，竞争产生的压力会激发经理人努力工作。由于经理人过去的业绩将会对其市场价值起到决定性作用，经理人要对自身行为承担所有责任。所以，就算不存在显性激励合同，经理人也会为了自身在市场上的声誉而努力工作，以提高长期收入水平，要不然声誉的损失将成为经理人的一种高额成本。同时，他们的研究还指出让基金发起人担任基金经理，并购买基金份额在法律限定范围内不得减少，使得基金经理的剩余控制权与剩余索取权相统一，这对减少基金经理的道德风险行为将有积极意义。马红军（2002）按照马斯洛的需求层次理论认为，人在不同的阶段具有不同的需求，而精神利益则属于基金经理较高层次的需求。对基金经理来说，表示社会认可和行业赞同的证书或者业绩单、媒体报道带来的社会宣传效果，都可以增强荣誉感和成就的满足感，起到一种激励效果。肖条军（2003）通过研究两阶段基于信号博弈的声誉模型得出，第一阶段的声誉通常会对下一个阶段的效用产生影响，第一阶段声誉高的在后续阶段将得到较高的效用。汪丽（2006）实证研究得出强化声誉机制对管理者决策行为的约束是非常必要的结论。而且，声誉机制对企业决策质量的影响，实际上很大程度是通过声誉对决策者的决策承诺的影响来发挥作用的，要想提高中国企业的决策质量，问题的关键在于提高决策者的决策承诺。

2. 组织声誉理论

在企业理论中，从契约的角度看，大多数学者们都提出了组织声誉是一种无形资产的观点，甚至有人提出将其归之为声誉资本。Fombrun（1996）的研究成果对后来学者的研究具有重要的启发意义，他提出了"声誉创造财富"的理念，指出组织拥有丰富的声誉资本将会形成其特有的优势。在他的研究基础上，Gray和Balmer（1998）从操作性的层面提出了企业声誉与形象管理的模型。该模型的研究思路是企业可通过身份识别、企业沟通，进而树立企业的形象和声誉，这种声誉被视为企业的一种战略资源，构成了企业重要的竞争优势。Deephouse（2000）则深化了企业声誉研究的思路，认为虽然企业声誉确实是能够成为企业竞争优势的一种重要资源，但是声誉不能独立的研究，而更应该跟企业中管理问题相联系。Barnett 等（2006）在对 1980～2003 年相关文献进行梳理的基础上，将学者们对企业声誉的理解归纳成三类：资产、评价、意识。在财务业绩方面，Rose 和 Thomsen（2004）通过实证研究认为，公司的经营业绩的高低会影响到公司声誉的水平。Brammer 和 Pavelin（2006）得出了与前者相似的结论，通过对大公司样本数据的研究，发现财务业绩是决定公司声誉的一个重要因素。

此外，还有部分学者从组织员工的角度分析，认为组织员工与企业声誉相关。Winfrey 和 Logan（1998）的研究表明，经理人的报酬和企业声誉之间具有显著相关性。Hill 和 Knowlton（2006）研究发现，CEO、CFO 和 COO 等作为整体比单位领导人、董事长、单独的董事对企业声誉的影响更大。Koys（1997）认为，对待员工的公平性和企业声誉相关。Page 和 Fearn（2005）的调查表明，在现实中最能够影响企业声誉的因素是消费者对公平的感知，以及企业的成功和领导者。Zyglidopoulos（2005）根据相关文献，建立了两个假设并进行了检验，研究发现裁员和企业声誉负相关。

综上所述，结合基金经理的特点来看，基金经理的需求具有多面性：一方面，他们在追逐较高的物质财富使显性需求能得以满足；另一方面，他们也在维护和提高自身的声誉等，以寻求一种隐性激励。也就是说，基金经理在投资时不但要考虑当期的业绩收入与其努力水平是否对等，而且会考虑到一期的业绩对后续、未来所带来的影响。

声誉机制能够有效地将基金经理的短期收益目标和长期收益目标相结合，能够主动地将自身的经验业绩与基金管理公司的目标相统一，更加注意基金收益的长期性，不会只是单一的希望获取当期的高收入，而不顾投资者投入资产的安全性和盈利性。同时，基金经理个人声誉与基金管理公司的声誉相互联系、相互影响，基金管理公司的声誉需要公司内部的基金经理来共同打造，而良好的公司声誉又能促进基金经理的个人声誉。因此，声誉这种隐性激励方式，能够减少投资者和基金经理之间由于信息不对称而产生的道德风险行为。

（二）锦标赛理论与基金经理激励

锦标赛理论是委托代理理论的一个重要分支。在监督成本很低而且具有可信度时，委托人可以按照代理人的边际产出衡量其最优努力水平，决定付给代理人的报酬。但不同的企业监督难度不一样，这种成本可能很昂贵、可行度低，将会使得代理人有明显的偷懒行为，这样按照边际产出来确定代理人报酬的方式可行性较差（Jensen and Meckling, 1976）。该理论的研究思路是对比工作环境、性质相当的代理人之间的经营业绩，进而获取更多有关代理人努力水平等方面的信息。Holmstrom（1999）和 Mirrlees（1999）比较了在信息不对称的情况下相对业绩在委托人与代理人之间制定契约中的作用不同。Lazear 和 Rosen（1981）针对锦标赛理论在制定激励契约时所具有的特性进行了详细的分析：根据代理人的边际产出进行对比排序，这种基于相对业绩的比较方式可以减少业绩评价所花费的成本；相对业绩对比可以不用受到外在环境因素的影响，有利于将评价的准确性提高，使激励更加具有针对性和力度；相对业绩评价方式能够有效的预防评价人的主观意愿而产生的道德风险行为。Nalebuff 和 Stiglitz（1983）从代理人报酬的组成方面分析了锦标赛理论的激励效果，认为报酬的构成带有锦标赛的色彩，如在一个组织结构中通常存在着层次结构，同一个层次的人为了竞争同一个更高的级别就带有锦标赛的特点，这种观点与 Lazear 和 Rosen（1981）所提到的观点相一致，认为一个企业或部门的副主管升职为主管后，他的待遇将会呈现多倍的上涨，即在这场职业晋升的锦标赛中，胜利者将会赢取所有的利益，这就产生了相对业绩激励机制。Brown 等（1996）则从锦标赛理论适用性的角度，提出该理论在努力水平难以观察、评价准则一致的情况下特别合适。

相反，有人对锦标赛理论提出了疑问。例如，Holmstrom（1982）认为，当代理人所遇到的外在不确定要素是不完全相关，以及业绩可以采用多种方式计量时，由于锦标赛理论所采用的业绩排序方式所包含的信息量，并不能充分体现变量的特性。Demsetz（1983）从竞赛人的主观能力的角度出发，认为竞赛人都具有相似的能力，否则，竞赛人自身的能力水平就可以预测、决定后续产生的结果，这样的排序得出的报酬，对代理人的激励效果并不会让他们提高努力程度。Green 和 Stokey（1983）也对锦标赛理论适用条件和有效性产生了质疑，认为在委托和代理双方中如果存在风险规避型、代理人比较多、评价准则相同的情形，则锦标赛理论在减少委托代理问题时体现出的效用会比其他的考察方式更好。上述条件一旦不能满足，即代理人面临的不确定性要素不完全相同且人数不多时，锦标赛理论并不会提高代理人的努力程度，而会使得代理人的激励更加不确定。所以，Hvide（2002）认为，要建立将某种业绩水平作为锦标赛评价的基准，并且代理人以该业绩为中心越靠近越好。

目前，国内有很多的金融网站、中介机构等都对基金业绩进行了评价和排序，基金投资者通过这些机构公布的业绩排序，了解基金的具体运营情况及基金经理的经营能力。实质上，这种基金业绩的排序就是基金经理特有的锦标赛激励，目前，国内的这些研究主要是集中于评价方法和指标的选择上，对于这种基金经理锦标赛激励所产生的影响，学术界关注的则相对偏少。

第五节　基金投资行为与股市稳定研究

一、基金"羊群"行为研究

(一)"羊群"行为产生内在机理

1. 声誉"羊群"行为

凯恩斯(Keynes, 1936)提出,由于声誉风险的存在性,经理人会放弃私人自身的有价值的信息而采取"羊群"行为。Scharfstein 和 Stein(1990)通过构建"学习模型",分析了代理人的投资代理中忽视自身信息而采取"学习"他人行为的方式,认为代理人的这种模仿行为的目的是:避免由策略的不同而引起投资者认为其不够称职的情形。出于维护代理人声誉并受"分摊责任效应"的影响,代理人会采取跟随他人投资行为的策略。Lakonishok 等(1992a)认为基金经理存在"窗饰行为",即基金经理即使认为某只股票或者某种股票投资组合可以持有,但由于不希望在年报中出现曾经有很大幅度跌落的股票,所以到了每个季底或者年底都会将以上提到的这种股票从已有的投资组合中删去,使得整体年报业绩更好。Trueman(1994)采用"从众观点的代理理论"分析了代理人理性的噪声交易行为,通过构建模型,解释了当代理人按照自有的信息做出比较极端的估计后,会由于受到其他代理人发布的盈余估计做出改动,最后做出的估计将与上一期的盈余估计相接近。Devenow 和 Welch(1996)则认为,基金经理出于与同行业绩的比较,会倾向于采取与其他基金经理相似的投资行为以避免业绩落后于别人。Graham(1999)的研究认为,基金投资者和基金管理人将会把基金经理的业绩与其他基金经理的业绩进行对比,判定该基金经理业绩的好坏程度,进而赋予一定的职业声誉。但是,基金经理的任何一种投资行为都会遇到声誉成本,采取跟随、模仿他人决策行为却可以将声誉成本控制在最小的损失范围之内,因此,基金经理往往会选择模仿他人的投资行为作为自己的最终决策。

2. 基于信息的"羊群"行为

Banerjee(1992)从关注别人投资行为的角度出发,建立了解释"羊群"行为产生的模型,其主要核心思想是,投资者在自行决策中如果考虑了别人投资策略中所包含的隐含信息,那么自身所掌握的信息产生的反馈程度将会大大减少,也会造成该策略对别人信息的进一步减少。Bikhchandani 等(1992)也提出了相似的观点，认为投资经理人在进行投资策略的选择时，会先去判断别的投资经理交易行为中所包含的看不见的信息，投资经理之间的互相猜测和模仿，最终导致了"羊群"行为的产生，即过去业绩良好的投资经理的投资行为会被其他经理人拿来推测，并按照该投资策略的方向进行决策。因为，机构投资者能够获得比个人更多的关于投资行为所含有的信息量，"羊群"行为也就更容易发生，程度也会更明显。

Froot 等（1992）提出基金经理的投资行为具有相似性的原因是基金经理在市场上获得了相关的信息，而这些信息的来源可能来自于一些相同的指标。Hirshleifer 等（1994）在 Froot 等（1992）的基础上进行了改进，Froot 等（1992）的理论前提是基金经理的信息是同时获得的，Hirshleifer 等（1994）则研究基金经理获得私人信息存在前后差别的前提下基金经理的投资行为及得到的均衡信息，得出的结论是，在特定的情形下，基金经理的投资选择只会局限在一定范围的股票上，并不会将具有相同外包特性的股票列入选择组合之中，也就是具有"羊群"行为。

3. 偏好、经验分享"羊群"行为

Falkenstein（1996）认为，在基金市场上，经理人之间会分享对股票特点的一些观点。例如，基金经理不太喜欢流动性偏差的股票等具有某种特性股票，通过这些经验的分享来决定是否进行投资，或者说从静态的角度来分析基金经理投资行为的偏好性，正如基金经理通常偏好于持有交易成本比较低的股票，从而发生"羊群"行为。Falkenstein（1996）的研究还得出基金经理的持股特征与投资股票的公司规模正向相关，由于基金购买一家公司具有投票权的股票的总份额不能高于10%的比例，基金经理投资时不太愿意购买公司规模相对较小的股票。而且，股票的比例份额越大，基金在建仓和启动时必须付出越大的成本。所以，小规模公司股票的交易成本比起大规模公司的更大，基金经理对大规模的公司的股票更加具有偏好性。Welch（2000）则认为，基金经理或者证券分析师彼此之间存在着相互参考、相互抄袭的现象，并通过研究得出当一名代理人重新做出投资决策时，这种行为将会对后面的基金经理或者证券分析师改变投资行为带来显著的作用，并在多头行情的股市当中，代理人彼此之间相互抄袭模仿的现象更为严重。

4. 委托代理"羊群"行为

Maug 和 Naik（1995）假设基金经理属于风险规避型，其具体收入是通过和市场上作为基准的基金经理的业绩相比较之后得出的，基金经理彼此之间对于投

资组合的收益率是不完全信息状态；在基金市场上，基准基金经理先进行投资，其他基金经理是跟在他的后面做出具体的投资决策。基金经理之间存在着类似的信息，其他基金经理便会按照基准基金经理的行为进行模仿，即投资组合与基准基金经理的相似，或者说委托人和代理人之间制定的报酬结构提供给基金经理的模仿行为一个依据，这也是基金经理"羊群"行为产生的一个重要因素。

(二)"羊群"行为对股市的影响

学者们从不同的角度证明了证券投资基金"羊群"行为的存在性，但基金的这种"羊群"行为对证券市场及基金投资者产生怎样的影响，学者们的观点不完全一致。有的学者认为基金作为机构投资者，其投资行为有利于提高证券市场的稳定性，而这也正是不同的国家成立并发展基金业的重要的目的。但也有学者认为以上观点仅是理论，在现实市场中，基金作为机构投资者非但没有对市场起到积极的稳定作用，反而加剧了市场的波动性，具有推波助澜的影响。以上观点都具有一定的科学依据。

基金"羊群"行为对股市起到一种积极的正向作用，需要有严格的市场环境条件的支持，从中国当前市场环境和政策条件等实际情况来看，基金"羊群"行为还很难发挥这种积极稳定的作用。

1. 稳定市场的作用

基金经理具有丰富的专业技术知识和广泛的信息来源，相比个人投资者，他们更能够正确地判断市场上股票的真正价值，所以当市场上出现"众人皆醉"的情形时，基金经理可以保持一种理性的头脑进行投资。Lakonishok 等（1992a）认为，以基金为代表的机构投资者在评价市场股票价值时握有比个人投资者更为丰富的信息，能够买进被市场低估的股票，卖出被市场高估的股票，这种理性的"羊群"行为能够抵消个人投资者的不理性行为产生的影响，使市场上的股价保持一种稳定、均衡的状态。基金"羊群"行为的产生，有可能是由于对市场上的某种信息的一种及时的反应而产生的，此时基金的投资交易行为只是加快了股价对信息的反馈程度，提高了市场的有效性。所以，基金的"羊群"行为不等于就是市场不稳定。

基金经理往往买进股价急剧快速滑落的股票、同时卖掉股价急速上升的股票，也就是说，基金经理常常会充当负反馈交易者。Lakonishok 等（1992b）认为，个人投资者对市场信息的不充分反应，将导致其采取同种趋势的追踪行为，使得市场出现不稳定的状况。基金经理在过度反应的股票市场通常会采取负向反馈的交易行为，基金经理的负向反馈交易和个人投资者的正向趋势追踪效应将会彼此抵消，使得市场保持一种相对均衡和稳定的状态。Wermers（1999）通过对 1975～1994 年共同基金的调查认为，基金市场上存在着一定程度的理性的"羊群"行为，这种"羊群"行为的理性体现在有可能基于同种市场信息而做出快速的一致反应，这提高了股票价格对市场信息的反应速度，在一定程度上有利于股价回归到其真正的基础价值，有利于股票市场出清，提高了股票市场的效率。基金作为机构投资者，持股数比一般的个人投资者基数更大，在股市处于波动状态时，其投资行为如果与个人投资者是反向操作，那么就有利于保持市场的稳定性。由于基金持有的股票数量多，一般不会轻易地改变投资策略以减少交易成本和价格的波动，所以基金这种买进并较长时间持有的策略也有利于股票市场的稳定性。

基金资产总价值相对于股市总价值来说比较小，其影响力相对较弱。赵家敏和彭虹（2004）通过构建模型，对中国的封闭式基金"羊群"行为进行了实证检验，结果表明中国基金市场上确实存在着"羊群"行为。由于基金净资产总值占股市资产总值的比例不大，且基金持有股票种类的类别广泛，因此，基金的"羊群"行为并不会对股票市场的波动性产生显著的影响。此外，还有一些学者持有的观点是基金经理"羊群"行为能够在一定程度保持市场的局部稳定性。例如，张羽和李黎（2005）通过实证研究提出，基金"羊群"行为虽然从整体上看对股票市场的稳定性产生了不良影响，但基金的卖出"羊群"行为却在一定程度上有利于股票市场的长期稳定。

2. 加速股市波动性

大多数学者都认为基金经理的"羊群"行为对股票市场所带来的影响是负面的，即基金经理的投资行为重视短期效应，并且所产生的"羊群"行为会加剧市场的波动性。

基金经理的短视跟风行为加剧了股市波动性。Scharfstein 和 Stein（1990）认为，基金经理面临着职业压力，如当所管理的基金业绩连续较长时间比其他基金经理所管理的基金或者市场指数差，那么该基金就很可能不能得到更多投资者的注资，基金规模就不能得到发展，基金经理不仅面临收入问题而且还要面临离职的风险。迫于以上压力，基金经理往往会采取一种短时的投资行为，采取跟随市场上趋势，买进热点股票，抛售表现不好、价格下跌的股票。也就是说，基金经理会采取正反馈交易策略，即使认为某只股票在未来极具升值的空间，但由于短期内不能获得好的效果，也不会买入该股票，而且会将这种股票卖出转投短期业绩好的股票。基金经理的这种短时行为必然伴随着投资组合的不断变化，加剧了股票市场的波动性。同时，Culter 等（1991）同以上学者有相似观点，他们通过研究也认为基金经理"追涨杀跌"这种正反馈交易行为会导致股票市场的不稳定。

基金经理羊群行为破坏市场稳定性。Maug 和 Naik（1995）认为，基金经理的"羊群"行为导致大量的基金经理在短期同一时间内买入或者卖出相同的股票，这种大规模的买卖行为所造成的负荷将大于股票市场所能承受的流动性，造成股价的急剧波动和不连续，打破了股市的平衡、稳定性。Avery 和 Zemsky（1998）构建了内幕交易者与市商之间的博弈模型，并得出在信息不对称下产生的"羊群"行为将会使得市场价格出现泡沫。施东晖（2001）根据国内证券投资基金每季度公布的投资组合数据，对其交易行为和市场进行研究，结果发现，国内投资基金存在较严重的"羊群"行为，投资理念趋同，投资风格模糊，并且在一定程度上加剧了股价波动。朱少醒等（1999）运用随机图论构建了随机性"羊群"效应模型，分析了股票收益的厚尾现象与"羊群"行为之间的联系，而股票收益率的厚尾现象是引起股市波动的重要原因之一。因此，"羊群"行为是影响股市稳定性的一个重要因素。

基金是主要的机构投资者，其持股数比起个人投资者规模上要大很多，基金经理对某股票的集中性、同方向投资行为不仅会引起别的基金经理、个人投资者的模仿、跟随，使得股价出现大幅度的涨落，而且基金经理对某只股票的"羊群"行为和频繁操作会引起市场上的其他股票的价格波动，从而导致整个股票市场的急剧震荡。当前，中国的证券市场制度还不完善，基金等机构投资者内幕交易、股市坐庄等非法交易行为屡见不鲜。基金经理的"羊群"行为将会对中国的股票市场带来危害，造成股市出现波动性。因此认清影响基金经理"羊群"行为的主要因素，对证券市场健康发展、保护基金投资者的利益具有重要意义。

二、基金"老鼠仓"行为研究

（一）道德风险论

证券市场是一个多方共同作用和参与的典型的博弈环境。在博弈环境下，参与各方会在信息不完全和不对称的情况下进行投资和决策，这势必会为投资道德风险问题的发生埋下伏笔，即市场中投资者之间存在委托代理关系时会发生"老鼠仓"等道德风险问题。

道德风险是指在经济活动过程中，参与者在最大限度地增进自身效用的时候损害他人利益，亦即代理人在签订协议后隐藏自利行为。亚当·斯密于 1776 年在《国富论》中对其进行了描述："无论如何，由于这些公司的董事们是他人钱财而不是自己钱财的管理者，所以很难设想他们会像私人合伙者管理自己钱财那样警觉，所以在公司事务管理中，疏忽、浪费总是或多或少的存在。"道德风险产生的根本原因是：负有责任的行为者不能承担其行动带来的全部利益或者损失，这是由不确定性的和不完整的协议造成的，他们既不承担行动的全部后果，也不分享行为的全部利益。由此可知，道德风险存在很多外部因素，它们的相互制约使得均衡可能不存在，或均衡状态即使存在，也是没有效率的。

道德风险是决策者之间选择某种行动及策略的博弈，这些行动和策略又会影响事件的结果，因此，它是一种特殊的博弈。道德风险最初来源于保险经济学，是指保险制度会影响人们的激励机制，从而改变保险公司业务对应事件所发生的概率，其内在意义是事件发生的概率既受客观世界的影响，又受主观因素的影响，如人的道德水平、努力程度等。制度的选择又可以影响人的道德水平和努力程度。人们在签订合同时，相关制度条款必须有利于改善参与者的主观行动，从而增加所有者的收益。阿罗（Arrow，1976）在《风险承受理论的若干方面》一书中指出：如果保险政策对于失火会获得大笔保险金，就有可能隐喻鼓动投保人去纵火，至少会鼓励投保人玩忽职守。这是对保险中的道德风险所作的生动的陈述。Arnott 和 Stiglitz（1988）从不完全信息和非对称信息的视角，对委托代理和道德风险问题进行了研究，他们提出了非市场因素将进一步加剧道德风险问题。

Holmstrom（1979）等在对事前道德风险研究后得到这样的结论：当投保人的行为无法被保险人观测时，投保人在购买保险后，会有动机减少谨慎行事。他们还指出事故损失较小时投保人可以被完全保险，一旦损失程度超过某限度后，投保人只能被部分保险。他们还提到在不完全信息及存在道德风险的情况下，部分保险将是最优的均衡结果。Winter（1992）则认为，投保人的不谨慎行为通常会导致保险事故中出现较大的损失，最优保单要求保险金是损失额的非增函数。

事后道德风险的概念最早是由 Spence 和 Zeckhauser（1971）提出的，他们建立了一个连续分布函数类型的代理人（即投保人）和具有利润约束的保险公司（即委托人）之间的道德风险模型，并证明了事故的自然属性，委托人监督风险状态的能力，以及代理人的事前行动决定了委托人和代理人之间的最优保险合同。在此基础上，假设道德风险变量被代理人在自然选择之后所选择，则建立的模型同时包括了不对称信息下的事前逆向选择和事后道德风险。Crocker 和 Snow（1985）在保险欺诈的研究中，提出保险人可以设计具有针对性的保险合同，区分高风险和低风险投保人，尽可能地降低信息的不对称性，从而达到规避投保人保险欺诈行为的目的，降低道德风险发生的可能性。Mookerjee（1989）证明了在存在事后道德风险的条件下，应采取随机的抽查审核策略。

最早涉及治理道德风险动态模型研究领域的学者是 Radner（1981）和

Rubinstein（1981）。他们运用重复博弈模型证明，如果委托人和代理人有足够的耐心而保持长期的关系，那么实现帕累托一阶最优风险分担和激励是很有可能的。但如何建立代理人业绩的评价标准是激励合同所面临的一个重要问题，Holmstrom（1982）提到棘轮模型和声誉模型对激励机制有着不同的效用。

合同订立的不完整性是道德风险产生的最直接前提，并引起经济活动者之间产生效用冲突。合同不完整性产生主要有以下三方面原因：①参与投资者的信息不对称；②来自于订立合同的成本及法律方面的障碍；③实施合同过程中产生的费用等。其中，道德风险产生的根源是参与经济活动的主体之间信息地位的不对称性。

（二）"老鼠仓"行为的相关研究

"老鼠仓"是基金经理的"道德风险"，一直是受投资者深恶痛绝的，其存在严重损害了投资者的利益。自 2007 年一些基金经理"老鼠仓"行为曝光后，整个市场开始关注这个现象，国内的一些学者从不同的角度对"老鼠仓"行为进行了研究。何晓晴（2001）通过分析研究"老鼠仓"现象的基本特征，认为中国资本市场上一波又一波的庄股拉升和跳水行情，无不与"老鼠仓"行为有关，分析了做庄庄家的操作手法，并将建"老鼠仓"的庄家分为三类人：券商和基金；上市公司及与其关联企业或者人员；一些大客户。她指出中国股市最大的"老鼠仓"是有内幕消息的大量游资，而基金等机构投资者和银行等金融机构是资金的主要来源，认为流入股市的资金在短时间内实现财富的重新分配是"老鼠仓"的最大贡献。周仁才和吴冲锋（2009，2010）构建了"老鼠仓"市场交易模型，分析了"老鼠仓"交易对价格、交易量、波动性等市场特征的影响；分析了"老鼠仓"行为下对基金经理的跨期投资、消费决策及市场风险溢价的影响。以上研究主要分为三类："老鼠仓"的基本成因与特征、"老鼠仓"对证券市场的影响、"老鼠仓"的防范措施。其中，对"老鼠仓"的防范措施主要从监管、法律的角度，通过增加基金经理"老鼠仓"行为的机会成本来规范基金经理的行为。

倪受彬（2007）从法律监管角度上去监管"老鼠仓"行为，认为应该尽快确定对于"老鼠仓"的法律监管，提出对于"老鼠仓"行为的治理的办法：加大对于责任人员的惩罚力度；增加防范基金个人交易行为监管制度的可操作性；完善持有人信息和基金内部的制衡机制。刘芳芳和周洪文（2010）基于博弈论从基金监管上来分析"老鼠仓"行为，对改进监管制度提出政策建议。李昕等（2010）从博弈论角度出发，探讨"老鼠仓"治理问题的惩罚制度设计，以期为治理"老鼠仓"问题提供有效的解决办法。庄正欣和朱琴华（2006）利用 DSSW

模型讨论了"老鼠仓"条件下噪声交易者的收益变动,指出在中国资本市场发展的初期,一些机构投资者利用其资金优势,通过资本市场的炒作,使资产价格严重脱离其基本面;同时机构投资者之间的合谋是不稳定的,出于害怕、担心风险资产价格严重脱离其基本面和流动性风险,部分机构投资者背离联盟,从而引起证券市场价格大幅波动,常常造成广大中小投资者蒙受重大经济损失。殷结(2007)分析了基金"老鼠仓"的成因与防治措施,指出"老鼠仓"的违法性:①基金"老鼠仓"是一种内幕黑色交易行为;②基金"老鼠仓"是一种操纵市场行为;③基金"老鼠仓"是一种欺诈客户行为。分析其形成原因:①"老鼠仓"本身私密的特性;②基金管理者自身投资渠道不畅;③对基金"老鼠仓"惩处不力,监管不当;④基金分配制度不合理;⑤基金管理者职业道德缺失。

目前,针对"老鼠仓"的研究没有深入的定量分析和实证研究,基本上还是处于定性描述阶段,出现这种情况的主要原因是,虽然多年以来人们就注意到"老鼠仓"现象,但利用常规的经济理论分析方法对其进行研究出现困难而难以定论,这是由于在做仓过程中,机构投资者为老鼠仓进行利益输送而背离自身效用最大化的理性决策造成的。另外,由于"老鼠仓"做仓过程不易发现,故在实证中很难甄别"老鼠仓"行为。

第二篇

理 论 篇

第三章 基金经理投资行为的解释

第一节 基金经理投资行为相关研究

金融市场中信息对股票价格的反应程度一直以来都是研究者所关心的问题，由此建立了"有效性市场假设"（efficient market hypothesis，EMH）。有效市场假设理论，即证券的价格是否充分地反映了所有能获得的信息，已成为现代证券市场理论体系的支柱之一，经过几十年的发展，现已成为今天各种投资理论的基石和重要前提。"有效性市场假设"是 Fama（1970）提出的，他认为市场是一个鞅或者公平博弈，市场是完全的，即信息不应被用于投资。有效市场的理论的依据有以下三点：①投资者是理性人，能理性地为证券估值；②如果市场上存在非理性人，他们会进行随机交易，行为会互相抵消，不会造成价格的大规模波动；③即使市场上有大量非理性人，他们所进行的交易也会具有一定的模式，市场上的大量套利投资者会抵消其对价格的影响。但在实践中，市场的不完全性却是常态，在一个不完全的市场中，由于信息的不完全公开性、复杂性，甚至虚假性，以及投资者对市场价格的预期部分非理性、信息的传递并不很通畅等特点，投资者对信息反应的偏差，使得市场价格对信息的反应并不是迅速而统一的，不同层次的投资者对信息的认知有一个过程，从而使市场价格在一定时期内沿一定的趋势运动。因此，不完善的市场使得股票的历史价格并不能完全反映市场上所有的公开信息，基金经理总可以利用私人信息来获取超额收益。

基金经理通过个人努力获取的私人信息来影响证券的预期收益率，同时还可以选择一个合适的投资风险，即基金经理可以同时控制收益率及风险，这是由证券投资的基本特征所决定的，对这一过程可以进行如下描述。

某基金经理获得一个与风险资产的收益 y 有关的信号 s，花费努力为 e，负效用为 $C(e)$。简单起见，假设变量 e 可取值 1（努力了）或者 0（没努力）。假如代理人努力了，那么，就知道风险资产收益的条件概率分布。

风险资产的条件收益 y/s 由以下线性形式决定：

$$y/s = \mu + s + v \tag{3-1}$$

式中，v 表示一个环境变量，它与 s 及 e 是不相关的；σ_v^2 表示方差，μ 表示 y 的非条件均值（也就是在没有观测到 s 时的期望值）。式（3-1）表明，风险资产的收益不仅依赖于基金经理所观测到的信号（这个是在他的控制之下的），同时还依赖于一个环境变量（这个不在他的控制之下）。

在此基础上，基金经理选择风险资产在投资组合中的权重 α，条件组合的收益率为

$$x = \alpha(s)y = \alpha(s)(\mu + s + v) \tag{3-2}$$

式（3-2）表明，基金经理还可以通过选择风险资产的权重 α，影响投资组合的风险。因此，通过以上分析可知，在基金投资中，基金经理是可以同时影响投资组合的收益及风险的。

很多文献都对信息影响基金经理投资行为进行了研究。Stoughton（1993）认为，花费成本去搜集并分析信息，能够提高对未来市场收益预期的精确性，因此，基金经理有动力去搜集信息来提高投资收益率，但他们没有考虑到信息对风险的影响。Goldman 和 Slezak（2003）分析了信息对股票价格的影响及基金经理的私人信息对投资效率的影响。Ozerturk（2004）分析了在均衡状态下基金经理的补偿合同是如何影响组合选择及信息获取决策的。曾勇等（2000）认为，管理者的个人信息可以降低个别因素的不确定性，并且管理者的信息更新随信号精度的下降而减弱，信息价值随信号精度的下降而下降。盛积良和马永开在基金经理获取信息存在成本的前提下，研究了基于相对业绩的线性报酬结构对基金经理投资组合选择的影响及其激励作用，但在考虑信息成本的计算时，简单地以超额收益率来衡量，并不是纯粹的信息成本。所有这些文献都没有明确说明信息到底是如何影响投资收益率及风险的，也没有显性地考虑信息成本。本章从基金经理的角度，说明了努力水平对基金经理的投资组合构建的影响，并给出了这种影响的信息结构解释，表明在投资组合的构建过程中，基金经理有能力在提高收益率的同时降低风险。最后在定义了信号精度成本函数的前提下，解释了基金经理的投资行为。

第二节　有效投资组合前沿的移动

一、努力对有效投资组合前沿的影响

经典的 Markowitz 投资组合理论对投资组合有效边界是这样描述的（Markowitz，1959）：假定基金经理面临着 n 种风险资产的投资组合的选择问题，其收益率向量是 $\mu = (\mu_1, \mu_2, \cdots, \mu_n)$，假设每种风险资产的收益率都服从正态

分布，那么资产组合的收益率就服从 n 元正态分布。投资于资产组合的资金比例向量为

$$X = (X_1,\ X_2,\ \cdots,\ X_n)$$

$V = [\,\mathrm{cov}\ (\mu_i,\ \mu_j)\,]_{n\times n}\ (i,\ j = 1,\ 2,\ \cdots,\ n)$；表示 n 种资产收益率的协方差矩阵，$I_n = (1,\ 1,\ \cdots,\ 1)$ 表示单位向量。基金经理的有效投资组合构建就是求解以下规划问题：

$$\begin{cases} \min \sigma_p^2 = X^{\mathrm{T}}VX \\ \mu_p = X^{\mathrm{T}}\mu \\ X^{\mathrm{T}}I_n = 1 \end{cases} \tag{3-3}$$

式中，σ_p^2 是投资组合的方差，μ_p 是投资组合的收益率。应用 Lagrange 乘数法进行计算，可得到如下结果

$$\begin{cases} X = V^{-1}(\lambda_1 I_n + \lambda_2 \mu) \\ \sigma_p = \sqrt{(a\mu_p^2 - 2b\mu_p + c)/\Delta}, \quad \mu_p \geqslant b/a \end{cases}$$

式中，

$$a = I_n^T V^{-1} I$$
$$b = I_n^T V^{-1} \mu$$
$$c = \mu^{\mathrm{T}} V^{-1} \mu$$
$$\Delta = ac - b^2$$
$$\lambda_1 = (c - \mu_p b)/\Delta$$
$$\lambda_2 = (\mu_p a - b)/\Delta$$

把此结果绘制在图形上，可得到有效投资组合前沿 ML，如图 3-1 所示。

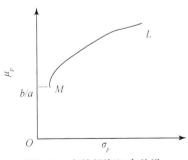

图 3-1　有效投资组合前沿

此前沿在有效市场里对任何基金经理来说都是一样的，基金经理只能根据个人的偏好在前沿上选择某一个投资组合进行投资。事实上，市场总是不完善的，是非有效的，尤其在中国。实证研究表明，中国资本市场不是一个有效的市场

（何诚颖和程兴华，2005）。在这种市场环境下，基金经理可以通过努力来获取信息，以更加精确地预测资产的收益及风险，这样就导致不同基金经理所面对的有效投资组合前沿是不同的。另外，基金经理构建的投资组合一般只包含数十种股票，具体把哪只股票纳入到组合中，不同基金经理也会通过个人的努力来选择股票，同样会导致投资组合前沿的不同。总之，基金经理的努力水平会引起投资组合前沿的移动，我们用图 3-2 来进行详细的说明。

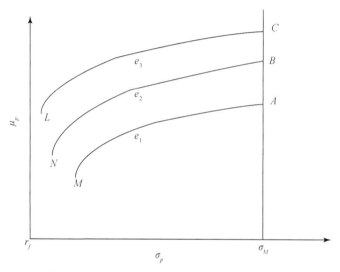

图 3-2　基金经理的努力对投资组合前沿的影响

在图 3-2 中，横轴为组合风险，纵轴为投资组合收益率，原点为无风险收益率。MA，NB，LC 分别表示努力水平为 e_1，e_2，e_3 下的有效投资组合前沿，其中 $e_3 > e_2 > e_1$。Shleifer 和 Vishny（1997）认为利用具有高的风险调整收益的证券以及好的市场时机能够得到较高的均方差前沿，同样，Heinkel 和 Stoughton（1994）也认为，花费成本去搜集与分析信息能够提高对为了市场收益预期的精确性，所以基金经理通过努力所获得的信息来改变组合中风险资产的种类及权重，能够在收益率不变的情况下降低组合的风险，从而向上移动投资组合边界。

基金经理越努力，其获得的信号精确度越高，预期收益率也就越高，由此推动均方差前沿向上移动的幅度也越大。由此可以得出结论，基金经理的努力水平越高，他就能获得更高的组合前沿。也就是说，如果 $e_2 > e_1$，在两种努力水平下形成的有效投资组合前沿上，对于任何期望收益率 μ 均有 $\dfrac{\mu}{\sigma_1^2} < \dfrac{\mu}{\sigma_2^2}$，其中方差的下标对应相同下标的努力水平，显然，努力水平越高，那么基金经理得到的风险

补偿也就越大。

二、信息结构解释

基金经理利用市场公开信息可以得到资产的一个无条件收益率及无条件协方差。同样，利用通过努力得到的私人信息又可以得到资产的另一个有条件收益率及有条件方差，但这种私人信息存在一个精度问题，这与基金经理的个人能力及努力程度有关，信息的精度不同对基金经理在估计风险资产的收益率及风险时会产生影响。

假设根据历史收益率计算出来的风险资产的收益率为 μ，方差为 σ^2，则风险资产的期望收益率为 $E(\bar{\mu}) = \mu + \varepsilon$，其中，$\varepsilon$ 为服从均值为零，方差为 σ^2 的正态分布。基金经理越努力，就能够搜集到越多的有关风险资产收益率方面的信息，从而影响风资产收益率的预期值 $E(\bar{\mu})$ 并降低风险资产收益的方差。假设基金经理通过努力获得一个信号 s，信号 s 为随机变量 $\tilde{s}$ 的实现，再假定随机变量 $\tilde{s} \sim N(0, v^2)$，其中，$v^2 < \infty$，v^2 越大表明信号越不精确，努力水平就越低。通过以上的分析可知，努力水平影响信号的精确性，可用 $E(\bar{\mu}|s)$ 表示在一定努力水平下获得的信号的条件期望收益率。这是一个经济学中经常用到的统计推断问题，统计推断的计算公式如下（Holmstrom，1999；Gómez and Sharma，2006）：

$$E(\bar{\mu}|s) = \mu + ps \tag{3-4}$$

其中，

$$p = \frac{\sigma^2}{\sigma^2 + v^2} \tag{3-5}$$

条件方差的计算公式如下：

$$\mathrm{var}(\tilde{\mu}|s) = (1-p)\sigma^2 \tag{3-6}$$

即 $\bar{\mu}|s \in N\left(\mu + \frac{\sigma^2}{\sigma^2 + v^2}s, \frac{v^2}{\sigma^2 + v^2}\sigma^2\right)$。

实际上，可以用 $p = \frac{\sigma^2}{\sigma^2 + v^2}$ 来表示信号的精确度，它的值在 0 到 1 之间变化，其值越大，表示信号包含的信息越多，同时表示基金经理支出了更多的努力。p 表示只有公开信息估计的方差与只有公开信息估计的方差加上信号 $\tilde{s}$ 的方差的比率，v^2 越大，p 就越小，而 v^2 越大表明基金经理的努力水平越低，所以 p 反映了基金经理的努力程度。

从其表达式可以清晰地看出，p 越大，基金经理的努力程度越高，即基金经理努力支出越大，p 越大。当基金经理支出无穷大的努力时，或者说信号绝对精

确（比如基金经理知道内幕消息）时，即 $v^2=0$，则 $p=1$，$E(\tilde{\mu}\,|\,s)=\mu+s$，var $(\tilde{\mu}\,|\,s)=0$，此时证券的条件方差降为 0，表明噪音信息完全确定，但条件预期收益率的变化是不确定的，噪音信息实现的收益率 s 可以是任意数值，并不一定大于 0，因为基金经理观察到的信号可能是利好消息的实现，也可能是关于风险资产的负面消息的实现。当基金经理不付出任何努力时，或者说信号不包含任何有价值的信息（如基金经理不去搜集任何信息）时，即 $v^2\rightarrow\infty$，则 $p=0$，$E(\tilde{\mu}\,|\,s)=\mu$，var $(\tilde{\mu}\,|\,s)=\sigma^2$，证券的条件预期收益率及条件方差没有发生变化。所以，p 越大，基金经理的努力支出越大，信号越精确，基金经理面临的不确定性也就越低。

对于单个风险资产而言，信号的实现一定会降低资产的风险，但是不一定会增加资产的收益率。但对于投资组合，信号的实现能够在一定风险水平下增加组合收益率，或者在一定收益率水平下降低组合风险，这实际上就是 Markowitz 投资组合理论的基本思想。假设 F_{e_1}，G_{e_2} 分别代表努力水平为 e_1，e_2 下的组合收益率的分布函数，有 $e_2>e_1$，那么必有 $G_{e_2}>F_{e_1}$，表示 G_{e_2} 一阶随机占优于 F_{e_1}，即基金经理努力只会给他带来好处。这很好地解释了有效投资组合前沿的移动。

三、信号精度成本函数的提出

通过以上分析可知，较小的 v^2 是通过努力得到的，而基金经理的努力是有成本的。有关努力成本的假设在一般委托代理文献中是一个最基本的假设，对于基金经理来说，只要他努力工作了，不管程度如何，都会给他带来一定程度的"辛苦"或"痛苦"，假定它可被用一种效用测度的"成本函数" $c(e)$ 来刻画，且假设有 $c'=\dfrac{\mathrm{d}c(e)}{\mathrm{d}e}>0$，$c''=\dfrac{\mathrm{d}c'}{\mathrm{d}e}>0$。基金经理一方面要努力搜集信息以提高信号的精确度，降低风险；另一方面，努力搜集信息又会招致成本，这就构成了一对矛盾，基金经理要进行慎重权衡，以找到最优的努力支出程度。

上述有关努力成本的假设适用于一维行为空间，但在投资组合选择中，这种努力成本函数必须加以改进，因为基金经理构建的投资组合一般都会包含数只甚至数十只股票，而且基金经理由于自身专业知识、能力方面的因素，对于不同股票的了解程度都是不同的，那么他对不同股票的努力程度也会不同，这样就会导致不同股票都有不同的条件收益率及条件方差的计算公式。

假设投资组合中包含 n 只股票，基金经理对不同股票的努力支出向量为 $e=(e_1, e_2, \cdots, e_n)$，努力成本函数可表示为 $C(e)=C(e_1, e_2, \cdots, e_n)$。用 $C_i>0$，$i=1, 2, \cdots, n$ 表示成本函数对各个努力水平的导数；用 $C_{ij}(i=1, 2, \cdots, n;$

$j=1$，2，…，n；$i \neq j$）表示成本函数对努力水平 i，j 的偏导数，一般的，当 $i \neq j$ 时 C_{ij} 不为零，C_{ij} 不为零说明基金经理对不同证券的努力成本存在相互依存性，这种相互依存性在基金经理决定投资组合的选择上有着重要的作用。如果纳入投资组合中的股票之间的相关系数不为零，不妨假设有两个股票 A，B 之间的相关系数为正，那么基金经理在股票 A 上花费努力的同时，也能获得一定的关于股票 B 的信息。同样，基金经理在股票 B 上花费努力的同时，也能获得一定的关于股票 A 的信息，此时，$C_{AB}<0$，这说明基金经理花在股票 A 上的努力与花在股票 B 上的努力在成本上是互补的。相反，若 $C_{AB}>0$，即两种活动在成本上是替代的，一般的，总有 $C_{AB}>0$，即基金经理的精力是有限的，对一种工作越努力，则另一种工作的边际成本就越高。另外，实证研究表明（Volkman and Wohar，1996），如果基金经理在构建投资组合时，选择不同行业的股票可以最大限度地分散风险，此时，由于不同行业中的股票的信息相关性不强，而且组合投资只能分散掉非系统风险，基金经理只会关心各个股票特有的信息，所以基金经理在不同股票上的努力成本就是可替代的。不妨假设基金经理花在不同股票上的努力在成本上是完全可替代的，即 $C(e_1, e_2, \cdots, e_n) = C(e_1 + e_2 + \cdots + e_n)$，更进一步，假设基金经理的努力成本函数如下：

$$C(e_1 + e_2 + \cdots + e_n) = \frac{b(e_1 + e_2 + \cdots + e_n)^2}{2} \tag{3-7}$$

其中，$b>0$ 为成本系数，这里假定不同股票的成本系数是相同的。事实上，由于基金经理的专业知识、能力方面的因素，基金经理在对不同股票需要付出相同的努力的情况下，其感受到的"辛苦"程度是不一样的，那么成本系数对于不同股票而言就不再相同，但这个假设并不影响结论。因为信号精度与努力支出成正向变化的关系，基金经理努力支出的总和最终会转化为对投资组合收益及风险估计的精度，所以可以把基金经理的努力成本函数转化为信号精度成本函数。简单起见，类似于成本函数的定义，我们假定基金经理搜集及分析信息的成本是信号精度的函数

$$c(p) = \frac{bp^2}{2}, \qquad 0 < p < 1 \tag{3-8}$$

其中，$0<p<1$ 表示信号的精确度，$b>0$ 表示信息成本系数，b 越大表明为达到同样的信号精确度，要付出更多的信息成本（说明基金经理获取信息的能力较低）。$c'(p)>0$ 表示 p 越大，则信号包含的信息越多，从而信息成本越大。$c''(p)>0$ 表示边际信息成本是递增的，直观的，在已经获取了一定信息量的情况下，要想进一步提高信号精确度，获取信息的边际成本会增加。为了便于理解，我们可以把 p 看成是努力 e 的函数，且有 $0<p(e)<1$，$p'(e)>0$。

四、基金经理的效用最大化

假定 μ 和 σ^2 是在没有任何私人信息的情况下，利用市场公开信息得到的有效投资组合前沿上任一组合的收益率及方差。基金经理在一定努力水平下获得的信号精度是 p，那么基金经理新的有效投资组合前沿组合的坐标为 $[\mu+ps, (1-p)\sigma^2]$，$s>0$，$\sigma^2=h\mu^2-2l\mu+m$；其中，h、l 和 m 均表示大于 0 的常数，根据模型（3-3）中的参数来确定。基金经理提高信号精度能够提高收益并降低风险，但是基金经理提高信号精度的努力是有成本的，正是由于基金经理信号精度成本递增的性质及风险递减、收益递增的性质，必定存在一个最优的努力水平，使基金经理的期望效用最大化。

假定基金经理的效用函数为负指数形式，即 $U=-e^{-\gamma\mu}$，$\gamma>0$ 表示基金经理的绝对风险规避度，基金经理用 1 单位的资金来构建投资组合。最大化基金经理的效用实际上就等于最大化如下所示的确定性等价收入 v：

$$\max_{p,\ \mu} v = \mu + ps - \frac{1}{2}\gamma(1-p)\sigma^2 - \frac{bp^2}{2} \tag{3-9}$$

基金经理效用最大化的一阶条件为

$$\frac{\partial v}{\partial p} = s + \frac{1}{2}\gamma\sigma^2 - bp = 0 \Rightarrow p = \frac{2s+\gamma\sigma^2}{2b} \tag{3-10}$$

$$\frac{\partial v}{\partial \mu} = 1 - \frac{1}{2}\gamma(1-p)(2h\mu - 2l) = 0 \Rightarrow \mu = \frac{1}{h\gamma(1-p)} + \frac{l}{h} \tag{3-11}$$

基金经理效用最大化对 p 的最优条件要求基金经理的信号精度的边际成本等于信号精度的边际收益，即 $bp = s + \frac{\gamma}{2}\sigma^2$。基金经理努力的边际收益包括两个部分：①信号的边际收益率的增加；②信号的边际风险的降低，风险的降低给基金经理带来的满足与基金经理的风险规避度有关。最优条件表明，信号精度 p 是精度成本系数 b 的减函数，即基金经理能力越低，提高信号精度的难度也就越大。另外，信号精度 p 是 s、γ、σ^2 的增函数，表明基金经理的信息实现的边际收益率越大就越害怕风险，以及市场目前风险水平越高，他就会越努力去搜集信息以提高信号精度，这证明了我们的直觉。基金经理的最优努力水平由隐函数 $p(e)$ 决定。$\mu = \frac{1}{h\gamma(1-p)} + \frac{l}{h}$ 决定了基金经理的最优投资组合的选择。

从以上的分析可以看出，基金经理的投资行为可以分为两个维度：一个维度是基金经理努力的选择；另一个维度是基金经理的风险选择。基金经理的这种复杂的投资行为使得投资者对基金经理的激励合同设计变得更加困难。

第四章 线性契约对基金经理投资行为的影响研究

第一节 基金线性激励契约的特征

一、基金契约模型基本假设

假设 1 投资者没有能力自己进入市场,只能委托基金经理进行投资。投资者委托投资的资金总额为 1 个资金单位。

假设 2 基金经理有能力在风险一定的水平下,通过努力获得的私人信息来构建新的投资组合前沿,新的投资组合前沿一阶随机占优于由市场公开信息所得到的投资组合前沿(即投资者所能达到的有效投资组合前沿)。根据第三章分析结论中的信息结构对证券收益率的影响特征可知,基金经理以一种线性的方式通过信号精度来影响投资组合的收益率。如果通过市场公开信息得到的组合前沿上的任一个组合 i 的期望收益率及方差分别是 r_i 和 σ_i^2,则实际收益率 $\tilde{r}_i \in N\ (r_i,\ \sigma_i^2)$。如果基金经理的信号精度为 p,那么基金经理新的组合前沿上相对应风险的期望收益率为 r_i+p。

假设 3 假设基金经理对投资组合风险的选择是无成本的,也就是说,基金经理可以在新的有效投资组合前沿上无成本地选择某个投资组合。

假设 4 假设基金经理和投资者都相信资产是根据 Sharpe–Linter–Mossin 资本资产定价模型(Das and Sundaram,2002)来定价的(即使如此,也不代表 CAPM 绝对成立。因为 CAPM 的假设在现实市场上可能是不成立的,从而导致雇佣拥有私人信息的基金经理是合理的),那么有

$$r_i = r_f + \rho_{im}\sigma_i \frac{r_M - r_f}{\sigma_M} \tag{4-1}$$

式中,r_f 表示无风险收益率,r_M 表示市场组合收益率,σ_M 表示市场组合的标准差。再假设投资者和基金经理都认为投资组合的风险是充分分散化的,即 $\rho_{im} \approx 1$,这个在技术上很容易做到。令 $\lambda = \frac{r_M - r_f}{\sigma_M}$ 表示单位风险补偿系数,那么式(4-1)可

变为

$$r_i = r_f + \lambda \sigma_i \tag{4-2}$$

假设5 基金经理的信号精度成本函数为 $c(p) = \dfrac{bp^2}{2}$，$0<p<1$，可以等价于货币成本，其中，$0<p<1$ 表示信号的精确度，$b>0$ 表示信息成本系数，b 越大表示为达到同样的信号精确度，要付出更多的信息成本（说明基金经理获取信息的能力较低）。$c'(p)>0$ 表示 p 越大，则信号包含的信息越多，从而信息成本越大。$c''(p)>0$ 表示边际信息成本是递增的，直观的，在已经获取了一定信息量的情况下，要想进一步提高信号精确度，获取信息的边际成本会增加。为了便于理解，我们可以把 p 看成是努力 e 的函数，$0<p(e)<1$ 且 $p'(e)>0$，信号精度与努力水平之间的函数关系是单调递增的，因此可以从信号精度的角度来考虑基金经理的努力程度。

假设6 我们考虑线性合同 $s(\tilde{r}_i) = \alpha + \beta\tilde{r}_i$，其中，$\alpha$ 是基金经理的固定收入，β 是基金经理分享的收益份额，即收益每增加一个单位，基金经理的报酬增加 β 单位。

二、基金契约模型构建及分析

(一) 模型构建

在以上假设条件下，基金经理通过努力获取私人信息，付出努力成本，通过信号精度来提高期望收益率，那么基金经理的实际收入为

$$\alpha + \beta(\tilde{r}_i + p) - \frac{bp^2}{2} \tag{4-3}$$

投资者的实际收入为

$$-\alpha + (1-\beta)(\tilde{r}_i + p) \tag{4-4}$$

为了能够与 Holmstrom 和 Milgrom（1987）的委托代理模型（本节称之为一般委托代理理论）进行比较，在这里假设委托人是风险中性的（在基金投资中，由于委托人是由大量投资者构成的，因此假设风险中性的委托人是合理的），基金经理都是风险规避的，效用函数负指数形式，不失一般性，再假定基金经理的风险规避度为 γ。在此假设下，容易知道基金经理的确定性等价收入为

$$u = \alpha + \beta(r_f + \lambda\sigma_i + p) - \frac{1}{2}\gamma\beta^2\sigma_i^2 - \frac{bp^2}{2} \tag{4-5}$$

投资者的期望效用为

$$v = -\alpha + (1-\beta)(r_f + \lambda\sigma_i + p) \tag{4-6}$$

令 $\bar{u}$ 表示基金经理的保留效用水平，如果基金经理的确定性等价收入小于 $\bar{u}$，基金经理将不会接受合同。因此，基金经理的参与约束可以表述为

$$\alpha + \beta(r_f + \lambda\sigma_i + p) - \frac{1}{2}\gamma\beta^2\sigma_i^2 - \frac{bp^2}{2} \geq \bar{u} \tag{4-7}$$

投资者的最优化问题可以表述如下：

$$\max_{\alpha,\ \beta} v = -\alpha + (1-\beta)(r_f + \lambda\sigma_i + p)$$

$$\text{s. t. (IR)}\ \alpha + \beta(r_f + \lambda\sigma_i + p) - \frac{1}{2}\gamma\beta^2\sigma_i^2 - \frac{bp^2}{2} \geq \bar{u}$$

$$\text{(IC)}\ \max_{\sigma_i,\ p} u = \alpha + \beta(r_f + \lambda\sigma_i + p) - \frac{1}{2}\gamma\beta^2\sigma_i^2 - \frac{bp^2}{2} \tag{4-8}$$

（二）投资者可以观察到基金经理努力及风险选择的情形

考虑投资者可以观察到基金经理的精度选择及风险选择的情况。此时激励相容约束不起作用，投资者选择最优的 σ_i，p，α 和 β 来最大化自己的效用，也就是求如下最优化问题：

$$\max_{\alpha,\ \beta,\ \sigma_i,\ p} v = -\alpha + (1-\beta)(r_f + \lambda\sigma_i + p)$$

$$\text{s. t. (IR)}\ \alpha + \beta(r_f + \lambda\sigma_i + p) - \frac{1}{2}\gamma\beta^2\sigma_i^2 - \frac{bp^2}{2} \geq \bar{u} \tag{4-9}$$

因为在最优的情形下，参与约束的等式成立，将参与约束通过固定项 α 代入投资者的目标函数可得

$$\max_{\alpha,\ \beta,\ \sigma_i,\ p} v = r_f + \lambda\sigma_i + p - \frac{1}{2}\gamma\beta^2\sigma_i^2 - \frac{bp^2}{2} - \bar{u} \tag{4-10}$$

通过最优化的一阶条件可得

$$p^* = \frac{1}{b}; \quad \beta^* = 0 \tag{4-11}$$

由于投资者是风险中性的，所以可以任意指定一个风险水平，而对本身的期望效用没有任何影响。将上述结果代入基金经理的参与约束得

$$\alpha^* = \bar{u} + \frac{1}{2b} \tag{4-12}$$

这就是帕累托最优合同。此合同形式与一般代理理论中的合同形式相同，但是在这里投资者可以任意指定基金经理投资组合的风险大小。因为投资者是风险中性的，基金经理是风险规避的，帕累托最优风险分担要求基金经理不承担任何风险（$\beta^* = 0$），而投资者支付给代理人的固定收入刚好等于基金经理的保留工资 $\bar{u}$ 加上信号精度成本 $\frac{b}{2}(p^*)^2$。最优信号精度水平要求信号精度的边际期望收

益等于信号精度的边际成本，即 $1 = bp$。

（三）投资者不可以观察到基金经理努力及风险选择的情形

考虑投资者不能够观察到基金经理的精度及风险选择的情况。此时激励相容约束起作用，基金经理选择最优的 σ_i 和 p 来最大化自己的效用，也就是求如下最优化问题：

$$\max_{\sigma_i,\ p} w = \alpha + \beta(r_f + \lambda\sigma_i + p) - \frac{1}{2}\gamma\beta^2\sigma_i^2 - \frac{bp^2}{2} \tag{4-13}$$

通过最优化的一阶条件可得

$$p^* = \frac{\beta}{b} \tag{4-14}$$

$$\sigma_i^* = \frac{\lambda}{\beta\gamma} \tag{4-15}$$

基金经理的努力水平小于帕累托最优水平（因为 $0<\beta<1$）。基金经理最优风险水平的选择要求边际风险成本等于边际风险收益，但基金经理选择的风险水平与帕累托最优风险水平之间的关系不确定。从式（4-14）和式（4-15）可以看出，如果基金经理承担的风险增加，即 β 增大，那么他的努力水平将增加，所选择的投资组合的风险将降低。当 $0<\beta<1$ 时，基金经理的风险收益为 $\frac{\lambda^2}{\gamma}$，风险成本为 $\frac{\lambda^2}{2\gamma}$，净风险收益为 $\frac{\lambda^2}{2\gamma}$。也就是说，当基金经理对风险的选择有完全的控制能力时，β 的变化对基金经理的净风险收益不会产生任何影响。这是由基金经理对风险的选择是无成本的假设造成的。从这里可以得到一个有意义的结论：理性的基金经理能够通过对风险的选择来抵消 β 的变化所带来的风险承担的影响，使得自己的净风险收益处于一个固定的水平。实际上，这也是基金经理的最高净风险收益。

此时，投资者的最优化问题为

$$\max_{\beta} v = r_f + \frac{\lambda^2}{\beta\gamma} + \frac{\beta}{b} - \frac{\lambda^2}{2\gamma} - \frac{\beta^2}{2b} - \bar{u} \tag{4-16}$$

通过最优化的一阶条件可得

$$\beta^2(1 - \beta) = \frac{b\lambda^2}{\gamma} \tag{4-17}$$

式（4-17）左边对 β 求导可得

$$F(\beta) = \beta(2 - 3\beta) \tag{4-18}$$

下面分两种情况进行讨论。

（1）当 $0<\beta<\dfrac{2}{3}$ 时，函数 F 是单调递增的，此时 β 表示 γ 的减函数，表明基金经理的风险规避度越大，他应该承担的风险就越小，因为对于给定的 β、γ 越大，基金经理选择的风险越小，故最优风险分担要求 β 越小，以使得基金经理不会选择一个过低的风险水平，这个结论与一般代理理论中的结论相同，但是原因是不一样的。另外，β 表示 b 及 λ^2 的增函数，表明基金经理越害怕努力工作，单位风险补偿系数越大，他应该承担的风险就越大。$\dfrac{\partial \beta}{\partial \lambda^2}>0$ 是因为单位风险补偿系数越大说明当前的市场风险较大，根据式（4-15），基金经理所选择的风险也越大，最优风险分担要求 β 越大，以使得基金经理不会选择一个过度的风险水平。同时，$\dfrac{\partial \beta}{\partial b}>0$ 与一般代理理论中的结论相反，这是因为 b 越大，一方面，为了诱使基金经理选择同样的努力水平要求的 β 越大（因为 $p=\dfrac{\beta}{b}$）；另一方面，β 的增加会导致基金经理选择的风险降低，β 与 b 之间的正向关系表明投资者宁愿以信号精度的提高来弥补风险收益的损失。

（2）当 $\dfrac{2}{3}<\beta<1$ 时，函数 F 是单调递减的，此时基金经理的行为与上面的情况刚好相反，但是这种情况不具有理论及现实意义。一方面，在这种情况下由于基金经理拥有大部分的剩余索取权，接近于自投资，几乎不存在努力激励问题，所以本节的模型设定就不再可行；另一方面，在现实基金市场中，几乎不可能达到如此大的分享比例。因此，在下面的比较分析中只考虑第一种情况。

（四）与一般委托代理结论的比较分析

在基金的委托代理关系中，由于基金经理有完全控制风险的能力，他总能够通过选择风险使自己的净风险收益最大化，所以，投资者的最优激励合同设计与一般委托代理有所不同，与其进行比较分析的结论有以下几个方面。

（1）在信息对称的情况下，最优合同表明基金经理承担的风险为零，但由投资者任意指定基金经理投资组合的风险大小。在一般委托代理理论中，风险是外生的。

（2）在信息不对称的情况下，理性的基金经理能够通过对风险的选择来抵消 β 的变化所带来的风险承担的影响，使得自己的净风险收益处于 ·个固定的水平。

（3）基金经理的风险规避度越大，他应该承担的风险就越小，这个与一般代理理论中的结论相同。但是基金经理越是害怕努力工作，他应该承担的风险越大，这个与一般代理理论中的结论相反。另外，单位风险补偿系数对最优合同的设计也会带来影响。研究表明，在基金的委托代理关系中，基金经理对风险的控制对最优合同的设计起着决定性的作用。

第二节 基准组合对基金线性契约的影响分析

一、基准组合的基金线性契约模型的构建

假设在一个经济体中有两类经济人——委托人（投资者）和代理人（基金经理）。委托人有资金，但缺少投资知识和私人信息；基金经理有私人信息但没有资金。委托人把资金委托给代理人进行管理，则委托人的投资组合收益分布受到代理人私人信息的影响，假设 $\tilde{r}_p$ 为基金经理投资组合的随机收益，$\tilde{r}_b$ 为基准组合的随机收益，并且假设基金经理投资组合的收益和基准组合的收益之间的关系采用与 Golec（1992）的研究中相似的形式，即

$$\tilde{r}_p = \tilde{r}_b + g(e) + \left[g(e)\delta\right]^{\frac{1}{2}}\tilde{\varepsilon} \tag{4-19}$$

其中，e 表示基金经理的努力程度；$g(e)$ 表示基金经理私人信息超基准组合的收益；且 $g'(e)>0$，$g''(e)<0$，表示经理越努力，投资组合的收益会增加，但边际收益递减。δ 表示基金经理投资组合的信息率，跟基金经理的特质有关，可理解为基金经理利用信息的效率的倒数，δ 越大，同样的超基准组合收益所带来的风险越小，反之亦然，$\tilde{\varepsilon}$ 为随机项，并且有

$$E(\tilde{\varepsilon}) = 0$$
$$\text{var}(\tilde{\varepsilon}) = \sigma_\varepsilon^2$$
$$\text{cov}(\tilde{r}_b, \tilde{\varepsilon}) = 0$$
$$E(\tilde{r}_b) = \bar{r}_b$$
$$\text{var}(\tilde{r}_b) = \sigma_b^2$$

收益越大，风险越大，当基金经理投资组合收益率 $\tilde{r}_p$ 与基准组合收益率 $\tilde{r}_b$ 相比增加 $g(e)$ 时，相应的风险增加 $g(e)\delta\sigma_\varepsilon^2$。为简单起见，本节通过信息率 δ 把基金经理努力及风险的选择联系起来。

投资者把资产委托给基金经理进行管理，假设投资者提供给基金经理的线性合同具有如下线性形式：

$$s(r_p, r_b) = b_0 + b_1\tilde{r}_p + b_2(\tilde{r}_p - \tilde{r}_b) \tag{4-20}$$

此合同类似于 Admati 和 Pfleiderer（1997）及 Das 和 Sundaram（2002）在文献中的设置，但增加了固定项，这点更加符合现实。在式（4-20）中，基金经理

的激励合同由三部分构成：①固定项 b_0；②依赖于基金经理投资组合收益的部分 $b_1\tilde{r}_p$；③依赖于超基准组合收益部分 $b_2(\tilde{r}_p - \tilde{r}_b)$。投资者在提供合同时必须确定这三部分的权重 b_0、b_1、b_2 使合同达到最优。b_0、b_1、b_2 表示常量，进一步假设 $b_1 + b_2 \neq 0$，且 $b_1 + b_2 < 1$，因为如果 $b_1 + b_2 = 0$，那么基金经理的补偿将不依赖于基金经理投资组合的收益，此时补偿合同将不会影响到基金经理投资组合的选择，这显然是不合理的。另外，$b_1 + b_2 < 1$ 表明基金经理只能获得投资组合收益的一部分。

　　假设投资者是风险中性的（因为基金的投资者是由众多中小投资者构成，所以假定投资者是风险中性的），基金经理是风险规避的，效用函数为负指数形式，为不失一般性，再假定基金经理的风险规避度为 ρ。在此假设下，很容易知道基金经理的确定性等价收入为

$$u = E(s) - \frac{1}{2}\rho\sigma^2(s) - C(e) \tag{4-21}$$

其中，$C(e)$ 为基金经理搜集私人信息的成本函数，满足 $C'(e) > 0$，$C''(e) > 0$。为了计算方便，假定基金经理管理资产的初始规模为 1，则投资者的净收益为

$$s_0 = \tilde{r}_p - [b_0 + b_1\tilde{r}_p + b_2(\tilde{r}_p - \tilde{r}_b)] \tag{4-22}$$

　　因为投资者是风险中性的，则投资者的期望收入为

$$v = E(s_0) \tag{4-23}$$

　　在这里假设基金经理市场中每个基金经理都具有相同的偏好，那么，投资者的最优化问题可以表述如下：

$$\max_{b_0,\ b_1,\ b_2} v = E(s_0)$$

$$\text{s. t. (IR) } E(s) - \frac{1}{2}\rho\sigma^2(s) - C(e) \geq \bar{u}$$

$$\text{(IC) } e \in \underset{e}{\operatorname{argmax}}\left[E(s) - \frac{1}{2}\rho\sigma^2(s) - C(e)\right] \tag{4-24}$$

　　式（4-24）中的第一个约束为基金经理的参与约束，其中 $\bar{u}$ 为基金经理的保留效用；第二个约束为激励相容约束。下面分别讨论投资者可观察到基金经理努力水平及不可观察到基金经理努力水平的情形。

二、基准组合的基金线性契约模型的分析

（一）基金经理努力程度可观察到的情形

考虑投资者可以观察到基金经理努力水平的情形，此时激励相容约束不起作用。假设投资者限定均衡时基金经理付出的努力水平为 e^*，那么管理者的保留

效用为零。投资者选择最优的 b_0、b_1、b_2 来最大化自己的效用，也就是求如下最优化问题：

$$\max_{b_0, \, b_1, \, b_2, \, e} v = E(s_0)$$

$$\text{s. t. (IR)} \quad E(s) - \frac{1}{2}\rho\sigma^2(s) - C(e^*) = 0 \tag{4-25}$$

因为

$$s = b_0 + b_1\{\tilde{r}_b + g(e^*) + [g(e^*)\delta]^{\frac{1}{2}}\tilde{\varepsilon}\} + b_2\{g(e^*) + [g(e^*)\delta]^{\frac{1}{2}}\tilde{\varepsilon}\} \tag{4-26}$$

那么

$$\begin{cases} E(s) = b_0 + b_1[\bar{r}_b + g(e^*)] + b_2 g(e^*) \\ \sigma^2(s) = b_1^2[\sigma_b^2 + \delta g(e^*)\sigma_\varepsilon^2] + b_2^2\delta g(e^*)\sigma_\varepsilon^2 \end{cases} \tag{4-27}$$

由式 (4-27) 和式 (4-21) 可得：

$$u = b_0 + b_1[\bar{r}_b + g(e^*)] + b_2 g(e^*)$$
$$- \frac{1}{2}\rho\{b_1^2[\sigma_b^2 + \delta g(e^*)\sigma_\varepsilon^2] + b_2^2\delta g(e^*)\sigma_\varepsilon^2\} - C(e^*) = 0 \tag{4-28}$$

由式 (4-28) 可得

$$b_0 = -b_1[\bar{r}_b + g(e^*)] - b_2 g(e^*) + \frac{1}{2}\rho\{b_1^2[\sigma_b^2 + \delta g(e^*)\sigma_\varepsilon^2]$$
$$+ b_2^2\delta g(e^*)\sigma_\varepsilon^2\} + C(e^*) \tag{4-29}$$

因为

$$s_0 = (1 - b_1)\{\tilde{r}_b + g(e^*) + [g(e^*)\delta]^{\frac{1}{2}}\tilde{\varepsilon}\} - b_2\{g(e^*) + [g(e^*)\delta]^{\frac{1}{2}}\tilde{\varepsilon}\} - b_0 \tag{4-30}$$

那么

$$E(s_0) = (1 - b_1)[\bar{r}_b + g(e^*)] - b_2 g(e^*) - b_0 \tag{4-31}$$

将式 (4-29) 代入式 (4-31) 可得

$$v = E(s_0) = \bar{r}_b + g(e^*) - \frac{1}{2}\rho\{b_1^2[\sigma_b^2 + \delta g(e^*)\sigma_\varepsilon^2] + b_2^2\delta g(e^*)\sigma_\varepsilon^2\} - C(e^*) \tag{4-32}$$

由式 (4-32) 可以得到最优合同的一阶条件

$$\frac{\partial v}{\partial b_1} = 0, \qquad \frac{\partial v}{\partial b_2} = 0$$

解式 (4-31) 和式 (4-32) 可得

$$b_1 = 0, \qquad b_2 = 0 \tag{4-33}$$

式（4-33）表明，如果不存在道德风险的情况下，因为投资者是风险中性的，基金经理是风险规避的，帕累托最优风险分摊要求基金经理不承担任何风险，所有风险由投资者承担。

将式（4-33）代入式（4-29）可得

$$b_0 = C(e^*) \tag{4-34}$$

投资者支付给基金经理的固定工资刚好等于基金经理的努力成本，基金经理的期望收入为零。下面讨论投资者对基金经理的最优努力水平 e^* 的确定，最优努力水平由式（4-35）决定：

$$\frac{\partial v}{\partial e^*} = 0 \tag{4-35}$$

由式（4-35）和式（4-33）可知，基金经理的最优努力水平由式（4-36）决定：

$$g'(e^*) = C'(e^*) \tag{4-36}$$

也就是说，投资者所确定的努力水平必须使得基金经理努力的边际收益与边际成本相等。最优合同为

$$s = C(e^*) \tag{4-37}$$

最优合同具有以下特征。

（1）在基金经理的努力可以观察到的情形下，基准组合的选择与最优合同中参数的选择没有任何关系，这个结论与 Admati 和 Pfleiderer（1997）的结论一致。事实上，当投资者可以无成本地观察到基金经理的努力水平时，设置基准组合是无益的，因为基准组合设立的根本目的是为了规避基金经理的道德风险，而在对称信息的情况下，是不存在道德风险的。Admati 和 Pfleiderer（1997）的分析也是基于投资者能够观察到基金经理的私人信息，与基金经理依赖同样的信息，即依赖同样的条件收益率向量及条件协方差矩阵来构建投资组合，这实际上就是假定了不存在道德风险的情况。

（2）从最优合同可以看出，最优合同中不包含基准组合，但与基金经理的努力成本 $C(e)$ 有关，努力成本 $C(e)$ 越大，则需要提供给基金经理的报酬越大，这样的合同对基金经理有甄别能力，只有那些努力成本低到可以使保留效用不小于零的基金经理才会接受均衡时的合同。

（二）基金经理努力程度不可观察到的情形

基金经理的期望效用为

$$u(e) = b_0 + b_1[\bar{r}_b + g(e)] + b_2 g(e) - \frac{1}{2}\rho\{b_1^2[\sigma_b^2 + \delta g(e)\sigma_\varepsilon^2]$$
$$+ b_2^2 \delta g(e)\sigma_\varepsilon^2\} - C(e)$$

$$(4\text{-}38)$$

因为经理的努力程度 e 不可以观察到，那么基金经理可以选择努力程度以使自身的期望效用达到最大化。基金经理期望效用最大化的一阶最优条件为

$$\frac{\mathrm{d}u}{\mathrm{d}e} = (b_1 + b_2)g'(e) - \frac{1}{2}\rho\{(b_1^2 + b_2^2)\delta g'(e)\sigma_\varepsilon^2\} - C'(e) = 0 \quad (4\text{-}39)$$

由式（4-39）可得

$$\frac{C'(e)}{g'(e)} = (b_1 + b_2) - \frac{1}{2}\rho\{(b_1^2 + b_2^2)\delta\sigma_\varepsilon^2\} \quad\quad (4\text{-}40)$$

因为 $C'(e)>0$，$g'(e)>0$，所以式（4-40）一定大于零。

在基金经理市场完全竞争的情况下，基金经理的保留效用为零（此假设并不会影响到本节的结论），投资者的效用函数为

$$v = \bar{r}_b + g(e) - \frac{1}{2}\rho\{b_1^2[\sigma_b^2 + \delta g(e)\sigma_\varepsilon^2] + b_2^2 \delta g(e)\sigma_\varepsilon^2\} - C(e) \quad (4\text{-}41)$$

由式（4-41）可以得到最优合同的一阶条件为

$$\frac{\partial v}{\partial b_1} = 0, \quad\quad \frac{\partial v}{\partial b_2} = 0$$

解式（4-40）和式（4-41）可得

$$\frac{\partial v}{\partial b_1} = g'(e)\frac{\partial e}{\partial b_1} - \frac{1}{2}\rho\{2b_1[\sigma_b^2 + \delta g(e)\sigma_\varepsilon^2] + (b_1^2 + b_2^2)\delta\sigma_\varepsilon^2 g'(e)\frac{\partial e}{\partial b_1}\} - C'(e)\frac{\partial e}{\partial b_1} = 0$$

$$(4\text{-}42)$$

$$\frac{\partial v}{\partial b_2} = g'(e)\frac{\partial e}{\partial b_2} - \frac{1}{2}\rho\{2b_2\delta g(e)\sigma_\varepsilon^2 + (b_1^2 + b_2^2)\delta\sigma_\varepsilon^2 g'(e)\frac{\partial e}{\partial b_2}\} - C'(e)\frac{\partial e}{\partial b_2} = 0$$

$$(4\text{-}43)$$

由式（4-40）可得

$$\frac{1}{2}\rho\{(b_1^2 + b_2^2)\delta\sigma_\varepsilon^2\} = (b_1 + b_2) - \frac{C'(e)}{g'(e)} \quad\quad (4\text{-}44)$$

将式（4-44）代入式（4-42）和式（4-43）并化简可得

$$\frac{\partial v}{\partial b_1} = g'(e)\frac{\partial e}{\partial b_1} - \rho b_1[\sigma_b^2 + \delta g(e)\sigma_\varepsilon^2] - (b_1 + b_2)g'(e)\frac{\partial e}{\partial b_1} = 0 \quad (4\text{-}45)$$

$$\frac{\partial v}{\partial b_2} = g'(e)\frac{\partial e}{\partial b_2} - \rho b_2\delta g(e)\sigma_\varepsilon^2 - (b_1 + b_2)g'(e)\frac{\partial e}{\partial b_2} = 0 \quad (4\text{-}46)$$

令 $\dfrac{C'(e)}{g'(e)} = M(e)$，则

$$M'(e) = \frac{C''(e)g'(e) - C'(e)g''(e)}{[g'(e)]^2} \tag{4-47}$$

因为有 $g'(e)>0$，$g''(e)<0$，$C'(e)>0$，$C''(e)>0$，所以有 $M'(e)>0$。

由式（4-40）可得

$$\frac{\partial e}{\partial b_1} = \frac{1}{M'(e)}(1 - \rho b_1 \delta \sigma_\varepsilon^2) \tag{4-48}$$

$$\frac{\partial e}{\partial b_2} = \frac{1}{M'(e)}(1 - \rho b_2 \delta \sigma_\varepsilon^2) \tag{4-49}$$

将式（4-48）和式（4-49）分别代入式（4-45）和式（4-46）可得

$$\frac{g'(e)}{M'(e)}(1 - b_1 - b_2)(1 - \rho b_1 \delta \sigma_\varepsilon^2) - \rho b_1 [\sigma_b^2 + \delta g(e)\sigma_\varepsilon^2] = 0 \tag{4-50}$$

$$\frac{g'(e)}{M'(e)}(1 - b_1 - b_2)(1 - \rho b_2 \delta \sigma_\varepsilon^2) - \rho b_2 \delta g(e)\sigma_\varepsilon^2 = 0 \tag{4-51}$$

联立式（4-50）和式（4-51）可以得到如下的表达式：

$$\frac{1}{b_1}(1 - b_2) - \frac{1}{b_2}(1 - b_1) = \frac{\rho \sigma_b^2 M'(e)}{g'(e)} \tag{4-52}$$

将式（4-47）代入式（4-52）可得

$$\frac{1}{b_1}(1 - b_2) - \frac{1}{b_2}(1 - b_1) = \frac{\rho \sigma_b^2 [C''(e)g'(e) - C'(e)g''(e)]}{[g'(e)]^3} \tag{4-53}$$

因为 $M'(e)>0$，所以上式右边必大于零。因此，要保证上式左边也大于零，必有 $b_1>b_2$。最优合同中的参数 b_1 和 b_2 由式（4-53）决定，b_0 由基金经理的保留效用 $\bar{u}=0$ 给出。

最优合同具有以下特征。

（1）最优合同中的参数 b_1 和 b_2 与随机项的方差 σ_ε^2 没有关系，因此，投资者在考虑合同参数的设置时，无需考虑非系统风险，同时也无需考虑基金经理利用信息的效率，这个与本书中基金经理市场是完全竞争的假设有关，因为完全竞争的市场导致效率低下的基金经理退出了市场。另外，最优合同中的参数 b_1 和 b_2 与基准投资组合的收益 $\bar{r}_b$ 无关，这与本节所设置的基金经理投资组合收益的形式有关，在这里基金经理投资组合收益是与基准投资组合相联系的，而在合同中，基准组合收益部分由于相对业绩的存在而消失了。

（2）在这里不妨假定 $0<b_2<b_1<1/2$，这能够保证式（4-53）的左边大于零而且满足 $b_1+b_2<1$ 的条件。这个假设表明，基金经理只能获得总收益的　部分，但是如果能够超越基准收益，则给予基金经理超基准收益的奖励；如果不能超越基准收益，则给予基金经理低于基准收益的惩罚。从这个意义上来说，此合同有激励作用，而且是对称合同。

为了考察基准组合与合同参数之间的关系，令

$$\Pi(b_1, b_2) = \frac{1}{b_1}(1 - b_2) - \frac{1}{b_2}(1 - b_1)$$

则有

$$\frac{\partial \Pi}{\partial b_1} = \frac{b_2 - 1}{b_1^2} + \frac{1}{b_2} < 0 \qquad (4\text{-}54)$$

$$\frac{\partial \Pi}{\partial b_2} = \frac{1 - b_1}{b_2^2} - \frac{1}{b_1} > 0 \qquad (4\text{-}55)$$

由式（4-54）和式（4-55）可知，当基准投资组合收益的方差 σ_b^2 增加时，最优合同中对基金投资组合收益的分享比例 b_1 降低，而对超基准组合收益的分享比例 b_2 增加。这是因为基金经理是风险厌恶的，如果基准组合风险增加，也就是市场的系统风险增加，由于系统风险是基金经理必须面对而无法通过提高努力水平来分散的，那么投资者提供给基金经理的合同中对于基金绝对收益的分享比例 b_1 要降低，而相对基准组合收益的分享比例 b_2 要提高，以降低基金经理的风险承担，只有这样，才能保证基金经理的保留效用为零。同样的，当基金经理的风险厌恶度 ρ 增加时，最优合同中对基金投资组合收益的分享比例 b_1 降低，而对超基准组合收益的分享比例 b_2 增加，其影响机理与基准投资组合方差 σ_b^2 的影响机理相同。

（3）由于 $g''(e)<0$，所以式（4-53）的右边随 $C'(e)$ 的增加而增加，也就是说，基金经理的边际努力成本越高，所要求的 b_1 越小，b_2 越大，基金经理越保守。另外，由于

$$\frac{\partial\left\{\dfrac{[C''(e)g'(e) - C'(e)g''(e)]}{[g'(e)]^3}\right\}}{\partial[g'(e)]} = -\frac{2C''(e)}{[g'(e)]^3} + \frac{3C'(e)g''(e)}{[g'(e)]^4} < 0 \quad (4\text{-}56)$$

所以式（4-53）的右边随 $g'(e)$ 的增加而减少，也就是说，基金经理努力的边际收益越高，所要求的 b_1 越大，b_2 越小，基金经理越敢于冒险。

(三) 算例分析

为了进一步说明基准组合在信息对称和信息不对称情况下对基金经理最优努力选择的影响及信息不对称情况下的最优合同的特征，在这里给出一个具体的数值算例。假设基金经理私人信息带来的超基准组合收益 $g(e)$ 的函数形式为 $m\ln e$，基金经理搜集私人信息的成本函数 $C(e)$ 的函数形式为 $\frac{n}{2}e^2$；其中，$m>0$，$n>0$，两个函数均满足要求，即 $g'(e)>0$，$g''(e)<0$，$C'(e)>0$，$C''(e)>0$。

（1）考察基准组合在信息对称和信息不对称情况下对基金经理最优努力选择的影响。

在信息对称的情况下，最优合同要求 $b_1 = 0$，$b_2 = 0$，由 $g'(e^*) = C'(e^*)$ 可知基金经理的最优努力支出为 e^* 由式（4-57）决定：

$$e^2 = \frac{m}{n} \tag{4-57}$$

在信息不对称的情况下，根据式（4-40），基金经理的最优努力支出 e^{**} 由式（4-58）决定：

$$e^2 = \frac{m}{n}\left[(b_1 + b_2) - \frac{1}{2}\rho\{(b_1^2 + b_2^2)\delta\sigma_\varepsilon^2\}\right] \tag{4-58}$$

因为 $b_1 + b_2 < 1$，那么必有 $e^* > e^{**}$，表明在信息不对称的情况下，基金经理的最优努力水平一定会低于信息对称情况下的努力水平。

（2）考察基准组合对合同参数设置的影响。将收益函数及成本函数的具体形式代入式（4-53）叫得

$$\frac{1}{b_1}(1 - b_2) - \frac{1}{b_2}(1 - b_1) = \frac{2n\rho\sigma_b^2 e^2}{m^2} \tag{4-59}$$

当 $n = 1$，$m = 1$，$e = 1$，$\rho = \frac{1}{2}$ 时，分别验证不同基准组合风险 σ_b^2 对参数 b_1 和 b_2 的影响，以及考察两个参数对基准组合风险变化的敏感性。当 $b_2 = 1/4$ 时，b_1 随 σ_b^2 变化的情况，以及当 $b_1 = 1/4$ 时，b_2 随 σ_b^2 变化的情况如表4-1所示。

表4-1　合同参数随基准组合风险变化的关系表

σ_b^2		0.01	0.03	0.06	0.08	0.1
$b_2 = 1/4$	b_1	0.249	0.246	0.243	0.241	0.238
$b_1 = 1/4$	b_2	0.251	0.254	0.258	0.261	0.264

将表4-1中的数据描述于图中可以更加清晰地看出合同参数与基准组合风险变化之间的关系，如图4-1所示。

图4-1表明，合同参数 b_1 和 b_2 对基准组合风险 σ_b^2 变化的敏感性大致相同，但方向刚好相反，算例验证了理论分析的结论。

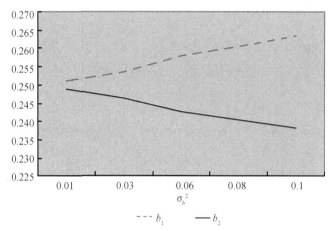

图 4-1 合同参数随基准组合风险变化的关系图

第五章 不同费用结构的线性契约激励效果研究

第一节 基金最优费用结构的特征

投资者如何对基金经理进行补偿，也就是采用何种费用结构安排在基金激励机制设计中是一个非常重要的方面。激励契约或者说补偿合同 $f(x)$ 有三个主要目的：①它是一个风险分担函数，规定了投资者与基金经理各自的风险分担水平；②它将影响基金经理的投资组合选择，包括给基金经理提供激励去付出努力、学习信号 s，从而更加了解风险资产的收益分布；③它可以发送参与合同的基金经理的类型信号，通过基金经理的参与与否，来判断基金经理的素质高低。对投资者而言，最优补偿合同就是如下决策问题的解：

$$\max_f EU_P(1 + x - f(x)) \tag{5-1}$$

$$x = \alpha(s)y(e) \tag{5-2}$$

$$e, \ \alpha(s) = \mathrm{argmax}\left[EU_A f(x) - C(e)\right] \tag{5-3}$$

$$EU_A f(x) - C(e) \geqslant U_A{}^* \tag{5-4}$$

$$EU_P(1 + x - f(x)) \geqslant EU_P(1 + x_u) \tag{5-5}$$

其中，x 表示总收益，e 表示基金经理的努力水平，$C(e)$ 表示努力成本，U 表示效用，α 表示基金经理选择风险资产在投资组合中的权重，y 表示风险资产的收益，P 表示投资者，A 表示基金经理。式（5-1）表示补偿合同的选择必须最大化 P 的期望效用。式（5-2）描述了收益的概率分布，与基金经理获得的信息信号 s 而付出努力有关。式（5-3）描述了激励相容约束，表明基金经理选择努力水平 e 及组合分配 $\alpha(s)$ 最大化基金经理的效用。式（5-4）表示基金经理的参与约束，表明基金经理的期望效用 EU_A 必须至少要等于他的保留效用 $U_A{}^*$。最后，式（5-5）表示投资者的参与约束，其中，x_u 表示投资者直接投资所能获取的收益，在这里假设投资者能够像基金经理一样投资于金融市场，但当考虑到交易成本时，投资者可能会因为面对高昂的交易成本而不能直接投资于金融市场。

一个最优的补偿合同 $f(x)$ 是指使式（5-1），式（5-2），式（5-3），式（5-4）及式（5-5）满足的函数，有些文献有时也包括另一个约束 $f(x) \geqslant 0$，因为假定基金经理不会接受一个负的报酬是合理的。目前，有许多学者对此进行了研究，关注的一个重要问题是，补偿合同是对称的（与基准比较，惩罚消极的结果，而且以同样的方式奖励积极的结果）、不对称的还是凸的（与基准比较，业绩越好，奖励越大，反之，则不进行惩罚）。在美国，共同基金被允许的费用结构列在了 1970 年修订的《1940 年投资咨询法案》中，规定基于业绩补偿合同只能是"支点"类型（对称合同），也就是说，合同中规定的费用围绕选择的基准（一般是指市场指数）必须是对称的，业绩低于指数时，费用下降，业绩高于指数时，费用增加。非对称的"激励费用"（激励合同）（即基金经理得到一个基本的固定费用再加上超越基准的奖金），被禁止使用，但是近来规则的变化在某种程度上已经削弱了此限制。

费用结构的安排对投资者利益的影响是很重要的，它通过以下几个方面来影响基金投资收益。首先，费用结构会影响到基金经理对投资组合风险的选择，对于对称的费用结构，基金经理因为要承担过多风险而带来损失，因而在选择投资组合风险时可能会比较慎重。但对于非对称的激励费用结构，基金经理只获得收益带来的好处，而无需承担风险带来的损失，这类似于期权投资，因此选择的投资组合的风险可能会过大。其次，由于对称的费用结构需要基金经理承担的风险较激励费用结构大，所以，基金经理可能会更加努力工作，以搜集到更多精确的信息来降低风险。最后，任何给定的费用结构，都规定了投资者与基金经理之间特定的风险分担水平，也就是不同的收益分配。

在两种费用结构的比较研究方面，Starks（1987）认为，在资产选择方面对称合同比非对称合同占优，因为对称合同更能诱使基金经理选择投资者满意的资产组合。Grinblatt 和 Titman（1989）从不同的合同引导基金经理改变投资组合风险的角度，应用期权价格理论比较分析了几种基于业绩的费用合同，他们发现，为了减轻逆向风险激励（即基金经理选择恰当的风险水平），合同必须对低于基准的业绩进行处罚，而且对差的业绩的处罚至少要跟对好的业绩的奖励差不多。Carpenter（2000）则认为，期权型的合同不一定导致更大的风险。Das 和 Sundaram（2002）建立了一个模型，此模型中有不同能力的基金经理，遵循特定的博弈顺序，并使用这个模型比较分析了"支点"费用结构和"激励"费用结构。他们发现，激励费用比支点费用导致更高的投资组合风险，但是，从投资者福利的角度来看，激励费用比支点费用要好。王明好等（2004）发现，随着基金管理费率不对称程度的增加，基金经理所选择的投资组合偏离基准组合的程度将增加。Hugonnier 和 Kaniel（2004）发现，基金的费率和风险正相关，这是因为费率高的基金管理者持有更多的风险资产。Ross（2004）认为，期权型的报酬结构可能使基金经理选择的风险水平比自己交易资产时的风险还要低，因为期权型的合同含有放大效应。

现有文献在比较不同费用结构对基金风险承担行为的影响时，都是在假设基金经理的报酬基于资产的情况下开展讨论，而对基于业绩的报酬结构对基金风险承担行为的影响缺乏研究，而且，已有的文献很少考虑基金经理的风险规避度。因此，本章首先对两种费用结构做了界定；其次在一个动态分析框架下，研究了激励费用结构下基金经理的努力程度与风险选择之间的关系；最后对两种基于业绩的费用结构对基金风险承担的影响进行了比较研究。

第二节　不同费用结构的线性契约

一、基金费用结构的设计原则

基金费用结构的设计应当有助于建立起一个针对基金经理的有效的"激励约束"机制。激励机制促使基金经理为了获得更多的费用而不断努力改善投资管理业绩，从而为基金投资者带来良好业绩。约束机制是指费用的获取方式和原则使得基金经理不可能运用其投资管理上的自由度和信息等方面的优势，通过损害基金投资者的利益来获取更多的费用收入。在通常情况下，不同类型的基金可以按照不同的标准提取费用，以便在激励基金经理的同时，尽量减少基金经理损害投资者利益的行为。例如，对稳健成长型基金的投资者来说，他们希望能获取长期稳定的资产增值，在这种情况下基金净资产成为衡量基金管理业绩的主要指标，所以基金费用的提取应当主要与基金的净资产联系；否则，如果基金费用与基金的净收益挂钩，基金经理可能会因为追求短期的高额资本利得，将大量资金投向价格波动幅度较大的证券品种，使基金投资组合的风险超过投资者所能承受的范围。反之，对于对冲基金这类高风险基金而言，风险承受能力较强，投资者的投资目的是获取高风险报酬，在这种情况下基金费用的提取应当主要与基金的净收益挂钩，假如与基金净资产挂钩，基金经理为了获取稳定的费用，在管理资产的时候可能会过于保守，基金的投资组合过于稳健，风险程度低于事先规定的水平，投资者不能获取预期的高风险报酬。

二、两种费用结构的界定

基金费用结构分为两类：一种是按基金净值的一定百分比提取，称为"净值费用"，随着基金净值的增减而增减，因此，一般称之为"对称"的管理费用；一种称为业绩费用，一般按超过"基准组合"业绩的一定百分比提取，因为它与基金净值不是固定比例，而且"负盈不负亏"，因此，常称之为"激励"的管理费用。所以，如果投资者给予基金经理的报酬费用合同具有对称的结构，那么其形式可表示如下：

$$F_s = B + m(\tilde{R}_p - \tilde{R}_b) \tag{5-6}$$

激励费用合同的形式可以表示如下

$$F_i = B + m \cdot \max[0, \tilde{R}_p - \tilde{R}_b] \tag{5-7}$$

这实际上就是所谓的奖金业绩费用合同，即由一个基本的固定费用再加上基金超基准收益所带来的奖励，也可表示为下面的形式：

$$F_i = \begin{cases} B, & \tilde{R}_p \leq \tilde{R}_b \\ B + m(\tilde{R}_p - \tilde{R}_b), & \tilde{R}_p > \tilde{R}_b \end{cases} \tag{5-8}$$

其中，F 表示基金经理获取的总费用；B 表示基本的固定费用，是一个常量；$\tilde{R}_p$ 表示评价期基金经理所持投资组合的收益；$\tilde{R}_b$ 表示用于进行比较的评价期基准收益；$m \in [0, 1]$ 也是一个常量，表示基金经理在业绩好的情况下所带来的超基准收益分享比例。在激励费用结构下，基金经理收到固定的费用 B，再加上超越基准的组合收益的奖金，奖金的数额随 $\tilde{R}_p$ 的变化而变化，这种变化关系如图 5-1 所示。

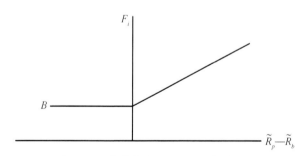

图 5-1　激励费用下基金经理的收益

三、激励费用结构的一个动态分析

在激励费用结构安排下，基金经理对风险的选择权实际上相当于一个 Black-Scholes 看涨期权：$C = \max[0, S_T - K]$。可以把 $B + m \times \tilde{R}_p$ 看成是看涨期权中的标的资产价格 S_T，把 $B + m \times \tilde{R}_b$ 看成是看涨期权中的履约价格 K。根据 Black-Scholes 期权定价模型，看涨期权的价值随标的资产价格波动的增加而增加，那么激励费用合同的现值与基金经理所管理的投资组合的波动性有关，对于基金经理来说，给予这样一种激励费用，可能将导致风险选择的增加。Grinblatt 和 Titman（1989b）证明了这种纯粹的激励费用契约的确会使基金经理宁愿选择较高的风险，以获取较高的业绩费用。他们的研究是使用 Black-Scholes 的期权定价模型而得到的，在 Black−Scholes 期权定价模型中只有标的资产的价格服从几何布朗运动，但在基金经理的激励费用结构中，基准的价格也是服从几何布朗运动的。因此，本节在假设基金经理的投资组合及市场基准投资组合两者均呈现几何布朗运动的情况下，考察激励费用结构对基金经理风险选择的影响。

将 $S(t)$ 定义为市场组合在 t 时刻的价值，$S(t)$ 假定服从如下的几何布朗运动：

$$dS/S = \alpha_S dt + \sigma_S dz_S \tag{5-9}$$

同理，将 $A(t)$ 定义为基金经理所选择的组合证券在 t 时刻的价值，$A(t)$ 同样服从如下几何布朗运动：

$$d\Lambda/A = \alpha_A dt + \sigma_A dz_A \tag{5-10}$$

其中，各参数定义如下：

$$\alpha_A = \alpha_S + \lambda(1 - e^{-\beta a})$$

$$\sigma_S dz_S \cdot \sigma_A dz_A = \rho_{AS} \sigma_S \sigma_A dt$$

$$\rho_{AS} = 1 - e^{-\theta a}$$

式中，α 表示瞬间预期报酬率，σ 表示瞬间波动率，dz 表示标准维纳过程。

式（5-9）和式（5-10）表明，从长期来看，基金经理的投资组合及市场投资组合属于上升的趋势，而且以瞬间报酬率 α 的连续复利成长，但在短期内，受到诸多不确定性因素的影响，其价格呈现 σ 幅度的上下波动。a 表示基金经理的操作策略，可理解为基金经理的努力程度。也就是说，基金经理只要努力工作，就可以增加所持投资组合的收益。在这里假定基金经理努力对收益的最大贡献率为 λ，同时，为了表达随着基金经理努力程度的增加，其对预期报酬的边际效用递减的规律，假设基金经理的投资组合的预期瞬间收益率为 $\alpha_A = \alpha_S + \lambda(1 - e^{-\beta a})$。另外，我们还假定基金经理构建投资组合的目标总是最大化分散风险的，也就是说，基金经理会尽最大努力使得投资组合不包括非系统风险，只有系统风险，即 $\rho_{AS} \to 1$。所以有 $\rho_{AS} = 1 - e^{-\theta a}$，当 $a \to \infty$ 时，$\rho_{AS} = 1$，此时投资组合只包含系统风险。

简单起见，把激励费用结构中的基金经理投资组合收益与基准组合的收益之间的差距转化为两者之间的比值。令 $R(t) = A(t)/S(t)$，$R(t)$ 越大，就表明基金经理将获得更多的业绩费用，这个与上文中的激励费用是等价的。

基金经理在每一个时点通过自己的努力来达到预期报酬效用的最大化，其最

大化问题可以写成

$$\max_{a(t) \forall s \in [t, T]} E_t \{ U[R(t)] \}$$

　　根据 Ito 引理，相对业绩服从如下随机过程：

$$dR/R = \alpha_R dt + (\sigma_A dz_A - \sigma_S dz_S) \tag{5-11}$$

其中，

$$\alpha_R = \alpha_A - \alpha_S - \rho_{AS}\sigma_S\sigma_A + \sigma_S{}^2$$

　　定义价值函数 $J(a, t)$ 时，直接应用 Dixit 和 Pindyck（1993）的结论，价值函数必须满足 Bellman 方程：

$$0 = \max_a \{ J_t + J_R\alpha_R + 1/2 J_{RR}\sigma_R^2 \} \tag{5-12}$$

其中，

$$\alpha_R = \lambda(1 - e^{-\beta a}) - (1 - e^{-\theta a})\sigma_S\sigma_A + \sigma_S{}^2$$

$$\sigma_R^2 = \sigma_A^2 - 2(1 - e^{-\theta a})\sigma_S\sigma_A + \sigma_S^2$$

　　由 Bellman 方程对 a 的一阶条件可得

$$J_R(\lambda\beta e^{-\beta a} - \theta e^{-\theta a}\sigma_S\sigma_A) - J_{RR}\theta e^{-\theta a}\sigma_S\sigma_A = 0 \tag{5-13}$$

　　从而可得

$$a^* = \frac{1}{\theta - \beta}\ln\frac{\theta\sigma_S\sigma_A(J_R + J_{RR})}{\lambda\beta J_R} \tag{5-14}$$

因为努力不可能为负，因此假定 $\theta - \beta > 0$。从式（5-14）可以看出，基金经理的努力与投资组合风险之间是正向变化，基金经理在努力增加组合收益的同时，必然会提高组合风险。事实上，在激励费用下，基金经理会通过高风险的操作行为，获取较高的业绩费用。

　　这种高风险的操作行为在投资者看来，是否一定高于对称费用下的风险，在这里并不明确。下面通过对这两种目前最流行的费用结构，即对称费用结构及激励费用结构进行比较分析，来考察基金经理的风险承担行为。

第三节　不同费用结构对基金经理风险承担激励的比较

一、对称费用对基金经理风险选择的影响

　　在不影响结论的前提下，为了简化分析，不妨假设基金经理面对的只有基准组合 $\tilde{R}_b$ 及无风险资产，基准组合的价值遵循几何布朗运动，因此是对数正态分布的，并且能够在市场上进行交易，其期望收益为 $\bar{R}_b$，波动率为 σ^2。基金经理

通过对这基准组合及无风险资产进行组合来形成基金投资组合，总资产为一个单位，并采取一种买入并持有的投资策略。如果 λ 为基金经理投资于基准组合的总资产比例，那么 $1 - \lambda$ 则为基金经理以无风险收益 $R_f - 1$ 来融资的金额。基金投资组合的收益 $\tilde{R}_p$ 为

$$\tilde{R}_p = \lambda \tilde{R}_b + (1 - \lambda) R_f \qquad (5\text{-}15)$$

投资者给予基金经理的报酬费用具有对称的结构，假定其形式如下：

$$F_s = B + m(\tilde{R}_p - \tilde{R}_b) \qquad (5\text{-}16)$$

式（5-16）表明，如果基金经理所持投资组合的收益高于基准组合收益，基金经理将得到超基准收益的一部分，其比例为 m，是一个常量；但是，如果基金经理所持投资组合的收益低于基准组合收益，基金经理则受到相对应的惩罚，因此，这种合同是对称的。将式（5-15）代入式（5-16）可得

$$F_s = B + bm(\tilde{R}_b - R_f) \qquad (5\text{-}17)$$

其中，$b = \lambda - 1$。

假设投资者和基金经理都是风险规避的，效用函数均为负指数形式，再假定投资者的风险规避度为 γ，基金经理的风险规避度为 ρ。在此假设下，容易知道基金经理的确定性等价收入为

$$u = B + bm(\bar{R}_b - R_f) - \frac{1}{2}\rho b^2 m^2 \sigma^2 \qquad (5\text{-}18)$$

在这里只考虑信息不对称的情形。在这种情况下，经理可以选择一个最佳的风险来最大化自身的效用，最大化的一阶条件为

$$\frac{\partial u}{\partial b} = m(\bar{R}_b - R_f) - \rho b m^2 \sigma^2 = 0 \qquad (5\text{-}19)$$

可解得

$$b^* = \frac{\bar{R}_b - R_f}{\rho m \sigma^2} \qquad (5\text{-}20)$$

从式（5-20）可以看出，如果 $\bar{R}_b > R_f$，则有 $b > 0$。通常情况下，对市场组合的期望收益总会大于无风险收益，因此在这里假定 $b > 0$。假设基金经理的保留效用为零（假设为其他值并不会影响文中的结论），则由式（5-18）可得

$$B = \frac{1}{2}\rho b^2 m^2 \sigma^2 - bm(\bar{R}_b - R_f) \qquad (5\text{-}21)$$

则投资者的确定性等价收入为

$$v = \lambda \bar{R}_b + (1 - \lambda) R_f - bm(\bar{R}_b - R_f) - B - \frac{1}{2}\gamma \left[\lambda(1 - m) + m \right]^2 \sigma^2$$

将式（4-20）及式（4-21）代入式（5-21）可得

$$v = \frac{(\bar{R}_b - R_f)^2}{\rho m \sigma^2} - \frac{(\bar{R}_b - R_f)^2}{2\rho\sigma^2} - \frac{1}{2}\gamma\left(\frac{\bar{R}_b - R_f}{\rho m \sigma^2} + 1 - \frac{\bar{R}_b - R_f}{\rho\sigma^2}\right)^2 \sigma^2 + \bar{R}_b$$

(5-22)

投资者效用最大化的一阶条件为

$$\frac{\partial v}{\partial m} = \frac{\gamma(\bar{R}_b - R_f)}{\rho m^2}\left(\frac{\bar{R}_b - R_f}{\rho m \sigma^2} + 1 - \frac{\bar{R}_b - R_f}{\rho\sigma^2}\right) - \frac{(\bar{R}_b - R_f)^2}{\rho m^2 \sigma^2} = 0 \quad (5-23)$$

可得

$$\frac{1}{m} = \frac{\rho\sigma^2}{\gamma\sigma^2} - \frac{\rho\sigma^2}{\bar{R}_b - R_f} + 1 \quad (5-24)$$

将式（5-24）代入式（4-20）可得

$$b^* = \frac{\bar{R}_b - R_f}{\rho\sigma^2} + \frac{\bar{R}_b - R_f}{\gamma\sigma^2} - 1 \quad (5-25)$$

或者

$$\lambda^* = \frac{\bar{R}_b - R_f}{\sigma^2}\left(\frac{1}{\rho} + \frac{1}{\gamma}\right) \quad (5-26)$$

$\dfrac{\bar{R}_b - R_f}{\sigma^2}$ 实际上就是单位系统风险补偿。从式（5-26）可以看出，单位系统风险补偿越高，基金经理选择的投资组合的风险越高；基金经理及投资者的风险规避系数越小，基金经理选择的投资组合的风险越高。基金经理的投资行为同时受到投资者偏好、自身的偏好及市场状况的约束。

二、激励费用对基金风险选择的影响

以上分析结果表明，激励费用具有期权特性，那么就必须在一个期权定价框架内来分析风险激励问题。由于期权的价值对标的资产的风险非常敏感，所以基金经理能够通过改变基金投资组合的风险来控制其报酬收益的现值，期权型的合同可能会激励基金经理偏离投资者对系统风险及非系统风险的偏好水平。

此处分析的激励费用合同采用本章第二节的形式：

$$F_i = B + m \cdot \max[0, \tilde{R}_p - \tilde{R}_b] \quad (5-27)$$

Grinblatt 和 Titman（1989b）证明了这种纯粹的激励费用契约的确会使基金经理宁愿选择较高的风险，以获取较高的业绩费用。上面的分析也表明，这种费用结构会导致基金经理无限制地通过提高组合风险来增加组合收益，但是这些分析均没有考虑基金经理的偏好，因为如果基金经理是风险厌恶的，那么在高风险带来高收益的同时，基金经理也会根据本身的风险厌恶程度来选择一个最优的风险水平。上式经变换后可得

$$F_i = \begin{cases} B, & \tilde{R}_b \leq R_f \\ B + bm(\tilde{R}_b - R_f), & \tilde{R}_b > R_f \end{cases} \tag{5-28}$$

其中，$b = \lambda - 1$。

因为基金经理的效用函数为 $-e^{-\rho w}$，其中，w 表示基金经理的收入。由以上费用结构决定的基金经理的期望效用为

$$u = E_{\tilde{R}_b \leq R_f}\{-\exp(-\rho B)\} + E_{\tilde{R}_b \geq R_f}\{-\exp[-\rho(B + bm(\tilde{R}_b - R_f))]\}$$

$$= -\exp(-\rho B) + E_{\tilde{R}_b \geq R_f}\{-\exp[-\rho bm(\tilde{R}_b - R_f)]\} \tag{5-29}$$

在这里直接给出下面的结论：如果 $\tilde{x} \sim N(\mu, \sigma^2)$，则下面两式成立：

$$E_{\tilde{x} \geq 0}(e^{\tilde{x}}) = e^{\mu + \frac{\sigma^2}{2}} N\left(\frac{\mu}{\sigma} + \sigma\right) \tag{5-30}$$

$$E_{\tilde{x} \leq 0}(e^{\tilde{x}}) = e^{\mu + \frac{\sigma^2}{2}} N\left(-\frac{\mu}{\sigma} - \sigma\right) \tag{5-31}$$

其中，$N(\cdot)$ 表示正态分布的概率分布函数。令 $\mu = \bar{R}_b - R_f$，根据以上结论有

$$E_{\tilde{R}_b \geq R_f}\{-\exp[-\rho bm(\tilde{R}_b - R_f)]\} = -N\left(\frac{\mu}{\sigma} - \rho bm\sigma\right)\exp\left\{-\rho bm\mu + \frac{(\rho bm\sigma)^2}{2}\right\} \tag{5-32}$$

那么基金经理效用的期望值为

$$u = -\exp(-\rho B) - N\left(\frac{\mu}{\sigma} - \rho bm\sigma\right)\exp\left\{-\rho bm\mu + \frac{(\rho bm\sigma)^2}{2}\right\} \tag{5-33}$$

基金经理的目标是选择最优的投资组合风险，即参数 b 来最大化自身的效用，最优化的一阶条件为

$$\frac{\partial u}{\partial b} = \rho m\sigma \times f\left(\frac{\mu}{\sigma} - \rho bm\sigma\right)\exp\left\{-\rho bm\mu + \frac{(\rho bm\sigma)^2}{2}\right\}$$

$$- [-\rho m\mu + b(\rho m\sigma)^2]N\left(\frac{\mu}{\sigma} - \rho bm\sigma\right)\exp\left\{-\rho bm\mu + \frac{(\rho bm\sigma)^2}{2}\right\} = 0 \tag{5-34}$$

其中，$f(\cdot)$ 表示正态分布的概率密度函数。式（5-34）要等于零必有

$$f\left(\frac{\mu}{\sigma} - \rho bm\sigma\right)\sigma = [-\mu + b\rho m\sigma^2]N\left(\frac{\mu}{\sigma} - \rho bm\sigma\right) \tag{5-35}$$

通过上式可得

$$b^{**} = \frac{f\left(\dfrac{\mu}{\sigma} - \rho b^{**} m\sigma\right)}{N\left(\dfrac{\mu}{\sigma} - \rho b^{**} m\sigma\right)\rho m\sigma} + \frac{\mu}{\rho m\sigma^2} \tag{5-36}$$

将 $\mu = \bar{R}_b - R_f$ 代入上式可得

$$b^{**} = \frac{f\left(\dfrac{\bar{R}_b - R_f}{\sigma} - \rho b^{**} m\sigma\right)}{N\left(\dfrac{\bar{R}_b - R_f}{\sigma} - \rho b^{**} m\sigma\right)\rho m\sigma} + \frac{\bar{R}_b - R_f}{\rho m\sigma^2} \tag{5-37}$$

比较式（5-20）和式（5-37），因为 $f(\cdot)$ 与 $N(\cdot)$ 都是大于零的，那么必有 $b^{**} > b^*$，因此有如下结论：在激励费用结构安排下，即使考虑基金经理的风险规避，基金经理所选择的最优风险水平也一定会高于对称费用下基金经理所选择的最优风险水平。

第三篇

实　证　篇

第六章　基金管理费激励的效果研究

第一节　基金管理费激励的特征

在基金实际运作中，存在一些必要的开支需基金承担，其中基金管理费是基金支付的主要费用。基金管理费是指支付给实际运用基金资产、为基金提供专业化服务的基金管理人的费用，也就是基金管理人为管理和操作基金而收取的报酬。

从各国对基金管理费进行规制的一些具体做法来看，主要有三种方式：第一种是市场手段，即完全由当事人双方通过市场方式来决定基金管理费标准，法律与行政机制基本上不起作用，这种模式以英国的高度自律管理为代表；第二种是行政手段，基金管理费的标准由政府监管部门决定，中国就是这种模式的代表；第三种是法律手段，基金管理费由双方自主协商，但基金持有人可以对不合理的基金管理费申请司法救济，美国就是这种模式的代表。就市场手段而言，由于基金管理人和基金持有人之间地位不对等，单纯通过市场手段来调整基金管理人与持有人之间的利益关系难以达到一个公平的结果。完全依靠行政手段来进行规制亦难达到理想的效果，因为行政手段完全排除了市场的价格发现和指导的功能，而行政机关既没有动力也没有能力去发现市场均衡价格，同时过于严格的价格管制还会导致大量的寻租现象。法律手段综合了市场手段和行政手段的长处，总的来看是一种较为理想的调整模式。

目前，中国基金管理费的提取一般实行按前一日基金资产净值的一定比例逐日计提，每月月底按月支付的模式。也就是说中国目前基金管理费都是固定费率模式，依据《发行证券投资基金招募说明书的内容与格式》的规定，中国多数基金以资产净值的 1.5% 的年费率计提。其计算方法为：Fee = NetValue×1.5% ÷ 当年天数，其中，NetValue 表示资产净值。基金管理费每日计提，按月支付，经基金托管人复核后于次月首日起 5 个工作日内从基金资产中一次性支付给基金管理人。

国内基金管理费率一刀切的状况已经开始发生变化。华安上证 180 指数增强型基金宣布，将此前基金管理人普遍收取的 1.5% 管理费率下调为 1%；博时价值增长开放式基金在招募说明书中承诺，在基金单位资产净值低于价值增长线期间，博时基金公司将暂停收取基金管理费，随后又推出"后端收费"模式。但总的来说，中国基金管理费还是执行 1.5% 的固定费率制度，这样的做法被认为缺乏对基金管理人进行有效的激励。

　　通常认为以上模式的弊端在于管理费的提取与基金管理人的业绩并无太大联系，优秀的基金管理人得不到应有的奖励，影响其积极性。同时，也没能给那些糟糕的基金管理人以应有的惩罚，因为即使其管理的基金发生了亏损，基金管理人也照旧提取稳定的管理费。基金持有人不仅要承受市场风险和基金管理人的操作风险，还要负担各种费用，其不公平性不言而喻。例如，以基金净资产 20 亿元计算，一年下来基金没有任何盈利，基金管理人都可以获取 3000 万元，即使基金净资产亏损 20%，依然可以获得 2700 万元的管理费。相反，如基金净资产值增值 20%，基金管理人亦只能获取 3300 万元的管理费。因此，在中国现行基金管理费制度下，基金管理人实际上是负盈不负亏，这样一种机制实难以激励基金管理人为基金持有人实现基金净收益最大化。事实上，在基金 2004 半年报告中就可找到这样的例子：在 20 亿份额的封闭式基金中，基金兴华上半年表现最佳，净值增长率达到 7.57%；基金汉盛表现最差，净值增长率为-1.2%。但就管理费而言，汉盛基金管理人上半年提取了约 1420 万元，兴华基金管理人却只提取了约 1384 万元。另外，中国目前的固定费率制度，也使基金持有人难以获得基金规模扩大所带来的好处。因为规模更大的基金并不一定比小规模的基金要花费更多的费用，但是基金管理人却按照同一费率标准向基金持有人收取管理费。这种基金投资者和基金管理人收入倒置的现象，以及基金投资者和基金管理人在承担风险和获取收益上的严重不对称状况，引发了基金投资者的"利"的利益保护问题，在市场垄断和高费率的固定管理费收入制度"宠爱"下的国内基金公司，是否能付出与无风险的高收入相对应的积极努力工作来服务基金投资者并为投资者创造最大价值的回报，值得怀疑。证券投资基金法起草工作小组前组长、著名专家王连洲指出，国内基金业目前所反映出的主要问题是基金公司权益有余而风险不足，基金投资者亏损而管理人却照样旱涝保收，这既有违市场选择的公平和公正原则，也背离专家受托理财的要义。

　　通过对中国基金业管理费现状的研究，可以更加清楚地发现中国基金投资者和管理人之间的委托代理关系存在如下描述的显著特征：第一，直接目标函数不同，基金投资者购买基金的唯一目的是资产增值的最大化，基金公司更多的是关注基金管理费收入的最大化，而基金经理们则更在意的是拥有巨额社会资金的管理权所带来的寻租机会，至于各方目标函数能否统一，取决于基金管理费的具体制度安排；第二，信息严重不对称，相对于基金投资者，基金管理人拥有绝对优势的私人信息，基金投资者根本无法了解基金公司的内部组织管理、专业能力、人才结构、努力程度及对投资者的忠诚负责精神，基金投资者唯一可以准确了解的信息仅是基金的投资结果——基金的净资产和滞后公布的部分基金投资组合；第三，无法监督，基金投资者没有任何渠道对基金管理过程进行监督或控制，也无法约束和规避基金公司单方面可能做出的不利于投资者的行为；第四，风险责任严重不对称，基金投资者承担投资损失的全部风险，基金管理人则无风险地按固定费率收取高额管理费。以上特征充分说明，目前国内基金公司的管理框架是典型的强代理人对弱委托人的委托代理模式，作为委托方的基金投资者的利益容易受到基金管理人的隐性侵害。在这样的现实背景下，基金业未来行业政策的制定应向社会公众投资者倾斜，尽快实行旨在保护广大中小投资者利益的基金管理费模式的改革，建立体现市场导向的适应性激励机制，调整基金管理人与基金投资者的目标函数趋向一致，使基金公司和基金经理们在追求自身利益目标的同时也在努力实现着基金投资者的利益最大化，从而规避在信息严重不对称和委托人无法监管的基金运作过程中，可能存在的道德风险和逆向选择对基金投资者的损害（Chen and Pennacchi，2002）。

　　本章对中国基金管理费激励的效果进行实证研究，以此来检验这种激励制度的有效性。需要说明的是，证券投资基金体现的是一种双重委托代理关系，即投资者与基金管理公司及投资者与基金经理之间的委托代理关系，但从管理费激励的角度来看，投资者与以基金经理为代表的基金管理公司之间的委托代理关系居于主要地位，因此本章分析的委托代理关系处于投资者与基金管理者之间。

第二节　管理费激励的有效性研究

一、管理费激励原理分析

　　管理费激励制度，也就是说，基金经理的收入来自于对基金管理费的提取，提取方式为按基金资产净值的一定比例的年费率提取的固定费率模式。由于基金管理费是按照基金净资产的固定比例提取的，而基金资产的净值随着投资组合资产的市场价值和成功吸引新的投资者持有该基金份额的增加而增加，所以以净资产为基础提取管理费是一种显性的激励形式。例如，开放式基金，基金业绩的好坏会影响到基金投资者的申购和赎回行为，从而影响到基金规模，而管理费的提取是以基金规模为依据的，因此，即使在管理费激励的情况下，基金经理也有动力去管理好基金。开放式基金最大的优势在于具有良好市场选择性，它能使管理人利益与投资者利益趋于一致。良好的激励机制促使基金经理勤勉工作，在激烈的市场环境中努力经营，谨慎投资，尽其所能给投资者以最好的回报。

基金经理与投资者之间存在冲突，这种冲突是一个典型的代理问题。投资者希望基金经理利用自己的判断来最大化风险调整期望收益，然而，基金经理自身利益、拥有的信息及如何使用这些信息是不可观察到的，结果，假如基金经理采取最大化自身利益的行动与最大化风险调整收益的行动不同，将出现无效率的行为。对于投资者来说，只能通过一些可观察到的信息来推断基金经理的能力，历史业绩就是一个较好的可用信息。所以，在基金规模固定比例的管理费激励制度，对基金经理来说，扩大基金规模就是增加基金经理收益，而基金规模的扩大与基金的历史业绩有关，一般说来，历史业绩好的基金，更容易受到基金投资者的追捧。在实际运作中，如果基金经理的业绩越高，那么投资者就越看好这只基金，从而增加基金资金流入，使得基金规模扩大，对基金经理而言，管理费提取的比例就越高。所以，管理费激励方式所隐含的前提假设是：一方面，基金的业绩要有持续性；另一方面，基金的资金流入量与基金业绩之间要存在正向关系，而且基金的资金流出量与基金业绩之间要存在负向关系。通过以上的分析可知，管理费激励的原理是，基金经理的业绩越高，那么投资者就越看好这只基金，从而基金的资金流入增加，基金规模扩大，基金经理提取的管理费就越高。因此，对于管理费激励效率的研究最终归结于资金流动与历史业绩之间关系的研究。

Sirri 和 Tufano（1998）的研究发现，在基金行业中的流量与业绩之间的关系非常复杂，他们总结道：基金投资者追逐收益，聚集于近期收益好的基金，但未能从差业绩基金中撤出资金。换句话说，基金经理由于高的收益带来日益增加的流量而获得高的报酬，但在非常差的表现下却不会受到惩罚。基金行业行业非线性流量与业绩关系的这种凸性对基金经理有激励意义。另外，通过对影响流量与业绩关系的因素的研究，可以更加精确地认识到这种关系对基金经理的激励含义。

（一）基金业绩持续性及其与基金流量之间的关系研究

业绩持续性对投资者有重要的意义，假如业绩能够持续，那么基金历史业绩就会影响到投资者的投资选择，某个时期好的业绩将在下个时期吸引资金流入，而差的业绩会导致资金流出。在业绩持续性方面，Jensen（1968）最早研究基金业绩的持续性，基金在收取费用之后，业绩会明显落后市场，投资者最好采取消极的策略去购买指数基金。Ippolito（1989）、Grinblatt 和 Titman（1992）对基金净业绩的研究表明，基金经理增加了除去费用后的基金价值，因为基金经理拥有私人信息，然而，他们的样本中只包含了当前存在的基金（不包括已经消亡的基金），并且对基准的选择不是很科学。Malkiel（1995）对美国基金的研究表明，在 1979 年，基金的收益有持续性，但是，在 1980 年，基金收益没有显著的持续性，过去的业绩不能预测未来的业绩。其他的研究者有 Elton 等（1993，1996）、Gruber（1996），他们利用更有代表性的基准及更多的基金样本得到了类似的结论，即基金经理不能给基金带来正的价值。在最近的研究中 Bhargava 等（2001）评价了 114 个美国国际权益基金经理的业绩，发现在 1988～1997 年，这些基金经理的业绩不能超越 MSCI 世界市场指数。但 Hendricks 等（1993）、Goetzmann 和 Ibboston（1994）、Brown 和 Goetzmann（1995）等的研究均表明在一个时期里超越平均业绩的基金，在下一个时期仍然会超越平均业绩。因此，根据这些研究，假如投资者选择历史业绩优秀的基金进行投资，将会获取更高的收益。

国内学者针对基金业绩持续性及其与基金流量之间的关系也进行了研究。倪苏云等（2002）采用横截面回归法对封闭式基金的短期业绩持续性进行分析，结论表明基金业绩没有持续性。周泽炯和史本山（2004）采用横截面回归参数检验法，以及 Z 检验、Yates 连续修正卡方检验和 Fisher 精确检验三种非参数检验法，对中国上市时间较早的开放式基金进行检验，即 2002 年 12 月 1 日至 2004 年 2 月 27 日期间的 16 家开放式基金，结果表明大部分开放式基金不具备业绩持续性的表现。

几乎没有证据表明基金经理的相对业绩能够持续下去，但投资者看起来是在评价基金经理的历史业绩并且基于历史业绩进行投资，即使基金过去的业绩与未来的业绩不相关。这个发现表明，投资者在理性投资方面存在问题。Berk 和 Green（2002）提出了一个投资者选择投资业绩优越的基金模型，他们发现，业绩优异的基金就会有大量资金流入，但是基金业绩不能超越基准指数，因为规模收益递减，基金业绩的持续性正是由于资金流入而使高业绩的基金消失。在均衡时，好的基金经理之所以不能给投资者带来高的收益，一个可能的解释是由于操作大规模基金的成本抵消了基金经理增加的价值。

然而，尽管大部分研究表明基金业绩不具有持续性，投资者也只能通过基金历史业绩来推断基金经理的能力，从而做出投资决策。因此，基金历史业绩与基金规模的变动之间必然会存在联系。例如，Barber 等（2003）发现，投资者利用历史业绩来预测基金品质及未来业绩，今年超越平均业绩的基金在下一年可能会吸引更多的资金。

还有许多学者验证了基金新资金流入与基金过去业绩之间存在的强的联系（Ippolito，1992；Sirri and Tufano，1998）。由于基金公司通常以所管理资产的一个固定比例作为补偿，所以有动力去增加基金总资产，从这个意义上来说，流业绩关系（flow performance relation，FPR）是一种显性激励契约，它能激励基金经理更加努力地工作。主要原因是在传统的投资组合选择模型中假设投资者在决定最优投资组合时会考虑所有资产的收益，事实上，这个对直接投资的投资者及基金投资者来说都有同样的道理。因此，可以推断，如果基金实现的收益高，基金投资者会假定这些基金在将来会继续获得高的收益，然后做出投资决策。所以，可以假设基金的相对收益率对预测基金的资金流动有重要的价值，在这个意义上来说，就是所谓的动力交易或者反馈交易假设，即证券收益驱动资金流动。当投资者决定选择哪只基金进行投资时，他们都会考虑基金的投资目标是否符合要求，更重要的是考虑基金获取超额收益的能力。当前对投资流动与历史业绩之间关系的研究表明，投资者对基金历史业绩的反应非常强烈。

(二) FPR 的特征研究

基金资金流量与历史业绩之间存在紧密的联系，这种联系被称为流业绩关系，但这种关系不是对称的，也就是说，资金的流入与流出跟业绩之间的关系并不对称。关于基金资金流量对历史业绩的敏感性的研究有 Chevalier 和 Ellison (1997)、Sirri 和 Tufano (1998) 等，他们的研究均表明历史业绩与当前基金资金流动之间的关系是正向的、非对称的关系，投资者投资于具有优秀业绩的基金，但是不以同样的增速退出业绩差的基金。Chevalier 和 Ellison (1997) 用 1982 ~ 1992 年 3036 只基金的数据进行了 FPR 的研究，发现 FPR 并不是线性的关系，业绩对资金流动的敏感性及非线性的形状取决于基金的成立时间长短。Sirri 和 Tufano (1998) 使用美国 1971 ~ 1990 年的股票基金样本检验了 FPR，他们发现业绩好的基金可以得到大量奖励，但是业绩差的基金却没有受到相应的惩罚。Odean (1998) 使用了 30 000 家庭的投资行为数据，表明投资者不愿卖出业绩差的基金使损失成为现实。Hu 等 (2002) 以美国 1962 ~ 1996 年的基金为样本，发现即使在控制基金的上市时间变量后，上述非线性关系仍然存在，而且上市时间短的基金的 FPR 存在更明显的非对称性和凸性的特点。Kempf 和 Ruenzi (2004) 验证了在基金管理公司内部是否同样存在与整个市场相同的 FPR，他们用 1993 ~ 2001 年美国共同基金的样本揭示了在基金管理公司内部，明星基金也将获得比其他基金更多的资金流入，说明在基金管理公司内部 FPR 曲线也是凸的。Ippolito (1992)、Goetzmann 和 Peles (1997)、Guercio 和 Tkac (2002) 通过不同的研究方法得到了类似的结论。

对于基金流动对业绩变化反应的不对称性，有多种解释。Ippolito (1992) 利用转换成本来解释不对称性。Ippolito (1992) 认为不对称的交易成本可以解释这种投资者对好的及差的业绩不对称的反应，卖出基金份额的货币成本及非货币成本往往高于买入基金时发生的成本，税收以及赎回费用等阻碍了投资者的卖出。

Sirri 和 Tufano（1998）以营销支出来解释这种不对称性。Goetzmann 和 Peles（1997）认为投资者可能不愿意承认自己买入了差的基金，这一现象可用投资者的"认知失调"（cognitive dissonance）来解释。"认知失调"是 Festinger（1957）提出的一个心理学现象，人们会因为遭遇认知不协调的因素而感到沮丧，如过去的选择与后来的情况不符就会造成"认知失调"，投资者愿意买进业绩良好的基金，但是却不愿意卖出业绩不好的基金，是因为卖出业绩不好的基金，就意味着承认自己投资错误，这会让投资者感觉到"认知失调"。

FPR 的不对称性也可能是由于投资者期望基金过去的业绩与未来的业绩之间存在某种反相关关系。Lynch 和 Musto（2003）利用关于业绩持续性文献中的数据证明了这种观点。因为基金经理能够使过去的与未来的业绩之间不存在联系，当基金业绩差的时候，基金经理会改变他的投资策略，而当投资策略发生改变时，从过去的收益中就不能够得到有价值的信息了。然而，业绩好的时候，基金经理会维持先前的投资策略。所以，业绩好的基金的历史业绩对基金未来业绩能够提供信息。

Heinkel 和 Stoughton（1994）认为，如果基金经理的业绩相对于其他基金足够好的话，那么这个经理将继续留任。在一个风险中性的投资者与一个能力未知的风险中性的基金经理的两期博弈均衡模型中，基金经理必须在第一期超越基准收益才能在第二期继续留任。他们的模型假设投资者把选择资产分配方法的权利给予基金经理，但是，开放式基金的资金流量却增加了另一层次的委托关系，即投资者把选择基金经理的权利委托给了基金管理公司。同样的，投资者期望基金管理公司留任那些业绩"足够好"的经理，所以，基金实现的收益给投资者传达了两种信息：同样的经理是否能带来同样的业绩，以及经理是否能够把业绩持续下去。假如基金过去的业绩低于保留业绩，投资者知道基金经理将被更换，下一次业绩可能会得到大的改观。总而言之，之所以会出现这种不对称性，是因为投资者预期业绩差的基金将更换基金经理，那么这种差的业绩将不会持续下去，从而导致差的基金业绩不会引起大的资金流出。

还有许多研究试图以理性反应来解释这种不对称的流业绩关系，而不是用行为金融的理论来解释。Lynch 和 Musto（2003）发现，在基金中，如果基金在"坏的业绩"后放弃"坏的策略"，基金流对业绩不会有强的敏感性，投资者是理性的，这就能够解释投资者不从差业绩基金中退出的现象。Berk 和 Green（2004）提出了一个模型，其中理性的投资者依据基金历史业绩来分配资金，随着基金规模的增加，基金经理产生超额收益的能力是递减的，然而，投资者在竞争均衡的假设条件下，他们的行为是理性的。这个过程的结果是投资者不能获得正的超额收益，基金经理不能为其稀缺的能力获取租金。Lynch 和 Musto（2003）

的解释假设了在投资基金的策略中关于历史业绩的学习机制，而 Berk 和 Green（2004）的解释不考虑投资者的学习机制，而仅考虑竞争均衡。

Roston（1996）的研究也表明这可以通过投资者的学习过程来解释。当投资者试图获知基金品质时，他们的信念跟基金的成熟度有关，因此，资金流入基金对前一年的业绩不敏感，然而，即使对于资格老的基金，品质也并不是一直不变的。因此，对于基金流业绩关系就不得不考虑历史业绩的影响。投资者通过历史业绩来获得基金品质方面的信息，对于不同的基金他们对业绩的反应是不一样的。对于历史业绩好的基金，如果其近年业绩也好的话，就可以加强投资者认为基金是好基金的信念，从而有资金流入；然而，近年业绩不好的话，可能是由于不好的运气，那么资金流出可能不会发生。但是，对于历史业绩不好的基金，情况就刚好相反。所以，历史业绩好的基金，资金流入与业绩之间的关系将更加不对称、更凸，历史业绩不好的基金，这种关系将更加平坦。

不管有多少种可能的解释，事实均表明投资者追捧胜利者，同时不愿使损失变为现实。因此，投资者可能去购买过去业绩表现好的基金，但是由于基金业绩缺乏持续性，就会发现基金的业绩不能持续，但是也不愿退出业绩不好的基金。

（三）FPR 的一个解释

假设有两只基金，历史业绩较好的基金 G 及历史业绩较差的基金 B，对投资者而言，基金 G 是高品质基金的概率比基金 B 要高很多。在这种情况下，即使在某个时间点新观察的两个基金的业绩是一样的，投资者对于 G 和 B 的信念的变化也是完全不一样的。

原因是既然基金 G 是高品质的基金，那么它由于运气而取得高收益的概率要低于基金 B，因为基金 G 获得高收益更可能是基金经理的能力造成的，对于基金 B，则刚好相反。因此，投资者对于不同的基金，在观察到新的业绩时，资金的分配是不一样的，尤其是对于基金 G 和 B，好的业绩吸引资金流入，但是，对于基金 G，资金流入的数量相对来说就会多一些。同样的，差的业绩对基金 G 的影响比对基金 B 的影响却会小一些。

正因如此，对具有不同历史业绩的基金，即使它们在某一年有同样的业绩，投资者的反应也是不一样的，资金流入或流出反映了基金的品质。好的历史业绩导致对好基金的资金流入量会大于差基金的资金流入量，同时，差的历史业绩将促使更多的资金流出。总之，在资金流入方面，好的历史业绩的基金比差的历史业绩的基金更加敏感，而在资金流出方面，差的历史业绩的基金比好的历史业绩的基金更加敏感。所以，历史业绩与 FPR 之间的关系是凸的、不对称的。

综上所述，投资者把他们对基金的信念建立在基金的长期的历史业绩上，而且，业绩历史越长，投资者得到的信息越多。例如，过去三年内业绩都比较好的基金比过去两年内业绩较好的基金更加容易得到投资者的信任。

二、管理费激励有效性实证研究

(一) 研究假设

管理费激励制度若想达到激励与惩罚基金经理的目的，基金历史业绩就必然与基金规模的变动之间存在某种联系，这种联系可以表述为：历史业绩好的基金，规模会增加；历史业绩差的基金，规模会降低。以上分析表明，实际市场中历史业绩与基金流动之间的关系是不对称的，当然这些分析都是针对于美国的基金市场。国内对基金规模变动的研究目前都集中于分析基金赎回行为，李曜和于进杰（2004）、刘志远和姚颐（2005）、束景虹（2005）、薛强军（2006）、任淮秀和汪涛（2007）等得到的结论均表明中国基金市场中存在"赎回异象"现象，即基金赎回率与业绩正相关。曾德明等（2005）对管理费与基金业绩之间的关系进行了实证研究，发现基金管理费与投资组合的收益不相关，而与投资组合的系统风险及总风险正相关，认为基金管理费收入是影响基金业绩及风险的因素，但实际上，基金的业绩却是影响管理费收入的因素。王茂斌和毕秋侠（2006）利用中国开放式基金数据，采用回归的方法来检验基金业绩与未来资金流入之间的关系，但是他们的分析考虑控制变量只有两个，即基金年龄和前期基金规模，且基金年龄是一个虚拟变量。陆蓉等（2007）综合了关于基金赎回方面的研究成果，明确提出了基金业绩与投资者选择（指申购或赎回的选择）之间的关系属于业绩——资金流动关系，认为开放式基金具有份额的开放机制，投资者可以根据基金业绩的表现随时决定增加或减少对基金的投资，这种机制实际上是基金投资者对基金管理者的一种隐性激励，基金业绩提高，受到投资者认可，投资者就会增加对其的申购，基金规模扩大，基金管理者的管理费收入就高；当基金的盈利状况不佳时，投资者通过赎回基金的方式撤出资金，基金规模将不断萎缩，这相当于对基金管理者的负激励。上述实证研究应用 Pearson 偏相关系数来验证了中国基金市场中存在"赎回异象"，另外，对基金分成两组来验证 FPR 的特征，得出国内 FPR 呈现负向、凹的特征，并与国外的研究做了对比。但是上述分析方法不够深入，与国外文献中通常采用的分段线性回归方法有较大的出入，得到的结果可能不具有可比性，因此相互比较的结论就不是很合理，而且以上研究不是从激励的角度来研究开放式基金的 FPR，实际上，到目前为止，纯粹从激励的角度对中国基金市场进行类似的分析还是空白的。另外，Khorana 等（2005）认为，对基金的研究有很大的地域性，也就是说，对中国基金投资者交易行为的研究得到的结论与对美国基金投资者交易行为的研究得到的结论可能并不相同。因此，采用 Sirri 和 Tufano（1998）发展起来的分段线性回归方法并综合考虑多种影响 FPR 的因素对中国基金市场中的 FPR 进行实证研究具有十分重要的意义，可以证明管理费激励制度的有效性。

尽管很多研究已经证明中国基金市场中存在"赎回异象"现象，但是随着中国开放式基金市场的发展，投资者的投资理念现在也越来越成熟，因此本章还是假定中国基金市场可能存在与美国基金市场相似的现象。综上所述，本章提出如下两个实证研究假设。

假设 1 历史业绩与基金流量之间正相关。

假设 2 历史业绩好的基金，其规模增加；历史业绩差的基金，其规模降低，但是这两种情况下规模的变动是不对称的、凸的，即基金规模增加的速度要大于规模降低的速度。

（二）实证研究设计

Guercio 和 Tkac（2002）注意到许多非业绩变量在解释 FPR 时也有非常重要的影响，这些变量甚至超过了业绩变量的解释能力，如基金规模、滞后的基金流量及基金年龄等。所以，为了真实反映业绩对基金流量之间的关系，必须同时综合考虑多个影响基金流量的因素，以排除这些因素的影响。

1. 影响基金 FPR 的变量及其计算

1）基金业绩

为了检验历史业绩对基金流量的影响，首先必须评价基金业绩，一般需要评价风险调整业绩。尽管对基金的绝对业绩进行衡量有多种方法，但是在业绩对基金净流量的影响的研究中，只有相对业绩及风险调整业绩能使用，因为投资者只有在比较各个基金的业绩后，才能做出投资决策，所以绝对业绩对投资者来说，是没有意义的。Capon 等（1994）及 Capon 等（1996）的研究发现，基金排名对投资者的基金选择是一个非常重要的标准。在解释基金流量中，已有的文献应用了多种衡量业绩的方法，主要可以分为序数衡量和基数衡量。在序数衡量下，基金经理的收入唯一地取决于名次或者等级；而在基数衡量下，基金经理的收入不仅取决于相对排名，还取决于业绩差距。通过比较序数与基数衡量，可以发现序数衡量比基数衡量能够更有效地解释基金增长（Hendricks 等，1994；Mycrs，2001；Navone，2002）。另外，很显然，基金的排名必须在同类基金中进行，对不同种类的基金业绩进行比较是没有任何意义的。

　　风险调整业绩衡量有单因素 Jensen Alpha 值、Sharpe 衡量及跟踪误差，这些衡量方法通常都能在许多数据库及评价软件包中找到，在决定使用何种业绩衡量方法来进行研究有很多问题需要考虑。在许多关于业绩评价的文献中，有大量关于何种方法最恰当的争论。我们采用较常用的 Jensen Alpha 值来衡量基金的风险调整业绩。另外，基金净值有单位净值和累计单位净值之分，单位净值是基金的净资产值与基金规模（份额）的比值，基金每次分红后单位净值会降低，但累计单位净值不变。收益是衡量基金在期末比期初的价值增值情况的，而前期分红已经流出基金，不属于基金经营资产，所以我们用单位净值与当期分红之和来衡量基金原始业绩。

　　现代投资理论认为，资产的预期回报率和风险之间存在相互替代的关系，投资者获得的回报必须与其承担的风险相对应。Jensen（1968）提出了詹森（Jensen）指数，即基金的实际收益率高于根据证券市场线计算的预期收益部分，反映了基金获得的超过其系统风险所应该得到的风险补偿的超额回报，这是比较流行的衡量基金风险调整后的回报率的方法。基于 CAPM 的 Jensen Alpha 值一般表示为

$$\alpha_{it} = r_{it} - r_{ft} - \beta_{it}(r_{mt} - r_{ft}) - \varepsilon_{it} \qquad (6\text{-}1)$$

$$r_{it} = \frac{NAV_{it} + D_{it}}{NAV_{it-1}} - 1 \qquad (6\text{-}2)$$

式中，r_{it} 为基金 i 在第 t 期的收益率，r_{ft} 为第 t 期无风险利率（一般以一年期银行定期储蓄存款利率来替代），r_{mt} 为第 t 期市场组合的收益率，α_{it} 为基金 i 在第 t 期的 Jensen Alpha 值，β_{it} 为基金 i 的系统风险，NAV_{it} 为基金 i 在第 t 期的单位净值，D_{it} 为基金 i 在第 t 期内的单位分红。

　　选取沪深 300 指数作为市场组合，主要是由于它的市场代表性：首先，沪深 300 指数样本覆盖了沪深市场六成左右的市值，具有良好的市场代表性；其次，沪深 300 指数走势强于上证综合指数和深证综合指数，并且沪深 300 指数与上证 180 指数及深证 100 指数之间的相关性高，日相关系数分别达到 99.7% 和 99.22%，表明沪深 300 指数能够充分代表沪深市场股价变动情况；最后，在沪深 300 指数的样本股选取上，剔除了 ST 股票、股价波动异常或者有重大违规行为的公司股票，集中了一批质地较好的公司，这些公司的净利润总额占市场净利润总额的比例达到 83.55%，平均市盈率和市净率水平低于市场整体水平，是市场中主流投资的目标。因此，沪深 300 指数能够反映沪深市场的整体状况。

　　Jensen Alpha 值为绝对业绩指标，表示基金的回报率与相同风险水平下的市场组合的收益率的差异，我们采用 Jensen Alpha 值对基金进行排名，排名的具体过程在后面将详细阐述。

2）控制变量

（1）基金年龄。如果基金收益完全是随机的，则表明基金经理对业绩没有任何影响，那么对于投资者来说，就不可能从基金业绩中得到任何信息。因此，他们就会对投资于哪个基金会毫无兴趣。投资者必须相信过去的业绩能够给他们提供一些关于基金未来业绩的信息，而且，投资者对于基金的看法是随着时间的变化而改变的。当投资者在做出基金选择的决策时，必须对基金的投资目标的适应性及基金产生超额收益的能力进行观察，一般情况下，投资者会发现年老的基金更有经验去发现并利用错误定价的机会。Roston（1996）使用半参数模型来估计 FPR 与基金年份之间的关系，他发现对于年份久远的基金（超过 10 年），FPR 是对称的，他认为观察到的这种关系反映了投资者对于基金经理能力的信念，当投资者试图从过去业绩中获知基金经理能力的信息时，他们的看法会随着基金成立年份的增长而变得稳定。Chevalier 和 Ellison（1997）同样采用了一个半参数模型来研究 FPR，发现年轻的基金具有更不对称、更凸的 FPR，而年老的基金则具有更平坦的 FPR，即使在老基金中，FPR 也具有不同的不对称程度以及凸度。Bergstresser 和 Poterba（2002）、Guercio 和 Tkac（2002）也发现基金年龄与基金规模增长之间存在负的关系。

如上所述，在回归分析中必须包括基金年龄，我们把基金年龄定义为基金自成立以来已存在的月数，一般取其对数进行分析，以 $logAge_{t-1}$ 表示。

（2）收益的波动性。理性的基金投资者是风险厌恶的投资者，在获取收益的同时希望避免风险，我们使用收益的标准差来衡量基金收益的总风险。基金的总体风险，不仅包括了基金由于市场因素的变化带来的系统风险，也反映了基金的个体风险。基金的总体风险定义为基金回报率的标准差，以 Std_{t-1} 表示。

$$Std_{t-1} = \sqrt{\frac{\sum_{t=1}^{N}(\tilde{r}_{t-1} - \bar{r}_{t-1})^2}{N-1}} \tag{6-3}$$

Sharp（1966）认为，管理好的基金可以用多样化分散个体风险的方式使基金的总风险接近于系统风险，而管理不好的基金总风险和系统风险之间可能相差很远。

（3）基金关注度。基金的声誉会影响到投资者对其的关注度，从而影响到投资者的投资决策，进一步影响到资金流动，可以用基金所属的基金管理公司管理的基金家族的一些特征来代替基金的关注度。基金管理公司管理基金的总规模及基金管理公司所管理的其他基金的业绩会影响投资者对某个基金取得较好收益的判断，大的基金管理公司更容易吸引新的资金。另外，如果基金管理公司中如果有其他具有优秀业绩的基金，则会造成正的溢出效应，同样会对其他基金的流量产生影响。因此，资金流动与基金家族之间存在一定的关系。Sirri 和 Tufano（1998）的研究表明，搜寻成本与持续购买在基金投资中一样重要，原因是知名的基金家族有更高的声誉，低的搜寻成本更容易吸引资金。我们用基金家族的规模来衡量基金关注度，可以用三个变量来衡量基金家族规模，包括基金家族中基金的数目、基金家族的总资产及家族规模二元变量，即如果在基金家族中总资产规模大于（小于）市场中全体基金家族资产的平均值，则取值 1（0）。在这里我们采用家族资产总规模的对数来衡量基金的关注度，以 $\log\text{Tna}(\text{Fam})_{t-1}$ 表示。

（4）基金前期的增长。增加这个变量的目的是因为在基金流量中可能存在自相关现象。基金流量是自相关的，表明相对于其他基金而言，已经吸引了较多资金流量的基金将继续吸收更多的资金。这方面的研究有很多，如 Zeckhauser 等（1991）、Gruber（1996）、Hendricks 等（1994）、Fant 和 O'Neal（2000）、Kempf 和 Ruenzi（2004）等都发现了流量与滞后流量之间正的强相关性。这种自相关可能是由于基金特有的性质，这些特质我们不能控制或者不随时间变化，也可能是由于现实偏爱。如果投资者有偏爱的话，他们将重复以前的投资决策，即使这个决策已不再是最优的，这种行为将导致当前的流量依赖以前的流量。我们以 Flow_{t-1} 表示基金前期的增长。

（5）基金规模。小基金由于相对小的资产规模，可能比大基金有较高的增长率，也就是说，规模大的基金比规模小的基金成长性要差些。另外，研究表明只有很弱的正的联系存在于基金流量与资产规模之间（Chevalier and Ellison，1997；Sirri and Tufano，1998）。这是由于管理较大资产规模的基金经理不能提高服务水平，并且规模收益是递减的，当管理资产规模增长过大，买卖股票的价格压力使得基金经理很难提高业绩。所以，在回归分析中控制基金规模变量，并取其对数进行分析，以 $\log\text{Tna}_{i,\,t-1}$ 表示。

2. 被解释变量

基金流量作为被解释变量，其衡量是以基金所管理的总净资产（Tna）在一个时期的开始与末尾的增加率减去基金本身的收益增长，在假设基金红利全都用于再投资的条件下，资金流量的计算公式如下：

$$\text{Flow}_t = \frac{\text{Tna}_t - \text{Tna}_{t-1}}{\text{Tna}_{t-1}} - r_t \tag{6-4}$$

这是一种较保守的方法，隐性地假定了基金流动发生在年末，而且所有的红利都用于再投资。Sirri 和 Tufano（1998）证明了这个假设对研究结果没有影响。

3. 回归模型的建立

1）基金流量与历史业绩之间关系的实证模型

采用如下的回归模型来实证研究基金流量与历史业绩之间的关系，此模型综合考虑了各个非业绩因素对基金流量的影响。

$$\text{Flow}_t = \alpha + \beta_0 \cdot \text{Alpha}_{t-1} + \gamma_1 \cdot \text{logTna}_{t-1} + \gamma_2 \cdot \text{Std}_{t-1} + \gamma_3 \cdot \text{Flow}_{t-1}$$
$$+ \gamma_4 \cdot \text{logTna}(F_{\text{am}})_{t-1} + \gamma_5 \cdot \text{logAge}_{t-1} + \varepsilon_t \tag{6-5}$$

模型中的参数含义如前所述，之所以对基金年龄、基金规模及基金家族规模取对数，是由于这些变量相对于其他变量的数值过大。采用多元回归方法就可以估计出方程中的参数，需要注意的是，以上公式中单个基金的下标被忽略了。

2）基金流量与历史业绩之间关系特征的实证模型

为了研究历史业绩对 FPR 影响的凸性及非对称性，必须发展一种新的方法。本书利用的方法来自于 Sirri 和 Tufano（1998），但此处方法为多变量分析框架，而 Sirri 和 Tufano（1998）采用的是单变量分析方法。先通过投资目标，根据业绩衡量，形成基金经理的十分位数排名，然后在此基础上进行分段线性回归。在每一个季度，对有同样投资目标的基金从 0 到 1 根据收益等级（Rank$_{t-1}$）进行排名，业绩等级被分为三个不同的组别。例如，最低业绩组（LowPerf$_{t-1}$）是业绩最低的五分之一基金组成，定义为 min（Rank$_{t-1}$，0.2）。中间的五分之三合并成为一组（MidPerf$_{t-1}$）定义为 min（Rank$_{t-1}$ − LowPerf$_{t-1}$，0.6）。最高业绩的五分之一基金（HighPerf$_{t-1}$）定义为 Rank$_{t-1}$ − LowPerf$_{t-1}$ − MidPerf$_{t-1}$。这种等级衡量方法的构建将使得流业绩回归是分段线性的。因为如果当年的资金流量与前年的业绩是正相关的，那么比 LowPerf$_{t-1}$ 和 MidPerf$_{t-1}$ 系数大的 HighPerf$_{t-1}$ 正系数表明现金流量对好的收益比差的收益更加敏感。LowPerf$_{t-1}$ 和 HighPerf$_{t-1}$ 之间系数的差距代表 FPR 的凸度或者不对称程度。一个完整的混合横截面时间序列回归方程如下所示：

$$\text{Flow}_t = \alpha + \beta_0 \cdot \text{Alpha}_{t-1} + \beta_1 \cdot \text{LowPerf}_{t-1} + \beta_2 \cdot \text{MidPerf}_{t-1} + \beta_3 \cdot \text{HighPerf}_{t-1}$$
$$+ \gamma_1 \cdot \text{logTna}_{t-1} + \gamma_2 \cdot \text{Std}_{t-1} + \gamma_3 \cdot \text{Flow}_{t-1}$$
$$+ \gamma_4 \cdot \text{logTna}(F_{\text{am}})_{t-1} + \gamma_5 \cdot \text{logAge}_{t-1} + \varepsilon_t$$

$$\tag{6-6}$$

其中，

$$\text{LowPerf}_{t-1} = \min(\text{Rank}_{t-1}, 0.2)$$
$$\text{MidPerf}_{t-1} = \min(\text{Rank}_{t-1} - \text{LowPerf}_{t-1}, 0.6)$$
$$\text{HighPerf}_{t-1} = \text{Rank}_{t-1} - \text{LowPerf}_{t-1} - \text{MidPerf}_{t-1}$$

4. 样本描述性统计

我们使用季度数据，这样就可以检验短期的动态的基金申购与赎回行为，样本基金至少要有两个季度的历史业绩（因为要考虑上个季度的基金流量变量）。基金季度净流入量定义为季末对季初基金资产增长的百分比，所以流量反映新投资导致的基金资产的百分比增长，采用这种方式来界定基金流量，隐含地假定了新资金在每个季度末进入，因为新资金的进入时机是无法确定的。同时，根据每个季度的基金每天的收益数据来计算收益率及风险。

2001 年 9 月，经管理层批准，由华安基金管理公司成立了中国第一支开放式证券投资基金——华安创新，中国基金业的发展进入了一个崭新的阶段，2002年，开放式基金在中国出现了超常规式的发展，规模迅速扩大，截至 2002 年年底，开放式基金已猛增到 17 只。2003 年 10 月 28 日由全国人民代表大会常务委员会通过的《证券投资基金法》的颁布与实施，是中国基金业和资本市场发展历史上的又一个重要的里程碑，标志着中国基金业进入了一个崭新的发展阶段。中国大部分开放式基金都是在 2003 年以后发行的，并且开放式基金都有一个封闭期，即基金成功募集足够资金宣告成立后，会有一段不接受投资者赎回基金单位申请的时间段，设定封闭期一方面是为了方便基金的后台（登记注册中心）为日常申购、赎回做好最充分的准备；另一方面基金管理人可将募集来的资金根据证券市场状况完成初步的投资安排，根据《开放式证券投资基金试点办法》规定，基金封闭期不得超过 3 个月。考虑到这些因素，本实证选取 2004 年第一季度到 2007 年第四季度的数据作为研究的时间窗口，一共 16 个季度。

另外，由于基金的排名必须在同类基金中进行，对不同种类的基金业绩进行比较是没有任何意义的。在中国基金市场中，股票型基金始终占据绝对优势，考虑到研究对象的可比性（股票型基金、债券型基金的特点不同，不能放在一起进行研究）和代表性，本书的研究对象为股票型基金，但不包括指数型基金，之所以排除指数基金，是因为投资者选择基金的途径是通过学习积极管理基金的基金经理能力，而指数型基金的表现并不能体现管理人的能力。为了确保基金之间能够相互比较，也排除国际基金、债券基金和平衡基金，实际上，数据主要来自积极管理的权益基金，因为只有这些基金才能很好地体现基金经理的能力，而且所有的基金的投资目标都是"积极增长型""长期增长型"或者"增长收入型"的。股票型开放式基金在 2007 年上半年净值回报率全部为正，虽然下半年以来股市波动明显加剧，前 11 个月算术平均净值回报率仍然超过 50%，99 只股票型基金 2007 年以来平均净值增长 55.39%，累计 2007 年以来净值增长率超过 80%的基金有 5 只，分别是华夏精选、光大红利、南方绩优、华安宏利和兴业全球。

其中，华夏精选累计年收益率达到 99.29%，位居第一，它也是 2007 年首只收益率破百的强势基金。华夏精选凭借着管理团队深厚的投研实力、基金经理独到的投资理念，早在 2006 年 7 月 6 日就以 101.55% 的年度净值增长率，成为中国基金业有史以来首只净值增长率"当年过百"的基金。2007 年 1 月至 11 月累计收益率低于 30% 的股票型基金只有 5 只，分别是景顺优选、宝盈红利、合丰周期、金鹰优选和合丰稳定。股票型基金的表现远远好于其他类型的基金，很好地体现了基金经理的能力。

在样本期内，剔除指数型基金，积极管理的股票型开放式基金的数目从 2004 年第一季度的 14 只增长到 2007 年第四季度的 118 只。因此，在每个季度基金的数据数量并不相同。另外，在每个季度要保证纳入样本的基金至少有两个季度的数据，那么符合此条件的基金数目在 2004 年第一季度为 11 只，在 2007 年第四季度达到 89 只，最终样本包括 650 个观察值。原始数据均来自 Wind 数据库，所有数据计算用 Matlab 软件完成，最终数据分析用 SPSS 软件完成。表 6-1 和表 6-2 描述了研究中所选样本的相关特征。

表 6-1 样本描述性统计（一）

年份及季度	基金流量均值	基金流量标准差	Alpha 值均值	Alpha 值标准差	基金规模均值	基金规模标准差
2004 年第一季度	-0.116 4	0.198 6	0.001 6	0.000 3	13.777 9	10.256 3
2004 年第二季度	0.033 79	0.091 0	0.000 7	0.000 6	12.790 0	8.158 94
2004 年第三季度	-0.023 9	0.080 7	0.000 8	0.000 6	13.698 4	9.332 56
2004 年第四季度	-0.093 8	0.096 3	0.000 7	0.000 6	19.550 8	19.896 8
2005 年第一季度	-0.059 3	0.131 2	0.000 8	0.000 7	17.725 7	16.420 1
2005 年第二季度	-0.018 0	0.130 3	0.000 6	0.000 7	16.164 7	14.816 0
2005 年第三季度	-0.088 4	0.139 8	0.000 6	0.000 7	14.063 3	13.943 3
2005 年第四季度	-0.004 1	0.006 2	0.000 6	0.000 6	13.886 4	13.789 9
2006 年第一季度	-0.312 2	0.282 9	0.001 1	0.000 6	11.601 1	10.174 8
2006 年第二季度	-0.132 5	0.474 8	0.001 9	0.000 9	12.437 9	9.862 65
2006 年第三季度	-0.033 2	0.453 3	0.001 7	0.001 0	12.007 0	9.982 41
2006 年第四季度	0.504 54	2.924 3	0.001 9	0.001	23.276 2	30.000 3
2007 年第一季度	1.591 59	3.333 4	0.002 0	0.001 1	41.615 8	40.980 6
2007 年第二季度	1.100 45	3.287 5	0.002 5	0.001 1	65.823 1	50.472 5
2007 年第三季度	1.179 01	4.884 4	0.003 1	0.000 9	117.707	87.299 2
2007 年第四季度	0.202 1	0.918 7	0.003 0	0.000 9	119.528	89.726 2

表 6-2　样本描述性统计（二）

年份及季度	基金公司规模均值/亿元	基金公司规模标准差/亿元	基金年龄均值/月	基金年龄标准差/月	样本数目
2004 年第 1 季度	72.466 5	58.029 6	14.909 1	8.166 5	11
2004 年第 2 季度	81.693 1	62.213 5	16.307 7	8.420 1	13
2004 年第 3 季度	90.418 1	72.052 3	19.307 7	8.420 1	13
2004 年第 4 季度	84.329 3	80.785 0	18.166 7	9.684 7	18
2005 年第 1 季度	94.035 0	113.323 0	18.772 7	10.193	22
2005 年第 2 季度	98.763 7	125.064 0	21.217 4	10.309 0	23
2005 年第 3 季度	103.563	126.759	21.357 1	11.272	28
2005 年第 4 季度	94.530 0	126.330 0	23.103 4	11.191 0	29
2006 年第 1 季度	96.288 2	123.632 0	24.406 3	11.913 0	32
2006 年第 2 季度	100.164 0	115.185 0	22.642 9	13.454 0	42
2006 年第 3 季度	98.493 6	113.641 0	23.744 7	13.868 0	47
2006 年第 4 季度	161.5960	197.7210	24.584 9	14.403 0	53
2007 年第 1 季度	194.429 0	218.726 0	24.950 8	15.053 0	61
2007 年第 2 季度	315.678 0	324.207 0	23.175 0	15.674 0	80
2007 年第 3 季度	523.293 0	527.904 0	24.325 8	15.854 0	89
2007 年第 4 季度	565.938 0	588.265 0	27.415 7	15.976 0	89

注：样本必须符合以下条件，即必须是开放式股票型基金；并且基金到样本期之前至少有两个季度的数据

上表显示，在 16 个季度的考察期内，所有变量均有显著变化。尤其值得注意的是，研究时间的时间窗口包括了熊市及牛市，能够很好地达到研究目的。从 2004 年第一季度一直到 2006 年第三季度，基金基本上都处于净流出状态，此时间段为熊市。而从 2006 年第四季度到 2007 年第四季度，基金都处于净流入状态，此时间段为牛市。自 2006 年 10 月以来，市场表现出明显的资金推动行情的特征，在经济高增长、制度变革、上市公司超预期增长、市场强烈赚钱效应的驱使下，各类资金疯狂入市，股指迭创新高，市场估值也迅速向上限靠拢。截至 2007 年 12 月底，中国 A 股市场的开户数已经超过 1.2 亿，较 2006 年年底增加了 64%，其中个人 A 股账户数达到 1.0102 亿户，A 股机构账户数达到 42.26 亿户。2007 年前三季度 A 股成交量达到 320 359.395 亿元，较 2006 年全年 88 108.017 亿元增加了 2.636 倍，日均成交量达 1700 多亿元。资金推动股市所造成的"财富效应"对基金的发展带来了正的溢出效应。

(三) 实证结果分析

1. 基金流量与历史业绩之间的关系

先只考虑基金业绩对基金流量的影响。因为有多种因素会影响投资者的选择，所以此处采用偏相关分析来测度基金业绩与基金流量之间的相关关系。表6-3表明，在控制了前期基金流量、基金年龄、前期基金家族规模、前期基金规模和前期波动率等变量后，基金业绩与资金净流入的偏相关系数为 0.048，结果表明，基金收益越高，投资者由此得到的收益就越多，从而就会有资金流入，但是这种关系在统计上并不显著。

表6-3 偏相关分析结果

		基金流量
上期 Alpha 值	Correlation	0.048
	Significance （2-tailed）	0.226
	df	643

我们再考虑所有因素对基金流量的影响，实证结果如表6-4所示。

表6-4 基金流量影响因素的回归分析结果

变量	系数	估计值	t 值	p 值
$Alpha_{t-1}$	β_0	0.093	1.213	0.226
$logTna_{t-1}$	γ_1	−0.366	−6.338	0
Std_{t-1}	γ_2	0.328	3.728	0
$Flow_{t-1}$	γ_3	0.001	0.033	0.973
$logTna\ (Fam)_{t-1}$	γ_4	0.111	1.866	0.063
$logAge_{t-1}$	γ_5	−0.272	−4.759	0

根据分析面板数据检验得到的表6-4可得到如下结论。

（1）基金流量与上期基金的 Alpha 值正相关，也就是说，投资者偏好前期业绩好的基金。这是一种理性的投资行为，但这一效应不显著，此结论与偏相关分析的结论一样。已有的对中国开放式基金赎回现象进行实证研究的文献都表明，在中国开放式基金市场中，存在"赎回异象"现象，即面临赎回压力较大的是业绩良好的基金而不是业绩较差的基金。但我们的实证得到了相反的结论，表明投资者的投资行为更加理性，这一方面是由于实证方法的改进，我们用来实证的数据的时间周期较长，样本量大，另外，采用的业绩变量是风险调整业绩，而不是已有文献中采用的净值增长率，这些实证上的改进使得结论更加符合现实。另一方面，随着中国资本市场的发展，政府投资教育的深入，投资者的投资理念变得越来越成熟。基金流量与基金业绩之间弱的正向关系表明"赎回异象"现象正在中国基金市场中弱化。假设 1 虽然没有得到实证支持，但实证结论表明中国基金市场正在向理性的方向发展。

（2）基金流量与上期基金规模的大小负相关，表明投资者倾向于选择规模小的基金，主要是由于小基金具有更好的成长性。2007 年，中国基金市场中的小盘基金取得了优异的业绩。在 2007 年 1 月至 11 月的开放式基金业绩排名中，排名前三位的基金规模均小于 15 亿，排名前 10 位的基金有 6 只在 20 亿以内，其中 4 只规模小于 10 亿。指数型基金业绩排名中的"小规模效应"显著，在业绩排名前 10 位的基金中，只有两只的规模大于 20 亿，其余基金规模均小于 12 亿。在债券型基金业绩排名中，排名前六位的债券型基金有 5 只基金规模均小于 20 亿。这一系列的数据也显示，中小规模基金的成长性要好于大规模基金。

（3）从收益波动率的系数来看，其值为正，即基金业绩越不稳定，基金的净申购率越高，说明中国投资者的投机心理比较强。中国居民长期以来生活在计划经济体制之下，有了积蓄就存入银行，获取稳定的利息收入，股票市场的建立，给居民的积蓄打开了一个新的投资窗口。不仅如此，这个窗口不像银行储蓄那样死水一潭，而是充满了波动、惊奇和刺激。于是，居民投资热情持续升温，但他们并不希望股市成为另一家银行，仍然只获得稳定的利息收入，而是希望自己的资金成倍增长，最好是一夜暴富。这种心理促使他们并不关心股市的数据及分析，而只关心股价的涨跌，投机心理占了上风。投资者对股票投资的这种心理同样用在基金投资上了。

（4）基金流量与上期基金流量正相关，表明基金流量具有持续性，但统计上很不显著，说明投资者对基金没有持续偏好。

（5）基金家族规模越大，基金流量越大，且这一效应比较显著。这表明由规模大的基金管理公司管理的基金，由于具有品牌效应而容易引起投资者的关注，会对基金管理公司所管理的所有基金都有正的溢出效应，正如 Sirri 和 Tufano（1998）所言，基金家族规模越大能够降低投资者的搜寻成本，容易引起投资者的关注。

（6）基金成立的时间越长，基金流量反而越小。这个结论表明，年轻的基金会吸引更多的资金，原因可能是投资者认为刚成立的基金，为了获取好的声誉会加倍努力去增加基金业绩。另外，从理论上来讲，基金操作时间越长，由于经历过各种各样的市场环境，从经验学习角度来看，也有利于其对市场行情的判断和单个股票的筛选，使得基金整体业绩表现更加优秀。但是由于国内基金经理频繁更换，基金无法从基金经理积累的经营经验中获益。而且，老基金投资风格和理念一旦形成和固化，即使新调整的基金经理水平再高，也无法在短期内完全彻底扭转。据统计，老基金普遍以钢铁、石化、港口、汽车、航空的大盘股作为投资重点，而近年来国内资金一直在追捧易于操纵的小盘股，由此造成老基金业绩表现不如新基金。

2. 基金流量与历史业绩之间关系的特征

在增加等级排名变量后，基金流量与上期基金的 Alpha 值正相关，且在 5% 的水平上显著，如表 6-5 所示。王茂斌和毕秋侠（2006）同样发现中国基金业绩与未来资金流入存在显著的正相关关系。其他变量的系数没有发生显著的变化，因此下面主要分析三个等级排名变量系数的含义。

表 6-5 基金流量与历史业绩的回归分析结果

变量	系数	估计值	t 值	p 值
$Alpha_{t-1}$	β_0	0.181	1.967	0.05
$LowPerf_{t-1}$	β_1	−0.064	−1.436	0.151
$MidPerf_{t-1}$	β_2	−0.03	−0.443	0.658
$HighPerf_{t-1}$	β_3	−0.065	−1.422	0.156
$logTna_{t-1}$	γ_1	−0.397	−6.485	0
Std_{t-1}	γ_2	0.291	3.113	0.002
$Flow_{t-1}$	γ_3	0.002	0.051	0.96
$logTna（Fam）_{t-1}$	γ_4	0.132	2.16	0.031
$logAge_{t-1}$	γ_5	−0.236	−3.455	0.001

$LowPerf_{t-1}$，$MidPerf_{t-1}$ 和 $HighPerf_{t-1}$ 的系数均为负值，而且 $LowPerf_{t-1}$ 和 $HighPerf_{t-1}$ 的系数大小相当，表明投资者对于排名最高的基金以及排名最低的基金都存在净赎回现象，但这些系数显著性均不高。另外，$MidPerf_{t-1}$ 的系数不显著，说明排名位于中间的基金，其资金流量对基金业绩不敏感，换句话说，投资者对于排名中间的基金不会采取任何措施。实证结果表明，投资者对基金业绩排名不敏感，中国基金 FPR 与国外基金市场不同，并不具有明显的特征，假设 2 得不到实证研究的支持。

第三节 管理费激励对基金经理投资行为的影响研究

一、管理费激励对基金经理投资行为影响的理论分析

基金经理激励契约即基金管理费的计提方式分为两种类型：第一种是基于资产净值的固定费用，即按照基金资产的一定比例计提；第二种是基于基金业绩报酬的费用，即在基于资产的固定费用的基础上，计提业绩报酬。业绩报酬的计提与基准相关，在这种费用结构下，又可细分为两种费用结构：一种为对称的业绩报酬费用（也称激励费用结构），即将基金业绩与基准比较，高于基准组合时提取正的业绩报酬，低于基准组合时则受到相应的惩罚；另一种为不对称的业绩报酬费用，即将基金业绩与基准相比较，高于基准组合提取正的业绩报酬，低于基准组合则不计提业绩报酬，如式（6-7）所示。

$$\text{Fee} = \text{BaseFee} + \text{IncentiveFee} = AF + PF = k_b A_0 (1 + R_p) + k_i A_0 (R_p - R_x)$$

$$(6\text{-}7)$$

式中，k_b 为固定费用系数，是期末基金资产净值的一定比例；A_0 为基金投资者期初投资的资产值；R_p 为基金在当期的业绩 k_i 的激励费用系数；R_x 为当期基准组合的收益。当 $k_i = 0$，为基于资产净值的固定费用结构；当 $k_i \neq 0$ 时，为激励费用结构。不对称的费用结构则表示当 R_p 小于 R_x 时，两者的差值取 0，反之则为对称费用结构。

分析了同时考虑固定费用和业绩报酬费用的情况对基金经理投资行为影响，再结合中国基金管理费计提的实际，构建了固定费用对基金经理投资行为的理论模型，从理论上分析中国管理费机制对基金经理投资行为的影响。

（一）管理费率激励对基金经理投资行为的影响分析

1. 管理费率激励模型的相关假设

假设 3 投资者本身没有能力进入市场，只能委托基金经理代为投资，在投资者进行单期投资的条件下，期初投资为 A_0

假设 4 证券投资基金市场为非有效市场，即基金经理可以通过自身的努力去搜寻与证券投资相关的信息，并运用获得的信息获得超过市场基准收益的超常收益率，如式（6-8）所示。

$$a = I + (I\delta)^{\frac{1}{2}} \xi \qquad (6\text{-}8)$$

式中，a 为基金经理的努力水平；I 为与应用于证券组合信息相关的超常收益率，δ 为基金经理的信息率，引用 Golec（1992）关于信息率的定义，信息率反映的是由信息产生的超常收益率与额外证券组合方差之间的一种权衡的关系，信息率越小，意味着基金经理有能力在获取收益率的同时减小方差；ξ 为随机项。

假设 5 基金经理对于投资组合风险的选择是无成本的，基金经理可以在有效投资组合前任意选择某个投资组合。

假设 6 基金经理对信息的搜集、运用会对基金经理造成"痛苦"或者是"能量的消耗"，即努力的付出是有成本的，努力成本可以表示为努力期望的线性函数，且成本函数为严格凸函数，如式（3-2）所示。

$$C = \frac{1}{2}bE(a)^2 = \frac{1}{2}bI^2 \tag{6-9}$$

式中，b 为努力成本系数，与基金经理的个人特质和能力有关。努力成本系数越大，表明基金经理对努力成本越敏感。

假设 7 假设投资人和基金经理都相信资产根据 Sharpe-Linter-Mossin 资本资产定价模型来定价 [即使如此，并不意味着 CAPM 是绝对成立的。正是 CAPM 对于现实市场的假设可能不成立，使得雇佣具有私人信息的基金经理是合理的（丁振华，2000）]。因此，根据 CAPM 模型为

$$R_p = R_f + \beta_p(R_m - R_f) + \varepsilon_p \tag{6-10}$$

式中，R_f 为无风险收益率；β_p 为投资组合的系统风险；R_m 为市场收益率；$R_m - R_f$ 为市场组合的超额收益率；ε_p 为误差项，$\varepsilon_p \sim N(0, \sigma^2)$。CAPM 模型认为系统风险是唯一影响期望收益的因素，但是 Jesen（1968）发现在 CAPM 模型中截距项大于平均无风险利率，Friend 和 Blume（1970）及 Stambaugh（1982）的实证研究也得出了相似的结论。这些研究都表明了股票市场存在异常性，由于 CAPM 模型仅包含一个因素，所以不能解释这种现象。因此，本书引入含截距项的证券组合收益模型。

$$R_p = R_f + \alpha_p + \beta_p(R_m - R_f) + \varepsilon_p \tag{6-11}$$

式中，α_p 证券组合为超常收益率，即 jesen 指数；$R_p - R_f$ 为证券组合的超额收益率；ε_p 为误差项。

2. 管理费率与基金激励努力水平的关系分析

1）模型建立

根据上面的相关假设，本节构建的投资组合收益模型如下：

$$R_p = a + R_f + \beta_p(R_m - R_f) = R_f + I + \beta_p(R_m - R_f) + (I\delta)^{\frac{1}{2}}\xi \tag{6-12}$$

基金经理的效用函数 $U_m(\text{Fee})$ 为均值-方差型效用函数 $U_m(\text{Fee})$：

$$U_m(\text{Fee}) = E(\text{Fee}) - \frac{1}{2}\lambda V(\text{Fee})$$

基金经理的确定性等价收入为

$$E(M) = U_m(\text{Fee}) - C = E(\text{Fee}) - \frac{1}{2}\lambda V(\text{Fee}) - \frac{1}{2}bI^2 = \nu \qquad (6\text{-}13)$$

式中，$E(\cdot)$ 与 $V(\cdot)$ 分别为期望和方差，λ 为基金经理的风险规避度，ν 为基金经理的机会成本。

按照委托代理理论，基金经理通过选择努力程度 a 来最大化其个人收益，由于本书中的努力程度中包含随机变量，所以在本书的模型中，基金经理通过选择努力水平的期望（I）来最大化其确定性等价收入。

$$I \in \text{argmax}\left[E(\text{Fee}) - \frac{1}{2}\lambda V(\text{Fee}) - \frac{1}{2}bI^2 - \nu\right]$$

当 I 的边际收益与 I 的边际成本相等时，得到与信息相关的非随机收益，其中边际成本包括与风险相关的成本及与基金经理自身特质相关的成本。求解得到

$$I = \frac{(k_b + k_i)A_0 - \frac{1}{2}\lambda(k_b + k_i)^2\delta\sigma_\xi^2}{b} \qquad (6\text{-}14)$$

2）模型分析及结果

通过式（6-14），得到影响基金经理努力水平期望值的相关变量。基金经理的风险规避度与努力水平的期望值成反比，这是因为当付出努力搜寻信息获取收益时，同时会带来与信息收益相关的风险，基金经理越是害怕风险，就越会付出较少的努力以减少风险产生的概率。信息率与基金经理努力水平的期望成反比，这是由于较小的信息率表示基金经理控制由信息所带来风险的能力越强，此时，基金经理越会付出多的努力以得到高的收益率。期初资产与基金经理努力水平的期望成正比，表示投资人投入的资产越多，由于基金管理费与资产净值相关，基金经理越有动力付出努力以获得高的管理费收入。基金经理的努力成本系数与其努力水平的期望成反比，因为努力水平系数反映的是基金经理对努力成本的敏感程度，这与基金经理自身特质与能力等因素相关，基金经理对努力成本越是敏感，就越会较小付出努力的程度。

当基金管理费为基于资产净值的固定费用结构时，即 $k_i = 0$，得

$$I = \frac{k_b A_0 - \frac{1}{2}\lambda k_b^2\delta\sigma_\xi^2}{b} \qquad (6\text{-}15)$$

对式（6-15）求关于 k_b 的一阶与二阶导数：

$$\frac{\partial I}{\partial k_b} = \frac{A_0 - \lambda\delta\sigma_\xi^2 k_b}{b} \qquad (6\text{-}16)$$

$$\frac{\partial^2 I}{\partial k_b^{\ 2}} = \frac{-\lambda\delta\sigma_\xi^2}{b} \tag{6-17}$$

由于 $\lambda\delta\sigma_\xi^2 k_b < 1$，固定费率与基金经理努力水平的期望值正相关。由式（6-17）得到，若基金经理为风险规避型，则式（6-17）小于 0，可以认为若提高固定费率，则基金经理努力的增加幅度将小于固定费率增加的程度；若基金经理为风险偏好型，则（6-17）式大于 0。认为提高固定费率，基金经理努力增加的幅度将大于费率增加的程度，但是此时虽然可以带来较高的收益率，但也同时伴随较高的风险。

若基金费率为基于业绩的激励费用结构，则对 I 求关于 k_b、k_i、$k_b + k_i$ 的一阶与二阶导数，得

$$\frac{\partial I}{\partial k_b} = \frac{A_0 - (k_b + k_i)\lambda\delta\sigma_\xi^2}{b} \tag{6-18}$$

$$\frac{\partial I}{\partial k_i} = \frac{A_0 - (k_b + k_i)\lambda\delta\sigma_\xi^2}{b} \tag{6-19}$$

$$\frac{\partial I}{\partial(k_b + k_i)} = \frac{A_0 - \lambda\delta\sigma_\xi^2(k_b + k_i)}{b} \tag{6-20}$$

$$\frac{\partial^2 I}{\partial k_b^{\ 2}} = \frac{\partial^2 I}{\partial k_i^{\ 2}} = \frac{\partial^2 I}{\partial(k_b + k_i)} = \frac{-\lambda\delta\sigma_\xi^2}{b} \tag{6-21}$$

对于风险规避型的基金经理，若期初资产不能够弥补基金经理的风险成本，则高的固定费率不会导致基金经理更高的努力水平。当然，这种现象在基金市场非常少见。

更为一般的情况是，固定费率、激励费率、固定费率与激励费率之和都与基金经理努力水平的期望成正比，但是努力水平提高的幅度会小于费率增加的程度（对于风险规避型基金经理）。

3. 管理费率影响因素分析

1）模型建立

由于按照以上模型继续计算固定费率的影响因素，计算结果复杂且不易分析，所以如 Golec（1992）中的模型，本节重新定义基金经理的机会成本，用机会成本函数 $f(w, I)$ 代替 ν，并假设 $\frac{\partial f}{\partial I} = w$，函数 f 为连续函数，其他变量与上一节一致。

因此，基金经理的确定性等价收入转变为

$$E(M) = U_m(\text{Fee}) - C = E(\text{Fee}) - \frac{1}{2}\lambda V(\text{Fee}) = f(w, I)$$

为解决基金经理与投资者之间的委托代理问题，投资者应选择 k_b 与 k_i，以最大化投资者的效用，且 k_b 与 k_i 应被基金经理接受，即求解下列最大化问题

$$\begin{cases} \max\limits_{k_b, k_i} U_i(A) = E[A_0(1 + R_p) - \text{Fee}] - \frac{1}{2}\gamma V[A_0(1 + R_p) - \text{Fee}] \\ (\text{IR})E(M) = U_m(\text{Fee}) - C = E(\text{Fee}) - \frac{1}{2}\lambda V(\text{Fee}) \geqslant f(w, I) \quad (6\text{-}22) \\ (\text{IC})I \in \arg\max\left[E(\text{Fee}) - \frac{1}{2}\lambda v(\text{Fee}) - f(w, I)\right] \end{cases}$$

由于中国所有公募基金都不计提基金激励费，只收取固定费用，所以本书只分析基于资产净值的固定费率的情形。

当 $k_i = 0$，求解式（6-22）得

$$k_b = \frac{2[1 + R_f + \beta_p(R_x + R_f)]}{\lambda A_0 \beta_p^2 \sigma_x^2} \quad (6\text{-}23)$$

2）模型分析及结果

由式（6-23）可以得出，基金固定费率与无风险利率、基金系统风险、基金经理风险规避度、期初资产等相关。

$\frac{\partial k_b}{\partial R_f} > 0$，无风险利率与固定费率正相关，根据 CAPM 模型，无风险利率越高，意味着证券组合的期望收益越高，基金人会为其付出努力，管理资产所要求的回报也越多。

$\frac{\partial k_b}{\partial \lambda} < 0$，基金经理的风险规避度与固定费率成正比，可以理解为基金经理风险规避度越高，则其付出的努力越小，则投资者将付出较小的费用以减少成本的支出。

$\frac{\partial k_b}{\partial A_0} < 0$，期初资产与固定费率负相关，可以解释为规模的经济效益。

$\frac{\partial k_b}{\partial \beta} > 0$，基金风险与固定费率正相关，系统风险越高，收益的不确定性越大，较高的固定费率可以抑制基金经理投资高风险资产的行为，从而保障投资者的利益。

(二) 固定费用激励对基金经理投资行为的影响分析

1. 基金经理努力及风险选择模型的建立

根据资本资产定价模型,投资组合的期望收益和系统风险之间的关系表示为

$$E(R_p) = R_f + \beta_p [E(R_m) - R_f] \tag{6-24}$$

式中,R_p 表示投资组合的收益率,R_f 表示无风险收益率,β_p 表示投资组合的系统风险,R_m 表示市场组合收益率。

依据 CAPM 中的假设,投资组合的收益率服从正态分布,即

$$R_p = E(R_p) + \sigma_p z \tag{6-25}$$

式中,σ_p 为投资组合的总风险,$z \sim N(0, 1)$。由 $\beta_p = \dfrac{\mathrm{cov}(R_p, R_m)}{\sigma_m^2} = \dfrac{r_p \sigma_p \sigma_m}{\sigma_m^2} = \dfrac{r_p \sigma_p}{\sigma_m}$ 得 $R_p = R_f + \beta_p \left\{ [E(R_m) - R_f] + \dfrac{\sigma_m}{r} z \right\}$,其中,$\sigma_m$ 表示市场组合的总风险,并且 β_p 与 z 相互独立。

假设基金经理可以通过付出努力而减小系统风险的方差,且 $E(\beta_p) = \mu$,$\mathrm{var}(\beta_p) = \dfrac{\mu}{a}$,$a$ 为努力水平的测量,且 a_M 为基金经理的努力水平,a_I 为投资者期望基金经理能够达到的努力水平。

基金经理按照基于资产的固定费率计提管理费用,采用均值方差效用函数,得到基金经理关于管理费用的效用函数为

$$U_M(\mathrm{Fee}) = E_M(\mathrm{Fee}) - \frac{1}{2} \lambda \mathrm{var}(\mathrm{Fee}) - \frac{1}{2} ba^2 = Ak_b(1 + R_f) + Ak_b \mu_M [E(R_m) - R_f]$$

$$- \frac{1}{2} \lambda \left\{ A^2 k_b^2 \frac{\mu_M^{\;2}}{a_M} [E(R_m) - R_f]^2 \right\} - \frac{1}{2} ba_M^{\;2} \tag{6-26}$$

投资人的期望效用函数为

$$U_I[(1 - k_b) A(1 + R_p)] = U_I \left[\left(\frac{1}{k_b} - 1 \right) \mathrm{Fee} \right]$$

$$= \left(\frac{1}{k_b} - 1 \right) E_I(\mathrm{Fee}) - \frac{1}{2} \gamma \left(\frac{1}{k_b} - 1 \right)^2 \mathrm{var}(\mathrm{Fee}) \tag{6-27}$$

$$= \left(\frac{1}{k_b} - 1 \right) Ak_b(1 + R_f) + \left(\frac{1}{k_b} - 1 \right) Ak_b \mu_I [E(R_m) - R_f]$$

$$- \frac{1}{2} \gamma \left(\frac{1}{k_b} - 1 \right) 2 \left\{ A^2 k_b^2 \frac{\mu_I^{\;2}}{a_I} [E(R_m) - R_f]^2 \right\}$$

基金经理的参与约束条件为

$$Ak_b(1 + R_f) + Ak_b\mu_I [E(R_m) - R_f]$$
$$- \frac{1}{2}\lambda \left\{ A^2 k_b^2 \frac{\mu_I^{~2}}{a_I} [E(R_m) - R_f]^2 \right\} - \frac{1}{2}b_I a_I^{~2} \geqslant \nu \tag{6-28}$$

2. 固定费用下基金经理努力水平的选择

1) 模型分析结果

分别将式 (6-26) 对基金经理的努力水平及系统风险的期望求偏导, 并令其为零, 得 a_M 与 μ_m 为

$$a_M = \sqrt[3]{\frac{1}{2b}\lambda A^2 k_b^2 \mu_M^{~2} [E(R_m) - R_f]^2} \tag{6-29}$$

$$\mu_M = \frac{a_M}{\lambda Ak_b[E(R_m) - R_f]} \tag{6-30}$$

在式 (6-28) 约束条件下, 用拉格朗日法求解式 (6-27) 投资人期望的努力水平及系统风险的均值 (l 为拉格朗日乘数), 得到

$$a_I = \sqrt[3]{\frac{l\lambda + \gamma \left(\frac{1}{k_b} - 1\right)^2}{2lb}A^2 k_b^2 \mu_I^{~2} [E(R_m) - R_f]^2} \tag{6-31}$$

$$\mu_I = \frac{a_I\left(\frac{1}{k_b} - 1\right)}{\left[l\lambda + \gamma \left(\frac{1}{k_b} - 1\right)^2\right] Ak_b[E(R_m) - R_f]} \tag{6-32}$$

求解式 (6-29) 与式 (6-30) 组成的方程组, 可得

$$a_M = \frac{1}{2b\lambda} \tag{6-33}$$

求解由式 (6-31) 与式 (6-30) 组成的方程组, 得

$$a_I = \frac{\left(\frac{1}{k_b} - 1\right)^2}{2lb\left[l\lambda + \gamma \left(\frac{1}{k_b} - 1\right)^2\right]} \tag{6-34}$$

比较式 (6-33) 与式 (6-34), 得到

$$\frac{a_M}{a_I} = \frac{l\left[l\lambda + \gamma \left(\frac{1}{k_b} - 1\right)^2\right]}{\lambda\left(\frac{1}{k_b} - 1\right)^2} \tag{6-35}$$

2) 模型结果讨论

由式 (6-35) 可以看出, 在基于资产的固定费用结构下, 若基金经理小于或

等于投资者的风险规避度时，则基金经理付出的努力水平会高于投资人期望的努力水平；若基金经理的风险规避度大于投资者的风险规避度时，基金经理的努力水平与很多因素有关，包括基金经理与投资者之间风险规避度的差距、基金经理努力的影子价格及管理费率。

3. 固定费用下基金经理风选水平的选择

1）模型分析结果

求解式（6-29）与式（6-30）组成的方程组，得

$$\mu_M = \frac{1}{2b\lambda^2 Ak_b\left[E(R_m) - R_f\right]} \tag{6-36}$$

求解由式（6-31）与式（6-32）组成的方程组，得

$$\mu_I = \frac{\left(\frac{1}{k_b} - 1\right)^2}{2lbAk_b\left[l\lambda + \gamma\left(\frac{1}{k_b} - 1\right)^2\right]^2\left[E(R_m) - R_f\right]} \tag{6-37}$$

比较式（6-36）与式（6-37），得到

$$\frac{\mu_I}{\mu_M} = \frac{\lambda^2\left(\frac{1}{k_b} - 1\right)^2}{l\left[l\lambda + \gamma\left(\frac{1}{k_b} - 1\right)^2\right]^2} \tag{6-38}$$

2）模型结果讨论

由式（6-38）可以看出，在基于资产的固定费用结构下，由于式（6-38）的分母严格大于分子，可以认为基金经理选择的风险水平会高于投资者预期的风险水平，这与基金经理与投资人风险规避度的大小无关。

二、管理费激励对基金经理投资行为影响的实证分析

（一）研究假设

1. 关于管理费率与基金经理努力水平关系的假设

管理费率与基金人努力水平关系的分析认为，基金经理努力水平除受到管理费率的影响外，还受基金经理的风险规避度、基金经理的信息率、期初资产的投入、基金经理努力水平系数的影响。

Droms 和 Walker（1996）发现，基金费率与基金经风险调整后的收益正相关，本节理论分析结果表明基金管理费率与基金经理努力水平正相关。

　　Cohen 和 Starks（1988）研究认为，在线性契约的条件下，如果基金经理的风险规避度至少是和投资者一样时，道德风险将会发生，基金经理会选择付出较少的努力，并减少在风险资产上的投入；如果基金经理的风险规避度小于投资者，这时，基金经理会付出大于投资者预期的努力水平。他们认为，基金经理付出努力的一个必要的条件就是基金经理风险规避度要小于投资者。在 Golec（1992）的模型中引入信息率这一概念，认为信息率是基金经理利用信息效率的倒数，信息率越小，意味着基金经理越有能力在获得收益率的同时控制风险。因此，本节认为信息率越小的基金经理将会付出较多的努力，得到较高的超常收益率。Gehrig 等（2009）研究发现，基金红利的大小与基金经理努力程度正相关，在中国固定费用结构下，基金费用与资产规模相关，因此规模大的基金越可能获得好的收益率。Chevalier 和 Ellison（1999）针对 1988～1994 年美国 492 个基金经理（限增长和收入型基金）样本数据进行实证分析，发现拥有 MBA 学位或者学生期间 SAT 成绩优秀的基金经理，倾向于采取积极投资策略，其管理的基金业绩显著优于没有 MBA 学位和 SAT 成绩平常的基金经理管理的基金，认为基金经理的从业经历及学历可以作为基金经理的努力成本系数的衡量。结合模型分析结果，提出如下假设：

　　假设 8　基金固定费率与基金经理努力水平正相关。

　　假设 9　基金经理的风险规避度与基金经理努力水平负相关。

　　假设 10　基金经理的信息率与基金经理努力水平负相关。

　　假设 11　期初资产与基金经理努力水平正相关。

　　假设 12　基金经理努力成本系数与基金经理努力水平负相关。

2. 关于基金管理费率影响因素的假设

　　关于基金固定费率的影响因素的模型分析结果中，影响基金固定费率的因素包括无风险利率、基金经理的风险规避度、期初资产、系统风险及信息率。

　　无风险利率的反映投资人投资基金机会成本的大小，无风险利率越低，投资人越倾向于将资金投向基金市场，规模效应的结果是一个较低的费率。基金经理风险规避度越大，投资越保守，取得高收益的可能性降低，此时，可能会获得一个较低的费率以减少投资人成本的支出。Prather 等（2004）研究发现，基金费率与基金规模和基金年龄负相关。Golec（1992）实证研究也发现，基金费率与资产是负相关的，可能是规模经济的作用。Hugonnier 和 kaniel（2010）发现，基金的费率和风险正相关，因为费率较高的基金管理者持有更多的风险资产。在 Golec（1992）的模型中，理论模型认为费率与信息率负相关，并进行了实证检验，但是在本节的理论模型中，信息率与基金费率并不相关。因此，结合模型分析结果，提出如下假设：

假设13　无风险利率与固定费率正相关。

假设14　基金经理的风险规避度与固定费率负相关。

假设15　期初资产与固定费率负相关。

假设16　系统风险与固定费率正相关。

假设17　信息率与固定费率不相关。

3. 管理费用对基金业绩及风险影响的假设

在中国，公募基金的管理费按照基金资产净值的固定比例提取，一般来讲，基金经理扩大基金规模有两种方式：一是通过提高基金的业绩提高基金的规模；二是可以通过增加新资金的流入以扩大基金规模。这两个方面是相关的，基金好的业绩可能会带来新的资金的流入，若基金业绩表现不好，基金投资人可以采取"用脚投票"的方式惩罚基金经理。因此，基金经理为增加管理费收入，有动力去付出努力提高基金业绩，提出以下假设：

假设18　基金管理费用与基金收益率正相关。

基于资产的固定费率的激励方式缺乏一种对基金经理有效的风险约束机制，基金经理可能会因为追求高的收益率而过于激进和冒险，而投资基金的风险并不是由基金投资者与基金经理双方共同承担的，2010年上半年数据显示，国内60家基金公司的652只基金产品合计亏损4400亿元，基金投资者为此需另付出149亿元管理费，因此基金经理的风险行为会直接损害投资者的利益。曾德明等（2005）对中国封闭式基金实证研究发现，管理费用与基金总风险和系统风险正相关。理论分析表明现有管理费制度下，基金经理选择的风险水平高于投资者的预期。因此，提出如下假设：

假设19　基金管理费用与基金风险正相关。

（二）实证研究设计

1. 变量定义与计算方式

1) 基金经理努力水平（基金业绩）

如前所述，采用基金经理努力水平的期望值即信息作为努力水平的量度，由于信息也是不可观测的变量，采用与Golec（1992）相似的方法，用Jesen指数测量努力水平，假定基金经理搜寻信息的努力程度都可以通过基金超常收益率（Jesen指数）反映出来。

2) 基金经理风险规避度

基金经理的风险规避度为控制变量。龚红与付强（2007）理论研究发现，当基金经理的风险厌恶程度小于投资者的风险厌恶程度时，基金经理选择的风险水平要高于投资者所期望的风险水平。因此，本书认为基金经理的风险规避度对基金风险选择有影响。

基金经理的风险规避度是一个不易观测的变量，在以往的研究中，很多文献都假设基金经理具有相同的风险规避度。本节采用如下方式测量风险规避度：根据基金经理管理基金的种类确定其风险规避程度，所管理的基金的风险程度越大，则认为基金经理的风险规避程度越小。若基金经理管理普通股票型基金，则认为其风险规避度为1；若管理增强指数型基金，则风险规避度为2；若管理偏股混合型基金，则风险规避度为3；若管理平衡混合型基金，则风险规避度为4；若管理偏债混合型基金，则风险规避度为5；若管理混合债券型基金，则风险规避度为6；若管理保本型基金，则风险规避度为7。计算期为2003～2009年，若基金经理管理基金数目超过1只且为不同类型的基金，则采用加权平均的方法计算基金经理风险规避度，计算公式如下

$$\lambda_j = \frac{\sum_1^n \lambda_i t_i}{\sum t_i}$$

式中，λ_j 为基金经理 j 的风险规避度，n 为基金经理 j 管理基金的个数，λ_i 为基金 i 所对应的风险规避度，t_i 为基金经理 j 管理基金 i 的年限。

3）期初资产

期初资产为可观测变量，本书界定基金 i 在第 t 年的期初资产为基金 i 在第 $t-1$ 年最后一日的资产净值，当缺少 $t-1$ 年最后一日资产净值的数据时，以 t 年最早的数据代替。

4）基金经理努力成本系数

基金经理努力水平系数为不可观测变量，由于以往文献很少涉及对这一变量的实证研究，本书认为基金经理努力水平系数与其个人特质有关，所以采用基金经理的从业时间及基金经理的学历程度测量这一变量，并认为基金经理从业时间越长，学历程度越高，则基金经理努力成本系数越小。

5）固定费率

固定费率为可观测变量，样本中基金的固定费率范围为0.6%～1.5%。

6）无风险利率

无风险利率为可观测变量，采用五年期定期银行存款利率作为无风险利率。样本期为2004～2009年，在样本观察期内，五年期定期存款利率共调整了12次，各年度无风险收益率采用加权平均值代替，如表6-6所示。

表 6-6　无风险利率调整及年度利率表

调整日期	调整利率/%	年份	加权平均后利率/%
2004.10.29	3.60	2004	2.932
2006.08.19	4.14	2005	3.6
2007.03.18	4.41	2006	3.8
2007.05.19	4.95		
2007.07.21	5.22	2007	4.987
2007.08.22	5.49		
2007.09.15	5.76		
2007.12.21	5.85		
2008.10.09	5.58	2008	5.59
2008.10.30	5.13		
2008.11.27	3.87		
2008.12.23	3.60	2009	3.6

7）基金规模

基金规模为控制变量。Chen 等（1992）对 87 个月份的 93 只基金进行研究发现大规模基业的收益高于小规模基金的收益。Gorman（1991）和 Cobelas（1995）当对基金费用是以净的基金资产为基础计提时，基金管理人倾向于扩大基金资产的规模，从而导致了基金规模效应的存在（Volkman，1992）。规模大的基金对基金经理的激励程度强，因此可以带来较高的收益，并且基金规模大的基金往往由能力较强的基金经理管理，表现出较高的收益率水平。

8）系统风险

系统风险由 CAPM 模型计算得出，基准组合为沪深 300 指数，频率为月。

9）信息率

采用基金的标准差表示信息率。

2. 实证模型的建立

1）基金经理努力水平影响因素的实证模型

运用以下面板数据模型分析基金经理努力水平的期望值（基金超常收益率）的影响因素，其中固定费率为非时序变量。

$$\text{Effort}_{it} = c_0 + c_1 \text{FeeRatio}_i + c_2 \text{RiskAvoid}_{it} + c_3 \text{InRatio}_{it}$$
$$+ c_4 \log(\text{Asset})_{i(t-1)} + c_5 \text{Experience}_{it} + c_6 \text{Enducation}_{it} + \varepsilon_{it}$$

$$(6\text{-}39)$$

式中，Effort 表示基金经理的努力水平的期望值；FeeRatio 表示基金管理费率；RiskAvoid 表示基金经理的风险规避度；InRatio 表示信息率；log（Asset）表示资产净值的对数；Experience 表示基金经理的从业经历，即基金经理的证券从业时间；Enducation 表示基金经理的受教育程度。

2）管理费率影响因素的实证模型

运用以下面板数据模型分析中国基金固定费率的影响因素。

$$\text{FeeRatio}_{it} = d_0 + d_1 \text{FreeRisk}_{it} + d_2 \text{RiskAvoid}_{it}$$
$$+ d_3 \log(\text{Asset})_{it} + d_4 \text{Beta}_{it} + d_5 \text{InRatio}_{it} + \varepsilon_{it} \quad (6\text{-}40)$$

式中，FeeRisk 表示无风险利率，Beta 表示基金系统风险，其他变量含义如前所述。

3）管理费用对基金业绩影响的实证模型

如前所述，建立基金管理费的影响模型如下：

$$\text{Performance}_{it} = p_0 + p_1 \log(\text{Fee})_{it}$$
$$+ p_2 \log(\text{Size})_{it} + p_3 \text{RiskAvoid}_{it} + \varepsilon_{it} \quad (6\text{-}41)$$

式中，Performance 表示基金业绩，log（Fee）表示基金费用的对数值，log（Size）表示基金规模的对数值，RiskAvoid 表示基金经理的风险规避度。

4）基金管理费对基金风险影响的实证模型

$$\text{Beta}_{it} = q_0 + q_1 \log(\text{Fee})_{it}$$
$$+ q_2 \log(\text{Size})_{it} + q_3 \text{RiskAvoid}_{it} + \xi_{it} \quad (6\text{-}42)$$

式中，Beta 表示基金系统风险，其余变量含义如前所述。

3. 样本选择与数据来源

采用开放式基金数据，由于货币市场基金主要投资于货币市场，QDII 主要投资境外资本市场的股票、债券等有价证券，而本节主要研究投资于国内股票市场的基金，因此排除货币市场基金与 QDII。样本计算期为 2004 ~ 2009 年。由于本节采用面板数据模型，为保证样本内基金至少有两年的数据，选取的样本成立时间应在 2008 年之前。剔除数据不可得的样本后，共获得 238 只基金。表6-7 描述了所选样本特征。

表 6-7　混合数据描述性统计

项目	均值	最大值	最小值	标准差	变量数	截面数
努力水平	0.004 140	0.044 600	−0.030 6	0.009 256	902	238
管理费率	1.414 024	1.500 000	0.600 000	0.232 446	902	238
风险规避度	2.821 007	6.750 000	1.000 000	1.341 472	902	238

续表

项目	均值	最大值	最小值	标准差	变量数	截面数
信息率	7. 187 470	13. 34 890	0. 070 100	2. 631 545	902	238
期初资产	51. 349 87	481. 740 3	0. 320 8	66. 800 12	902	238
无风险利率	4. 403 073	5. 590 000	2. 932 000	0. 905 168	902	238
系统风险	0. 659 636	1. 191 200	−0. 030 8	0. 220 937	902	238
从业经历	9. 967 537	27. 333 00	4. 000 000	2. 970 210	902	238
学历程度	2. 059 035	3. 000 000	1. 000 000	0. 373 919	902	238
管理费用	7557. 212	41 303. 42	30. 13	7 866. 919	902	238
基金规模	54. 753 84	414. 353 1	0. 320 8	62. 896 43	902	238

　　所选择的数据具有时间序列特征，因此对时期数据进行了描述性统计分析。如表 6-8 所示，样本期间，一些变量有显著的变化，样本基金的超常收益率（努力水平）的均值 2006 年最高。2006 年，沪深股市发生了深刻的变化，股权分置改革的顺利进行，大型蓝筹回归市场，中国银行、工商银行、中国人寿顺利登陆，显示了市场巨大的承接能力，到 2007 年年底，样本基金的资产规模达到最大值，受金融危机影响，超常收益率（努力水平）从 2007 年开始下滑，在 2009年为负值。信息率呈现较大的波动幅度，2006 年和 2007 波动较大。基金经理从业时间逐年下降，但下降幅度较小，可能是由很多年轻的基金经理进入，同时基金经理的学历程度呈现一种上升的趋势。

表 6-8　时期数据描述性统计

变量	统计量	2004 年	2005 年	2006 年	2007 年	2008 年	2009 年
努力水平	均值	0. 008 007	0. 006 152	0. 010 914	0. 007 067	0. 003 329	−0. 002 04
	方差	0. 005 303	0. 004 144	0. 008 818	0. 009 053	0. 007 922	0. 008 83
管理费率	均值	1. 367 857	1. 395 488	1. 407 881	1. 417 283	1. 421 555	1. 421 555
	方差	0. 292 346	0. 241 963	0. 232 904	0. 227 38	0. 227 241	0. 227 241
风险规避度	均值	3. 203 393	3. 106 502	2. 904 047	2. 840 574	2. 704 53	2. 715 342
	方差	1. 260 601	1. 115 019	1. 255 715	1. 332 535	1. 380 05	1. 415 902
信息率	均值	3. 730 729	4. 050 056	6. 403 061	8. 362 635	7. 740 081	7. 806 207
	方差	1. 009 108	1. 131 079	1. 971 074	2. 486 251	2. 502 021	2. 273 623
期初资产	均值	13. 777 31	19. 425	13. 864 17	28. 320 75	109. 131 4	47. 587 46
	方差	8. 554 813	20. 868 75	15. 698 93	37. 606 95	94. 651 19	39. 355 5

续表

变量	统计量	2004 年	2005 年	2006 年	2007 年	2008 年	2009 年
无风险利率	均值	2.932	3.6	3.8	4.987	5.59	3.6
	方差	0	0	0	0	0	0
系统风险	均值	0.553 202	0.598 533	0.726 854	0.653 017	0.647 624	0.683 276
	方差	0.152 408	0.196 279	0.238 67	0.208 111	0.233 137	0.214 899
从业经历	均值	11.023 81	10.613 82	10.011 31	9.713 31	9.943 983	9.756 866
	方差	3.275 84	3.255 767	3.140 182	3.179 041	2.742 229	2.725 795
学历程度	均值	1.976 19	2.012 195	2.029 661	2.058 875	2.079 134	2.084 382
	方差	0.397 437	0.368 31	0.371 486	0.360 048	0.375 861	0.380 652
管理费用	均值	2010.966	2438.469	1655.277	9067.611	10 538.31	9076.925
	方差	1524.091	2506.58	1487.215	7752.807	8858.5	7866.432
基金规模	均值	12.176 4	16.005 41	17.985 13	97.459 03	47.587 46	67.998 26
	方差	8.778 207	16.342 1	23.817 87	89.735 5	39.355 5	61.078 64

基金按投资风格分为普通股票型、增强指数型、偏股混合型、平衡混合型、混合债券型、保本型，分类方式来源于 Wind 数据库，管理费率、基金超常收益率、资产净值、系统风险、基金标准差数据来源于 Wind 数据库，基金经理的从业时间、基金经理学历程度来源于金融界网站（www.jrj.com.cn）与和讯基金网站（funds.hexun.com），无风险利率数据来源于中国人民银行网站。

4. 面板数据模型的相关检验

对变量序列进行单位根检验后，发现努力水平、风险规避度、信息率、系统风险、从业经历、教育程度、管理费用、基金规模为平稳序列，期初资产经一阶差分后平稳，教育程度经二阶差分后平稳，如表6-9所示。

表 6-9　变量单位根检验

变量	LLC	IPS	Fisher-ADF	Fisher-PP
努力水平	−16.653 9	−5.080 51	238.509	265.875
	(0.000 0)	(0.000 0)	(0.442 1)	(0.088 3)
风险规避度	−367.338	−25.085 0	168.330	208.049
	(0.000 0)	(0.000 0)	(0.040 4)	(0.000 0)
期初资产	−15.283 0	−4.417 64	208.341	263.747
	(0.000 0)	(0.000 0)	(0.902 4)	(0.103 7)

续表

变量	LLC	IPS	Fisher-ADF	Fisher-PP
信息率	−52.948 9	−17.258 0	394.295	559.567
	(0.000 0)	(0.000 0)	(0.000 0)	(0.000 0)
系统风险	−83.742 5	−21.511 7	418.696	510.757
	(0.000 0)	(0.000 0)	(0.000 0)	(0.000 0)
从业经历	−88.474 2	−16.457 2	288.489	344.235
	(0.000 0)	(0.000 0)	(0.000 0)	(0.000 0)
教育程度	−7.454 58	−0.356 11	47.715 7	65.692 2
	(0.000 0)	(0.360 9)	(0.909 2)	(0.350 2)
管理费用	−385.443	−109.850	527.789	625.555
	(0.000 0)	(0.000 0)	(0.000 0)	(0.000 0)
基金规模	−42 908.2	−4664.45	594.411	673.515
	(0.000 0)	(0.000 0)	(0.000 0)	(0.000 0)
Δ 期初资产	−19.871 5	−12.772 7	233.508	262.018
	(0.000 0)	(0.000 0)	(0.000 0)	(0.000 0)
Δ 教育程度	−10.391 1	−5.900 20	58.541 3	68.720 6
	(0.000 0)	(0.000 0)	(0.141 7)	(0.016 6)
Δ^2 教育程度	−9.925 20	—	57.818 7	70.864 9
	(0.000 0)	—	(0.006 6)	(0.000 2)

(三) 实证结果分析

1. 管理费率与基金经理努力水平关系的实证分析

Hausman 检验的结果显示拒绝随机效应模型的假设,采用时期固定效应模型对变量进行估计,结果如表 6-10 所示。

表6-10 管理费率与基金经理努力水平关系实证结果

变量	系数	标准误	t 统计量	p 值
C	0.011 806	0.003 201	3.688 115	0.000 2
管理费率	0.002 463	0.001 679	1.466 346	0.142 9
风险规避度	−0.001 176	0.000 269	−4.368 740	0.000 0
信息率	−0.000 468	0.000 185	−2.526 191	0.011 7

续表

变量	系数	标准误	t 统计量	p 值
期初资产	−0.000 680	0.000 557	−1.221 832	0.222 1
从业经历	−0.000 154	$9.16×10^{-5}$	−1.684 167	0.092 5
学历程度	−0.000 973	0.000 731	−1.330 394	0.183 7
Fixed Effects（Period）				
2004—C	0.002 684			
2005—C	0.000 800			
2006—C	0.006 189			
2007—C	0.003 281			
2008—C	−0.000 395			
2009—C	−0.005 959			

基金的固定费率与基金经理的努力水平没有显著关系，表明中国现有的费率水平并没有起到对基金经理显性激励的作用，管理费率设置偏高。这与 Golec（1992）实证研究得到的结论不一致，Golec（1992）认为固定费率与激励费率与信息投入都为正相关关系，并且激励费系数对基金经理的努力水平的激励程度大于固定费率对基金经理努力水平的激励。由于中国公募基金都采用固定费率制，只讨论了固定费率的影响。假设 8 没有得到实证支持。

表 6-10 显示，基金经理的风险规避程度与基金经理的努力水平在 0.05 的显著性水平下负相关，表明基金经理的风险规避程度对基金经理在管理基金时付出的努力水平有影响，继而对基金的业绩产生影响。这与 Cohen 和 Starks 得出的结论相类似，Cohen 和 Starks 认为，在对称的费用结构下，若基金经理的风险规避度小于投资者的风险规避度，基金经理会付出大于投资者期望的努力水平。这是因为风险规避度小的基金经理，易采取积极而广泛的投资策略，当出现好的业绩时，基金经理的自我实现感和荣誉感也会增强，考虑隐性激励的因素，风险规避小的基金经理更有动力去争取高的声誉和好的业绩排名，因此，也会付出较多的努力。假设 9 得到实证支持。

基金经理的信息率与基金经理的努力水平在 0.05 的显著性水平下显著负相关，信息率小表明基金经理在追求收益的同时有较好的控制风险的能力，由于这样的基金经理在为取得好的业绩而付出努力搜寻相关信息时，受到的噪声干扰小，可以达到令基金经理满意的业绩水平，这样的情况下，基金经理会更有动力去搜寻整理相关信息，以获得高的收益，增加个人的显性和隐性的收益。假设10 得到实证支持。

表 6-10 显示，期初资产规模与基金经理的努力水平的相关关系不显著，本书认为可以从这样的角度解释这一现象，基金经理的管理费的计提方式是按前一日基金资产净值的一定百分比的年费率计提，基金管理费每日计提，逐日累计至每月月底，按月支付的，基金经理的管理费收入与当期的资产规模直接相关，而前期资产规模对其影响并不大。假设 11 没有得到实证支持。

基金经理的从业时间与基金经理的努力水平的相关性不显著，可以认为基金经理的从业时间对其努力成本的影响较小，不能作为基金经理努力成本系数的测量变量，从业时间短的基金经理可能更有动力去付出努力，提高个人的声誉水平，获得高的收益；基金经理的学历程度与基金经理的努力水平的相关性不显著，基金经理学历程度的数据显示，多数基金经理是硕士研究生学历，本科学历及博士研究生学历的人数非常少，因此，数据之间的差别过小也是相关性不显著的原因。假设 12 没有得到实证支持。

2. 基金管理费率的影响因素的实证分析

无风险利率这一变量对所有截面单元是不变的，因此采用混合估计模型的形式对面板数据进行回归，实证结果如表 6-11 所示。

表 6-11　基金固定费率影响因素的实证分析结果

变量	系数	标准误	t 统计量	p 值
期初资产	0.043 757	0.012 689	3.448 319	0.000 6
风险规避度	0.037 638	0.005 362	7.019 081	0.000 0
信息率	−0.036 322	0.006 119	−5.935 608	0.000 0
系统风险	1.425 382	0.058 211	24.486 39	0.000 0
无风险利率	0.125 555	0.007 444	16.865 79	0.000 0

表 6-11 显示，固定费率与无风险利率在 0.01 的显著性水平下显著正相关。所采用的固定费率数据与无风险利率的数据在所有面板样本数据中是两个特殊的数据，固定费率数据对于单个基金来说，一般是不随时间的变化而变化的，而无风险利率数据在每一年对于所有的样本基金都是相同的，仅随时间的变化而变化。虽然个体基金的固定费率不随时间变化，但是在每一个样本期，纳入到样本的基金的个数是不同的，这是由样本基金的成立时间所决定的，这对于不同的样本期，所有基金的固定费率的总的影响是不同的（由表 6-8 时期数据描述性统计可以看出）。所以，固定费率与无风险利率的实证研究结论是有意义的，可以表明每年新成立的基金的固定费率的设置会参考无风险利率的大小而决定。按供求理论解释这一结论，基金的投资人将资金投向基金市场，投资人相当于供应方，

基金经理代为管理基金收取管理费，基金经理相当于需求方，基金管理费相当于价格，当供应大于需求时，价格下降。因此，当无风险利率越小，基金投资人的投资基金的机会成本越小，则投向基金市场的资金越多，而基金市场基金经理的数目是有限的，此时固定费率下降。假设 13 得到实证支持。

由表 6-11 得到结论，基金经理的风险规避度与固定费率在 0.01 的显著性水平下显著正相关，基金经理的风险规避度越小，固定费率越低，我们认为这可能是受中国固定费率的制定脱离市场自身的调控及政府通过行政手段干预的影响。由于在投资人认购基金时，费率的大小已经确定，基金投资人对费率制定的参与程度很低，由表 6-10 得到基金经理的风险规避度与基金超额收益率呈负相关，则风险规避度大的基金经理的业绩较低，这时，可以通过提高基金固定费率增加管理费收入。另外，这样的结论也可能是风险规避度测量方式不当造成的。假设 14 没有得到实证支持。

表 6-11 显示期初资产净值与固定费率在 0.01 的显著性水平下显著正相关。这与之前文献中得到的结论是矛盾的，Malhotra 和 McLeod（1997）研究发现，基金费用率与基金规模负相关；Golec（1992）研究发现，基金的费用系数与资产净值是负相关的，并认为这是规模经济的原因。不同之处在于，本书所选用的资产净值数据是上期期末资产净值，而之前文献中所用的资产净值数据是当期数据，这可能是造成结果不同的一个原因。假设 15 没有得到实证支持。

实证分析结果表明，基金系统风险与固定费率在 0.01 的显著性水平下显著正相关。基金的系统风险越高，基金经理承担的风险越大，基金收益不确定性增大，基金经理可能需要一个高的费率保障其管理费收入。Hugonnier（2010）发现，基金的费率和风险正相关，原因是费率高的基金管理者持有更多的风险资产；Golec（1992）的理论分析认为，费用系数与风险为负相关关系，但是并没有得到实证的支持，他认为这可能是受到在实证分析中基金经理风险规避度一致的假设影响。假设 16 得到实证支持。

表 6-11 显示，信息率与固定费率在 0.01 的显著性水平下显著负相关。这与 Golec（1992）理论研究结论一致，但是这种相关关系在其实证研究中并不显著。基金经理的信息率越大，则其管理资产控制风险的能力越弱，风险带给基金经理的成本越高，基金收益也会基金，此时，基金经理需要一个较高的费率补偿他付出的成本。假设 17 没有得到实证支持。

3. 管理费用对基金业绩及风险的影响

1）管理费用对基金业绩的影响

Hausman 检验的结果显示拒绝随机效应模型的假设，采用时期固定效应模型对变量进行估计，结果如表 6-12 所示。

表 6-12　基金管理费对业绩影响的实证结果

变量	系数	标准误	t 统计量	p 值
C	0.024 450	0.003 775	6.476 814	0.000 0
管理费用	−0.008 741	0.001 517	−5.760 781	0.000 0
基金规模	0.009 403	0.001 457	6.454 727	0.000 0
风险规避度	−0.000 859	0.000 212	−4.048 571	0.000 1
Fixed Effects（Period）				
2004—C	0.004 960			
2005—C	0.002 792			
2006—C	0.006 383			
2007—C	0.001 336			
2008—C	0.000 536			
2009—C	−0.006 571			

表 6-12 显示，基金管理费用与基金收益在 0.01 的显著性水平下显著负相关。这说明中国目前基金管理人提取的管理费对基金经理没有激励作用，由于高的基金收益不能得到应得的管理费收入，在一定程度上损害了一部分有能力的基金经理的利益，这或许可以解释基金经理频繁跳槽及基金经理由公募转向私募的原因。同时这也损害基金投资人的利益，投资人在没有获得高收益的情况下却要支付高的管理费用。假设 18 没有得到实证支持。

对表 6-12 分析发现，基金规模与基金收益在 0.01 的显著性水平下呈显著正相关的关系，意味着规模越大的基金，基金的收益越高，这样的结论揭示了中国固定费率过高的问题。根据管理费用与基金收益的实证关系得到管理费用与基金收益负相关，意味着收益越低的基金提取的管理费反而多，但是基金收益和基金规模呈正相关，表明管理费提取多的基金其规模反而小。由于管理费是由费率和基金规模共同决定，说明管理费高是由费率过高造成的。基金经理风险规避度与基金收益在 0.01 的显著性水平下显著负相关，表明风险规避度小的基金经理会付出更多的努力以获得高的基金收益。

2）管理费用对基金风险的影响

Hausman 检验的结果显示拒绝随机效应模型的假设，采用时期固定效应模型对变量进行估计，结果如表 6-13 所示。

表 6-13　基金管理费对基金风险影响的实证分析

变量	系数	标准误	t 统计量	p 值
C	0. 472 298	0. 077 009	6. 133 036	0. 000 0
管理费用	0. 120 767	0. 030 952	3. 901 785	0. 000 1
基金规模	−0. 003 532	0. 029 716	−0. 118 871	0. 905 4
风险规避度	−0. 085 261	0. 004 329	−19. 694 21	0. 000 0
Fixed Effects（Period）				
2004—C	−0. 024 979			
2005—C	0. 010 076			
2006—C	0. 143 023			
2007—C	−0. 020 779			
2008—C	−0. 049 964			
2009—C	−0. 003 946			

　　表 6-13 显示，基金管理费与基金系统风险在 0.05 的显著性水平下正相关。基金管理费对基金经理缺乏风险约束，基金经理为获得高收益可能会采取过度投机的行为，因为高的基金收益会带来基金资产净值的增加，进而增加基金经理的管理费收入，但当基金的收益不能达到基金经理的预期时，基金投资者就要为基金经理的这种风险偏好行为买单，严重损害了基金投资人的利益，并违背了基金市场运行的规律。基金规模与基金系统风险之间的相关性不显著。基金经理的风险规避度与基金风险在 0.01 的显著性水平下显著负相关。假设 19 得到实证支持。

第七章 相对业绩激励对基金经理风险选择的影响研究

第一节 相对业绩评估的特征

相对业绩评估，又称标尺竞争，是代理问题所引发的一个重要业绩评价思想。相对业绩评估是指委托人通过对工作性质相同或相似的代理人业绩进行比较，可以获得比其他可能的考察方式更多的关于代理人努力程度方面的信息。该理论最初是针对一般员工提出的，认为在计件工资率报酬体系下，应该按照工人之间的产量排序而不是绝对产出量决定工人的报酬，以剔除外部工作条件对工人产出的影响。分析表明，在代理人面临共同的环境（工作环境或市场环境等）时，相对业绩比较将是降低代理成本，进而减轻其道德风险的最优策略。锦标制是相对业绩比较的一种特殊形式，与企业的晋升制度或者声誉激励有些相似，它是指在一个企业内部的所有代理人之间展开竞争，相对业绩好的代理人就可以晋升到高一层的层级，从而激励代理人努力工作。如果代理人面临共同的不确定的环境，代理人业绩之间是相关的，则锦标赛制度是有价值的，因为锦标赛制度可以剔除更多的不确定因素，从而使委托人更准确地判断代理人的努力水平，结果强化了激励机制。

相对业绩评估的极端形式是所谓的"锦标赛制度"，在锦标赛制度下，每个代理人的所得只依赖于他在所有代理人中的排名，而与他的绝对表现无关，如果代理人的业绩不相关（不受共同的不确定因素的影响），此时锦标赛制度就没有价值。Rosen（1986）把锦标赛制度模型化为一种竞赛模型，Rosen（1986）证明了代理人的报酬是职位层级的线性递增函数，仅最后层级的报酬收入与前一层级的差距大大拉开，原因在于要向企业的最高主管提供一种似乎锦标赛制度具有无穷层级的激励。Rosenbaum（1979）、Lambert（1983）和 Leonard（1990）等对大型企业的实证研究为职业生涯激励提供了证据。例如，Leonard（1990）从样本企业中发现，从底层到高层的相邻层级之间，晋升因报酬支付的不同而明显不同，报酬的增加与晋升的前景呈负相关，当竞争激励程度加剧时，与激励的要求是相容的。另外，随着参与竞争的代理人人数的增加，晋升后报酬的差异明显加大。

Fama（1980）和 Homstrom（1999）认为，即使在显性激励合同不具可行性的条件下，基金经理也会因为关注自身在经济市场上的声誉效应仍然有努力工作的动力。基金经理努力工作将通过良好的公司业绩把经理的能力信号传递给基金经理市场，提高基金经理的声誉和市场对基金经理的认同，继而可增加基金经理未来的报酬。在声誉效应中引入相对业绩评估，即不仅用经理过去业绩，而且用其他经理的业绩来校正市场对经理能力的先验估计，在外部环境不确定性的相关性大于经理能力的相关性时，将提高声誉效应对经理的激励作用。棘轮效应主要研究在垄断管制中的应用，它是指管制方根据垄断企业过去降低成本的努力而形成的业绩，校正其对垄断企业成本的先验估计。过去业绩越好，传递给管制者有关垄断企业生产成本的信息越多，因此管制时越能制定准确的管制价格。在管制中如果管制价格是随其成本水平变化的，则垄断企业降低成本的激励会下降。把相对业绩评估引入棘轮效应的一种典型例子就是标尺竞争管制，标尺竞争管制把垄断企业的限制价格水平与另一相似条件下垄断企业的价格水平联系在一起，即用相对业绩比较来解决垄断企业的激励问题。在垄断企业的生产技术水平的相关性大于外部环境不确定性的相关性时，应用其他企业的业绩来制定垄断企业的价格水平，将使垄断企业降低成本的激励得以提高。Meyer 和 Vickers（1997）研究了相对业绩评估理论在静态委托代理模型中的结论是否适用于动态委托代理模型的问题，引入相对业绩评估对基金经理声誉效应和棘轮效应的影响，其答案是不确定的。

第二节　相对业绩激励对基金经理风险选择影响的理论分析

一、模型假设

假设 1　基金经理的报酬只依赖于基金的业绩排名，也就是相对业绩，此相对业绩是指基金经理所建立的投资组合业绩与市场组合业绩的比值，即 $G_t = V_t/S_t$，其中，G_t 是相对业绩排名，V_t 是基金经理所持组合的业绩，S_t 是市场组合的业绩。

假设 2　基金经理的报酬函数假设为简单的线性形式 $P = \alpha + \beta G_t$，其中，α 是基金经理的固定收入；β 是基金经理分享的收益份额，即相对业绩每增加一个单位，基金经理的报酬增加 β 单位。

假设 3　基金经理的效用函数为幂效用函数形式，即 $U(P) = \dfrac{P^\gamma}{\gamma}$，$\gamma < 1$ 为基

金经理的相对风险规避度。

假设 4 基金经理只能投资于市场组合和由基金经理所选择的证券组合。基金经理选择的证券不同，导致基金业绩与市场组合的业绩表现不同，这就说明，经理的跨期组合选择问题可以转化为将资金在基准指数和一个组合证券（可以将基金经理自己选择的证券组合看成是一个组合证券）中进行分配的问题。

二、模型的构建与分析

将 A_t 定义为基金经理所选择的组合证券在 t 时刻的价值，将 S_t 定义为市场组合在 t 时刻的价值，假定 A_t 和 S_t 服从如下随机布朗运动：

$$dA_t/A_t = \alpha_A dt + \sigma_A dq \tag{7-1}$$

$$dS_t/S_t = \alpha_S dt + \sigma_S dz \tag{7-2}$$

式中，dq 与 dz 为标准维纳过程。定义 $\sigma_A dq\sigma_S dz = \sigma_{AS} dt$，简单起见，再假定 σ_S、σ_A 和 σ_{AS} 固定不变。由于市场利率是随机的，所以 α_A 和 α_S 是可变的，但假定基金经理的所选择的证券组合和市场组合预期收益率的差 $(\alpha_A - \alpha_S)$ 是一个常量。

假定基金经理将总资金的 $1 - \omega$ 的资金投资于市场组合，剩余的资金投资于组合证券，则基金投资组合的价值 V_t 服从如下随机过程：

$$dV_t/V_t = (1 - \omega)dS_t/S_t + \omega dA_t/A$$
$$= [(1 - \omega)\alpha_S + \omega\alpha_A]dt + (1 - \omega)\sigma_S dz + w\sigma_A dq \tag{7-3}$$

将基金业绩排名定义为 $G_t = V_t/S_t$。从式（7-3）可以看出，基金组合的收益率与市场组合的收益率之间的差距随 ω 的变化而变化，当 $\omega = 0$ 时，基金经理把资金全部投资于市场组合，从而 $G_t = 1$。根据伊滕引理有

$$dG_t/G_t = \omega(\alpha_A - \alpha_S + \sigma_S^2 - \sigma_{AS})dt + \omega(\sigma_A dq - \sigma_S dz) \tag{7-4}$$

基金经理通过在每一个时点选择最优的资产分配比例来达到预期报酬效用的最大化，其最大化问题可以写成

$$\max_{\omega(s) \, \forall s \in [t, \, T]} E_t[U(P[G_t])]$$

定义价值函数 $J(G, t)$，则价值函数必须满足 Bellman 方程：

$$0 = \max_\omega \{J_t + J_G \omega\alpha_G + 1/2 J_{GG}\omega^2\sigma_G^2\} \tag{7-5}$$

式中，$\alpha_G = \alpha_A - \alpha_S + \sigma_S^2 - \sigma_{AS}$，$\sigma_G^2 = \sigma_A^2 - 2\sigma_{AS} + \sigma_S^2$。由对 ω 的一阶条件可得

$$\omega^* = -\frac{J_G \alpha_G}{J_{GG}\sigma_G^2} \tag{7-6}$$

将上式代入 Bellman 方程可得

$$J_t - 1/2 \frac{(J_G \alpha_G)^2}{J_{GG}\sigma_G^2} = 0 \tag{7-7}$$

式（7-7）的解必须满足边界条件 $J(G_T,\ T)=U(P[\ G_T])$，现在来求价值函数的表达式。这必须利用前面对报酬函数及基金经理效用函数的假设。基金经理的报酬函数定义为

$$P=\alpha+\beta G_t \tag{7-8}$$

式中，$\alpha>0$，$\beta>0$。在此报酬函数以及基金经理幂效用函数的假设下，价值函数的解为

$$J(G,\ t)=\frac{1}{\gamma}\ (\alpha+\beta G)^{\gamma}e^{-\theta(T-t)} \tag{7-9}$$

式中，$\theta=\dfrac{-\gamma\alpha_G^2}{2(1-\gamma)\sigma_G^2}$，则基金经理投资于组合证券的最优比例为

$$w^*=\frac{\alpha_G}{(1-\gamma)\sigma_G^2}(1+\frac{\alpha}{\beta G}) \tag{7-10}$$

由 w^* 对 G 求导可得

$$\frac{\partial w^*}{\partial G}=-\alpha\ \frac{\alpha_G}{\beta G^2(1-\gamma)\sigma_G^2} \tag{7-11}$$

从式（7-11）可知，基金过去的业绩排名会影响基金经理未来的风险选择，影响方式为：排名高的基金，即过去业绩表现越好的基金，投资于自选组合证券的比例越小，投资于市场组合的资金比例越大；排名低的基金，即过去业绩表现越差的基金，投资于自选组合证券的比例越大。但是，基金经理所选择的投资组合风险大小与相对业绩排名高低之间的关系并不明确。

第三节　相对业绩激励对基金经理风险选择影响的实证分析

一、实证假设

对基金相对业绩与风险之间关系的实证研究的思想来自于 BHS 方法，此方法认为在前期排名低的基金在后期必然会增加收益的方差，而在前期排名高的基金在后期必然会降低收益的方差。但是，以上的理论分析表明，基金经理选择的风险大小与相对业绩排名高低之间的关系并不明确。因此，有必要对 BHS 方法进行改进，提出新的研究思路。

BHS 方法假设基金比较的标准是中间业绩（所有基金业绩的中位数），高于中间业绩的基金被称为"赢家"，低于中间业绩的基金被称为"输家"，但在实际市场之中，基金之间的竞争通常是"赢家通吃"的，即排名较高的基金会赢

得较高的声誉，从而获取较多的资金流入。因此，基金比较的标准应该是业绩比他更好的基金，而不是中间业绩。另外，如果在前期对基金业绩进行相对业绩评估，基金经理在后期会根据排名情况调整投资组合风险，以上为理论分析的结论。在现实市场中，基金经理在调整投资组合风险时，并不只仅考虑相对业绩排名情况，同时还会考虑与较高业绩之间的距离。因为，如果基金业绩与较高业绩之间的差距较小，那么基金经理会通过降低投资组合的风险，即采取一种保守的投资策略来维持前期的成果。另外，如果基金业绩与较高业绩之间差距很大，那么基金经理就会通过增加投资组合的风险来提高后期的业绩排名。因此，基金经理的风险调整行为与本身业绩及较高业绩之间的差距有关。

在实证研究时，必须重新考虑中期业绩衡量，此业绩衡量必须包括中期排名及与较高业绩之间的差距，称之为相对业绩差距评估。对于每只基金（除了中期排名第一的基金），业绩越好，排名越高，而且与较高业绩之间的差距越小，则相对业绩差距评估的排名（下文称为"业绩差距排名"）越高，如果基金经理有排名目标的话，基于以上分析可知中差距排名越高的基金，风险承担的激励越小，反之亦然。因此可以推测：

假设 5 以年度为基金业绩的评定期，在年中基金业绩与较高业绩之间的差距越小，也就是说，中期业绩差距排名较高的基金在年度后期会降低投资组合的风险水平。

二、实证设计

1. 业绩的衡量

参考 BHS 方法，用 RTN_{ilt} 表示基金 i 在 t 年中从第 1 周（月）到第 l 周（月）的累计收益率，计算公式为

$$RTN_{ilt} = \prod_{m=1}^{l} (1 + r_{imt}) - 1 \qquad (7\text{-}12)$$

式中，r_{imt} 为给定的 t 年度基金 i 在 m 周（月）的收益率。

2. 相对业绩的衡量

让 $R_{i,t}$ 和 $N_{i,t}$ 分别代表 t 年前期基金 i 的收益和排名（根据所有基金的收益从高到低排名），考虑如下三种相对业绩衡量方法。

第一种相对业绩衡量方法用 $P_{i,t}$ 表示 t 年前期的业绩低于基金 i 的基金数占所有基金的比例，这是一种一般的衡量方法，在这里称之为业绩排名，即

$$P_{i,\,t} = 1 - \frac{N_{i,\,t} - 1}{N_t} \qquad (7\text{-}13)$$

式中，N_t 表示 t 年所有样本基金数目。

第二种相对业绩衡量方法 $D_{i,\,t}$ 综合考虑了排名及高于 $R_{i,\,t}$ 的收益分布的指数，即文中所指的业绩差距排名。

$$A_{i,\,t} = \sum_{j \neq i} (R_{j,\,t} - R_{i,\,t}), \qquad R_{j,\,t} > R_{i,\,t} \qquad (7\text{-}14)$$

那么

$$D_{i,\,t} = \frac{1}{1 + A_{i,\,t}} \qquad (7\text{-}15)$$

该相对业绩衡量方法认为，可以通过计算基金收益与其他竞争基金收益之间的差距来衡量排名，差距越大，$A_{i,\,t}$ 越大，$D_{i,\,t}$ 越小，从而排名越低，反之亦然。

第三种相对业绩衡量方法 $E_{i,\,t}$ 指在 t 年的前期，基金 i 的收益超越市场指数（本书采用沪深 300 指数作为市场指数）的收益，即超额收益：

$$E_{i,\,t} = R_{i,\,t} - R_{M,\,t} \qquad (7\text{-}16)$$

式中，$R_{M,\,t}$ 表示 t 年前期市场指数的收益。

$E_{i,\,t}$ 表示标准的关于外生市场收益基准的相对业绩衡量，而 $P_{i,\,t}$ 和 $D_{i,\,t}$ 是关于直接竞争对手的相对业绩衡量，也就是所谓的内生相对业绩衡量。$P_{i,\,t}$ 表示基金前期的排名，这是排名中通常采用的一种方式，其取值范围为：业绩最差的基金排名为 $\frac{1}{N_t}$ 到业绩最好的基金排名为 1。$D_{i,\,t}$ 同时考虑了基金 i 的排名及在前期超越基金 i 的其他基金的业绩分布情况，当基金排名高或者在前期基金业绩之间的区别不大时，$D_{i,\,t}$ 相对较大，如果基金排名低或者在前期基金业绩广泛分散，则 $D_{i,\,t}$ 较小。我们使用 $D_{i,\,t}$ 来验证如果基金经理有锦标制目标，那么他们的排名及他们的业绩与较高业绩之间的差距对他们的风险承担都会产生影响，这种影响可表述为：如果在前期某基金排名高而且与较高业绩之间的差距又不大，那么此基金在后期争取排名第一的可能性就大，从而基金经理就有激励去提高投资组合的风险；如果在前期某基金排名低而且与较高业绩之间的差距又很大，那么此基金在后期争取排名第一的可能性就小，从而基金经理提高投资组合风险的概率就小。另外，考虑相对业绩衡量 $E_{i,\,t}$，是因为投资者在选择基金时会同时考虑基金的超额收益情况。

3. 风险的衡量

让 $r_{i,\,m}(l,\,t)$ 代表基金 i 在 t 年前 l 周（月）中第 m 周（月）的收益，那么有

$$\bar{r}_i(l,\ t) = \sum_{m=1}^{l} r_{i,\ m}(l,\ t) \qquad (7-17)$$

式中，$\bar{r}_i(l,\ t)$ 表示在给定的时期内基金 i 的（周）月平均收益。

定义基金 i 在 t 年前 l 周（月）中承担的总风险为基金 i 周（月）度收益的标准差，即

$$\mathrm{Std}_i(l,\ t) = \sqrt{\frac{1}{l-1}\sum_{m=1}^{l}(r_{i,\ m}(l,\ t) - \bar{r}_{i,\ m}(l,\ t))^2} \qquad (7-18)$$

4. 回归模型的建立

检验基金锦标制行为的标准方法是通过比较一年中前 l 周（月）与后 l_t（l_t 表示 t 年基金交易的总周数）（12）$-l$ 周（月）中基金总风险的变化情况，如 BHS（1996）、Koski 和 Pontiff（1999），但 Busse（2001）、Goriaev 等（2005）认为这种方法得到的结果不能解释风险与基金收益之间的相关效应。因此，必须用新的实证方法来检验基金风险的变化。我们通过建立回归模型来检验基金风险的变化，并了解基金风险与排名之间的相关性。

检验排名目标是否起作用，以及是否对业绩好的基金比其他基金更加重要，建立的回归模型如下：

$$\Delta\mathrm{Std}_{i,\ t} = \alpha_0 + \alpha_1\mathrm{Std}_i(1,\ t) + \alpha_2 E_{i,\ t} + \alpha_3\mathrm{Rank}_{i,\ t} + \varepsilon_{i,\ t} \qquad (7-19)$$

式中，$\Delta\mathrm{Std}_{i,\ t} = \mathrm{Std}_i(2,\ t) - \mathrm{Std}_i(1,\ t)$，是指基金 i 在 t 年的前期与后期的总风险的变化；$\mathrm{Rank}_{i,\ t}$ 是两个相对业绩衡量 $P_{i,\ t}$ 和 $D_{i,\ t}$ 中的一个。实际上，式（7-19）包含了两个回归模型；应用 OLS 方法就可以进行回归分析。

三、数据描述

由于对不同种类的基金业绩进行比较是没有任何意义的，所以基金的排名必须在同类基金中进行。另外，如第六章所述，在中国基金市场上股票型开放式基金占据绝大部分比例，所以跟第六章一样，本章实证所用的样本均为股票型开放式基金，并排除指数型基金，因为指数型基金经理无法根据业绩排名情况来调整投资组合风险。时间周期从 2004 年 1 月 1 日到 2007 年 12 月 31 日，采用周及月收益数据分别进行实证研究。实证数据均来自 Wind 数据库。

主要目的是检验业绩差距对基金风险选择的影响，所以在进行相对业绩差距评估对基金经理风险选择影响的实证研究时，在每一个年度，我们只需关注那些在前期的业绩高于同期中位数业绩的基金，基于以下两个理由：一方面，这些基

金的业绩在前期几乎都超越了市场收益，因而几乎没有为了超越市场收益的风险承担激励；另一方面，假设只有这些基金才会去争取年末较高排名是合理的，因为具有较高中期相对业绩的基金，在后期才有更高的概率超越其他基金，也就是说只有在前期排名较高、业绩还可以的基金在后期才有可能取得年度较高业绩排名。通过这样的实证方案设计，可以大大简化数据量，同时又不会对结论造成影响。

四、实证结果分析

Busse（2001）使用日收益数据，而不是 BHS 中使用的月收益数据来计算更加精确的基金收益标准差，他重复了 BHS 的检验，发现了跟 BHS 相反的结论，而且，他也发现如果是使用每月月中的收益，而不是 BHS 中的每月月初的收益来计算标准差的话，同样得不到 BHS 的结论。由此可知，实证所用数据的周期不同，可能会得到不同的结论，因此本书分别采用常用的周期，即周及月分别进行实证研究。

（一）BHS 结论的验证

我们验证 BHS 结论在中国基金市场中的适用性。BHS 结论认为，在前期相对业绩较差的基金往往会在后期提高其投资组合的风险水平，期望获得比前期更高的业绩，从而弥补前期的不佳业绩，以提高年末的排名，而那些在前期业绩较高的基金，为了维持当前较高的业绩排名，往往倾向于降低投资组合的风险，以锁定当前的业绩水平。所以可以推测

假设 6　以年度为基金业绩的最终评定期，在年度中的业绩排名中，具有较高业绩的基金比较低业绩的基金在后期更倾向于降低投资组合的风险水平。

参考 Brown 等（1996）的研究，用基金单位净资产的累计收益率作为排序指标，并以所有基金的累计收益率的中位数为标准。如果基金业绩高于中位数，则称其为排名差的基金，用 L 表示；如果高于中位数，则为排名高的基金，用 H 表示。他们在前期和后期所选择的投资组合风险水平分为用 σ_1 和 σ_2 表示。根据 BHS 结论有

$$\frac{\sigma_{2L}}{\sigma_{1L}} > \frac{\sigma_{2H}}{\sigma_{1H}} \tag{7-20}$$

$\frac{\sigma_2}{\sigma_1}$ 表示基金后期与前期的风险调整比率。如果式（7-20）成立，那么就表明 BHS 结论存在于现实市场之中。

风险调整比率可以用基金 i 在 l 周（月）之后的标准差除以 l 周（月）以前的标准差来表示，计算公式为

$$\mathrm{RAR}_{ilt} = \left[\frac{\frac{1}{(l_t - l) - 1} \sum_{m = l+1}^{l_t} (r_{i,m}(l_t - l, t) - \bar{r}_{i,m}(l_t - l, t))^2}{\frac{1}{l - 1} \sum_{m = 1}^{l} (r_{i,m}(l, t) - \bar{r}_{i,m}(l, t))^2} \right]^{\frac{1}{2}} \quad (7\text{-}21)$$

式中，l_t 表示 t 年基金交易的总周（月）数，根据累计收益率 RTN 和风险调整比率 RAR 是否高于中位数将基金分为低 RTN/低 RAR、低 RTN/高 RAR、高 RTN/低 RAR 和高 RTN/高 RAR 四组。根据 BHS 结论，业绩排序将会促使业绩差的基金提高投资组合的风险水平，使业绩高的基金降低投资组合的风险水平，所以在所有基金中，位于低 RTN/高 RAR 和高 RTN/低 RAR 的基金数目要明显多于低 RTN/低 RAR 和高 RTN/高 RAR 的基金数目。零假设是落入每组的比例为 25%，采用 χ^2 检验，自由度为 1。样本的月及周收益信息如表 7-1 及表 7-2 所示。

表 7-1　基金月收益的描述性统计

年份	基金数目	平均收益的均值/%	平均收益的标准差/%	平均收益的中位数/%
2004	17	−0.385	0.478	−1.034
2005	28	0.084	0.427	−0.309
2006	48	5.413	2.054	6.064
2007	84	3.414	3.116	2.807

表 7-2　基金周收益的描述性统计

年份	基金数目	平均收益的均值/%	平均收益的标准差/%	平均收益的中位数/%
2004	17	−0.334	0.568	−1.256
2005	28	0.135	0.628	−0.552
2006	48	6.21	3.044	6.352
2007	84	3.258	3.657	3.178

实证结果如表 7-3 和表 7-4 所示。

表7-3　基金样本数的分布（月收益）

项目		样本所占百分比				
		低 RTN		高 RTN		
评估周期	样本数	低 RAR	高 RAR	低 RAR	高 RAR	χ^2
(4, 8)	177	32.203	18.079	17.514	32.203	2.45
(5, 7)	177	32.203	17.514	17.514	32.768	1.27
(6, 6)	177	36.158	13.559	13.559	36.723	0.78
(7, 5)	177	35.028	15.254	12.99	36.723	1.69
(8, 4)	177	36.158	12.429	11.864	39.548	0.87

表7-4　基金样本数的分布（周收益）

项目		样本所占百分比				
		低 RTN		高 RTN		
评估周期	样本数	低 RAR	高 RAR	低 RAR	高 RAR	χ^2
(4, 8)	177	27.325	20.724	27.723	24.228	1.05
(5, 7)	177	30.213	21.314	22.745	25.728	2.18
(6, 6)	177	33.248	18.545	21.75	26.457	1.45
(7, 5)	177	34.056	15.575	26.013	24.356	0.89
(8, 4)	177	35.258	19.345	21.919	23.478	0.94

从以上两个表可以看出，在任何一个评估周期中，低 RTN/高 RAR 和高 RTN/低 RAR 的基金数目都要明显少于低 RTN/低 RAR 和高 RTN/高 RAR 的基金数目，而且，没有一个评估周期通过显著性检验，表明前期业绩落后的基金不会在后期增加基金风险，前期业绩好的基金在后期也不会降低风险，也就是说假设6，即 BHS 结论在中国基金市场中是不成立的。

（二）假设6的验证

我们采用月收益数据对假设6进行验证，且只考虑两个常见的周期（6，6）以及（8，4），这可通过在数据计算中分别取 $l=6$ 和 $l=8$ 即可。实证结果如表7-5及表7-6所示。

表 7-5 基金风险选择与业绩排名的回归分析结果 (一)

变量	估计值	(6, 6)	(8, 4)
Std (1)	系数	−0.022	−0.118
	t 值	−0.194	−0.987
	p 值	0.846	0.327
E	系数	−0.399	−0.377
	t 值	−3.206	−2.497
	p 值	0.002	0.014
P	系数	0.001	0.064
	t 值	0.005	0.47
	p 值	0.996	0.639

表 7-6 基金风险选择与业绩差距排名的回归分析结果 (二)

变量	估计值	(6, 6)	(8, 4)
Std (1)	系数	−0.085	−0.22
	t 值	−0.826	−1.91
	p 值	0.411	0.06
E	系数	−0.121	0.036
	t 值	−0.981	0.233
	p 值	0.329	0.816
D	系数	−0.483	−0.542
	t 值	−4.022	−3.345
	p 值	0	0.001

结果表明,当 Rank = P 时,结果不显著;而当 Rank = D 时,结果很显著,这个结论在两个不同的周期内都成立。这就说明高业绩基金的风险选择不仅依赖于中期排名,同时还考虑了与自身业绩高的基金之间的差距。变量 D 之所以显著,是因为变量 D 同时考虑了这两个因素,而变量 P 则只考虑了前者。

在基金风险选择与业绩差距排名的回归分析结果中,超额收益的系数很不显著，说明基金的风险选择与超额收益之间的没有显著的联系。因此，基金风险选择的激励与超额收益无关，而只与业绩差距排名有关。这说明超额收益对基金经理没有风险承担激励，这个结论支持了书中只选择前期业绩高于中位数的基金作为样本的做法。变量 D 负的系数表明，前期业绩差距排名较高的基金在后期会降低投资组合的风险水平，假设 6 得到了实证支持。

第八章 激励机制对基金"羊群"行为的影响研究

从理论上证明基金经理市场上隐性激励的存在性，有利于提高基金经理的努力水平和维护投资者利益，通过博弈均衡分析发现：声誉相当或者声誉不同的基金经理投资组合策略都偏向于羊群行为，只是在两种情况中彼此扮演的角色不同；相对业绩激励影响基金经理的收益，导致基金经理投资状态跟随其他基金经理同方向变动，基金经理间具有模仿、跟随的动力。在理论的分析基础上，对隐性激励机制对"羊群"行为的影响进行了实证研究，研究结果表明：基金和基金管理公司规模是影响基金经理"羊群"行为的重要因素，同时基金投资风格风险越小、大规模基金、相对业绩排序靠前的基金经理提高了"羊群"行为的偏好性。

第一节 激励机制下"羊群"行为机理分析

一、基金经理隐性激励的存在性

隐性需求是指基金经理追求的个人职业声誉、事业成功、个人成就等长期性的精神需求，这种隐性需求能够为基金经理带来未来的潜在性的经济利益及非经济利益。正是由于基金经理拥有这种隐性需求，所以隐性激励成为提高基金经理积极性的一种重要方式，采用 Holmstrom 和 Milgrom（1987）的分析框架，通过以下公式的推导，简要分析了基金经理隐性激励存在的必然性。

假定基金经理是风险规避型，而基金投资者在市场上的数量很多，设为风险中性是合理的，且其效用函数为负指数形式。基金经理的风险规避度为 ρ_m，基金收益为线性函数，收益为 $\pi = r_i + \gamma x + \theta$，其中，$r_i$ 为无风险收益，$\gamma > 0$ 为努力的边际收益，x 为努力水平，$\theta \in N(0, \sigma^2)$ 为不确定性因素。考虑线性报酬合同 $w(\pi) = \omega + \beta\pi$，其中，$\omega$ 为基金经理的固定收入，β 为基金经理分享的收益比例。$\pi - w(\pi)$ 为基金投资者的利益。基金经理的未来人力资本价值为 $P(\pi) = t\pi(x)$，其中，$t > 0$ 为基金当前收益对未来人力资本的影响程度，并设其动态贴

现率为 α，$\alpha > 0$。基金经理付出努力需要花费成本，设该函数为 $c(x) = \frac{1}{2}bx^2$，其中，b 为成本系数。

基金投资者的目的在于最大化自己的利益，即令 $\pi - w(\pi)$ 的值最大化，同时所产生的基金经理收入 $w(\pi)$ 足以激发基金经理的努力程度。这就要求满足基金经理激励相容约束（IC）和参与约束（PC）。其中，参与约束（PC）指基金经理的期望收益至少不低于其保留效用，设为 $\bar{u}$，其公式可表示为 $\omega + \beta(r_i + \gamma x) + \alpha t(r_i + \gamma x) - \frac{1}{2}\rho_m(\beta^2 + \alpha^2 t^2 + 2\beta\alpha t)\sigma^2 - \frac{1}{2}bx^2 \geqslant \bar{u}$；激励相容约束（IC）指由于基金投资者无法明确知道基金经理的付出的努力程度 x，所以投资者所预期的基金经理努力程度必须使得在该水平下基金经理的期望收益最大，其公式表示为 $\max\{\omega + \beta(r_i + \gamma x) + \alpha t(r_i + \gamma x) - \frac{1}{2}\rho_m(\beta^2 + \alpha^2 t^2 + 2\beta\alpha t)\sigma^2 - \frac{1}{2}bx^2\}$。因此，当激励相容约束最大时，代表基金经理收益实现最大化，而基金投资者利益最大化模型可以表示为

$$\max\{-\omega + (1 - \beta)(r_i + \gamma x)\} \tag{8-1}$$

$$\text{s. t. } \omega + \beta(r_i + \gamma x) + \alpha t(r_i + \gamma x) - \frac{1}{2}\rho_m(\beta^2 + \alpha^2 t^2 + 2\beta\alpha t)\sigma^2 - \frac{1}{2}bx^2 \geqslant \bar{u} \tag{8-2}$$

$$\max\{\omega + \beta(r_i + \gamma x) + \alpha t(r_i + \gamma x) - \frac{1}{2}\rho_m(\beta^2 + \alpha^2 t^2 + 2\beta\alpha t)\sigma^2 - \frac{1}{2}bx^2\} \tag{8-3}$$

通过运用拉格朗日定理得

$$\beta^* = \frac{\gamma^2 - \rho_m\alpha t\sigma^2 b}{\gamma^2 + \rho_m\sigma^2 b} \tag{8-4}$$

$$x^* = \frac{\gamma}{b}\left(\frac{\gamma^2}{\gamma^2 + \rho_m\sigma^2 b}\right) + \frac{\gamma\alpha t}{b}\left(1 - \frac{\rho_m\sigma^2 b}{\gamma^2 + \rho_m\sigma^2 b}\right) \tag{8-5}$$

当假定基金经理不存在市场竞争时，即在不存在基金经理未来人力资本价值的情况下，基金经理的参与约束函数为 $\omega + \beta(r_i + \gamma x) - \frac{1}{2}\rho_m\beta^2\sigma^2 - \frac{1}{2}bx^2 \geqslant \bar{u}$，激励相容函数为 $\max\{\omega + \beta(r_i + \gamma x) - \frac{1}{2}\rho_m\beta^2\sigma^2 - \frac{1}{2}bx^2\}$。因此，当激励相容函数最大时，代表基金经理收益实现最大化，而基金投资者利益最大化模型可以表示为

$$\max\{-\omega + (1 - \beta)(r_i + \gamma x)\}$$

$$\text{s. t. } \omega + \beta(r_i + \gamma x) - \frac{1}{2}\rho_m\beta^2\sigma^2 - \frac{1}{2}bx^2 \geqslant \bar{u} \tag{8-6}$$

$$\max\{\omega + \beta(r_i + \gamma x) - \frac{1}{2}\rho_m\beta^2\sigma^2 - \frac{1}{2}bx^2\} \tag{8-7}$$

同理，通过运用拉格朗日定理得

$$\beta^{**} = \frac{\gamma^2}{\gamma^2 + \rho_m b\sigma^2} \tag{8-8}$$

$$x^{**} = \frac{\gamma}{b}\left(\frac{\gamma^2}{\gamma^2 + \rho_m b\sigma^2}\right) \tag{8-9}$$

通过对比发现 $x^* > x^{**}$，表明在存在基金经理市场竞争时，也就是说基金经理存在未来人力资本价值时，基金经理为了获取更大的收益会付出更大的努力。同时，$\beta^* < \beta^{**}$ 说明了当基金经理存在未来人力资本价值时，基金经理从基金收益中分享的比例越小，基金投资者获取的最后收益值越大。

通过以上分析，我们知道隐性激励影响着基金经理的市场价值，基金经理出于长期利益和自身名誉的考虑存在隐性需求。从基金经理的两种最为重要的隐性激励方式（声誉激励——长期性的激励方式，相对业绩激励——基金行业特有的锦标赛理论激励方式）对"羊群"行为的影响进行研究。

二、声誉激励与基金经理"羊群"行为

声誉激励是基金经理隐性激励的一种重要方式，在有效地促进基金经理努力工作的同时也存在着容易引发基金经理"羊群"行为的风险。在基金市场竞争中，基金经理根据声誉的差异可以分为两种：一种是声誉相当的基金经理之间的博弈；另一种是声誉不同的基金经理之间的博弈。

(一) 声誉相当的基金经理声誉"羊群"行为

1. 模型假设

假设在基金市场上有声誉相似的基金经理 A，B，C 三个人，他们之间存在着相互竞争的关系，彼此都想得到投资者的关注和投资，且在基金市场中的声誉不分上下，而且投资取得成功的概率分别为 P_1，P_2，P_3，但三者的大小极其相近，差距可以忽略不计。无论哪位基金经理投资取得成功，他都将产生 $W(W > 0)$ 的收益；但是一旦失败则会造成 $C_1(C_1 > 0)$ 的经济损失，也就是说基金经理获得$-C_1$ 的负收益。

整个博弈过程分为两个阶段：第一阶段，基金经理 A 根据从市场上收集的私

人信息结合自身的专业分析能力，决定进行投资。第二阶段，基金经理 B 和基金经理 C 根据基金经理 A 的投资行为及各自获得的私人信息进行投资分析，但此时考虑到个人职业声誉的问题，基金经理 B 和基金经理 C 倘若根据自身的信息采取独立的投资行为，这种行为区别于基金经理 A，结果如果是失败的，那么他不仅将失去 C_1 的经济利益，而且他们还会以失去职业声誉受损而产生的高昂的声誉成本 $C_2(C_2 > 0)$ 作为代价。声誉一旦受损其产生的后续影响就比较严重，所以基金经理们会非常看重，也就是说 C_2 的值足够大，是不能忽略不计的。简而言之，如果基金经理 B 和基金经理 C 独立投资失败，付出的代价为 $-(C_1 + C_2)$。

2. 模型分析

基金经理 A 在第一阶段做出投资行为之后，基金经理 B 和基金经理 C 在第二阶段的投资策略有两种方式：跟随或者不跟随。所以，基金经理 B 和基金经理 C 的投资组合形式有：（跟随，跟随）、（跟随，不跟随）、（不跟随，跟随）及（不跟随，不跟随）。其每种投资组合策略有如下期望收益。

策略组合 1：（跟随，跟随），也就是说基金经理 B 和基金经理 C 都选择放弃自己所获得的私人信息，采取与基金经理 A 相同的投资行为。那么，两者的投资收益期望值都是 $W \times P_1 - C_1 \times (1 - P_1)$。

策略组合 2：（跟随，不跟随），也就是说基金经理 B 放弃自己所获的私人信息，采取与基金经理 A 相同的投资行为。但是基金经理 C 根据自身获得的私人信息采取了独立的投资行为。那么，基金经理 B 的投资收益期望值是 $W \times P_1 - C_1 \times (1 - P_1)$，而基金经理的投资收益期望值是 $W \times P_3 - (C_1 + C_2) \times (1 - P_3)$。

策略组合 3：（不跟随，跟随），也就是说基金经理 B 根据自身获得的私人信息采取了独立的投资行为，其投资收益期望值是 $W \times P_2 - (C_1 + C_2) \times (1 - P_2)$，而基金经理 C 则放弃了自己所获得私人信息，采取了与基金经理 A 相同的投资行为，其投资收益期望值是 $W \times P_1 - C_1 \times (1 - P_1)$。

策略组合 4：（不跟随，不跟随），也就是说基金经理 B 和基金经理 C 都不会跟从基金经理 A 的投资行为，而会独立的根据自身所掌握的私人信息进行投资，其投资收益的期望值分别是 $W \times P_2 - (C_1 + C_2) \times (1 - P_2)$，$W \times P_3 - (C_1 + C_2) \times (1 - P_3)$。

综上所述，构建了基金经理 B 和基金经理 C 的投资期望收益的博弈树模型。具体如图 8-1 所示。

由于在模型假设中，我们分析假设了 C_2 的值足够大，不能忽略，而且 P_1、P_2、P_3 值的大小极为接近，所以，通过比较博弈模型中的数值，比较容易知道：

$$W \times P_1 - C_1 \times (1 - P_1) > W \times P_2 - (C_1 + C_2) \times (1 - P_2)$$

$$W \times P_1 - C_1 \times (1 - P_1) > W \times P_3 - (C_1 + C_2) \times (1 - P_3)$$

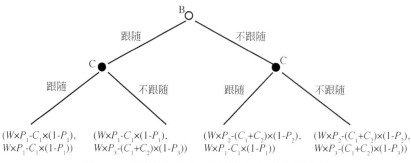

图 8-1 声誉相当的基金经理投资期望收益博弈

因此，（跟随，跟随）是基金经理 B 和基金经理 C 投资行为的博弈占优纳什均衡，也就是说在基金经理彼此声誉相当的情况下，基金经理 A，B，C 三者在基金市场的竞争博弈中，基金经理 A 作为"领头羊"先行投资，他很可能成为基金投资行为的基准，基金经理 B 和基金经理 C 由于为了维护自身的声誉或者至少让自身的声誉不至于低于行业内其他基金经理，他们都将采取跟风行动，而放弃自身所获得的私人信息，最后出现的结局便是"一荣俱荣，一损俱损"的场面。而且，同理可知，当基金经理的博弈范围扩大到更多的基金经理时，后行动的基金经理都会从职业声誉的角度出发，采取与前面基金经理投资行为相同的策略，使得整个行业中存在基金经理"羊群"行为现象。

（二）声誉不同的基金经理声誉"羊群"行为

1. 模型假设

在以上分析中，假设基金经理 A，B，C 的声誉相当，投资收益一样。这里我们分析基金市场中的另一种情况，即基金经理之间存在声誉差异的形式。假设在基金市场上存在基金经理 E 和基金经理 F，不妨设声誉高低与基金经理能力强弱成正比，基金经理 E 的声誉高、能力强，而基金经理 F 的能力和声誉相对偏弱，但是基金投资者并不知道两者的具体情况。因为基金经理 E 掌握了丰富的投资知识和专业技能，能够充分挖掘所掌握信息的实际价值，而对于同样的信息，基金经理 F 由于能力偏弱，不能够完全利用信息所包含的真实价值，所以基金经理 E 的信息边际收益要高于基金经理 F，也就是说基金经理 E 掌握相同信息后所带来的投资收益要高于基金经理 F。

假设基金经理 E 和基金经理 F 收集市场投资信息的成本都为 C_w，采取消极跟随，然后通过观察对方的行动而揣测对方行为中所蕴涵的信息，从而采取跟随策略的成本为 C_g，并令 $C_w > C_g > 0$。基金经理 E 善于充分利用信息，其投资收益定为 W_h，而基金经理 F 没有完全利用信息价值，所以其投资收益为 W_1。由于投资收益为正会给基金经理带来良好的声誉效应，并且声誉效应会因投资收益的高低而不同，设为 $W_{s1} > W_{s2}$，$(W_h + W_{s1}) > (W_1 + W_{s2})$。此外，假设 $(W_h + W_{s1}) > (W_1 + W_{s2}) > C_g$，$(W_h + W_{s1}) > C_w > (W_1 + W_{s2})$，基金经理投资过程中除了以上收集信息的成本之外，假设不存在其他对投资行为产生影响的成本，或者说这些成本可以忽略不计。

2. 模型分析

基金经理 E 声誉高、能力强，如果他主动去收集信息那么其投资净收益为 $W_h + W_{s1} - C_w$，如果不主动收集信息而是采取等待跟随他人信息的策略，那么其投资净收益为 $W_h + W_{s1} - C_g$。当然后者的投资净收益要大于前者。关于基金经理 F，由于其声誉和能力偏弱，倘若他主动去收集信息那么其所带来的投资净收益值将为 $W_1 + W_{s2} - C_w$，也就是说起收集信息所付出的代价要比投资收益来的大，这是投资净收益为负的；倘若他改变策略，采用等待跟随他人信息而进行投资的方式，那么他付出代价就会比原来小很多，此时的投资净收益为正，具体值为 $W_1 + W_{s2} - C_g$。

因此，基金经理 E 和基金经理 F 的策略选择都有主动收集信息或者等待跟随两种。两位基金经理在基金投资策略的博弈上存在着以下四种投资组合策略：（收集，收集）、（收集，跟随）、（跟随，收集）、（跟随，跟随）。

策略组合 1：（收集，收集），也就是说基金经理 E 和基金经理 F 都采取主动收集市场投资信息的策略，双方都为收集信息付出了较高的成本，两者的投资净收益分别为 $W_h + W_{s1} - C_w$，$W_1 + W_{s2} - C_w$。

策略组合 2：（收集，跟随），也就是说基金经理 E 采取主动收集信息的策略，其投资净收益为 $W_h + W_{s1} - C_w$，而基金经理 F 则采取跟随的方式，进行跟随性投资，其产生的投资净收益为 $W_1 + W_{s2} - C_g$。

策略组合 3：（跟随，收集），也就是说基金经理 E 采取跟随策略，进行跟随性投资，其产生的投资净收益为 $W_h + W_{s1} - C_g$，而基金经理 F 采取了主动收集信息的策略，付出了较高的信息收集成本，其投资净收益为 $W_1 + W_{s2} - C_w$。

策略组合 4：（跟随，跟随），也就是说基金经理 E 和基金经理 F 都采取消极的跟随方式，并没有人进行信息的收集，因此两者的收益都为 0。

综上所述，构建了基金经理 E 和基金经理 F 的投资期望收益的博弈树模型。具体如图 8-2 所示。

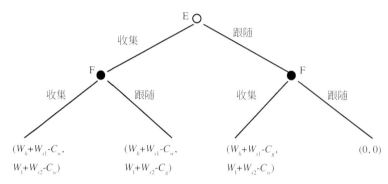

图 8-2 声誉不同的基金经理投资期望收益博弈

因此，在基金经理 E 和基金经理 F 的博弈过程中，当能力强的基金经理 E 采取主动收集信息的策略时，声誉和能力相对较弱的基金经理 F 所采取的行为时跟随，进行跟随性投资，这是因为 $W_1 + W_{s2} - C_g > W_1 + W_{s2} - C_w$；当声誉高、能力强的基金经理 E 采取跟随而不去收集市场上的投资信息时，声誉和能力相对较弱的基金经理 F 仍然是采取跟随的方式，这是因为 $W_1 + W_{s2} - C_w < 0$。也就是说，无论声誉高、能力强的基金经理 E 采取何种投资行为策略，声誉和能力相对较弱的基金经理 F 的最优投资策略都是跟随而不是主动收集信息。因此，基金经理这时的最优的投资策略就是积极主动的去收集市场上的投资信息进行投资交易，这是因为 $W_h + W_{s1} - C_w > 0$。所以，在基金市场上，当基金经理彼此之间的声誉、能力存在差距的时候，基金经理之间博弈的占优纳什均衡是声誉高、能力强的基金经理和声誉较低、能力较弱的基金经理采取（收集，跟随）投资策略组合。这样，声誉高、能力强的基金经理在市场上成为"领头羊"，而声誉和能力相对较弱的基金经理的投资行为是基于信息追随以此来提高和保证自身的声誉和收益，产生了"羊群"行为。

三、相对业绩激励机制与基金经理"羊群"行为

基金经理为使得个人投资业绩不低于基准水平，为了维护自身的声誉，通常会选择忽略个人所掌握的私人信号，而进行模仿、跟随基金基准水平的投资组合策略，这种不求有功，但求无过的投资行为引发了基金经理的"羊群"行为。下面我们将通过基金经理之间的博弈模型来分析相对业绩激励对基金经理"羊群"行为所产生的影响。

(一) 基金经理相对业绩激励的基本模型

1. 模型假设

继续沿用资源稀缺、环境不确定性和复杂性这两个经济研究中的基本假设条件。此外，还添加了以下几个假设条件。

假设1 基金经理理性的有限性。这与以上两条经济研究基本假设是本节研究论证的根本保证，也符合人性的客观现实。

假设2 基金市场信息分布的不完全性和不对称性。在基金市场上，投资者不能准确、完全地知道基金经理的能力强弱，而且基金经理与投资者之间对信息的了解和掌握程度存在差异造成了彼此间的信息不对称。

假设3 基金经理的效用函数不完全一致，其投资行为存在机会主义及外部性。

假设4 基金经理投资行为存在交易成本。这包括两层含义：一方面，基金经理在进行投资交易前，需要通过付出努力进而获取信息，这些都是要花费基金经理的精力和金钱的；另一方面，基金投资者搜寻良好声誉和专业投资技能的基金经理也要花费人力和物力。

假设5 基金经理属于风险厌恶型。

假设6 基金经理的收益受相对业绩比较的影响。这点假设已得到信息经济学的相关证明，在基金市场上，基金投资者往往以基金经理的相对业绩作为评判依据来分析基金经理的投资能力。如果基金经理的业绩与他人相比处于下风，那么他将不能得到基金投资者的奖赏，反而会遭到相应的处罚，已有的委托代理理论已经说明了该问题。

以上假设条件共同说明了基金经理市场竞争的不完全，呈现一种动态均衡。然而这些假设条件之间是相互联系和贯穿的，因为基金经理的理性是有限的，彼此的效用函数不同，投资行为存在机会主义倾向，并且市场信息不对称、不完全，所以基金市场上的参与者面临的交易成本是正的。也正因为基金经理投资行为存在外部显性，而约束基金经理行为的契约并不完善，所以在基金投资管理和交易中，基金经理之间出现搭便车及模仿他人投资策略的道德风险行为层出不穷，这进一步影响了基金市场的不完全性和不完善性。

参考 Palley (1995) 关于投资经理的"羊群"行为模型，假设基金市场上有两个基金经理 A 和 B，他们面对着 N 种形式的投资状态，其具体博弈的原则是：基金经理 A 和基金经理 B 的目标都是实现个人预期收益的最大化，这种收益包括了基金经理未来人力资本价值的贴现值，而且基金经理有权控制已拥有资本的分配方式。

2. 模型构建

由于假设基金市场上存在两个基金经理，所以下面分别构建了基金经理 A 和基金经理 B 的效用函数。

（1）基金经理 A 的最大化效用函数为

$$\max_{X_i=1,\ 2,\ \cdots,\ N} EU_A = W_0 + \sum_{i=1}^{N} P_i W_i^b, \qquad 0 < b < 1 \tag{8-10}$$

$$\text{s. t. } X_1 + X_2 + \cdots + X_N = 1 \tag{8-11}$$

$$x_i = (1 + r) X_i, \qquad i = 1,\ 2,\ \cdots,\ N \tag{8-12}$$

$$W_i = c x_i + d(x_i - y_i), \qquad i = 1,\ 2,\ \cdots,\ N \tag{8-13}$$

式中，各代码的含义如下。

W_0：基金经理的固定薪酬。

b：基金经理属于风险厌恶型。

EU_A：基金经理 A 的预期效用值。

P_i：基金经理 A 对投资状态 i 发生的估计值，且 $\sum_{i=1}^{N} P_i = 1$，$0 < P_i < 1$。

X_i：基金经理 A 对投资状态 i 的资本分配。

r：外生的投资回报率。

x_i：基金经理 A 在状态 i 下的投资收益。

c：基金经理 A 的个人收入系数，$c > 0$。

d：相对业绩比较的参数，$d > 0$。

W_i：基金经理 A 在投资状态 i 下的个人收入，含有投资收益直接带来的收入和相对业绩比较带来奖励。

（2）基金经理 B 与基金经理 A 对称的最大化效用函数为

$$\max_{Y_l=1,\ 2,\ \cdots,\ N} EU_B = K_0 + \sum_{i=1}^{N} Q_i K_i^b, \qquad 0 < b < 1 \tag{8-14}$$

$$\text{s. t. } Y_1 + Y_2 + \cdots + Y_N = 1 \tag{8-15}$$

$$y_i = (1 + r) Y_i, \qquad i = 1,\ 2,\ \cdots,\ N \tag{8-16}$$

$$K_i = c y_i + d(y_i - x_i), \qquad i = 1,\ 2,\ \cdots,\ N \tag{8-17}$$

式中，模型中的代码的含义与基金经理 A 最大化效用函数的代码含义相似，这里不再赘述。式（8-10）和式（8-14）表示最大化效用函数；式（8-11）和式（8-15）表示基金经理的资本约束条件，假设两个基金经理都有 1 单位的资本可自由分配到 N 个投资策略中；式（8-12）和式（8-16）表示基金经理在不同的投资

状态 i 下的基金总收益；式（8-13）和式（8-17）表示基金经理在不同的投资状态下所获得的个人收益，该收益的一个重要特点在于其值的大小直接受到另外一名基金经理投资总收益的影响，也就是说基金经理的投资行为会相互影响对方的投资收益。

（二）基金经理博弈均衡策略分析

将式（8-13）和式（8-17）分别带入式（8-10）和式（8-14）中，并通过适当的改变得到以下的表达式：

$$\max_{X_i=1,2,\cdots,N} EU_A = W_0 + \sum_{i=1}^{N} P_i \left[cX_i + d(X_i - Y_i) \right]^b (1+r)^b \qquad (8\text{-}18)$$

$$\max_{Y_i=1,2,\cdots,N} EU_B = K_0 + \sum_{i=1}^{N} Q_i \left[cY_i + d(Y_i - X_i) \right]^b (1+r)^b \qquad (8\text{-}19)$$

上述函数体现出来的最大特点是，基金经理 A 和基金经理 B 的投资决策会因为效用函数而受到不同基金经理的制约和影响，这是由于其中包含了相对业绩的作用。运用拉格朗日的条件，将式（8-18）和式（8-19）分别进行求导，并取值为 0，得到以下结果：

$$\frac{\partial EU_A}{\partial X_i} = (1+r)^b \cdot b \cdot P_i \left[cX_i + d(X_i - Y_i) \right]^{b-1}(c+d) + \lambda = 0 \quad (8\text{-}20)$$

$$\frac{\partial EU_B}{\partial Y_i} = (1+r)^b \cdot b \cdot Q_i \left[cY_i + d(Y_i - X_i) \right]^{b-1}(c+d) + \lambda = 0 \quad (8\text{-}21)$$

首先，我们对基金经理 A 进行分析，基金经理 A 为了实现预期收益的最大化，在均衡状态时其在每一投资状态下的边际效用是相同的，也就是说基金经理 A 的投资决策需要满足以下关系：

$$P_j \left[cX_j + d(X_j - Y_j) \right]^{b-1} = P_k \left[cX_k + d(X_k - Y_k) \right]^{b-1}, \quad \forall j \neq k$$

$$\left(\frac{P_j}{P_k} \right)^{\frac{1}{b-1}} = \frac{cX_k + d(X_k - Y_k)}{cX_j + d(X_j - Y_j)}$$

$$\sum_{k=1}^{N} \left(\frac{P_j}{P_k} \right)^{\frac{1}{b-1}} = \frac{c}{cX_j + d(X_j - Y_j)}$$

即

$$\sum_{k=1}^{N} \left(\frac{P_j}{P_k} \right)^{\frac{1}{b-1}} \left[cX_j + d(X_j - Y_j) \right] = c \qquad (8\text{-}22)$$

在式（8-20）中，通过对 X_j 求导，可以得到其反应函数，该反应函数也反映了基金经理 A 与基金经理 B 之间投资决策的相互的关系：

$$\frac{\mathrm{d}X_j}{\mathrm{d}Y_j} = \frac{d}{c + d} > 0 \qquad (8\text{-}23)$$

$$\frac{\mathrm{d}Y_j}{\mathrm{d}X_j} = \frac{c}{c + d} > 0 \qquad (8\text{-}24)$$

式（8-23）和式（8-24）表明基金经理的投资策略是相互影响、相互制约的，这体现了库诺特–纳什均衡的博弈特点。以上两个反应函数斜率为正的常数，具有对称性，两者的投资决策关系是基金经理 A 和基金经理 B 在对投资状态 j 做出任何的资本配置的变化都会引起对方基金经理的跟随与相应改变。基金经理基于相对业绩比较的"羊群"行为可以通过该模型的策略比较进行解释。

其次，根据式（8-20）和式（8-21）分别对 P_i 和 Q_i 进行求导，分析基金经理的主观概率估计对其资本配置所带来的作用。

$$\frac{\partial X_i}{\partial P_i} = (1 + r)^b \cdot b \cdot [\,cX_i + d(X_i - Y_i)\,]^{b-1}(c + d) > 0 \qquad (8\text{-}25)$$

$$\frac{\partial Y_i}{\partial Q_i} = (1 + r)^b \cdot b \cdot [\,cY_i + d(Y_i - X_i)\,]^{b-1}(c + d) > 0 \qquad (8\text{-}26)$$

根据式（8-25）和式（8-26）可知，基金经理主观意愿的偏好和强度对其投资策略产生了积极的正面作用。具体来说，当基金经理 A 出于个人的意愿估计变化，提高了对原本的投资状态 i 的信心，增加了该状态下的资本配置情况，那么透过反应函数可以发现，基金经理 B 为了避免相对业绩落后于基金经理 A，他也会提高在相应状态下的资本配置，提高 Y_i 的投入。由于两个基金经理的模型是相互对称的，基金经理 A 在引起基金经理 B 发生变化的同时也产生了一种反馈作用。也就是说，基金经理 A 根据自身的判断估计对原先的资本配置比例做出了调整，基金经理 B 也相应做出了跟随策略来保证自身的业绩与基金经理 A 相比不出现差距。基金经理 B 的这种跟随变化又使得基金经理 A 重新做出了进一步的资本改置。必须强调的是，这里所提及的基金经理投资状态资本的变化是出自于主观意愿，与客观调查研究后立足于实际情况的变化不相关，也就是说客观实际信息所引起变化作用不在考虑的范围之内。而且，在基金市场上，基金经理的投资理念并没有发生变化，只是因为两个基金经理中的某一方单纯地处于主观信念的变化中从而改变了资本配置造成了另外一个基金经理的主观投资动机的改变，从而采取了"羊群"行为。

(三) 相对业绩激励对基金经理"羊群"行为的影响

通过对上述相对业绩激励模型的构建，以及其均衡策略及动态变化的分析可以知道，基金相对业绩激励会造成基金经理主观上跟风，在投资行为上偏向于

"羊群"行为来避免自身的业绩在同行业中处于下风。具体来说，通过模型的分析我们发现，基于相对业绩激励的基金经理"羊群"行为程度的大小受到以下两个条件的重要影响。

1. 基金经理风险厌恶

基金经理属于风险规避型，即 $0<b<1$，如果基金经理是风险中立甚至于风险偏好的话，基金经理的投资行为是彼此相互独立的。正是基金经理风险厌恶的特性使得在基金行业中存在对基金经理进行排名时，基金经理会寻求减少风险又能够保护自身收益及个人的声誉的途径的现象，而独立的投资行为不仅需要花费高昂的信息成本而且还要承担由高风险带来的相对较高的失败的可能性，一旦失败将直接影响其基金投资业绩，造成基金经理在同行业中排名的下滑，也会对职业声誉造成不良的影响，进而使基金经理的长远收益产生危机。所以基金经理对风险的厌恶将使得他们在进行投资行为时会参照行业基准或者其他基金经理，尤其是一些明星级的基金经理的投资策略，采取跟风的方式进行"羊群"行为投资，将自身的风险最小化，这样至少使得基金经理的投资业绩不会低于行业的平均水平。

2. 相对业绩的奖惩参数大小

相对业绩的奖惩参数大小直接影响了"羊群"行为发生与否的可能性，通过上述模型的构建和分析，我们可以知道该参数 b 必须大于零，当 $b=0$ 时，基金经理之间的投资收益不存在对比，彼此投资业绩的大小互不相干，那么基金经理"羊群"行为就不会发生。只有当 $b>0$ 时，基金经理的投资收益会对彼此的个人收入产生作用，而且随着相对业绩奖惩参数 b 值的增大，基金经理的"羊群"行为动机就越明显，尤其是对风险厌恶的基金经理的效应更为突出。简而言之，相对业绩的奖惩参数是基金经理"羊群"行为的增函数，即基金经理的个人收益（包括短期收益和长远收益）与相对业绩的关系越大，基金经理越倾向于发生"羊群"行为，所带来的"羊群"效应的现象就越明显。

此外，模型是建立在两个基金经理博弈的基础上，其实当基金经理的人数增多时，这种博弈均衡策略也是成立。在基金经理市场上彼此之间实际上存在一种循环机制。每一个基金经理的最大化效用函数都受到与其最近的基金经理的投资决策的影响。当基金市场上存在 N 个基金经理进行竞争时，就会形成 N 个与本节相似的博弈模型。在这个循环机制中，任何一个基金经理的投资策略发生变动将会引发其相邻的基金经理投资策略的跟随变动，以此类推在整个循环过程中就会形成一种波及效应，而这种波及将会延伸到整个基金市场的基金经理，在整个行业中形成普遍的"羊群"行为现象。

第二节　激励机制对"羊群"行为影响的实证分析

一、实证设计

(一) 实证研究思路

上一节理论分析认为，基金经理为了维护自身在同行业中的声誉，使所管理的基金的相对业绩排名不至于落后于同行业中的竞争对手，在这种隐性激励作用的驱使下，基金经理在采取投资行为时具有"羊群"行为的倾向。

本节主要通过实证来验证隐性激励对基金经理"羊群"行为所产生的影响。本节的实证过程分为三个步骤：研究基金经理隐性激励效应的影响因素；分析基金经理投资行为与隐性激励作用的关系，在理论分析的基础上，从实证的角度研究基金经理是否会为了获取一种正向的隐性激励效应而采取"羊群"行为；证明基金经理的隐性激励存在的问题是将会促使基金经理在投资行为上偏向于"羊群"行为。

(二) 实证变量分析与测量

1. 隐性激励测度指标

在本章第一节中已详细分析了基金经理的隐性激励理论，基金经理在职业发展中的升职或者降职、离职成为衡量基金经理声誉好坏的重要标杆，本节关于隐性激励效应 (YJ) 的正负作用采用基金经理的职业发展情况进行衡量，其测度规则参考向志恒 (2008) 对基金经理状况的分析，具体如下：

(1) 基金经理在第 n 年 1 月 1 日独立就职于基金 A，如果在 $n+1$ 年 1 月 1 日仍独立就职原位，认为基金经理维持了原有声誉，获得了正向的隐性激励效应，YJ 取值为 1；如果在 $n+1$ 年该基金增加了其他基金经理，也就是说原来基金经理的声誉受到了不良影响，隐性激励效应为负，YJ 取值为 0。

(2) 基金经理在第 n 年 1 月 1 日独立就职于基金 A，如果其在本年内离职，根据基金公司公布的基金公告、招募书或者季度报告说明，明确表明基金经理升职，或者其调任到同类型基金中的规模更大基金 (根据调任后最新公布季度报告中的资产净值对比)，则认为基金经理的声誉有所提高，获得了正向隐性激励效应，YJ 取值为 1；如果基金公司公布信息没有表明基金经理升职或者就职去向，或者基金经理调任到了风险相对比开放式股票型基金更小的货币市场基金、债券型基金及混合型基金甚至封闭式基金，或者调任到同类型基金中的规模更小的基金，则认为基金经理声誉受到了不良影响，隐性激励效应为负，YJ 取值为 0。隐性激励的测度指标如表 8-1 所示。

表 8-1　隐性激励测度指标

测度内容	变量	意义		文献依据
隐性激励效应	YJ	1	升职、原职	Chevalier 和 Ellison（1999）等
		0	降职、离职	

2. "羊群"行为测度指标

上面已经介绍了相关学者对"羊群"行为的研究，从以上学者观点总结可知，基金经理选择"羊群"行为无非是出于两种原因：一种是规避风险；另一种是获取相对稳定的投资业绩以牟取投资者的支持。而在证券市场上，基金的投资风险包括两种（荆新，2005）：一种是系统风险，指某些因素给市场上所有的证券都带来了经济损失的可能性；另一种是非系统风险，指某些因素对单个证券造成损失的可能性。因此，本节采用系统风险偏离度（BD）和非系统风险偏离度（UD）来测量基金经理投资行为的风险规避程度，规避程度越高也就是说明基金经理的"羊群"行为程度越高。此外，Maug 和 Naik（1995）研究指出，基金经理的报酬取决于与基准经理相比的业绩表现，基金经理会把其最优的投资组合趋近于基准经理的投资组合，也就是说基金经理为了保证一定的收入来源，会采取趋同的投资策略。结合朱毅飞（2006）、罗真和张宗成（2004）及龚红（2005）等的研究，朱毅飞认为基金如果存在"羊群"行为，那么基金十大重仓股所占基金净资产的比例将与其他基金对这些股票的偏好显著相关。龚江在研究"羊群"行为程度时采用了行业选择偏离度，用于衡量基金经理将其投资组合集中于不同于当时普遍流行的行业的大胆行为，但是该指标相对比较宏观，基金投资对象总共只有 13 个行业，测算行业选择偏离度虽然一定程度上能反映基金经理投资行为相似程度，但还不够深入和具体。而基金重仓股是指一种被多家基金公司重仓持有并占流通市值的 20% 以上的股票。每支基金都持有重仓股，不仅占据基金净值较大的比重而且能够准确反映基金经理的投资策略。因此，本节提出了重仓股选择偏离度（SD）进一步延伸到基金经理对当时股票市场普遍流行的股票选择的趋同行为的研究。其具体的计算方法是第 n 年基金经理 A 在当年所有样本基金所持有的重仓股（如 2009 年样本基金有 93 只，共持有 221 只股票）中每一只股票市值占基金净值的比重与样本中所有基金在该股票投资总市值与基金总净值之差的平方和的平方根。

采用的这三种羊群行为程度测量指标的具体计算公式如下。

(1) 系统风险偏离度 (BD) 为

$$BD_i = |\beta_i - \overline{\beta}|$$

式中,β_i 表示基金经理 i 投资组合的系统风险值,$\overline{\beta}$ 表示所有样本基金投资组合的平均系统风险值。

(2) 非系统风险偏离度 (UD) 为

$$UD_i = |\delta_i - \overline{\delta}|$$

式中,δ_i 表示基金经理 i 投资组合的非系统风险值,$\overline{\delta}$ 表示所有样本基金投资组合的平均非系统风险值。

(3) 重仓股选择偏离度 (SD) 为

$$SD_i = \sqrt{\sum_{j=1}^{m}\left(\frac{x_{ij}}{y_i} - \sum_{i=1}^{n}\frac{x_{ij}}{y_i}\right)^2}$$

式中,x_{ij} 代表基金经理 i 投资在股票 j 的市值,y_i 代表基金经理 i 所管理基金总净值,m 代表重仓股总只数,n 代表样本基金的个数。需要指出的是,这里用到的系统风险值 β_i 和非系统风险值 δ_i,以及下面选股能力 (SA) 和相对业绩排序 (RP) 中用到的 Sharpe 指数都可以通过 Wind 金融数据库中自动算出基金业绩评估中的风险收益指标获得。Wind 金融数据库在计算指标数值时提供了指标计算的时间范围、标的指数、时间频率,用户可以根据研究需要而自主选择。采用的时间频率为月,沪深 300 指数作为市场指数 (市场代表性表现在市值覆盖率高、与现有市场指数相关性高、样本股集中了市场中大量优质股票等方面),无风险收益率选取银行一年期定期存款税前收益率。"羊群" 行为的测度指标如表 8-2 所示。

表 8-2 "羊群" 行为测度指标

测度内容	变量	意义	文献依据
"羊群" 行为程度	BD	系统风险偏离度	罗真和张宗成 (2004) 等
	UD	非系统风险偏离度	罗真和张宗成 (2004) 等
	SD	重仓股选择偏离度	朱毅飞 (2006)、龚红 (2005) 等

3. 影响因素测度指标

在实证研究思路中已经指出本节的实证思路在于先确定影响基金经理隐性激励效应的显著因素,然后分析这些显著因素对基金经理 "羊群" 行为所带来的作用。因此，本节的目的在于建立基金经理隐性激励的影响因素指标，主要从基金经理个人素质和基金管理公司声誉两个方面进行考虑。

1）基金经理个人素质

综合考虑了前人研究的影响因素和一些新的影响因素：基金经理个人特征，包括基金经理行业经验（ME）、个人年龄（MAGE）、学历水平（MX）；任职背景主要指基金经理所管理基金的规模（FS）及基金成立年限（FA）；基金经理能力及财务业绩主要指基金经理的相对业绩排序（RP），需要指出的是基金业绩排序日益成为投资者了解基金经理经营能力的重要依据。基金经理的声誉和报酬在很大程度上也建立在相对业绩的比较上及相对业绩排序上，所以，本节将主要考虑相对业绩排序所产生影响。其中，基金经理行业经验（ME）、相对业绩排序（RP）两个指标的衡量方法如下。

（1）基金经理行业经验（ME）。关于基金经理行业经验的区分采用曾德明等（2006）在研究中提到的方式，他认为基金经理的行业经验有广义和狭义的不同。广义的行业经验指的是基金经理在证券行业中的从业经历年限，而狭义的行业经验则指的是基金经理在基金行业中的具体从业时间。从 1998 年第一只基金成立至今，中国基金行业仅经过 12 年的发展时间，所以基金经理在基金行业中的从业时间相对比较集中，根据 Wind 金融数据库中"基金经理大全"提供的数据计算，目前中国证券基金经理在基金行业中的从业时间平均值仅为 2.58 年。因此，突出基金经理行业经验作为衡量标准。

（2）相对业绩排序（RP）。相对业绩排序（RP）的计量分为以下两个步骤。

首先，测算每只基金的绝对业绩情况。采用的是国际上用以衡量基金业绩表现最为常用的一个标准化指标——夏普指数（Sharpe）。这是因为基金较高的净值增长率可能是在承受较高风险的情况下取得的，因此仅根据净值增长率来评价基金的业绩表现并不全面，衡量基金表现必须兼顾收益和风险两个方面，而夏普指数就是一个可以同时对收益与风险加以综合考虑的指标。其计算公式（李豫湘和刘栋鑫，2009）为

$$Sharpe = \frac{平均收益率 - 无风险收益率}{收益率标准差}$$

式中，平均收益率为基金复权净值收益率序列数据的算术平均值，收益率标准差根据基金复权净值收益率序列数据计算所得。

其次，根据每只基金的夏普指数高低进行排序及计算。让 $N_{i,t}$ 表示基金 i 的排名（根据所有基金的收益从高到低排名），相对业绩衡量方法 $P_{i,t}$ 表示 t 年前期的业绩低于基金 i 的基金数占所有基金的比例，这是一种一般的衡量方法，在这里称之为业绩排名（彭耿，2009），即

$$P_{i,t} = 1 - \frac{N_{i,t} - 1}{N_t}$$

2) 基金管理公司声誉

学者们通过研究认为，组织声誉与组织员工在的职业发展及个人声誉相联系，通过总结前人的经验，本节用基金管理公司的规模（CS）及基金管理公司的业绩（CP）两个指标表示基金管理公司的声誉，良好的组织声誉是吸引优秀人才，保持员工忠诚，并提高员工士气的重要因素，研究其对基金经理隐性激励及"羊群"行为可能产生的影响。基金管理公司的规模（CS）指的是基金管理公司资产净值，基金管理公司业绩（CP）的衡量采用几何平均风险收益率计算：

$$X' = \sqrt[n]{\prod_{i=1}^{n}(1 + x_i - Rf)} - 1$$

式中，x_i 表示基金管理公司 i 复权净值收益率，Rf 为设定的无风险收益率。

3) 调节变量

基金的类型（FS）是本实证研究的调节变量。根据投资风格的不同，可分为成长型基金、收入型基金和平衡型基金。成长型基金是指以追求资本增值为基本目标，较少考虑当期收入的基金，主要以具有良好增长潜力的股票为投资对象。收入型基金是指以追求稳定的经常性收入为基本目标的基金，主要以大盘蓝筹股、公司债、政府债券等稳定收益证券为投资对象。平衡型基金则既注重资本增值有注重当期收入的一类基金。一般而言，成长型基金风险大、收益高；收入型基金的风险小、收益也较低；平衡型基金的风险、收益则介于成长型基金与收入型基金之间。本实证研究引入不同投资风格的基金目的在于研究基金风险的不同是否会影响"羊群"行为程度及其影响因素的显著程度。由于成长型基金代表着高风险，其取值为1，收入型基金和平衡型基金代表着低风险，其取值为0。

据此，实证研究中分析的影响因素指标如表8-3所示。

表8-3　影响因素测度指标

测度内容	变量		意义	指标来源
基金经理个人素质	RP		相对业绩排序	邱茜（2008）、Chevalier 和 Ellison（1999）、罗真和张宗成（2004）
	ME		行业经验	
	MX	2	博士	
		1	硕士	
		0	学士	
	MAGE		个人年龄	

续表

测度内容	变量		意义	指标来源
基金经理个人素质	FS		基金规模	龚红（2005）、
	FA		基金成立年限	曾德明（2006）等
基金管理公司声誉	CS		基金管理公司规模	Rose 和 Thomsen（2004）、
	CP		基金管理公司业绩	Brammer 和 Pavelin（2006）等
基金投资风格	ST	1	成长型	于宏凯（2003）、
		0	收入型、平衡型	汪掸媛（2008）等

（三）样本选取及数据来源

1. 样本选取

出于研究目的分析基金经理隐性激励对其投资策略上采取"羊群"行为的影响，实证研究样本选取范围限制在股票基金上。此外，研究对象为股票基金，但不包括指数型基金，这是因为指数基金通过购买一部分或全部的某指数所包含的股票来构建指数基金的投资组合，目的就是使这个投资组合的变动趋势与该指数相一致，以取得与指数大致相同的收益率。这样并不能充分体现基金经理的投资管理基金的能力，而且指数基金的引入也有可能扩大无意的基金经理"羊群"行为的程度，不能准确反映基金经理出于自身内在原因、为了获取正向的隐性激励效应而采取"羊群"行为的本意。所以，最终的研究对象是普通型股票基金，普通型股票基金风险大、品种多、流动性强，基金经理可以迅速转变基金资产的投资组合，用于检测基金经理是否具有"羊群"行为更为合适。

由于受到次贷危机的影响，中国证券市场从 2007 年的牛市进入到了 2008 年的熊市，所以选取在 2007 年 1 月 1 日至 2010 年 1 月 1 日期间，并担任 2009 年 1 月 1 日之前成立的开放式普通股票基金的基金经理为研究对象。而关于研究样本的选择按照以下的步骤与原则。

第一步，依照研究对象的界定标准，在 2009 年 1 月 1 日之前成立的开放式普通型股票基金总计有 138 只。2007 年 1 月 1 日至 2008 年 1 月 1 日期间的研究样本选取在 2007 年 1 月 1 日之前成立的基金，共 68 只；同理，2008 年 1 月 1 日至 2009 年 1 月 1 日期间的研究样本选取在 2008 年 1 月 1 日之前成立的基金，共 103 只；2009 年 1 月 1 日至 2010 年 1 月 1 日期间的研究样本选取在 2009 年 1 月 1 日之前成立的基金，共 138 只。

第二步，通过上一步样本的筛选，保证了所选样本基金至少运营了一年，接下来本节分析样本基金的基金经理任职情况。这些样本基金中大多数基金在每年的 1 月 1 日都是由一个基金经理独立管理，但也存在多位基金经理共同管理一只基金的情形。由于我们只能从基金管理公司及相关金融数据或者网站得到一只基金整体的业绩，无法界定一只基金经每个基金经理对投资业绩的贡献度，也就无法明确一只基金经理团队中单个基金经理的真实能力和业绩，进而无法断定基金经理的隐性激励效应。所以，删去每年 1 月 1 日由多位基金经理管理的样本基金，保留每年 1 月 1 日由单独一个基金经理管理的开放式普通型股票基金，最终实证研究样本共有 220 个。其中，2007 年 1 月 1 日至 2008 年 1 月 1 日的样本 53 个；2008 年 1 月 1 日至 2009 年 1 月 1 日的样本 74 个；2009 年 1 月 1 日至 2010 年 1 月 1 日的样本 93 个。

2. 数据来源

实证研究中，基金规模（FS）、基金成立年限（FA）、基金相对业绩排序（RP）中采用的夏普指数，基金管理公司规模（CS）、基金管理公司业绩（CP）、系统风险偏离度（BD）中的系统风险值、非系统风险偏离度（UD）中的非系统风险值、重仓股选择偏离度（SD）计算中用到的重仓股种类、股票市值及其占基金净值比等数据均来自于 Wind 金融数据库。但有些指标的数据不能完全通过 Wind 数据库获得，如基金经理隐性激励效应（YJ）测量中用到的职业升降职情况、基金经理的行业经验（ME）、基金经理年龄（MAGE）及学历（MX）、基金投资风格（ST）。以上这些指标的具体数据是结合金融界网站、和讯基金网、好买基金网等多个金融网站提供的基金季报、年报，招募说明书及其他资料获得的。

(四) 实证变量样本描述性分析

1. 样本描述性统计

将最终确定的 2007~2009 年的 220 个样本数值，通过 Excel 和 Eviews 6.0 进行计算及样本描述性统计，其结果如表 8-4 所示。

表 8-4　样本描述性统计

变量	样本个数	平均值	最大值	最小值	标准差
YJ	220	0. 659 091	1	0	0. 475 096
ME	220	10. 02 727	20	5	3. 210 881
MAGE	220	36. 018 18	49	30	3. 359 664

续表

变量	样本个数	平均值	最大值	最小值	标准差
MX	220	1.027 273	2	0	0.369 106
FS	220	5.616 572	6.617 4	3.597 4	0.525 852
FA	220	2.25	7	1	1.291 436
RP	220	0.506 671	1	0.010 8	0.289 236
CS	220	4.103 427	6.953 9	1.275 7	1.828 184
CP	220	0.699 025	7.758 4	−6.216 8	3.398 543
BD	220	0.081 831	0.324 8	0.000 4	0.067 295
UD	220	0.013 298	0.063	0	0.014 806
SD	220	11.358 92	20.679 8	5.390 3	2.387 165
Y07	220	0.240 909	1	0	0.428 61
Y08	220	0.336 364	1	0	0.473 542
ST	220	0.595 455	1	0	0.491 923

注：基金规模（FS）、基金管理公司规模（CS）是以10为底的对数值

虽然中国的基金行业才经历12年的发展时间，但是基金经理在证券行业中的从业经验整体均值已达到了10年以上，这也说明了在基金行业中虽然不缺少出类拔萃、具有绝佳投资天赋的人才，但更多人是遵循着证券或基金公司研究员、基金经理助理、基金经理的路径成长起来的，正所谓"十年磨一剑"。而他们的年龄的平均值为36岁左右，古语说"三十而立"，这个年龄段的人在知识、经验、精力上都有很大的优势，成为基金经理市场上的中坚力量并不为奇，也符合基金管理公司对专业投资能力的要求。此外，中国基金经理的学历水平普遍较高，至少都达到了学士学位水平。其中，86.36%的基金经理拥有硕士学位，8.16%的基金经理拥有博士学位，仅有剩余的5.48%基金经理拥有学士学位。这说明在基金行业中，高学历和丰富的经验成为必备条件，大学毕业生是很难立足于基金经理职场。

需要指出的是实证变量中的重仓股选择偏离度（SD），2007年的53只样本基金共持有重仓股种类有161只股票，2008年的74只样本基金共持有重仓股种类有180只股票，2009年的93只样本基金共持有重仓股种类有220只股票（如图8-3所示），共统计了42 313个数据，基金重仓股选择的偏离度越低，说明基金经理对股票投资组合的趋同性越大，基金经理不愿冒险，在投资策略上具有"羊群"行为的偏好。

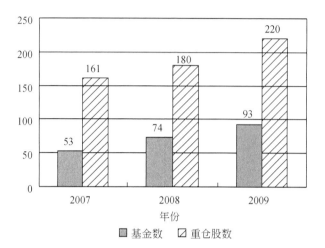

图 8-3　2007～2009 年样本基金重仓股数分布情况

2. 主要变量间关系分析

1）基金经理行业经验与年龄之间的关系

国内外学者在研究基金经理职业关注问题时，Chevalier 和 Ellison（1999）、周长春（2004）、罗真和张宗成（2004）、龚红（2005）都认为基金经理的年龄是影响其职业发展，从而影响其投资策略风险选择的关键因素；但也有学者在实证分析中认为基金经理的年龄对其职业生涯发展的影响并不显著，而职业从业经历相比基金经理年龄更为重要（Boyson，2009；向志恒，2008）。因此，为实证的初始模型的自变量的选择提供依据，图 8-4 检验了基金经理行业经验与基金经理年龄之间的关系。

从图 8-4 可知，基金经理行业经验与基金经理年龄总体上呈现一种正向相关性，但这种趋势并不明显。对于同样的年龄，基金经理所具备的行业经验值是多种多样的，如 38 岁的基金经理的行业经验从 5 年至 16 年不等。当然，对于相同的行业经验，基金经理的年龄的分布也不完全一致。这些主要是每个基金经理所接受的教育背景及工作经历的不同导致的，而基金投资者对基金经理能力的评价及对其代理对象的选择是建立在基金经理以往业绩及产出的基础上，而基金经理产出的多少更多的是受到其行业经验及管理基金年限长短的影响。此外，根据样本统计发现，有近 90% 的基金经理年龄分布在 30～40 岁，而基金经理的行业经验分布的集中度并没有这么高。因此，在建立初始模型时将基金经理的行业经验作为主要自变量。

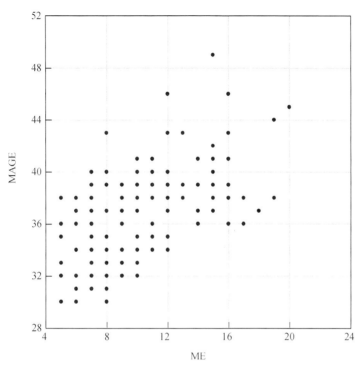

图 8-4　基金经理行业经验与基金经理年龄的关系

2）基金经理行业经验与相对业绩之间的关系

国内外学者已经通过理论分析和实证研究了基金业绩与基金经理职业发展之间的关系，认为基金业绩与消极职业状况负相关，即基金业绩与基金经理消极声誉具有反向关系。本实证认为，相对业绩和行业经验可能是影响基金经理隐性激励效应的重要因素，但相对业绩与行业经验两者之间是否存在相关性，也就是说基金经理从业时间长短与相对业绩排名的高低是否正相关，是需要考虑的问题。通过 Eviews 6.0 检验了两者之间的相关性，发现两者间的相关系数为 0.009 398，并无明显相关性。同时，还利用散点图分析了两者的关系，通过图 8-5 可以直观地发现基金经理行业经验与其相对业绩并没有必然的联系。

二、实证分析

证券投资基金市场上存在"羊群"行为已得到大量学者的理论和实证研究的确认，但是从基金经理隐性激励的角度去分析基金经理"羊群"行为的实证研究相对较少，而且由于次贷危机的发生，基金市场上也呈现出了一些新的特

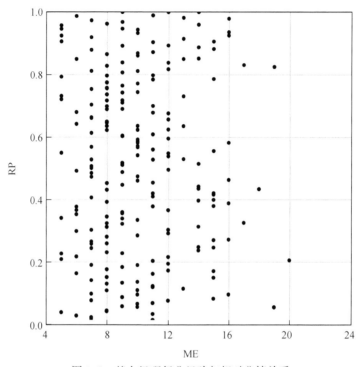

图 8-5　基金经理行业经验与相对业绩关系

征。所以，依照上节中实证研究的思路，本节将分三个步骤逐层递进的分析基金
经理隐性激励对基金经理"羊群"行为所产生的影响，从基金经理的个人素质
及基金管理公司的角度去研究影响基金经理"羊群"行为的深层次原因。

（一）基金经理隐性激励的影响因素分析

1. 实证研究假设

基金投资者在选择基金经理时最为关注的是该代理人能为自己带来多大的经
济收益，基金经理业绩就成为判断基金经理能力水平最重要的因素。基金经理所
管理的基金获得高收益不仅能为基金经理带来当前的收益，而且给基金市场发出
了积极的信号，有利于树立基金经理的知名度和声誉，争取未来更多基金投资者
的注资。从国内外基金市场近几年的运营分析可知，像王亚伟这样的明星级基金
经理往往成为基金投资者选择基金时的重要依据。同时，基金业绩也受到市场环
境、政策制度的影响，如在次贷危机的冲击下，基金管理公司整体业绩收入在
2008 年呈负收益的状态，因此利用相对业绩排序有利于排除外在因素的干扰。

当前，基金市场上很多基金评级机构及一些金融网站都会对基金业绩进行排名，基金投资者可以通过这些排名简单、直观地获取基金经理的信息来作为选择代理人的参考依据。所以推测：在基金经理更替频繁的情况下，基金相对业绩排序越高，基金经理保住原有的职位或者获得升迁的机会越大，也就是取得正向隐性激励效应的可能性越高；相反，基金相对业绩排序越低，基金经理获取基金投资者关注的机会越少，基金管理公司给予基金经理的支持也会降低，基金经理就可能面临着降职或者离职的危险，也就是基金经理取得负向隐性激励效应的可能性越高。

假设 7　基金相对业绩排序是影响基金经理隐性激励效应的主要因素，相对业绩排序与基金经理消极的隐性激励效应负相关。

成为一名基金经理除了具备专业管理知识之外，行业经验起到了极为重要的作用。基金经理的行业经验越丰富代表着在证券市场的历练时间越长，说明基金经理的能力得到了锻炼，其投资管理能力和应变突发事件的能力可能会比行业经验尚浅的基金经理更强。而且，基金经理在通过基金市场的竞争，多年之后仍然生存下来，说明已经得到同行及投资者的信赖，基金经理投身于证券市场的时间长，那么其在同行及投资者中所产生的品牌效应可能会越高，也可能形成一种自身的品牌忠诚度。因此，行业经验丰富的基金经理即使出现个别次数的投资决策失误或者业绩滑落，相比刚入行的或者行业经验较少的基金经理，其声誉受损程度可能会小一些。

假设 8　行业经验是影响基金经理隐性激励效应的重要因素，行业经验与基金经理消极隐性激励负相关，这种相关性的敏感程度随相对业绩排序而不同。

2. 实证研究模型构建

本节主要是在前面假设条件的基础上通过构建模型进行实证检验。由于基金经理隐性激励效应的值是 1 或者 0 的虚拟变量，用简单的线性回归模型来分析其与自变量之间的关系是不恰当的。因此，本节采用了二元 probit 模型来进行分析。具体构建的模型如下：

$$YJ_{it} = c_0 + c_1 RP_{it} + c_2 ME_{it} + c_3 RP_{it} * (ME_{it} - \overline{ME}) + c_4 Y07_t + c_5 Y08_t + \varepsilon_{it}$$

$$(8\text{-}27)$$

式中，当基金经理取得积极的正向激励时，$YJ_{it} = 1$；当基金经理取得消极的负向激励时，$YJ_{it} = 0$，具体的赋值在上文中已说明。RP_{it} 表示基金 i 经理当年 t 的相对业绩排序值；ME_{it} 表示基金 i 经理到当年 t 为止在基金市场中的行业经验，$\overline{ME}$ 表示基金经理的平均行业经验；$RP_{it} * (ME_{it} - \overline{ME})$ 表示基金相对业绩排序与基金经理行业经验的交互作用项。由于研究实证的数据来源于 2007~2009 年，这三年中证券市场行情变化很大，从 2007 年牛市转入 2008 年熊市进而转为 2009 年比较震荡的市场环境，而这种不同对基金经理隐性激励产生的影响可能不同，所以加入了 $Y07_t$ 和 $Y08_t$ 两个虚拟变量。当 $t=07$ 时，$Y07_t=1$，其余年份取值为 0；当 $t=08$ 时，$Y08_t=1$，其余年份取值为 0。

3. 实证结果分析

在式（8-27）中已构建了隐性激励与相对业绩排序、基金经理行业经验及这两者相互作用项之间关系的实证模型。此外，本节考虑了基金经理学历水平、个人年龄、基金规模、基金成立年限、基金管理公司规模、基金管理公司业绩对隐性激励的影响。为了全面、独立地分析每个变量对隐性激励的作用，以及在隐性激励下，这些变量对相互业绩排序的敏感性，本节分别将每个控制变量及其与相互业绩排序的交互作用项单独加入式（8-27）的实证模型中，采用 2007~2009 年的样本数据，通过 Eviews 6.0 进行了二元 probit 离散选择模型的回归分析，其标准化系数与检验结果如表 8-5 所示。

表8-5　基金经理隐性激励效应的影响因素回归分析

解释变量	被解释变量（YJ）						
	1	2	3	4	5	6	7
RP	0.4160	0.9528	0.3951	1.5645	0.1331	0.0701	0.2691
	(0.0289)	(0.2585)	(0.1935)	(0.0585)	(0.6252)	(0.0851)	(0.0911)
ME	0.0255	0.0283	0.0727	0.0387	0.0270	0.0148	0.0343
	(0.6280)	(0.5930)	(0.3055)	(0.4703)	(0.6089)	(0.7821)	(0.5147)
RP * (ME−10)	−0.0126	−0.0167	−0.1277	−0.0297	−0.0191	−0.0064	−0.0308
	(0.3908)	(0.4565)	(0.1568)	(0.3489)	(0.8354)	(0.5446)	(0.7373)
MX		0.3412					
		(0.3492)					
RP * MX		−0.5073					
		(0.4947)					
MAGE			0.1712				
			(0.3381)				
RP * (MAGE-36)			−0.1666				
			(0.1864)				

续表

解释变量	被解释变量（YJ）						
	1	2	3	4	5	6	7
FS				0.4751			
				(0.0302)			
RP*FS				−0.2075			
				(0.0503)			
FA					−0.0187		
					(0.8400)		
RP*FA					0.0255		
					(0.5936)		
CS						0.3635	
						(0.0092)	
RP*CS						0.0648	
						(0.0234)	
CP							0.1576
							(0.0823)
RP*CP							0.0941
							(0.2579)
Y07	−0.3267	−0.3185	−1.4907	−1.8897	−0.6435	−1.7934	−0.6762
	(0.1436)	(0.1551)	(0.5096)	(0.2935)	(0.3413)	(0.2102)	(0.6515)
Y08	−0.1099	−0.1084	−0.3736	−0.4886	−0.2898	−1.0368	−0.7379
	(0.5897)	(0.5956)	(0.0985)	(0.0403)	(0.2133)	(0.1580)	(0.0327)
常数项	0.5760	0.2432	−0.1160	−0.1502	−0.1004	1.3413	1.1435
	(0.3079)	(0.7354)	(0.5720)	(0.4705)	(0.6298)	(0.0820)	(0.1656)

注：括号内为数字代表估计系数的 p 值，数字中带有下划线表示满足 10% 水平下显著性

根据实证模型的回归分析，其具体的研究结果如下。

表 8-5 第一列的回归结果表明，基金经理的隐性激励效应与基金的相对业绩排序（RP_{it}）在 5% 水平下显著正相关。也就是说，基金经理所管理的基金的业绩在同行业的排名越靠前，那么基金经理至少能够保留住原有职位和权力，甚至得到更好的职业发展机会，对基金经理来说这是一种积极正向的激励效应。反之，基金相对业绩排序与基金经理消极的隐性激励效应负相关，验证了假设7。同时，通过第一列的回归结果发现，基金经理的行业经验（ME_{it}）与基金经理

的隐性激励效应正相关，但不显著；基金相对业绩与基金经理行业经验的交互作用项 $RP_{it} * (ME_{it} - \overline{ME})$ 的系数小于 0，这表明对于同等的相对业绩排序下滑，行业经验少的基金经理比行业经验相对丰富的基金经理更容易受到降职或者离职的危险，消极隐性激励效应的敏感性更高，但该结果并不显著，而且两个指标的系数都不高。这可能是由于中国基金行业从 1998 年开始拥有第一只基金，到了 2001 年才有了开放式基金市场，基金经理的行业经验整体不足而且经验值相对比较集中，所以相关系数不高，而且相关性不显著。此外，这种结果的产生与基金投资者注重短期经济利益的投资理念相关，投资者更关注的可能是基金经理近两年所管理的基金的业绩和收益如何，对于其更久以前的成绩可能不太关注，而且证券市场是瞬息万变的，仅靠基金经理行业经验来断定其业绩可能不太科学。

表 8-5 第二列显示了加入基金经理学历（ MX_{it} ）和相对业绩排序与学历的交互作用项（ $RP_{it} * MX_{it}$ ）后的回归结果。学历高低在一定程度上反映了一个人的知识结构及知识水平。基金投资者选择基金经理作为代理人的一个重要原因是基金经理具有一般个人投资者所不具有的专业知识和获取、分析市场信息的能力。因此，我们有理由相信高水平的学历能够为基金经理带来积极正向的隐性激励效应。回归结果显示，基金经理的学历水平确实与隐性激励效应正相关，而且低学历的基金经理对隐性激励效应的相对业绩排序敏感性比高学历水平的基金经理高。但可惜的是这种关系的显著性并不明显，这跟中国基金市场上基金经理的整体学历水平比较均衡相关。正是由于基金行业的特殊性，如调查样本结果 86.36% 的基金经理拥有硕士学位，8.16% 的基金经理拥有博士学位，仅有剩余的 5.48% 基金经理拥有学士学位，这说明硕士学位成为基金经理资格的一个必备条件。即使存在极少数的基金经理拥有学士学位，但他们中越来越多的人会去获取更高的学历。而博士学位或者被基金管理公司定格为不"适合"，或者由于自身感觉"大材小用"，并没有成为基金经理的主流群体。

表 8-5 第三列考虑基金经理年龄（ $MAGE_{it}$ ）及与其相对业绩排序的交互作用项（ $RP_{it} * (MAGE_{it} - \overline{MAGE})$ ）对隐性激励效应的影响。分析结果显示，和以往国内外学对该项研究结果略有差异，基金经理年龄对隐性激励效应起到了正向影响作用，而且这种影响效应随着基金经理年龄的增长对基金相对业绩排序的敏感性呈下降的趋势。这与以往研究相似，这是由于基金经理在基金行业中随着年龄的增长其经验也在不断丰富，并且其取得积极隐性激励的可能性比年轻基金经理来到高，而且年老的基金经理由于受制于退休等职业忧虑及其他主观因素往往不愿冒险，投资行为比较保守稳定，能够获得相对较小的隐性激励的正效。而年轻的基金经理往往具有冒险精神，其投资行为通常带有风险性，所以失败的可

能性也相对较高，使降职、离职的风险提高。但是本实证分析结果差异就体现在这种相关性并不显著上。这与国外基金市场是经过几十年的发展历程，而中国基金市场发展时间的确相对短暂有关，因此基金经理的年龄主要集中在 30～40 岁（调查样本显示，92.27% 的基金经理在这个阶段），而在国外基金经理年龄的分布广泛，甚至到了 60 岁以上，所以在中国基金市场上，基金经理年龄对隐性激励效应产生的影响难以得到充分检验。

表 8-5 第四列显示了原模型中加入基金规模（ FS_{it} ）及其与相对业绩排序交互作用项（ $RP_{it} * FS_{it}$ ）的回归结果。基金规模越大，它需要处理管理和投资事务就越多，因此基金管理公司通常都会让公司内管理投资能力良好的基金经理负责管理，这说明基金经理管理大规模基金向市场发出了一种高能力、高信誉的信号，这将有利于提高基金经理的职业声誉，产生一种正向的隐性激励效应。同时，基金管理的规模越大，也就是净资产越多，根据当前中国基金市场管理费的提取方式，大规模的基金将为基金经理带来高薪酬收入，所以基金规模与隐性激励效应之间是存在着正相关性的，这也在回归结果中得到了证实且显著性比较理想。此外，基金规模与相对业绩排序交互作用项显著负相关，这表明当基金相对业绩排序结果不高时，小规模基金经理受到消极隐性激励效应的概率要比大规模基金经理大。正如上文中解释的，基金管理公司往往将大规模交由能力强或者业绩往往较好的基金经理负责管理，当大规模基金经理偶尔出现偏差的业绩时，由于基金管理公司难以找到更合适的基金经理更替，转换成本较高，而小规模基金可替换的基金经理相对比较多，基金管理公司转换成本较低也相对简单。

表 8-5 第五列加入了基金成立年限（ FA_{it} ）、基金相对业绩排序与基金成立年限的交互作用项（ $RP_{it} * FA_{it}$ ）两个变量。回归结果显示，这两个变量与隐性激励效应的影响关系并不大，而且其系数值也不显著。这可能是由于：一方面，基金成立年限代表了基金的生命力，也就是说基金成立的时间越长，说明该基金经过了长久的市场竞争得到了广大基金投资者的支持，在同类型基金中具有较高的影响力，形成了基金自身的品牌效应。管理这种基金的基金经理会受到这种品牌影响力带来一种积极的隐性激励效应。但是，另一方面新成立的基金往往也是基金管理公司认为具有良好发展前景、需要重点管理和保护的基金。新成立或者成立时间不久的基金风险性较大，所以基金管理公司处于以上考虑往往会委派管理投资能力强、以往业绩相对较好的基金经理进行操作。因此，基金成立年限对基金经理隐性激励效应的影响并不是绝对的，难以区分其中的利弊。

以上的分析都是从基金经理个人素质及其管理的基金的角度进行的分析。表8-5 第六列、第七列主要考虑基金管理公司的声誉对基金经理个人隐性激励效应所产生的作用。第六列回归结果显示的是基金管理公司规模（ CS_{it} ）及其与基金相对业绩排序的交互作用项（$RP_{it} * CS_{it}$）与隐性激励效应的关系，两者分别在1%和5%水平下显著正相关。这表明基金管理公司规模越大代表着公司的整体实力雄厚，正所谓"树大好乘凉"，基金投资者将资金投资于这种大规模的基金管理规模比较有保障。一旦基金管理公司在行业及投资者群体中树立自己的良好口碑和影响力之后，身为大规模基金管理公司的基金经理也会为此而得到一种好的声誉。另外，大规模的基金管理公司比起小规模的基金管理公司的企业文化通常要更好，而且大规模的基金管理公司一般拥有优良的基金经理团队，在这种团队氛围中相互交流对基金经理技能的提升也都能产生积极的促进作用。但是当基金经理相对业绩排序滑落时，大规模基金管理公司的基金经理受到处分的可能性会更高。正是由于大规模基金管理公司一般拥有优良的基金管理团队，旗下有众多的优秀的基金经理，转换一名基金经理的成本并不高。而小规模基金管理公司的基金经理才储备并不充分，在基金市场上无法招到合适基金经理的情况下，转换基金经理的成本就比较高。

表8-5第七列加入基金管理公司业绩（CP_{it}）、基金相对业绩排序与基金管理公司业绩相互作用项（$RP_{it} * CP_{it}$），回归结果显示这两项都与基金经理隐性激励效应正相关，只是相互作用项的检验结果并不显著。与大规模基金管理公司对基金经理隐性激励产生影响的原因相似，基金管理公司业绩好可能是整个基金经理团队智慧的结晶，身为这团队中的一员，基金经理能获得基金管理公司的奖赏和其他正向激励。并且对单个基金经理来说，由于公司业绩良好使基金管理公司在基金行业及投资者群体中提高了声誉，将会对基金经理产生一种"晕轮效应"，使得基金投资者认为在这个团队中的基金经理都是投资管理能力、专业素质很高的代理人。同样，与大规模基金管理公司的基金经理隐性激励效应对相对业绩排序比较敏感的原因相同，基金管理公司业绩良好的基金经理的隐性激励效应对相对业绩排序也更加敏感，但是这种结果并不显著。

4. 实证研究结论

通过分析2007～2009年开放式普通股票型基金经理个人素质及基金管理公司的声誉与基金经理隐性激励效应之间关系的实证研究，主要了解了影响基金经理隐性激励效应的主要因素，得到了以下结论。

相对业绩排序是决定基金经理隐性激励正负效应的最主要的影响因素，基金经理隐性激励效应与基金相对业绩排序正相关，基金经理所管理的基金业绩排名在同行业中越靠前其留职或者升职的这种积极的隐性激励概率更高。但基金经理的行业经验对隐性激励有正向作用，经验少的基金经理隐性激励效应对相对业绩排序的敏感性都并不显著。

除了相对业绩排序是影响基金经理隐性激励的主要因素之外，统计结果显示，基金经理所管理的基金规模、基金管理公司规模和基金管理公司业绩也是影响基金经理隐性激励效应的显著性重要因素。这三个因素与隐性激励效应之间也是正相关，也就是说，基金规模、基金管理公司规模越大，基金管理公司的业绩越好，那么基金经理获得积极隐性激励效应的可能性越高。而且，小规模基金的基金经理在基金相对业绩排序落后的情况下，面临着降职、离职的风险要比大规模基金的基金经理高。相反，任职于大规模和业绩良好的基金管理公司的基金经理的隐性激励效应会随着相对业绩排序的变化而敏感的发生变化，但是相对业绩排序与基金管理公司规模的交互作用结果显著，而相对业绩排序与基金管理公司业绩的交互作用结果并不显著。此外，本书还分析了基金经理学历、基金经理年龄、基金成立年限及它们与相对业绩排序的交互作用项对基金经理隐性激励效应的影响，但是最终的结果都显示不显著。

（二）基金经理隐性激励与"羊群"行为关系分析

1. 实证研究假设条件

基金经理投资行为中"羊群"效应是基金经理道德风险行为的重要表现之一。上一节中通过理论分析认为在基金市场上基金经理为了使自身的相对业绩排序不至于落后同行业竞争者，为了维护基金经理自身的声誉，基金经理会采取跟随市场上其他基金经理投资策略的行为，而选择忽视自身获得的信息。在现实中，基金市场上专业机构及多种金融网站、媒体对基金的业绩进行排名，可赋予其星级基金经理称号，一旦基金经理所管理的业绩不能达到管理公司的要求，将面临基金投资者和公司高层的批判和问责，所以基金经理是否会为了保住职位，维护声誉而采取从众行为是本节实证分析的目的。此外，在基金市场上存在着不同投资风格的基金，不同投资风格的基金代表着不同的风险程度。基金经理为了获取稳定基金业绩，保持相对良好的职业声誉，通常对风险采取规避的态度，因此，本书猜测：基金经理所管理的基金投资风格风险程度越高，基金经理在投资策略的选择上就越可能采取从众的跟风行为。

假设9　隐性激励效应会导致基金经理在选择投资组合策略时偏向"羊群"行为，基金经理"羊群"行为与隐性激励效应之间存在正相关关系。

假设10　基金经理"羊群"行为与隐性经理的关系受基金投资风格风险程度的正向调节。

2. 实证研究模型构建

采用重仓股选择偏离度（SD_{it}），系统风险偏离度（BD_{it}），非系统风险偏离度（UD_{it}）三个变量来测量"羊群"行为程度。通过构建三个二元 probit 回归模型来检测基金经理是否会为了隐性激励而采取"羊群"行为，并进一步分析不同风格的基金（ST_{it}）对基金经理"羊群"行为所带来的作用有何区别。三个模型如下所示，其中涉及的变量的含义与上文相同。

$$YJ_{it} = d_o + d_1RP_{it} + d_2SD_{it} + d_3ST_{it} + d_4RP_{it} *$$
$$ST_{it} + d_5SD_{it} * ST_{it} + d_6Y07_t + d_7Y08_t + \varepsilon_{it} \tag{8-28}$$

$$YJ_{it} = e_o + e_1RP_{it} + e_2BD_{it} + e_3ST_{it} + e_4RP_{it} *$$
$$ST_{it} + e_5BD_{it} * ST_{it} + e_6Y07_t + e_7Y08_t + \varepsilon_{it} \tag{8-29}$$

$$YJ_{it} = f_o + f_1RP_{it} + f_2UD_{it} + f_3ST_{it} + f_4RP_{it} *$$
$$ST_{it} + f_5SD_{it} * ST_{it} + f_6Y07_t + f_7Y08_t + \varepsilon_{it} \tag{8-30}$$

3. 实证结果分析

上文中分别用重仓股选择偏离度、系统风险偏离度、非系统风险偏离度三个"羊群"行为的测度指标构建了与隐性激励效应的关系模型。这里仍采用 2007～2009 年的样本数据，运用 Eviews 6.0 分别对式（8-28）、式（8-29）和式（8-30）进行了二元 probit 离散选择模型的回归分析，其标准化系数与检验结果对应于表 8-6 中的一、二、三 3 列，具体结果如表 8-6 所示。

表 8-6　隐性激励与基金经理"羊群"行为关系的回归分析

解释变量	被解释变量（YJ）		
	一	二	三
RP	0.6873	0.8083	0.7100
	(0.1281)	(0.0672)	(0.0974)
ST	−0.5776	−0.2655	−0.0727
	(0.0719)	(0.2483)	(0.7332)
RP * ST	−0.2343	−0.2890	−0.2142
	(0.4972)	(0.4108)	(0.5360)
SD	−0.0624		
	(0.3307)		
SD * ST	0.0662		
	(0.0371)		
BD		−3.0399	
		(0.0694)	

续表

解释变量	被解释变量（YJ）		
	一	二	三
BD * ST		1.0859	
		(0.2902)	
UD			-6.0305
			(0.7027)
UD * ST			5.8065
			(0.3631)
Y07	-0.3388	-0.3126	-0.3574
	(0.1354)	(0.1615)	(0.4724)
Y08	-0.0735	-0.1306	-0.1160
	(0.7289)	(0.5245)	(0.5698)
常数项	0.8161	0.1479	0.2152
	(0.3033)	(0.7040)	(0.5315)

注：括号内为数字代表估计系数的 p 值，数字中带有下划线表示满足 10% 水平下的显著性

根据实证模型的回归分析，其具体的研究结果如下。

表 8-6 分析了基金经理隐性激励与其"羊群"行为之间的关系。通过回归结果分析，我们可以发现基金相对业绩排序（RP_{it}）仍然是影响基金经理隐性激励的最重要的因素，在第二列和第三列的结果中都通过 10% 水平下的显著性检验。同时，基金相对业绩排序与基金投资风格的交互作用项（$RP_{it} * ST_{it}$）与隐性激励效应负相关，这说明相对于管理高风险水平基金的基金经理，管理低风险水平基金的基金经理在相对业绩排序落后时，其受到消极隐性激励的可能性要更高，可惜该结果的并不显著。

表 8-6 第一列是用重仓股选择偏离度与基金经理隐性激励效应的关系来解释基金经理"羊群"行为与隐性激励效应的关系。表 8-6 中的回归结果显示，基金重仓股选择偏离度（SD_{it}）与基金经理隐性激励效应负相关，但不显著。也就是说，基金经理为了维护自身的职位，换取正向的隐性激励效应，在重仓股的选择时会注重降低股票的风险组合，采取从众的"羊群"行为。同时，我们发现基金投资风格（ST_{it}）与基金经理隐性激励显著负相关，表明管理投资风格风险越高的基金经理，他（她）越可能得到的是一种消极的隐性激励，这可能是由于基金投资者普遍是风险厌恶型，在明知基金的投资风格具有较高风险时，往往不太愿意向该基金注资，所以基金经理的离职率相对比较高，这和于宏凯

（2003）研究的结论相似。而且重仓股选择偏离度与基金投资风格的交互作用项（ $SD_{it} * ST_{it}$ ）显著正相关结果表明，相对于管理风险水平较高基金的基金经理，管理低风险的基金经理为了避免受到消极隐性激励的打击，管理低风险基金的基金经理更不敢轻易冒险，比高风险基金的基金经理更具有投资趋同的偏好。这可能的原因是选择高风险基金作为投资对象的基金投资者，相对具有承受风险的能力，他们注重的是长线收益，在短期基金业绩不理想时不会急于撤资，这样就不会给基金经理造成太大的压力；相反，选择低风险基金作为投资对象的基金投资者，往往更加厌恶风险且注重短期的高红利发放，在业绩出现滑落时会出现更为严厉的后果，基金经理迫于压力更会倾向采取"羊群"行为。

表8-6第二列是用系统风险偏离度与基金经理隐性激励效应的关系来解释基金经理"羊群"行为与隐性激励效应的关系。从回归结果可以看出，与第一列结果相似，系统风险偏离度（ BD_{it} ）与基金经理隐性激励效应显著负相关；基金投资风格（ ST_{it} ）与基金经理隐性激励负相关，但并不显著；重仓股选择偏离度与基金投资风格的交互作用项（ $BD_{it} * ST_{it}$ ）正相关，但也不显著。这表明管理低风险基金的基金经理在投资决策时更有采取"羊群"行为的倾向性，因为如果他们的投资行为偏离于市场整体走势，在基金相对业绩下滑时受到降职、离职的可能性会比管理高风险基金的基金经理概率大得多。

表8-6第三列用非系统风险偏离度与基金经理隐性激励效应的关系来解释基金经理"羊群"行为与隐性激励效应的关系。根据回归结果显示，与重仓股选择偏离度、系统分析偏离度的分析结果都相似，非系统风险偏离度（ UD_{it} ）与基金经理隐性激励效应负相关；基金投资风格（ ST_{it} ）与基金经理隐性激励负相关；重仓股选择偏离度与基金投资风格的交互作用项（ $UD_{it} * ST_{it}$ ）正相关。这表明基金经理为了使自身相对业绩不落后于同行业竞争者，出于维护职业声誉的目的采取了趋同的非系统风险的选择，在行业股票选择方面都具有相似性。例如，叶芳（2008）在其研究中根据股票所属行业测算了证券投资基金的"羊群"行为度，发现木材家具、纺织服装皮毛、生物医药制品、机械设备仪表等制造业和建筑业、农林牧渔业上"羊群"行为度更为明显。此外，这种"羊群"行为程度会随着基金投资风格风险水平的降低而更加明显，但可惜的是，以上三个变量的统计结果都不显著。

4. 实证研究结论

通过实证分析认为，基金经理基于隐性激励效应的目的会影响其在投资策略选择上偏向于采取"羊群"行为。实证分析中分别用基金重仓股选择偏离度、系统风险偏离度、非系统风险偏离度三个变量来解释"羊群"行为，研究发现三者与隐性激励的关系都是负向相关的，但除了系统风险偏离度变量回归结果显著，其他两者回归结果的显著性较差。在基金市场上，开放式股票基金由于面临着市场赎回的压力，基金经理在付出努力的同时还会考虑基金同行竞争者的投资行为选择，虽然冒险的投资行为可能会为基金经理带来比行业均值更高的基金业绩和经济利益，但一旦失败后将面临着基金管理公司降职、离职或者其他方面的消极处罚，基金投资者对基金经理信心的动摇及基金赎回压力，基金评级机构及相关中介、媒体的业绩排名产生的负面影响。因此，基金经理为了维护隐性激励效应在投资行为会产生"羊群"行为现象，假设9成立。就基金个人而言，由于为了声誉机制、相对业绩排序激励而选择"羊群"行为可能是理性的，但从整个证券市场的效率视角来分析，"羊群"行为是一种非理性的选择，特别是基金经理握有大规模的资金，当这种"羊群"行为在金融市场上成为一种普遍现象，对金融业的健康发展是不利的。

同时，实证研究中还考虑了不同投资风格的基金的基金经理对采取"羊群"行为的敏感性。根据投资风格的不同，投资收益和风险由高到低可分为成长型基金、平衡型基金和收入型基金三种。研究结果显示，投资风格风险越高的基金与基金经理隐性效应负相关，高风险投资风格的基金往往难以得到市场基金投资者的支持，所以管理该基金的基金经理得到隐性激励的难度比管理低风险基金的基金经理更大。但是一旦高风险基金的基金经理得到了基金投资者的注资，由于这部分投资者看重的是长远的高收益，对业绩短期利益高低的敏感性比起低风险基金的投资者来的小。也就是说，低风险基金的基金经理面临着相对业绩排序及基金稳定收益的压力比高风险基金的基金经理大，这就迫使基金经理在投资策略选择时加剧了"羊群"行为的偏好性。

（三）隐性激励下基金经理"羊群"行为的影响因素分析

前面两部分，先对影响基金经理隐性激励的主要因素进行分析，并证明了隐性激励与基金经理"羊群"行为之间存在着关系，基金经理会因为保持一种激励效应而采取"羊群"行为。这一部分是在前面两部分的基础上，从基金经理隐性激励的角度分析导致"羊群"行为产生的主要因素。

1. 实证研究假设条件

通过实证分析后，认为相对业绩是影响基金经理隐性激励的最主要因素。基金经理的相对业绩排序在同行中的名次越低，那么他们面临基金管理公司、基金投资者等多方压力及消极影响的可能性越高，基金经理为了避免降职、离职等消极隐性激励效应的出现，他们有可能会忽视自己获取到的信息，而采取跟风的从众行为。同时，实证分析结果发现小规模基金的基金经理在基金业绩较差时，也更容易受到基金管理公司的负面惩罚；而大规模和业绩良好的基金管理公司的基金经理在基金业绩较差时，被管理公司解雇或者降职的可能性更大。为了稳妥起见，小规模基金、大规模和业绩良好的基金经理通常因为担忧自身的职业发展、维护自身声誉，获取一种正向的隐性激励效应而跟随同行基金经理们的投资策略。此外，实证分析中得出投资风格不同对基金经理投资行为所产生的影响有所差异，低风险基金的基金经理基于隐性激励的考虑在选择投资策略时更偏向于采取"羊群"行为。基于以上分析，本实证提出了以下假设。

假设11 基金相对业绩排序越低，基金经理越可能采取"羊群"行为的投资策略。

假设12 基金经理管理的基金规模越小会使得"羊群"行为更容易发生。

假设13 基金管理公司的规模越大，基金经理投资时越可能发生"羊群"行为。

假设14 基金管理公司的业绩越好，基金经理投资时越可能发生"羊群"行为。

假设15 基金投资风格对基金经理"羊群"行为起到调节作用。

2. 实证研究模型构建

本部分实证研究主要目的是检验在隐性激励下，基金经理偏向于采取"羊群"行为的主要影响因素。"羊群"行为的测度指标仍为仓股选择偏离度（SD_{it}）、系统风险偏离度（BD_{it}）、非系统风险偏离度（UD_{it}）三者，并运用OLS多元线性回归模型的实证方法通过构建三个研究模型来检验基金相对业绩（RP_{it}）、基金规模（FS_{it}）、基金管理公司规模（CS_{it}）、基金管理公司业绩（CP_{it}）对基金经理"羊群"行为的影响，以及基金投资风格（ST_{it}）对各个影响关系所产生调节效应。本实证模型中变量定义及其测量与上文相同，在此不再赘述，具体模型构建如下。

$$SD_{it} = g_o + g_1 RP_{it} + g_2 FS_{it} + g_3 CS_{it} + g_4 CP_{it} + g_5 ST_{it} + g_6 RP_{it} * ST_{it}$$
$$+ g_7 FS_{it} * ST_{it} + g_8 CS_{it} * ST_{it} + g_9 CP_{it} * RP_{it} + g_{10} Y07_t + g_{11} Y08_t + \varepsilon_{it}$$
$$(8\text{-}31)$$

$$BD_{it} = h_o + h_1 RP_{it} + h_2 FS_{it} + h_3 CS_{it} + h_4 CP_{it} + h_5 ST_{it} + h_6 RP_{it} * ST_{it}$$
$$+ h_7 FS_{it} * ST_{it} + h_8 CS_{it} * ST_{it} + h_9 CP_{it} * RP_{it} + h_{10} Y07_t + h_{11} Y08_t + \varepsilon_{it}$$
$$(8\text{-}32)$$

$$UD_{it} = j_o + j_1 RP_{it} + j_2 FS_{it} + j_3 CS_{it} + j_4 CP_{it} + j_5 ST_{it} + j_6 RP_{it} * ST_{it}$$

$$+ j_7 \text{FS}_{it} * \text{ST}_{it} + j_8 \text{CS}_{it} * \text{ST}_{it} + j_9 \text{CP}_{it} * \text{RP}_{it} + j_{10} \text{Y07}_t + j_{11} \text{Y08}_t + \varepsilon_{it} \quad (8\text{-}33)$$

3. 实证结果分析

根据以上构建的三个实证研究模型，仍采用 2007~2009 年的样本数据，运用 Eviews 6.0 将全部解释变量分别带入式（8-31）、式（8-32）和式（8-33）进行 OLS 模型的回归分析，检验这些变量分别对重仓股选择偏离度、系统风险偏离度、非系统风险偏离度的影响，其标准化系数与检验结果对应于表 8-7 中的 SD、BD、UD 三列，具体结果如表 8-7 所示。

表 8-7　隐性激励下基金经理"羊群"行为影响因素回归分析

解释变量	被解释变量		
	SD	BD	UD
RP	0.693 432	−0.027 030	−0.003 641
	(0.496 400)	(0.362 400)	(0.175 300)
FS	−1.223 302	−0.013 783	−0.000 913
	(0.017 200)	(0.353 400)	(0.496 100)
CS	−0.174 292	−0.020 971	0.001 297
	(0.684 400)	(0.093 800)	(0.250 800)
CP	−0.014 004	0.006 649	−0.000 664
	(0.955 700)	(0.365 100)	(0.316 900)
ST	3.604 578	−0.085 785	0.005 613
	(0.080 200)	(0.152 000)	(0.299 100)
RP * ST	0.019 563	0.034 799	−0.000 850
	(0.975 000)	(0.056 400)	(0.604 600)
FS * ST	0.688 932	0.013 445	−0.001 005
	(0.046 500)	(0.180 600)	(0.267 700)
CS * ST	−0.028 369	−0.000 405	0.000 162
	(0.787 700)	(0.894 800)	(0.558 000)
CP * ST	0.056 714	−0.001 455	−0.000 160
	(0.325 200)	(0.385 500)	(0.291 200)
Y07	−1.575 137	−0.088 234	0.038 805
	(0.369 400)	(0.084 800)	(0.000 000)
Y08	−1.749 948	−0.036 445	−0.000 306
	(0.336 500)	(0.491 300)	(0.949 100)
常数项	19.249 460	0.279 728	0.006 180
	(0.000 000)	(0.004 100)	(0.478 300)

注：括号内为数字代表估计系数的 p 值，数字中带有下划线表示满足 10% 水平下的显著性

表 8-7 的回归结果显示，基金相对业绩排序与重仓股选择偏离度、系统风险偏离度、非系统风险偏离度之间的关系并不显著。这表明虽然基金相对业绩排序越高的基金经理越能获得一种积极的隐性激励效应，但是相对业绩排序的高低对基金经理是否采取"羊群"行为并没有显著的差异性。这种结果并不代表基金相对业绩排序不会造成基金经理"羊群"行为，相反，相对业绩排序给基金行业中的竞争者发出了一种信号，使得基金同行对各自的业绩和能力有了一定的认识。这样原先相对业绩排序比较靠后的基金经理为了提升自身相对业绩排序，就会改变原有投资的风险组合，采取模仿、跟随相对业绩比较靠前的基金经理的投资策略；而相对业绩排序原本比较靠前的基金经理为了保住现有的业绩和职位，继续得到基金投资者的信任和支持，为了稳妥起见往往不愿意轻易冒险，也会根据行业投资情况采取同行普遍的投资行为，"羊群"行为能够使已有的声誉得到一种保障。

基金规模与重仓股选择偏离度显著负相关，也就是说大规模基金经理在选择重仓股的投资策略时会主要偏向于被证券市场共识地比较好的股票，投资行为更加具有趋同性。这可能是由于基金经理管理的规模越大，基金经理向市场上发出积极信号越强烈，向基金投资者示意基金经理是一名具有投资管理能力较强的代理人，所以基金经理只要保持原有的基金业绩，维护自身良好的声誉，就有可能会吸引到更多基金投资者的注资，进而提升未来的管理费收入和更好的职业发展前景。倘若基金经理采取偏离性的高风险投资策略，虽然大规模的基金经理的隐性激励效应可能不会因为偶尔一两次的业绩下降而严重受损，但是对于基金经理来说终究还是会造成不良的影响，尤其在基金经理数量不断增加（截至 2010 年 9 月 14 日，Wind 资讯显示，全国公募基金经理总数为 595 人，有 661 只基金），在基金经理频繁更替的市场环境下，大规模的基金经理具有采取"羊群"行为的倾向性。

基金规模与系统风险偏离度显著负相关，也就是说大规模的基金经理在投资组合策略选择时更加偏好于市场上的常规趋势，基金经理在对整个证券市场的走势分析及行为选择上倾向于与其他基金经理相同。这个结果与第一部分中的实证结论相辅相成。在第一部分中指出在基金经理相对以及排序滑落时，大规模基金管理公司的基金经理对于消极的隐性激励更加敏感，他们受到处分的可能性更高。因此，在大规模基金管理公司任职，由于公司通常拥有优良的基金管理团队，受到身边其他优秀的基金经理的威胁的概率更大，其投资行为更可能趋向保守，"羊群"行为这种跟风策略更加容易发生。

在第二部分实证分析结果显示管理低风险基金的基金经理相对管理风险高风险的基金经理会为了隐性激励效应而更加偏好于"羊群"行为。而这种关系在本节中又一次得到了证实，基金投资风格风险越低基金经理在投资行为上表现为重仓股选择偏离度和系统风险偏离度越小。同时，基金投资风格的调节效应表现为：基金业绩排序靠前的基金经理在采取投资行为时，其管理的基金投资风格风险越小则选择的系统风险偏离度越低，即越具有"羊群"行为的偏向性；大规模基金经理在采取投资行为时，其管理的基金投资风格风险越小则投资的重仓股选择偏离度越低，即越具有"羊群"行为的偏向性。

同时，本节实证分析的结果显示，基金管理公司业绩与基金经理投资行为时重仓股选择偏离度、系统风险偏离度、非系统风险偏离度之间的关系不显著。也就说基金管理公司业绩的高低与基金经理是否偏向"羊群"行为选择的关系并不明确。而且基金投资风格对基金管理公司规模、基金管理公司业绩与基金经理投资行为时重仓股选择偏离度、系统风险偏离度、非系统风险偏离度之间关系的调节效应也并不显著。

此外，通过表 8-7 可以发现，式（8-32）的回归结果中 Y 07$_{it}$ 系数值在 10% 水平下显著负相关，式（8-33）中系数的 p 值为 0，在 1% 水平下显著负相关。这表明相比于 2009 年，2007 年样本中各开放式普通股票基金投资组合中重仓股投资比重、系统风险值、非系统风险值更加相似，基金经理彼此之间的投资策略雷同的程度更高，说明基金经理的"羊群"行为在 2007 年牛市中表现地更加明显。但是 2008 年证券市场受次贷危机的影响，其所表现的基金经理羊群行为程度是否比 2009 年更加严重并没有通过实证的数据显著性检验。

4. 实证研究结论

本节实证研究是建立在前面两节实证分析及结论的基础上，通过提出研究假设、构建实证研究模型并进行回归分析。在实证模型的构建中，仍然采用重仓股选择偏离度、系统风险偏离度、非系统风险偏离度三个变量对"羊群"行为进行解释，并对第一部分实证分析中得到的基金相对业绩排序、基金规模、基金管理公司规模、基金管理公司业绩四个显著影响基金经理隐性激励效应的因素进行回归分析，结合考虑了基金投资风险在这些关系中起到的调节作用，得到如下结论。

在隐性激励下，基金规模、基金管理公司规模是影响基金经理"羊群"行为的重要因素。基金经理管理的基金规模越大，或者其所在的基金管理公司规模越大，将会促使其在投资策略的选择时更偏向于"羊群"行为；而且在投资风格风险越小的基金中，大规模基金经理的这种"羊群"行为偏好会更加突出。而基金相对业绩排序、基金管理公司业绩这两个隐性激励的主要影响因素对基金经理"羊群"行为的影响性假设条件并没有得到回归结果的验证，但是本节实证分析发现，相对业绩排序良好的基金经理在管理风险较低基金时更可能偏向于"羊群"行为，也就是说基金投资风险对基金经理"羊群"行为起到调节作用的假设得到了部分证实。此外，证券市场行情也会成为基金经理"羊群"行为偏好程度的一个影响因素。

第九章　激励机制对基金"老鼠仓"行为的影响研究

所谓的"老鼠仓"是指庄家在用公有资金拉动股价之前，先用自己的个人的资金在低位建仓，待用共有资金拉升到高位后个人仓位率先卖出获利，最后亏损的是公有和散户的资金。从本质上来说，"老鼠仓"是一种特殊的基于操纵内幕的交易行为。证券市场中的"老鼠仓"一直是广大投资者深恶痛绝的行为，严重损害了基金投资者的利益。通过设计激励机制来防范基金经理的道德风险是一种可行的方法。本节首先构建了存在"老鼠仓"情况下的委托代理模型，在信息不对称情况下，分析了"老鼠仓"行为对基金经理投资行为及基金最优契约设计的影响；其次入基金经理声誉激励机制，发现声誉激励机制能够直接增加基金经理从事基金收益的努力水平，并且通过影响基金经理承担风险的意愿会间接地增加基金经理从事基金收益的努力水平，保护基金投资者的利益；最后再从查处的"老鼠仓"行为案例中做进一步的分析，探究"老鼠仓"行为的特征及相关因素。

第一节　激励机制对"老鼠仓"行为影响的机理分析

本节从基金内部激励机制出发，继续采用 Holmstrom 和 Milgrom（1987）的分析框架，首先建立存在"老鼠仓"情况下的委托代理模型，揭示存在"老鼠仓"行为对基金经理投资行为和最优激励契约设计的影响，然后在基金激励机制中引入基金经理未来的人力资本价值，即声誉，来考察未来人力资本价值对基金经理行为的影响，试图通过基金激励机制从基金行业内部机制来规范基金经理的投资行为。

一、"老鼠仓"行为对基金经理投资行为的影响

（一）模型基本假设

假设 1　市场是信息不对称的，基金投资者无法观察到基金经理的投资行为。

假设 2 投资者没有能力自己进入市场，只能委托基金经理进行投资。

假设 3 基金经理同时致力于基金投资和"老鼠仓"行为，总努力水平为 a ，致力于基金收益的努力水平为 a_1 ，致力于"老鼠仓"行为的努力水平为 a_2 ，有 $a_1 + a_2 \leqslant a$ 。

假设 4 基金的投资收益 $\pi(a_1, a_2, \theta) = F(a_1, a_2) + \theta$ ， $F(a_1, a_2)$ 为 a_1 的一维单调递增函数，即基金经理越努力从事基金投资工作，基金的投资收益越大； $F(a_1, a_2)$ 为 a_2 一维单调递减函数，即基金经理越努力从事"老鼠仓"行为，对基金投资收益的损害更大。 θ 为市场不确定因素， $\theta \in (0, \sigma^2)$ 。

假设 5 $F(a_1, a_2)$ 为线性收益函数， $F(a_1, a_2) = ri + h_1 a_1 - h_2 a_2$, $h_1 > 0$, $h_2 > 0$ 。 ri 为基金基本收益率，可以假设为无风险收益率； h_1 为基金经理从事基金投资的努力边际收益，在一定程度上反映了基金经理的能力以及掌握信息的水平； h_2 为基金经理从事"老鼠仓"行为的努力对基金收益的边际损失，即基金经理增加一个单位的努力从事"老鼠仓"行为，基金收益减少 h_2 个单位，可以看成"老鼠仓"对基金收益的危害程度。

假设 6 基金经理从事"老鼠仓"行为收益 $R(a_2, z) = k a_2 + z$, $k > 0$ 。 k 为基金经理从事"老鼠仓"行为的努力边际收益，即基金经理越努力从事"老鼠仓"行为，从中的得益就越多； z 为影响"老鼠仓"收益的外生变量，包括市场风险、查处风险等， $z \in (0, \zeta^2)$ 。

假设 7 θ , z 的协方差为 $\mathrm{cov}(\theta, z)$, $0 < \mathrm{cov}(\theta, z) < 1$ ，由于 θ 和 z 会同时受到市场因素的影响，因而两者是不独立的，并且具有正相关的关系。

假设 8 考虑线性契约 $S(\pi) = \alpha + \beta\pi$, $\alpha > 0, 0 < \beta < 1$ 。 α 为基金经理的固定收入， β 为基金经理的分享的收益份额，即基金收益 π 增加一个单位，基金经理的报酬增加 β 单位。

假设 9 基金经理的努力成本 $C(a_1, a_2) = \frac{1}{2} b_1 a_1^2 + \frac{1}{2} b_2 a_2^2$, $b_1 > 0$, $b_2 > 0$ 代表成本系数： b_1 , b_2 越大，同样的努力带来的负效用越大。

假设 10 基金投资者和基金经理是理性的，基金投资者是风险中性的，基金经理是风险规避的（曾德明等，2006），其效用函数 $u = e^{-\rho w}$, $\rho > 0$, $w > 0$ 。 ρ 为基金经理的风险规避度， w 为基金经理的确定性收入。

假设 11 基金经理的保留效用为 $\bar{u}$ 。

（二）模型的构建

由于基金投资者是风险中性的，基金投资者的期望效用等于期望收入，为

$$E[v(\pi - S)] = E(\pi - S) = -\alpha + (1 - \beta)\pi = -\alpha + (1 - \beta)(ri + h_1 a_1 - h_2 a_2)$$

$$(9-1)$$

基金经理的实际收益为

$$w = S + R - C$$

即

$$w = \alpha + \beta(ri + h_1 a_1 - h_2 a_2 + \theta) + ka_2 + z - \left(\frac{1}{2}b_1 a_1^2 + \frac{1}{2}b_2 a_2^2\right) \quad (9\text{-}2)$$

由于基金经理是风险规避的，效用函数为负指数效用函数，则基金经理确定性收益为

$$E(w) - \frac{1}{2}\rho \mathrm{var}(w) = \alpha + \beta(ri + h_1 a_1 - h_2 a_2) + ka_2 - \left(\frac{1}{2}b_1 a_1^2 + \frac{1}{2}b_2 a_2^2\right)$$
$$- \frac{1}{2}\rho[\beta^2\sigma^2 + \zeta^2 + 2\beta\mathrm{cov}(\theta, z)] \quad (9\text{-}3)$$

式中，$E(w)$ 为基金经理的期望收入，$\frac{1}{2}\rho[\beta^2\sigma^2 + \zeta^2 + 2\beta\mathrm{cov}(\theta, z)]$ 为基金经理的风险成本。

基金经理的保留效用为 $\bar{u}$，那么，如果确定性等价收入小于 $\bar{u}$，基金经理将不接受契约，因此基金经理的参与约束可以表述为

$$\alpha + \beta(ri + h_1 a_1 - h_2 a_2) + ka_2 - \left(\frac{1}{2}b_1 a_1^2 + \frac{1}{2}b_2 a_2^2\right)$$
$$- \frac{1}{2}\rho[\beta^2\sigma^2 + \zeta^2 + 2\beta\mathrm{cov}(\theta, z)] \geqslant \bar{u} \quad (9\text{-}4)$$

在存在"老鼠仓"情况下，基金投资者的最优化问题如下：

$$\max_{\alpha, \beta}\{-\alpha + (1 - \beta)(ri + h_1 a_1 - h_2 a_2)\}$$

$$\text{s.t.} \quad a_1 + a_2 \leqslant a$$

$$\alpha + \beta(ri + h_1 a_1 - h_2 a_2) + ka_2 - \left(\frac{1}{2}b_1 a_1^2 + \frac{1}{2}b_2 a_2^2\right) - \frac{1}{2}\rho[\beta^2\sigma^2 + \zeta^2 + 2\beta\mathrm{cov}(\theta, z)]$$
$$\geqslant \bar{u}$$

$$\max_{a_z, a_2}\left\{\alpha + \beta(ri + h_1 a_1 - h_2 a_2) + ka_2 - \left(\frac{1}{2}b_1 a_1^2 + \frac{1}{2}b_2 a_2^2\right) - \frac{1}{2}\rho[\beta^2\sigma^2 + \zeta^2 \right.$$
$$\left. + 2\beta\mathrm{cov}(\theta, z)]\right\}$$

（三）模型分析

在信息不对称的市场环境中，投资者无法观察到基金经理的努力水平，基金经理可以通过调整努力程度来达到效用最大化。首先求如下最优化问题：

$$\max_{a_z, a_2}\alpha + \beta(ri + h_1 a_1 - h_2 a_2) + ka_2 - \left(\frac{1}{2}b_1 a_1^2 + \frac{1}{2}b_2 a_2^2\right) - \frac{1}{2}\rho[\beta^2\sigma^2 + \zeta^2 +$$

$2\beta \mathrm{cov}(\theta,\ z)\big]$

s. t. $a_1 + a_2 \leqslant a$

得

$$a_1^* = \frac{\beta(h_1 + h_2) - k + b_2 a}{b_1 + b_2} \tag{9-5}$$

$$a_2^* = \frac{k - ab_1 - \beta(h_2 + h_1)}{b_1 + b_2} \tag{9-6}$$

则投资者的最优化问题为

$$\max_{\alpha,\ \beta}\{-\alpha + (1 - \beta)(ri + h_1 a_1 - h_2 a_2)\}$$

$$\alpha + \beta(ri + h_1 a_1 - h_2 a_2) + ka_2 - \left(\frac{1}{2}b_1 a_1^2 + \frac{1}{2}b_2 a_2^2\right) - \frac{1}{2}\rho[\beta^2\sigma^2 + \zeta^2 + 2\beta\mathrm{cov}(\theta,\ z)] \geqslant \bar{u}$$

$$a_1^* = \frac{\beta(h_1 + h_2) - k + b_2 a}{b_1 + b_2}, \qquad a_2^* = \frac{k + ab_1 - \beta(h_2 + h_1)}{b_1 + b_2}$$

得

$$\beta^* = \frac{(h_1 + h_2)^2 - \rho\mathrm{cov}(\theta,\ z)(b_1 + b_2)}{\rho\sigma^2(b_1 + b_2) + (h_1 + h_2)^2} \tag{9-7}$$

（1）从 a_1^* 的表达式可以说明，存在"老鼠仓"的情况下，要使基金经理致力于基金的收益的努力水平 a_1 增大，必须增大基金经理从事基金收益行为的努力边际收益率 h_1 和基金经理从事"老鼠仓"行为的努力对基金收益的边际损失 h_2，同时降低"老鼠仓"的边际收益 k 和从事基金投资的成本系数 b_1。

（2）对 a_1^* 求 b_2 的偏导得 $\dfrac{\partial a_1^*}{\partial b_2} = \dfrac{k - \beta(h_1 + h_2) + b_2 a}{(b_1 + b_2)^2}$，基金经理从事基金投资的期望收益为 $\alpha + \beta(ri + h_1 a_1 - h_2 a_2) = \alpha + \beta ri + \beta(h_1 + h_2)a_1 - \beta h_2 a$。其中，$\beta(h_1 + h_2)$ 为基金经理从事基金投资总的边际收益，包括基金投资收益的增加量和"老鼠仓"行为对基金收益损失的减少量。k 为"老鼠仓"行为的边际收益，有 $k > \beta(h_1 + h_2)$，否则基金经理不会花费努力从事"老鼠仓"行为。在给定的契约下，即当 β 固定时，有 $\dfrac{\partial a_1^*}{\partial b_2} > 0$，基金经理从事基金投资的努力水平随着"老鼠仓"行为的成本系数 b_2 的增加而增加。所以要规范基金经理的行为必须增加基金经理从事"老鼠仓"行为的成本。

（3）若基金经理不受总的努力水平的限制，即不存在 $a_1 + a_2 \leqslant a$，通过以上的模型得 $\bar{a}_1 = \dfrac{\beta h_1}{b_1}$，$\bar{a}_2 = \dfrac{\beta h_2}{b_2}$，即基金经理从事于基金投资的努力水平不会超过 $\dfrac{\beta h_1}{b_1}$，从事于"老鼠仓"行为的努力水平不会超过 $\dfrac{\beta h_2}{b_2}$，所以在加入限制条件

$a_1 + a_2 \leqslant a$ 后，有 $a_1^* \leqslant \overline{a_1}$。在信息不对称下的传统的委托代理模型中，即不存在"老鼠仓"的情况下，基金经理最优的 $a_1{}^0 = \dfrac{\beta h}{b}$。在不存在"老鼠仓"的情况下，由于努力的边际收益不受 h "老鼠仓"行为的影响，基金经理增加一单位的努力的收益比存在"老鼠仓"行为基金经理增加的一单位的努力的收益要大，即 $h \geqslant h_1 + h_2$，因此有 $a_1^* \leqslant a_1^0$，在存在"老鼠仓"情况下，增加了市场的信息不对称。

（4）β^* 是 $\text{cov}(\theta, z)$ 的减函数，即基金的投资收益与"老鼠仓"收益越相关，基金经理愿意承受的风险就越小；β^* 是 σ^2 的减函数，即市场风险越大，基金经理愿意承担的风险越小；对 β^* 求 $(b_1 + b_2)$ 的导数得 $\dfrac{\partial \beta^*}{\partial (b_1 + b_2)} = -\dfrac{\rho [\text{cov}(\theta, z) + \sigma^2](h_1 + h_2)^2}{[\rho \sigma^2 (b_1 + b_2) + (h_1 + h_2)^2]^2}$，由于 $0 < \text{cov}(\theta, z) < 1, \sigma^2 > 0, h_1 > 0, h_2 > 0$，所以 $\dfrac{\partial \beta^*}{\partial (b_1 + b_2)} < 0$，即随着基金经理的努力成本增大，基金经理承担风险的意愿是降低的；对 β^* 求 ρ 的导数得

$$\frac{\partial \beta^*}{\partial \rho} = -\frac{[\text{cov}(\theta, z) + \sigma^2](b_1 + b_2)(h_1 + h_2)^2}{[\rho \sigma^2 (b_1 + b_2) + (h_1 + h_2)^2]^2}$$

可以看出基金经理的风险规避度 ρ 越大，基金经理承担风险的愿意越小；对 β^* 进行化简得

$$\beta^* = 1 - \frac{\rho (\text{cov}(\theta, z) + \sigma^2)(b_1 + b_2)}{\rho \sigma^2 (b_1 + b_2) + (h_1 + h_2)^2}$$

基金投资总的边际收益 $h_1 + h_2$ 越大，基金经理越愿意承担投资风险。

（5）由传统的委托代理模型得出 $\overline{\beta} = \dfrac{1}{1 + \dfrac{\rho b_1 \sigma^2}{h^2}}$，对 β^* 变形得

$$\beta^* = \frac{1 - \dfrac{\rho \text{cov}(\theta, z)(b_1 + b_2)}{(h_1 + h_2)^2}}{1 + \dfrac{\rho \sigma^2 (b_1 + b_2)}{(h_1 + h_2)^2}}$$

对比 β^{**} 和 β^* 看出，引入"老鼠仓"情况下，基金投资收益和"老鼠仓"收益的协方差 $\text{cov}(\theta, z)$、"老鼠仓"行为的努力成本 $b_1 b_2$ 及"老鼠仓"行为的边际收益 $h_1 h_2$ 影响着基金经理风险承担的比例。由于 $h \geqslant h_1 + h_2$，则有 $\dfrac{\rho \sigma^2 (b_1 + b_2)}{(h_1 + h_2)^2}$

$\geqslant \dfrac{\rho b_1 \sigma^2}{h^2}$，又因为 $\dfrac{\rho \mathrm{cov}(\theta,\ z)(b_1 + b_2)}{(h_1 + h_2)^2} \geqslant 0$，因此有 $\bar{\beta} \geqslant \beta^*$，即在存在"老鼠仓"的情况，基金经理对承担风险的愿望是降低的。

二、在存在"老鼠仓"情况下声誉激励对基金经理投资行为的影响

声誉激励是一种特殊的激励机制，它能够在显性激励不充分的前提下发挥防范"机会主义"、降低代理成本的重要作用。激励机制是各种显性激励和隐性激励机制安排的综合结果，因此要综合考虑激励制度的各种激励作用，声誉激励作为一种隐性激励机制，能够保证契约诚实执行。本部分引入声誉机制，即未来基金经理的人力资源价值来分析存在"老鼠仓"行为下声誉激励机制对基金经理投资行为的影响，试图通过基金内部激励机制规范基金经理的投资行为。

（一）模型与假设

在沿用上一小节的假设的前提下，假设 $w(\pi)$ 为基金经理未来人力资本的贴现值，即基金经理声誉的贴现值，$w(\pi) = \gamma\pi = \gamma(ri + h_1 a_1 - h_2 a_2)$，$0 \leqslant \gamma \leqslant 1$，$\gamma$ 为当前收入的未来人力资本贴现率，当前收入越高，未来的人力资本价值越大。

根据前面的步骤，建立以下委托代理模型：

$$\max_{\alpha,\ \beta}\{-\alpha + (1-\beta)(ri + h_1 a_1 - h_2 a_2)\}$$

s. t.　$a_1 + a_2 \leqslant a$

$$\alpha + \beta(ri + h_1 a_1 - h_2 a_2) + ka_2 + \gamma(ri + h_1 a_1 - h_2 a_2) - \left(\dfrac{1}{2}b_1 a_1^2 + \dfrac{1}{2}b_2 a_2^2\right) -$$

$$\dfrac{1}{2}\rho[(\beta+\gamma)^2\sigma^2 + \zeta^2 + 2(\beta+\gamma)\mathrm{cov}(\theta,\ z)] \geqslant \bar{u}$$

$$\max_{a_z,\ a_2}\left\{\alpha + \beta(ri + h_1 a_1 - h_2 a_2) + ka_2 + \gamma(ri + h_1 a_1 - h_2 a_2) - \left(\dfrac{1}{2}b_1 a_1^2 + \dfrac{1}{2}b_2 a_2^2\right) -\right.$$

$$\left.\dfrac{1}{2}\rho[(\beta+\gamma)^2\sigma^2 + \zeta^2 + 2(\beta+\gamma)\mathrm{cov}(\theta,\ z)]\right\}$$

（二）模型分析

在信息不对称的情况下，激励相容约束发挥作用，根据前面的求解步骤，对以上的模型求得

$$a_1^{**} = \dfrac{(\gamma+\beta)(h_1 + h_2) - k + b_2 a}{b_1 + b_2} \tag{9-8}$$

$$a_2^{**} = \frac{k + ab_1 - (\gamma + \beta)(h_2 + h_1)}{b_1 + b_2} \quad (9\text{-}9)$$

$$\beta^{**} = \frac{(h_1 + h_2)^2 - \rho \operatorname{cov}(\theta, z)(b_1 + b_1) + \gamma \rho \sigma^2 (b_1 + b_1)}{\rho \sigma^2 (b_1 + b_2) + (h_1 + h_2)^2} \quad (9\text{-}10)$$

（1）在存在"老鼠仓"的情况下，引入声誉激励机制，在给定的契约下，即 β 固定，则基金经理的努力水平增加 $a_1^{**} - a_1^* = \frac{(h_1 + h_2)}{b_1 + b_2}\gamma$，$\frac{(h_1 + h_2)}{b_1 + b_2}\gamma > 0$，因此在基金经理市场中引入声誉机制可以增加基金经理从事基金收益基的努力水平，对防范基金经理的道德风险起到一定的作用。基金经理努力的增加量与当前收益的未来人力资本贴现率 γ 密切相关。同时，基金经理努力的边际收益 $h_1 h_2$ 和成本系数 $b_1 b_2$ 影响着 γ 作用的发挥，h_1、h_2 越大 γ 使基金经理的从事于基金收益的努力水平越大，b_1、b_2 越小 γ 使基金经理从事基金收益的努力水平越大。

（2）$\beta^{**} - \beta^* = \frac{\rho \sigma^2 (b_1 + b_1)}{\rho \sigma^2 (b_1 + b_2) + (h_1 + h_2)^2}\gamma$，$\frac{\rho \sigma^2 (b_1 + b_1)}{\rho \sigma^2 (b_1 + b_2) + (h_1 + h_2)^2}\gamma > 0$，因此引入声誉机制，基金经理增加了承担风险的意愿。同样，基金经理增加承担的风险与基金当前收益的未来贴现率 γ 密切相关，并且 h_1, h_2, b_1, b_2, ρ, σ^2 影响 γ 的作用。基金经理从事基金收益总的努力边际收益 $h_1 + h_2$ 越大，γ 对基金经理承担风险意愿的影响作用越小，即基金经理从事基金收益总的努力边际收益越大，声誉对基金经理承担风险的意愿影响较小；对 $\beta^{**} - \beta^*$ 进行化简得

$$\beta^{**} - \beta^* = \left[1 - \frac{(h_1 + h_2)^2}{\rho \sigma^2 (b_1 + b_2) + (h_1 + h_2)^2}\right]\gamma，市场风险 \sigma^2，基金经理风险规$$

避度 ρ 和成本系数 b_1, b_2 越大，γ 对基金经理承担风险意愿的影响作用越大，即市场风险 σ^2，基金经理风险规避度 ρ 和成本系数 b_1, b_2 越大，声誉对基金经理承担风险的意愿影响较大。

（3）从另外一个角度来分析，a_1^{**} 是 β 的增函数，引入声誉激励机制，基金经理承担的风险变大，从而增加基金经理从事基金收益的努力水平。声誉通过直接和间接的作用影响基金经理的投资行为。

（三）数值分析

为了进一步分析"老鼠仓"行为对基金经理投资行为的影响及声誉激励机制在存在"老鼠仓"的情况下的作用，本部分利用以上模型的结果，给出一个具体的数值，使分析结果更加形象。

如果，$\beta = 0.1$, $h_1 = 1$, $h_2 = 1$, $b_1 = 1$, $b_2 = 1$, $a = 1$；考察存在不同的未来的人力资本价值的下，"老鼠仓"对基金经理努力程度的影响。把以上的数值代入

a_1^{**} 得基金经理的努力水平与"老鼠仓"的边际收益关系,如表9-1所示。

表9-1　基金经理的努力水平与"老鼠仓"的边际收益的关系

k	0.200	0.250	0.300	0.350	0.400
a_1（$\gamma = 0$）	0.500	0.475	0.450	0.425	0.400
a_1（$\gamma = 0.01$）	0.510	0.485	0.460	0.435	0.410
a_1（$\gamma = 0.02$）	0.520	0.495	0.470	0.445	0.420
a_1（$\gamma = 0.03$）	0.530	0.505	0.480	0.455	0.430

把表9-1的数值描述于图9-1中,能更加清晰地看出"老鼠仓"对基金经理努力水平的影响。在线性契约下,基金经理从事于基金投资的努力水平随着"老鼠仓"边际收益率的增高而递减,而基金经理的未来人力资本可以减少基金经理努力水平。基金经理当前收益的人力资本贴现率越大,基金经理从事基金投资的努力水平越大,有利于防范"老鼠仓"行为,即完善基金经理的声誉激励机制,有利降低基金经理的道德风险。

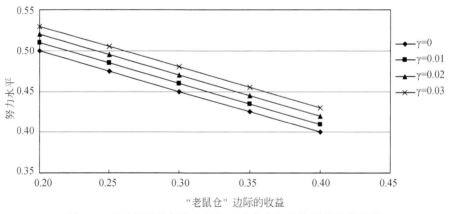

图9-1　基金经理的努力水平与"老鼠仓"的边际收益的关系

第二节　"老鼠仓"行为案例分析

到目前为止,中国证监会查处的"老鼠仓"行为的案例共有6起。上投摩根基金管理有限公司研究员兼阿尔法基金经理助理唐建,于2006年3月到5月间,利用职务之便,在建议基金买入"新疆众和"股票过程中,使用自己控制的证券账户"唐金龙""李建成"先于基金买入"新疆众和"股票,当该股票股价不断上升之际,他又将股票陆续卖出,为自己及他人非法牟利123.76万元。南方基金管理有限公司基金金元的基金经理王黎敏，在 2006 年 8 月至 2007 年 3 月，使用自己控制的证券账户"王林法"，买卖自己所管理基金重仓持有的"太钢不锈""柳钢股份"股票，非法获利 150.94 万多元。长城基金管理有限公司长城稳健增利债券型证券投资基金基金经理刘海，在 2009 年 1 月，操作妻子黄某的证券账户先于刘海管理的债券基金买入并卖出"鞍钢股份"等 3 只股票，为黄某账户非法获利 13.47 万元。融通基金管理有限公司基金经理张野，在 2007 年至 2009 年 2 月期间，获取了融通公司旗下基金投资及推荐相关个股的非公开信息，通过网络下单的方式，为朱小民操作朱小民实际控制的红塔证券北京板井路营业部"周蔷"账户从事股票交易，先于张野管理的融通巨潮 100 指数基金等融通公司 6 只基金买入并卖出相关 8 只股票，为"周蔷"账户实现盈利 940 万元，收取朱小民感谢费 200 万元。景顺长城基金管理有限公司景系列开放式证券投资基金（包含优选股票基金、动力平衡基金、货币市场基金）、景顺长城鼎益股票型证券投资基金基金经理涂强，在 2006 年 9 月至 2009 年 8 月，通过网络下单的方式，共同操作涂强亲属赵某、王某开立的两个同名证券账户从事股票交易，先于或与涂强管理的动力平衡基金等基金同步买入相关个股，先于或与动力平衡基金等基金同步卖出相关个股，涉及浦发银行等 23 只股票，为赵某、王某账户非法获利 37.95 万元。长城基金管理有限公司基金基金经理韩刚，自 2009 年 1 月任基金经理至 9 月违法行为被发现期间，利用任职优势，与他人共同操作其亲属开立的证券账户，先于或同步于韩刚的久富基金多次买入、卖出相同个股，获利巨大。《刑法修正案（七）》公布后，韩刚因操纵"老鼠仓"非法所得达 28 万元，触犯刑法被移交司法机关，成为因"老鼠仓"事件被追究刑事责任的第一人。

　　"老鼠仓"种类繁多，建"老鼠仓"的庄家有证券、基金、上市公司本身或上市公司的关联企业、上市公司的内部人员、大客户、大游资，本书主要研究基金经理的"老鼠仓"行为，对基金经理建仓行为进行分析。

一、基金经理内幕消息的获取

　　基金经理获取股票的信息主要是通过基金公司内部的晨会，或对基金建议或直接买入相关股票，然后通过自己实际控制的账户通过电话、网络下单的方式早于基金买入该股票。例如，2006 年 3 月，唐建任职上投摩根基金研究员兼阿尔法基金经理助理，在执行职务活动，向有关基金二级股票池和阿尔法基金推荐买入"新疆众和"股票的过程中，使用自己控制的中信建投证券上海福山路营业部"唐金龙"证券账户先于阿尔法基金买入"新疆众和"股票，并在其后连续买卖该股；2007 年至 2009 年 2 月，张野利用任职融通公司基金经理职务上的便利，在参加融通公司投资决策委员会会议、基金晨会、投研例会、研究月度会、外部券商推介会及与融通公司基金经理、研究员交流的过程中，获取了融通公司旗下基金投资及推荐相关个股的非公开信息，通过网络下单的方式，为朱小民实际操作的在红塔证券北京板井路营业部开设的"周蔷"账户从事股票交易，先于张野管理的融通巨潮 100 指数基金等融通公司基金买入并卖出相关个股；2006 年 9 月 18 日至 2009 年 8 月 20 日，涂强以担任景顺长城景系列开放式基金的基金经理的职务便利，通过网络下单的方式，共同操作涂强亲属赵某、王某开立的两个同名证券账户从事股票交易，先于涂强管理的动力平衡基金等基金买入相关个股，先于或与动力平衡基金等基金卖出相关个股获取非法利益。

可以发现，在操作的过程中，基金经理可以根据自己的判断临时添加股票池中的股票，甚至是股票池；从获取渠道上，基金经理很容易地通过投资决策会和晨会获取其他基金的投资信息，所以基金公司必须要完善内部的管理制度，信息隔离制度。表 9-2 和表 9-3 为部分基金经理"老鼠仓"行为的情况。

表 9-2   长城稳健增利债群型基金"老鼠仓"行为（张野）

股票	个人买入		基金买入		个人卖出		基金卖出	
	时间	股	时间	股	时间	股	时间	股
鞍钢股份	2009-1-15	40 000	2009-2-5	140 000				
海通证券	2009-1-15	85 500	2009-1-15	40 000				
东百集团	2009-1-20	97 700	2009-2-18	603 400				

注：买入时间或卖出时间为到该日累计买入或卖出份额

表 9-3   景顺长城平衡动力基金"老鼠仓"行为（涂强）

股票	个人买入		基金买入		个人卖出		基金卖出	
	时间	股	时间	股	时间	股	时间	股
赣粤高速					2006-11-16	4 280	2006-11-17	2 000 000
泰豪科技	2006-12-1	3 300	2006-12-1	692 200				
济南钢铁					2007-2-2	30 000	2007-1-29	264 068
广州友谊	2007-1-17	10 000	2007-1-19	97 730	2007-1-23	1 000	2007-1-24	97 730
浦发银行					2007-2-2	8 800	2007-2-2	300 000
	2007-10-19	10 000	2007-10-23	877 022	2008-1-15	5 000	2008-1-15	365 974
					2008-2-5	10 000	2008-2-4	246 130
					2008-3-13	10 000	2008-3-13	2 110 000
	2008-12-3	10 000	2008-12-11	4 000 000	2009-2-26	5 000	2009-2-26	2 500 000
海油工程	2007-2-15	10 000	2010-2-14	400 000	2007-5-11	10 000	2007-5-9	150 000

续表

股票	个人买入		基金买入		个人卖出		基金卖出	
	时间	股	时间	股	时间	股	时间	股
兴业银行	2008-1-17	10 000	2008-1-17	500 000	2008-3-13	5 000	2008-3-14	1 158 000
	2008-4-2	5 000	2008-4-7	201 400				
武钢股份	2007-7-25	50 000	2007-7-26	500 000	2007-12-26	25 000	2007-12-26	2 930 100
中联重科	2007-9-28	4 000	2007-9-27	2 111 659	2008-1-15	4 000	2008-1-16	210 765
金地集团	2008-1-17	10 000	2008-1-17	199 992	2008-3-13	5 000	2008-3-13	1 077 924
神火股份	2008-7-8	10 000	2008-7-8	1 292 300	2008-10-24	5 000	2008-10-24	230 764
	2008-11-26	15 000	2008-11-27	1 100 000	2009-5-7	1 000	2009-5-13	4 500 000
合肥百货					2009-7-21	13 000	2009-7-24	2 778 703
泸州老窖	2008-12-17	15 000	2008-2-29	5 154 718				
置信电气	2009-2-6	10 000						

注：买入时间或卖出时间为到该日累计买入或卖出份额

二、基金"老鼠仓"的隐蔽性

现行法律规定，证券从业人员是不允许从事证券交易工作的，同时禁止内幕交易、欺诈客户、操纵市场等行为。基金经理或其关系户通常都在非常隐蔽和谨慎的状态下进行"老鼠仓"行为。基金经理实际控制的账户难以发现，基金经理操作账户的行为也不留下痕迹，因而基金经理建仓的痕迹也就很少。基金经理实际控制的账号形式多样，在目前中国证券监测系统中是无法对其进行有效跟踪。基金经理王黎敏操作其父的"王法林"的账号；基金经理唐建操"唐金龙""李成军"的账户，两个账户与唐建的关系不明；基金经理涂强操其亲属赵某和王某的账户；基金经理刘海操作其妻子的账户。基金经理主要是通过电话下单、网络下单的方式，难以跟踪，在上班期间，证券从业人员在公司的 IP 是被监控的，只要基金经理不通过公司的 IP 进行操作，就难以留下痕迹，至于电话下单，只要基金经理不用自己的电话号码也不会留下痕迹。

基金"老鼠仓"的建仓痕迹也是难以发现的，基金建仓行为比一般的庄家做仓隐蔽。一些庄家为了获取高利益，在开盘、盘中或收盘时对某一只股票或几只股票打压，使其比上一个交易日的收盘价低很多，然后在下一个交易日使用自己控制的资金拉动股票上涨，同时吸引了大量的散户，自有资金在高位套现，获取巨额利润，当庄家逐步地把股票套现时，股票震荡下跌，就可以看出庄家的"老鼠仓"行为在股票上留下明显的做仓痕迹。然而对于基金"老鼠仓"，基金经理在基金买入该股票之前先买入该股票，买入的股票份额相对于基金买入的份额数是微小的（从上表可以看出），也不存在先对股票进行打压的行为，基金"老鼠仓"行为更多的是蚕食，一点点地为基金经理输送利益，在股票波动上没有明显的特征。基金经理涂强在陈述、申辩材料中提出其交易股票类型和时间上不符合"老鼠仓"的特征，如基金大多数个股交易量未超过该股票当日总成交量的10%，影响不了该个股的价格走势；涉案个人账户在同时期内交易的股票支数较多，个股的市值通常较大，但整体收益不高，与"老鼠仓"一般选择单只、小市值股票以获取收益的做法不符。从以上的例子可以看出，基金"老鼠仓"行为手段越来越高明、越来越隐蔽。

三、基金经理的"老鼠仓"得益

基金经理从事"老鼠仓"的回报率巨大。南方基金管理公司基金经理王黎敏获取非法收益150.9万元，上投摩根基金管理有限公司基金经理唐建非法得益152.7万元，融通基金管理公司基金经理张野透露基金信息，帮助他人非法得益939.8万元，自己非法得益229.5万元，景顺长城基金管理公司基金经理涂强非法获利37.9万元，长城基金管理有限公司基金经理非法得益13.5万元。基金经理"老鼠仓"的资金收益率较大，如南方基金管理有限公司基金经理王黎敏，所操作"王法林"账户共有资金163.6万，从2006年3月到2007年5月非法获利150.9万，资金收益率达到92.2%；上投摩根基金管理公司基金经理唐建，利用"唐金龙"账户，截至2006年4月6日全部卖出前，买入"新疆众和"累计金额76.49万元，全部卖出后获利28.96万元，收益率达到37.86%。

首次查出"老鼠仓"行为的基金经理王黎敏、唐建，非法获利高达100多万，高得惊人，而随后查出的"老鼠仓"行为的获利相对来说并不高，都少于100万，只有融通基金公司基金经理张野透露信息，自己并没有进行实际的操作行为，是一种更加隐蔽的"老鼠仓"行为，为他人获利高达900多万。

四、基金"老鼠仓"对基金收益的影响

基金经理利用自己管理的基金进行利益输送，获取高额收益，必定对基金投资者、股票投资者带来损害，因为这种"老鼠仓"的得益并非通过基金经理的实力来获得的。从表9-4可以看出"老鼠仓"基金的詹森指数大部分都低于同期基金市场上所有基金的平均詹森指数，说明"老鼠仓"行为对基金的收益有负效用，"老鼠仓"行为将损害基金投资者的利益。"老鼠仓"基金的詹森指数比

平均詹森指数高的原因可能为以下原因，景顺长城精选蓝筹基金只涉及"贵州茅台"一只股票，份额只有 2500 股，而精选蓝筹基金买入则为 299 959 股，基金经理先于该基金买入或卖出股票的个数及份额是非常小的，不足以影响基金的收益；融通基金经理张野在其管理下的融通巨潮 100 的詹森指数较平均詹森指数大，这并不表示"老鼠仓"对基金的收益不造成影响，通过对比他由投资决策会议、晨会获取其公司其他基金的投资信息并做仓的两只基金（融通新蓝筹基金和基金通乾）的詹森指数发现，融通新蓝筹基金和基金通乾德詹森指数与平均詹森指数的比值大于融通巨潮 100 基金与平均詹森指数的比值，"老鼠仓"行为大多发生在其管理的基金，其他两只基金较少，从一定程度上反映"老鼠仓"对基金收益的影响，同时表明该基金公司的盈利能力较强，或者说基金公司的声誉较大，有研究表明基金经理的业绩与企业的声誉之间显性相关（Frank 和 John，1998）。综上所述基金"老鼠仓"行为将损害基金投资者的业绩。

表 9-4　基金"老鼠仓"对基金收益的影响

基金名称	建仓时间	结束时间	区间詹森指数	区间平均詹森指数
长城稳健增利债券型基金	2009-1-15	2009-2-28	−0.0277	−0.0091
景顺长城动力平衡基金	2006-11-16	2009-5-13	0.0064	0.0075
景顺长城精选蓝筹基金	2008-8-13	2008-8-14	0.0087	0.0013
景顺长城鼎益基金	2009-1-12	2009-7-23	0.0003	0.0007
融通领先成长基金	2008-4-30	2009-2-2	−0.0027	0.0013
融通动力先锋基金	2008-6-11	2008-6-30	−0.047	−0.001
融通巨潮 100 基金	2007-2-9	2007-5-29	0.0486	0.0305
融通新蓝筹基金	2007-4-3	2009-2-6	0.0091	0.0058
基金通乾	2007-3-7	2009-2-2	0.0166	0.0067
融通行业景气基金	2009-2-2	2010-3-9	−0.0472	−0.0091
阿尔法基金	2006-3-1	2006-4-6	0.0129	0.0133
基金宝元	2006-8-8	2007-3-21	0.0159	0.0133

注：基金为中国证监会披露行政处罚决定书中披露的基金，排除数据不全和已经到期的基金；区间詹森指数指在"老鼠仓"期间基金的詹森指数；区间平均詹森指数指在对应的基金"老鼠仓"期间基金市场上所有基金的詹森指数的平均值

五、基金"老鼠仓"行为的处罚

在我国，对"老鼠仓"行为的处罚力度不足。在查处"老鼠仓"行为后，处罚措施主要是没收违法所得、相应的罚金和吊销证券从业资格，对已经处罚的

基金经理只实行了行政处罚。2009 年 2 月 28 日公布了《刑法修正案（七）》，把内幕交易列入刑法中，韩刚成为了因"老鼠仓"行为被追究刑事责任的第一人，这无疑加大了基金经理的违法成本。对"老鼠仓"行为进行处罚时并没有对基金公司进行连庄处罚，当基金公司内部出现"老鼠仓"时为了维护基金公司自身的声誉，并不会对"老鼠仓"行为进行上报，对"老鼠仓"的纵容在一定程度上导致了"老鼠仓"的猖狂，同时，基金公司的内部监控以及防火墙制度不足也是造成基金经理"老鼠仓"行为的一个重要因素。因此，健全法律法规，加大"老鼠仓"的寻租成本能有效地打击"老鼠仓"行为。

六、基金"老鼠仓"行为的基金公司责任

中国证监会并没有对违法的基金经理所在的基金公司进行任何的处罚，同时"老鼠仓"行为被查处后所在的基金公司均表示"老鼠仓"行为属于个人行为。南方基金管理有限公司的基金经理王黎敏的"建仓"行为被揭发时，南方基金管理有限公司的负责人立刻对外表示：王黎敏的行为属于个人行为。而监管层也对唐建、王黎敏做出最终定论：个人行为。当融通基金管理有限公司的经理张野东窗事发之后，有关部门也认定：融通基金出现的"老鼠仓"属个人问题。当作为景顺长城基金管理有限公司、长城基金管理有限公司的负责人涂强、韩刚、刘海的"老鼠仓"行为被查出来以后，有关部门也盖棺定论：三人所为纯属个人行为。基金公司把基金"老鼠仓"行为认定为基金个人的行为的原因可能是：维护基金公司的声誉；避开嫌疑，以免牵连出更多问题。而中国证监会把"老鼠仓"只界定为个人行为，可能是为维护整个基金行业的成长，保住基金行业在投资者的信心。本书认为基金公司内部出现"老鼠仓"行为，基金公司难辞其咎，基金公司内部监管不规范也是"老鼠仓"出现的原因之一，基金监管部门需要对基金公司做出一定的处罚，来使基金公司规范内部控制，这更有利于基金行业的健康发展。

七、基金"老鼠仓"行为与基金经理的资金

基金经理属于高薪一族，在 2008 年熊市中，证券营业部高管、券商分析师、基金分析师和基金经理中，平均仍有 41% 的人年薪为 200 万元人民币，年薪在 100 万元人民币上下的占 40%，年薪平均在 30 万左右的只占受访总数的 10%，可以看出基金经理手上拥有大量的资金。但按照当前的监管制度，基金从业人员不得买卖任何股票，同时基金经理拥有股票投资的专业知识，换句话说，基金经

理必须放弃使用自己的专业知识为自己拥有的资金增值的途径，把自己的资金投向其他领域。从这个角度出发，道德意识、法律意识薄弱的基金经理为了自己的资金得到增值，铤而走险，违反法律法规进行股票交易，既然基金经理从事了股票交易，同时基金经理也拥有了相关的股票信息，基金经济为了获取更高的收益一定会选择建立""老鼠仓""，从而获取超额回报率。

对于这个问题，我们可以借鉴国际的经验，放宽证券从业人员证券投资的限制，加强审查。虽然中国已经对基金从业人员的投资有所放开，允许其投资开放式基金，但这并不能阻止他们从事收益更高的股票投资。在无法禁止基金经理股票投资行为的现实情况下，变"禁止性规定"为积极疏导方法，即借鉴美国的管理办法，允许业内人士以公开透明的方式买入股票，光明正大地分享股市的"盛宴"。从基金经理的获益角度来看，这对防止"老鼠仓"行为有益。

通过以上的分析发现，"老鼠仓"通过危害基金投资者的利益，为自己获取巨大的收益，随着检查力度的加强，"老鼠仓"行为也越来越隐蔽，手段越来越高明，在短期内，加强监管是防范"老鼠仓"行为的有效措施，然而要彻底地防范"老鼠仓"行为必须从全方位着手，在加强监管和惩罚力度的同时，完善基金激励机制，规范证券市场各个主体的投资行为，总之堵截"老鼠仓"行为是一个复杂的过程。

第十章　基金自购行为的激励效果研究

基金管理公司自购行为也简称为"基金自购"，是指基金管理公司将自有资金投资于旗下的基金中，基金管理公司拥有基金的份额。基金管理公司自购，把自有资金暴露于风险中，一方面能激励基金管理公司更加努力去搜索市场信息，加强基金管理公司内部的治理；另一方面在加强基金管理公司内部治理的同时，会加强对基金经理的约束，规范基金经理的投资行为，防范其道德风险。基金自购为基金管理公司近几年最为显著的行为，研究基金管理公司是市场的主要参与者、组织者，研究其行为对完善基金激励机制具有重大的意义。基金自购行为的发生、基金管理的公司的收入与基金的业绩直接挂钩，基金的业绩越好，基金管理公司自有资金的增值越大。可以发现，基金自购行为类似于股权激励，因此本节从激励的角度来分析基金自购行为。

第一节　基金自购激励效果的机理分析

目前，我国证券市场上的公募基金基本为契约型基金。契约型基金主要的运行程序可分为以下几个步骤：基金管理公司制定好相关的基金契约，向基金投资者发售基金分量募集资金，基金投资者按照自己的需求及基金契约申购、转让和赎回基金分量；基金管理公司把基金委托给基金经理进行投资管理，在基金运行的过程中，基金投资者根据基金契约的内容及基金的历史业绩判断基金的收益和风险情况，从而进行投资决策；基金管理公司根据基金经理的管理基金的能力及风险偏好来聘请基金经理，而基金经理根据基金管理公司提供的契约来决定是否接受契约。可以发现，基金投资者与基金管理公司是基金运作过程中的第一重委托代理关系，基金管理公司与基金经理是第二重委托代理关系。

基金管理公司自购行为主要有两个目的：把自有资金与投资者的资金一起委托给基金经理，获取投资收益；向基金投资者传递投资信息，增强基金投资者对自购基金的信息，从而吸引基金投资者的资金流入。基金管理公司的自购行为在两层代理关系中发挥着作用。

一、基金自购对基金参与主体行为影响分析

在整个证券投资基金的运作过程中，基金管理公司既是基金投资者的代理人，又是基金经理的委托人，还是证券投资基金的组织者，也是连接基金投资者与基金经理的桥梁，决定了证券投资基金是否能有效运行。在基金第一重委托代理中，发生基金自购行为时，相当于基金管理公司向基金投资者发布自购基金具有很大的获利能力的信息，并告诉投资者：通过对市场、行业进行深入分析，本公司为了资本增值，申购具有获利能力的基金。与此同时，基金管理公司把自有资金投资于市场中，使自有资金暴露在风险中，基金管理公司必定会做出谨慎的投资分析，即使基金管理公司自购的主要目的是宣传，但必定会选择收益能力较强的基金进行投资，因此在这种情况下基金投资者会依据基金管理公司传递的信息进行投资。然而基金自购只表现出了基金管理公司将会加大努力来对基金进行管理，并没有表明基金管理公司具有使基金获取超额收益的能力，因此基金自购对基金投资者的逆向选择的影响是不确定的，而可以减少基金管理公司的道德风险。从以上的分析发现，基金自购会吸引基金投资者的资金，同时基金管理公司必定加强对基金的管理，使其获得更大的收益。

在第二重委托代理中，当基金管理公司发生自购时，基金管理公司成为基金份额持有人，相当于基金管理公司也成为基金投资者，基金经理在侵害基金投资者利益的同时，也威胁到基金管理公司的切身利益。基金管理公司从自身资金安全的角度出发，会加强对基金管理公司的内部管理，加大力度对基金经理进行约束。发生自购行为后，基金管理公司持有自己管理基金的分量，类似于股权激励，使基金管理公司努力工作（加大对基金经理的约束，为基金经理提供良好的工作环境）。然而，即使基金管理公司自购基金吸引了大量的投资者的资金后赎回其基金份额，基金管理公司为了维护其自购的效果及声誉也必将加大对基金经理的约束。因此，在基金自购的条件下，基金管理加大了对基金经理的管理约束，加大了基金经理产生道德风险的成本，有利于减少基金经理的道德风险。因此发现，基金自购会加大基金管理公司的努力水平，加强搜索基金获利的信息，以及加强公司内部的管理，加大基金管理经理的约束，从而使基金经理具有更多的投资信息并付出更大的努力来进行投资，增加基金的收益（图 10-1）。

二、基金双重委托代理模型

在目前我国契约式证券投资基金中，基金投资者没有权利制定基金契约，只

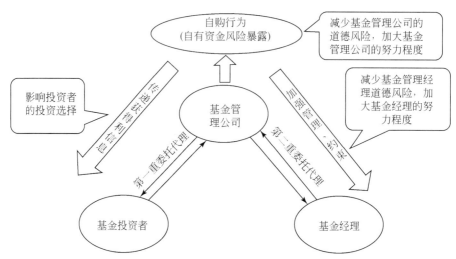

图 10-1 基金自购对基金委托代理关系的影响机理

能按照基金管理公司制定的基金契约选择是否接受，只有"用脚投票"的权利，本部分根据我国目前的基金契约的设置，建立符合现实状况的基金激励契约，分析基金投资者、基金管理公司、基金经理之间委托代理问题。

（一） 基金双重委托代理模型的基本假设

假设 1 证券投资市场是一个非有效的市场，可以通过努力获取私人信息来提高证券投资组合的收益。市场信息是不对称的，基金投资者、基金管理公司、基金经理的行为难以被观察。基金投资者只具有资金，但缺乏投资能力、基金管理公司具有较强的组织能力，但不拥有足够的资金及投资能力、而基金经理具有专业的投资分析能力，但没有足够的资金及组织能力，证券投资基金中的三个主体各司其职。

假设 2 基金投资者的投资量为 A_0。反映了基金的初始规模。基金投资者根据基金契约和基金的收益等情况自主选择投资量，但没权利改变基金契约的内容，即只能"用脚投票"。

假设 3 基金经理通过市场公开的信息，得到一个期望为 r_i，方差为 σ_i 的随机收益，有 $\tilde{r}_i \in N(r_i, \sigma_i^2)$，即 $\tilde{r}_i = r_i + \xi$，$\xi \in N(0, \sigma_i^2)$。

由 CAMP 模型得 $r_i = r_f + \rho_{im} \sigma_i \dfrac{r_m - r_f}{\sigma_m}$，$r_f$ 为无风险收益率，r_m 为市场收益率，σ_m 为市场风险，ρ_{im} 为投资组合的收益率与市场收益率的相关系数。设基金经理

认为投资组合风险是充分分散的，则有 $\rho_{im} \approx 1$，同时令 $\lambda = \dfrac{r_m - r_f}{\sigma_m}$ 表示证券投资组合的风险补偿系数，则有 $r_i = r_f + \lambda \sigma_i$，基金经理可以选择证券投资组合的风险水平来控制投资组合的收益。

假设 4　基金契约中设定的基金管理费率为 k。按照目前我国证券投资基金管理费制度，基金管理公司根据基金规模的一定比例收取固定费用，从而形成了基金管理人（基金管理公司与基金经理）的收入。

假设 5　基金管理公司的努力水平为 e_c，基金管理公司通过努力获取的私人信息为 p_c，基金管理公司的信息率为 δ_c，$p_c = \delta_c e_c$，δ_c 反映了基金管理公司获取信息的能力，$\delta_c > 0$。

基金管理公司努力获取的私人信息主要体现在两个方面：一是投资信息（包括行业分析、股票池的设置等为基金经理投资提供决策的信息）；基金经理的个人信息（基金经理的能力、基金经理的投资行为等能挑选出优秀的基金经理及能规范基金经理行为的信息）。基金管理公司的信息率越大，越能使证券投资组合获取更大的量外收益及约束基金经理的投资行为，越能保护投资者的利益。

假设 6　基金经理的努力水平为 e_m；基金经理的信息率为基金经理获取的私人信息，为 p_m，$p_m = \delta_m e_m + p_c$，反映了基金经理通过努力获取私人信息的能力。

基金经理的私人信息 p_m 的大小不仅与基金经理通过自身的努力决定的，基金管理公司为基金经理提供的信息、获取信息的渠道也对基金经理的信息水平起到重要的作用，因此假设基金经理的私人信息由基金经理的努力水平及基金管理公司的信息水平共同决定。

假设 7　基金管理公司的努力成本函数 $C(e_c) = \dfrac{1}{2} b_c e_c^2$，$b_c$ 为基金管理公司的成本系数，$b_c > 0$。

b_c 反映了基金管理公司努力工作带来的边际成本，并且努力的边界成本是递增的。基金管理公司花费在基金投资收益的精力越多，必定会减少在花费其他方面的精力，如扩展基金销售的渠道以吸引更多的基金投资者。

假设 8　基金经理的努力成本函数为 $C(e_m) = \dfrac{1}{2} b_m e_m^2$，$b_m$ 为基金经理的努力成本系数，$b_m > 0$。

b_m 反映了基金经理努力工作带来的边际成本，努力的边际成本是递增的。在时间和精力有限的条件下，基金经理努力工作必定会丧失更多的闲暇时间，同时努力带来的边际负效用随着努力水平的提供而提高的。

假设 9　基金投资者的资金成本为 $C(A_0) = \dfrac{1}{2} b_I A_0^2$，$b_I$ 为基金投资者资金的成

本系数，$b_I > 0$。

基金投资者资金是有限的，基金投资者把资金投资于基金，放弃当期消费及其他的投资机会，基金投资者把资金投资于基金使基金投资者的当期效用降低，反映了资金的成本。

假设 10 基金经理与基金管理公司努力的协同性为 $\mathrm{cov}(e_c, e_m)$，由基金经理与基金管理公司的共同努力为整个投资基金获取的私人信息为 $p = p_m + \mathrm{cov}(e_c, e_m)$，$-1 \leqslant \mathrm{cov}(e_c, e_m) \leqslant 1$，$\mathrm{cov}(e_c, e_m)$ 为 e_c，e_m 的增函数，有 $\dfrac{\partial \mathrm{cov}(e_c, e_m)}{\partial e_c} > 0$，$\dfrac{\partial \mathrm{cov}(e_c, e_m)}{\partial e_e} > 0$。

基金经理与基金管理公司努力的协同性反映了基金经理与基金管理公司的合作关系，两者合作关系越好，协同性越大，获取的私人信息越多。由于基金经理掌握的信息对基金的投资收益具有决定作用，基金经理与基金管理公司和合作关系也能直接增加的整个投资基金的私人信息，所以假设 $p = p_m + \mathrm{cov}(e_c, e_m)$。

当 $\mathrm{cov}(e_c, e_m) = 1$ 时，基金经理与基金管理公司具有良好的合作关系，两者的目标一致，使两者的努力对投资基金私人信息的贡献产生正的效用；当 $\mathrm{cov}(e_c, e_m) = 0$ 时，基金经理与基金管理公司合作关系较差，使两者的努力不能增加投资基金的私人信息；$\mathrm{cov}(e_c, e_m) = -1$ 时基金经理与基金管理公司关系恶劣，相互猜疑，导致信息的利用率下降，对基金投资私人信息产生负的作用（图10-2）。

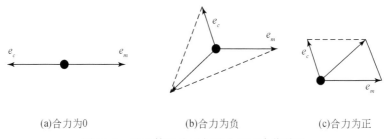

(a)合力为0　　　　　　　(b)合力为负　　　　　　　(c)合力为正

图 10-2　基金管理公司与基金经理合作关系

假设 11 基金经理与基金管理公司获取的私人信息能使投资基金承担不变的风险下增加基金投资组合的收益，$\tilde{r}_p \in N[r_i + p, \sigma_i^2]$，即 $\tilde{r}_p = r_i + p + \xi$，$\xi \in N[0, \sigma_i^2]$。

中国的证券市场是一个弱势有效的市场，市场的价格未完全反映出所有的信息或有一定的时效性，因此在市场价格对信息做出反应之前，获取信息，则能获取超量的收益。

假设 12 基金管理公司的管理费收入 $S_c(A) = kA$，k 为管理费率，A 为基金当期的规模，$A = A_0(1 + \tilde{r}_p)$。

目前，中国基金市场实行管理费制度，基金管理公司按照基金规模的一个固定比例向基金投资者收取管理费，一般为 1.5%。

假设 13　基金管理公司与基金经理签订线性契约，基金经理的收入 $S_m(A_0, \tilde{r}_p) = \alpha + \beta A_0 \tilde{r}_p$，$\alpha$ 为基金经理的固定收入，β 为基金经理的业绩报酬，$\beta < k$。

基金管理公司的收入取决于基金的规模，基金管理公司的收入直接影响到基金经理的收入，因此基金经理的收入与规模相关。同时，基金管理公司为基金经理设定的目标是投资基金收益最大化。因此基金经理的收入与基金的收益率相关。从以上假设的基金经理的收入函数可以看出：管理大规模基金的基金经理的收入比管理小规模基金的基金经理的收益要大；如果基金的收益越小，管理大规模基金的基金经理的收入损失比管理小规模基金的基金经理要大，即管理大规模基金的基金经理面临的风险较大。基金经理的业绩报酬要小于管理费率，否则基金管理公司就无利可获。

假设 14　基金投资者、基金管理公司、基金经理是理性的，其效用函数为 $u = -e^{-\rho w}$，$\rho > 0$ 为风险规避度，$w > 0$ 为确定性收入。基金投资者的风险规避度为 ρ_I，基金管理公司的风险规避度为 ρ_c，基金经理的风险规避度为 ρ_m。

市场中相当一部分的基金投资者为中小投资者，中小投资者把资金投资于风险较小的证券投资基金以分散风险，使资金得到稳定的增值，是风险厌恶的；基金管理公司同时是委托人和代理人，基金管理公司努力规范基金经理的投资行为可使证券投资基金风险控制在一定水平，防止投资基金的风险过度波动从而影响基金投资者的资金的流入，使基金管理公司获得稳定的收入，因此基金管理公司是风险规避的。基金经理作为最终代理人，收入风险越大其效用的损失就越大，因此基金经理也是风险规避的。

假设 15　基金管理公司的保留效用为 u_c，基金经理的保留效用为 u_m。

基金管理公司从事基金工作获得的效用必须不得小于基金管理公司的保留效用，否则基金管理公司不会花费时间、精力、资金来从事该工作。同理，基金经理进行代理投资获得的效益不得小于其保留效用，否则基金经理会从事其他职业。

（二）基金双重委托代理模型的构建

1. 证券投资基金的产出分配

基于以上的假设，证券投资基金的整个过程的产出为

$$\pi = A\tilde{r}_p = A_0[r_i + p + \xi] = A_0[r_i + p + \xi]$$

$$= A_0 \left[(r_f + \lambda \sigma_i) + (\delta_m e_m + \delta_c e_c) + \mathrm{cov}(e_m, e_c) + \xi \right]$$

$$(10\text{-}1)$$

从以上的产出函数可以看出，在证券投资基金这个"黑匣子"中，其产出是由基金投资者的资金 A，基金管理公司的努力 e_c，基金经理的努力 e_m 及基金管理公司与基金经理的相互合作的贡献组成的。同时受到市场状况 r_f，σ_i 及基金管理公司，基金经理的能力 δ_m，δ_c 的影响。总之，投资基金的产出是基金投资者、基金管理公司、基金经理及市场状况所决定的。

因此，证券投资基金的产出要在基金投资者、基金管理公司、基金经理之间进行分配。按照基金契约，基金管理公司按照一个固定的比例收取基金管理费用，产出的初次分配发生在基金投资者与基金管理公司之间，再按照基金经理与基金管理公司签订的契约，产出再在基金管理公司与基金经理之间进行。

在初次分配中，按照固定管理费契约收取管理费的基金管理公司得到的收入为

$$S_c = k A_0 (1 + \tilde{r}_p) \tag{10-2}$$

基金投资者投资基金获取的净收益为基金规模的增长 $(A - A_0)$ 再减去基金管理公司收取的管理费用，则基金投资者的收益为

$$S_I = A - A_0 - S_c \tag{10-3}$$

接着，基金管理公司收取的管理费需要在基金经理与基金管理公司之间进行第二次分配，按照基金经理与基金管理公司签订的线性契约，基金经理的收入为

$$S_m = \alpha + \beta A_0 \tilde{r}_p \tag{10-4}$$

在第一次分配和第二次分配后，基金管理公司的收入为获取基金投资者的管理费减去把投资基金委托给基金经理的委托费用，基金管理公司最后的收入为

$$\hat{S}_c = S_c - S_m \tag{10-5}$$

2. 效用函数

基金投资者是风险规避的，其效用函数为基金投资者的期望收入减去其资金的成本及承担风险的效用损失：

$$U_I = E(S_I) - C(A_0) - \mathrm{var}(S_I) = E(A - A_0 - S_c) - C(A_0) - \mathrm{var}(S_I)$$

$$= (1 - k) A_0 \left[1 + (r_f + \lambda \sigma_i) + (\delta_m e_m + \delta_c e_c) + \mathrm{cov}(e_m, e_c) \right] - A_0$$

$$- \frac{1}{2} b_I A_0^{\ 2} - \frac{1}{2} \rho_I (1 - k) 2 A_0^2 \sigma_i^2 \tag{10-6}$$

同理，基金经理的效用函数为

$$U_m = E(S_m) - C(e_m) - \frac{1}{2} \rho_m \mathrm{var}(S_m)$$

$$= E(\alpha + \beta A_0 \tilde{r}_p) - C(e_m) - \frac{1}{2}\rho_m \mathrm{var}(\alpha + \beta A_0 \tilde{r}_p)$$

$$= \alpha + \beta A_0 \big[(r_f + \lambda\sigma_i) + (\delta_m e_m + \delta_c e_c) + \mathrm{cov}(e_m,\ e_c) \big] - \frac{1}{2}b_m e_m^2 - \frac{1}{2}\rho_m A_0^2 \beta^2 \sigma_i^2$$

$$(10\text{-}7)$$

基金管理公司的效用函数为

$$U_c = E(S_c) - E(S_m) - C(e_c) - \frac{1}{2}\rho_c \mathrm{var}(S_c + S_m)$$

$$= kA_0(1 + r_p) - (\alpha + \beta A_0 r_p) - \frac{1}{2}b_c e_c^2 - \frac{1}{2}\rho_c (k - \beta)^2 A_0^2 \sigma_i^2$$

$$= -\alpha + kA_0 + (k - \beta)A_0 \big[(r_f + \lambda\sigma_i) + (\delta_m e_m + \delta_c e_c) + \mathrm{cov}(e_m,\ e_c) \big]$$

$$\quad - \frac{1}{2}b_c e_c^2 - \frac{1}{2}\rho_c (^k - \beta)2A_0^2 \sigma_i^2$$

$$(10\text{-}8)$$

在信息不对称的市场中，基金经理作为整个委托代理关系的最终代理者，基金投资者与基金管理公司是无法观察到基金经理的投资行为的，或者观察的成本较大，因此基金经理可以选择努力水平使自己的效用达到最大化，则基金经理效用最大化函数为

$$\max_{e_m,\ \sigma_i} U_m = \alpha + \beta A_0 \big[(r_f + \lambda\sigma_i) + (\delta_m e_m + \delta_c e_c) + \mathrm{cov}(e_m,\ e_c) \big]$$

$$\quad - \frac{1}{2}b_m e_m^2 - \frac{1}{2}\rho_m A_0^2 \beta^2 \sigma_i^2$$

对 U_m 求 e_m 的一阶导数，$\dfrac{\partial U_m}{\partial e_m} = 0$，得

$$e_m^* = \frac{A_0 \beta \big[\delta_m + \dfrac{\partial \mathrm{cov}(e_m,\ e_c)}{\partial e_m} \big]}{b_m} \qquad (10\text{-}9)$$

同理，基金管理公司的行为也难以被观察，或者观察的成本较大，因此基金管理公司可以选择努力水平来达到其效用最大化，其效用函数为

$$\max_{e_c} U_c = -\alpha + kA_0 + (k - \beta)A_0 \big[(r_f + \lambda\sigma_i) + (\delta_m e_m + \delta_c e_c) + \mathrm{cov}(e_m,\ e_c) \big]$$

$$\quad - \frac{1}{2}b_c e_c^2 - \frac{1}{2}\rho_c (^k - \beta)2A_0^2 \sigma_i^2$$

对上式求 e_c 的一次导数，$\dfrac{\partial U_m}{\partial e_c} = 0$ 得

$$e_c^* = \frac{(k - \beta)A_0 \left[\delta_c + \dfrac{\partial \mathrm{cov}(e_m,\ e_c)}{\partial e_c} \right]}{b_c} \qquad (10\text{-}10)$$

对于基金投资者，在给定的基金契约下，虽然基金投资者没有权利改变基金契约，但有权决定投资于基金的资金额，基金投资者可以选择投资的量来使其效用最大化。基金经理根据基金经理及基金管理公司在其效用最大化时的努力水平，同时要保证基金经理与基金管理公司的效用大于其保留效用，其效用最大化函数为

$$\max_{A_0} U_I (1-k) A_0 \left[1 + (r_f + \lambda \sigma_i) + (\delta_m e_m + \delta_c e_c) + \text{cov}(e_m, e_c) \right] - A_0 - \frac{1}{2} b_I A_0^2 -$$

$$\frac{1}{2} \rho_I (^1 - k) 2 A_0^2 \sigma_i^2$$

$$\text{s. t} \quad (\text{IC}) \quad e_m^* = \frac{A_0 \beta \left[\delta_m + \dfrac{\partial \text{cov}(e_m, e_c)}{\partial e_m} \right]}{b_m}$$

$$(\text{IC}) \quad e_c^* = \frac{(k - \beta) A_0 \left[\delta_c + \dfrac{\partial \text{cov}(e_m, e_c)}{\partial e_c} \right]}{b_c}$$

$$\alpha + \beta A_0 \left[(r_f + \lambda \sigma_i) + (\delta_m e_m + \delta_c e_c) + \text{cov}(e_m, e_c) \right] - \frac{1}{2} b_m e_m^2 - \frac{1}{2} \rho_m A_0^2 \beta^2 \sigma_i^2 \geqslant u_m$$

$$- \alpha + k A_0 + (k - \beta) A_0 \left[(r_f + \lambda \sigma_i) + (\delta_m e_m + \delta_c e_c) + \text{cov}(e_m, e_c) \right] - \frac{1}{2} b_c e_c^2$$

$$- \frac{1}{2} \rho_c (k - \beta) 2 A_0^2 \sigma_i^2 \geqslant u_c$$

对 U_I 求 A_0 的导数，$\dfrac{\partial U_I}{\partial A_0} = 0$，得

$$A_0^* = \frac{(r_f + \lambda \sigma_i - k - k r_f - k \lambda \sigma_i) b_m b_c}{b_m b_c \rho_I \sigma_i^2 (1-k)^2 + b_m b_c b_I - 2\beta b_c (1-k) \left[\delta_m + \dfrac{\partial \text{cov}(e_m, e_c)}{\partial e_m} \right]^2}$$

$$\frac{(r_f + \lambda \sigma_i - k - k r_f - k \lambda \sigma_i) b_m b_c}{- 2 b_m \left[\delta_c + \dfrac{\partial \text{cov}(e_m, e_c)}{\partial e_c} \right]^2 (1-k)(k-\beta)} \tag{10-11}$$

把式（8-52）和式（8-53）代入基金收益率函数 $\tilde{r}_p$ 中，得

$$\tilde{r}_p^* = r_i + p + \xi$$

$$= (r_f + \lambda \sigma_i) + (\delta_m e_m + \delta_c e_c) + \text{cov}(e_m, e_c) + \xi$$

$$= r_f + \lambda \sigma_i + \delta_m \frac{A_0 \beta [\delta_m + \dfrac{\partial \text{cov}(e_m, e_c)}{\partial e_m}]}{b_m} + \delta_c \frac{(k - \beta) A_0 [\delta_c + \dfrac{\partial \text{cov}(e_m, e_c)}{\partial e_c}]}{b_c}$$

$$+ \operatorname{cov}(e_m,\ e_c) + \xi \tag{10-12}$$

（三）基金双重委托代理模型的分析

在信息不对称的市场上，基金投资者、基金管理公司及基金经理在使自己的效用最大化时，选择最大化下的努力水平及资金水平，形成"激励相容"机制，形成均衡的状态。在均衡状态下，基金经理与基金管理公司的努力水平如式（10-9）和式（10-10）所示，基金投资者选择的投资量如式（10-11）所示，得出以下的结论。

1. 基金规模越大，基金经理与基金管理公司付出的努力越大

从式（10-9）和式（10-10）可以发现，基金经理与基金管理公司的努力水平是基金规模的增函数。在目前我国实施的管理费激励制度中，基金管理公司与基金经理的收入直接与其所管理的规模相关。因此，当基金规模越大，基金管理公司与基金经理获取的收益就越大，使其付出的努力越多。

2. 基金管理公司越努力，能促使基金经理努力工作

从式（10-9）可以看出，e_m 是 $\dfrac{\partial \operatorname{cov}(e_m,\ e_c)}{\partial e_m}$ 的增函数，由于 $\operatorname{cov}(e_m,\ e_c)$ 是 e_c 的增函数，根据偏导的原则 $\dfrac{\partial \operatorname{cov}(e_m,\ e_c)}{\partial e_m}$ 也是 e_c 的增函数，所以 e_m 是 e_c 的增函数。基金管理公司努力从而使基金管理公司与基金经理所形成的合力 $\operatorname{cov}(e_m,\ e_c)$ 就越大，合力越大越能促进基金经理与基金管理公司的目标一致。同时基金管理公司越努力得到基金经理的信息就越多，就越能了解基金经理的投资行为，从而能有效地促进基金经理努力工作。

3. 基金经理越努力，基金管理公司也越努力

从式（10-10）可以看出，e_c 是 e_m 的增函数。可以看出，基金经理与基金管理公司两者是相互作用、相互推进的。基金经理努力使整个基金管理公司处于一个良好的氛围中，基金管理公司通过努力来回应基金经理，两者相辅相成。

4. 基金投资者的投资量受到市场特性、投资基金组合的特性、基金管理公司和基金经理的特性及基金契约特性的影响

从式（10-11）可以看出，基金投资者的投资量受到的市场特性影响，主要

包括无风险利率 r_f 和风险承担系数 λ , $\lambda = \dfrac{r_m - r_f}{\sigma_m}$ 。因此,影响到基金投资者的量的市场因素有:无风险利率 r_f ,市场收益率 r_m ,市场波动率 σ_m 。其中,市场收益率 r_m 与投资量正相关,市场波动率 σ_m 与投资量负相关,对式(10-10)提取公因子 r_f 得 $A^*(r_f) \sim (1 - \dfrac{\sigma_i}{\sigma_m})r_f$,因此无风险利率 r_f 与投资量的影响关系受到基金特性 σ_m 的影响,当 $\sigma_i > \sigma_m$ 时无风险利率与投资量负相关,当 $\sigma_i < \sigma_m$ 时是正相关。市场的好坏直接影响到投资者的投资,这是因为市场能影响到基金的投资收益。

投资基金的特性主要体现在基金组合的风险水平 σ_i 上,基金的风险类型不同,资金流入情况也不同,反映出市场中的投资者的风险规避度不同。由式(10-10)得 $\dfrac{\partial A^*}{\partial \sigma_i} < 0$,在基金投资者风险规避的假设下,基金投资者的投资量与基金的风险成反比。

在基金管理公司与基金经理的特性中,基金管理公司与基金经理的信息率 δ_c 和 δ_m ,努力的成本系数 b_c 和 b_m ,两者的协同效应 $\mathrm{cov}(e_m, e_c)$,都在一定程度上反映了基金管理公司及基金经理的能力,包括获取信息的能力及沟通能力。信息率与成本系数反映了获取信息的能力、协同效应反应了沟通能力。对式(10-10)求导得 $\dfrac{\partial A^*}{\partial \delta_m} > 0$, $\dfrac{\partial A^*}{\partial \delta_c} > 0$, $\dfrac{\partial A^*}{\partial b_m} < 0$, $\dfrac{\partial A^*}{\partial b_c} < 0$,即信息率越大、成本系数越小,基金投资者投资的量就越大。

基金契约的特性主要包括基金管理公司向基金投资者收取的管理费率 k ,以及基金管理公司与基金经理签订的线性合约中的激励提成 β 。对式(10-10)求导得 $\dfrac{\partial A^*}{\partial k} < 0$, $\dfrac{\partial A^*}{\partial \beta} > 0$ 。基金管理公司提取的管理费越大,越影响基金投资者基金的流入;而基金经理的激励提成越大,基金投资者越愿意投资,这可能是因为激励提成越大,越有利于提高基金经理的努力水平。

5. 投资基金的收益率与市场特性、基金管理公司和基金经理的特性及基金契约所影响

从对比式(10-10)和式(10-11)可以看出,无风险利率 r_f ,市场收益率 r_m ,市场波动率 σ_m ,对业绩的影响跟对投资者投资量的影响是一致的,即市场收益率 r_m 与投资量正相关,与市场波动率 σ_m 负相关。当 $\sigma_i > \sigma_m$ 时,无风险利率与投资量负相关。当 $\sigma_i < \sigma_m$ 时,无风险利率与投资量正相关,但影响程度不

相同。

　　基金的风险特性与基金的收益率正相关，根据 CAPM 模型，基金承担的风险越大，基金获取的风险回报率就越大；基金的规模与基金的收益率正相关，基金规模越大，会促使基金管理公司与基金经理更努力地获取私人信息来提升基金的收益率。

　　基金管理公司与基金经理的信息率 δ_c 和 δ_m 越大，努力的成本系数 b_c 和 b_m 越小，两者的协同效应 $\mathrm{cov}(e_m, e_c)$ 越大，基金的收益率就越大，即基金管理公司和基金经理的能力越大，基金的收益率就越大。

　　基金管理费率越大基金的收益率就会越大，在一定的基金规模下，基金管理费率越大，基金管理公司获得的收入就越大，就越会促使其努力地获取私人信息以提高基金的业绩。基金经理的业绩报酬率 β 与基金收益率的关系是不确定的，若基金经理掌握的信息较多，则为正相关关系；若基金管理公司掌握的信息率较多，则为负相关关系。但从现实情况来看，基金经理作为基金运行的核心人物，对基金投资决策具有决定性的影响，因此可以认为基金经理比基金管理公司有更多的信息。

　　可以发现，基金投资者的投资量与基金收益率具有较多的共同影响因素，可以认为基金投资者在进行投资决策时，很大一部分是依据基金以往业绩进行的。因此两者具有的影响因素具有高度的同源性，但影响的大小和某些因素的影响方向是不一致的。

三、基金自购下的双重委托代理模型

　　在上一小节中，分析了一般情况下基金的委托代理模型，本小节在其基础上，在基金基本的双重委托代理模型中引入基金自购行为，进行对比，分析自购行为对基金的流量以及业绩的影响。

（一）基金自购下的双重委托代理模型的构建

假设 16　基金管理公司使用自有资金购买旗下某一基金的自购量为 A_1，$A_1 > 0$。继续沿用上一小节的假设以及分析方法，基金经理收入函数为

$$S'_m(A_0, A_1, \tilde{r}_p) = \alpha + \beta(A_0 + A_1)\tilde{r}_p \tag{10-13}$$

基金经理的效用函数为

$$U'_m = E(S'_m) - C(e_m) - \frac{1}{2}\rho_m \mathrm{var}(S'_m)$$

$$= \alpha + \beta(A_0 + A_1)\left[(r_f + \lambda\sigma_i) + (\delta_m e_m + \delta_c e_c) + \mathrm{cov}(e_m, e_c)\right]$$

$$- \frac{1}{2}b_m e_m^2 - \frac{1}{2}\rho_m(\overset{A}{0} + A_1)2\beta^2\sigma_i^2 \tag{10-14}$$

基金投资者的期望收入依然为

$$E(S'_I) = E(S_I), \qquad S_I = A - A_0 - S_c \tag{10-15}$$

基金投资者的效用函数依然为

$$\begin{aligned}
U'_I &= E(S'_I) - C(A_0) - \mathrm{var}(S_I) \\
&= (1 - k)A_0[1 + (r_f + \lambda\sigma_i) + (\delta_m e_m + \delta_c e_c) + \mathrm{cov}(e_m, e_c)] - A_0 \\
&\quad - \frac{1}{2}b_I A_0^2 - \frac{1}{2}\rho_I(^1 - k)2A_0 2\sigma_i^2 \tag{10-16}
\end{aligned}$$

基金管理公司总的收入除了管理费收入外，还有来自于自有资金增值收益，因此其期望收入为

$$E(\hat{S}'_c) = E(S_c) + E(A_1 r_p) - E(S'_m) \tag{10-17}$$

基金管理公司的效用函数为

$$\begin{aligned}
U'_c &= E(S_c) + E(A_1 r_p) - E(S'_m) - C(e_c) - \frac{1}{2}\rho_c \mathrm{var}(S_c + S'_m + A_1 r_p) \\
&= kA_0(1 + r_p) + A_1 r_p - [\alpha + \beta(A_0 + A_1)r_p] - \frac{1}{2}b_c e_c^2 - \frac{1}{2}\rho_c[(k - \beta)^2 A_0^2 \\
&\quad + (1 - \beta)^2 A_1^2]\sigma_i^2 \\
&= -\alpha + kA_0 + [(k - \beta)A_0 + (1 - \beta)A_1][(r_f + \lambda\sigma_i) + (\delta_m e_m + \delta_c e_c) + \mathrm{cov}(e_m, \\
&\quad e_c)] - \frac{1}{2}b_c e_c^2 - \frac{1}{2}\rho_c[(k - \beta)2A_0^2 + (1 - \beta)2A_1^2]\sigma_i^2 \tag{10-18}
\end{aligned}$$

按照上一小节的方法，在信息不对称的条件下，激励相容存在，其效用最大化为

$$\begin{aligned}
\max_{e_I} U'_I &= (1 - k)A_0[1 + (r_f + \lambda\sigma_i) + (\delta_m e_m + \delta_c e_c) + \mathrm{cov}(e_m, e_c)] \\
&\quad - A_0 - \frac{1}{2}b_I A_0^2 - \frac{1}{2}\rho_I(^1 - k)2A_0 2\sigma_i^2
\end{aligned}$$

s. t $\quad \max_{e_m} U'_m = \alpha + \beta(A_0 + A_1)[(r_f + \lambda\sigma_i) + (\delta_m e_m + \delta_c e_c) + \mathrm{cov}(e_m, e_c)] - \frac{1}{2}b_m e_m^2$

$$- \frac{1}{2}\rho_m(\overset{A}{0} + A_1)2\beta^2\sigma_i^2$$

$\max_{e_c} U'_c = -\alpha + kA_0 + [(k - \beta)A_0 + (1 - \beta)A_1][(r_f + \lambda\sigma_i) + (\delta_m e_m + \delta_c e_c) +$

$\mathrm{cov}(e_m, e_c)] - \frac{1}{2}b_c e_c^2 - \frac{1}{2}\rho_c[(k - \beta)2A_0^2 + (1 - \beta)2A_1^2]\sigma_i^2$

$\alpha + \beta(A_0 + A_1)[(r_f + \lambda\sigma_i) + (\delta_m e_m + \delta_c e_c) + \mathrm{cov}(e_m, e_c)] - \frac{1}{2}b_m e_m^2 -$

$$\frac{1}{2}\rho_m (A_0 + A_1)^2 \beta^2 \sigma_i^2 \geqslant u_m$$

$$-\alpha + kA_0 + [(k-\beta)A_0 + (1-\beta)A_1][(r_f + \lambda\sigma_i) + (\delta_m e_m + \delta_c e_c) + \mathrm{cov}(e_m, e_c)]$$

$$-\frac{1}{2}b_c e_c^2 - \frac{1}{2}\rho_c[(k-\beta)^2 A_0^2 + (1-\beta)^2 A_1^2]\sigma_i^2 \geqslant u_c$$

解得

$$e_m^{**} = \frac{\beta(A_0 + A_1)\left[\delta_m + \dfrac{\partial\ \mathrm{cov}(e_m, e_c)}{\partial\ e_m}\right]}{b_m} \tag{10-19}$$

$$e_c^{**} = \frac{[(k-\beta)A_0 + (1-\beta)A_1]\left[\delta_c + \dfrac{\partial\ \mathrm{cov}(e_m, e_c)}{\partial\ e_c}\right]}{b_c} \tag{10-20}$$

$$A_0^{**} = \frac{(r_f + \lambda\sigma_i - k - kr_f - k\lambda\sigma_i)b_m b_c + \left[\beta b_c \delta_m(1-k)\left(\delta_m + \dfrac{\partial\ \mathrm{cov}(e_m, e_c)}{\partial\ e_m}\right)\right.}{b_m b_c \rho_I \sigma_i^2 (1-k)^2 + b_m b_c b_I - 2\beta b_c (1-k)\left[\delta_m + \dfrac{\partial\ \mathrm{cov}(e_m, e_c)}{\partial\ e_m}\right]^2}$$

$$\frac{\left. + b_m \delta_c (1-k)(1-\beta)\left(\delta_c + \dfrac{\partial\ \mathrm{cov}(e_m, e_c)}{\partial\ e_c}\right)\right]}{-2b_m\left[\delta_c + \dfrac{\partial\ \mathrm{cov}(e_m, e_c)}{\partial\ e_c}\right]^2 (1-k)(k-\beta)} \tag{10-21}$$

把式（10-19）和式（10-20）代入 r_p 得 $\tilde{r}_p^{**} = r_f + \lambda\sigma_i +$

$$\delta_m \frac{\beta(A_0 + A_1)\left[\delta_m + \dfrac{\partial\ \mathrm{cov}(e_m, e_c)}{\partial\ e_m}\right]}{b_m}$$

$$+ \delta_c \frac{[(k-\beta)A_0 + (1-\beta)A_1]\left[\delta_c + \dfrac{\partial\ \mathrm{cov}(e_m, e_c)}{\partial\ e_c}\right]}{b_c} + \mathrm{cov}(e_m, e_c) + \xi \tag{10-22}$$

（二）基金自购下的双重委托代理模型的分析

通过建立自购行为下的委托代理模型及对其求解得出基金管理公司、基金经理及基金投资者均衡状态下的努力水平和投资水平，如式（10-19）、式（10-20）、式（10-21）、式（10-22）所示。

1. 基金自购能增加基金经理的努力水平

$e_m^{**} - e_m^* = \beta[\delta_m + \dfrac{\partial\ \text{cov}(e_m,\ e_c)}{\partial\ e_m}]A_1/b_m > 0$，由自购行为引起基金经理努力水平的增加程度受基金经理的业绩报酬 β，信息率 δ_m，成本系数 b_m 及两者的合力 $\text{cov}(e_m,\ e_c)$ 的影响，每增加一单位的自购量，基金经理增加 $\beta[\delta_m + \dfrac{\partial\text{cov}(e_m,e_c)}{\partial e_m}]/b_m$ 单位的努力水平，因此自购行为能增加基金经理的努力水平。在基金管理公司与基金经理的契约中，基金经理的收入直接与基金规模相关，基金自购使基金的规模增大，从而使基金经理更努力工作。

2. 基金自购量越大，基金管理公司付出的努力就越大

$e_c^{**} - e_c^* = (1-\beta)[\delta_c + \dfrac{\partial\text{cov}(e_m,\ e_c)}{\partial e_c}]A_1/b_c > 0$，由自购行为引起基金管理公司努力水平的增加程度受基金管理公司的信息率 δ_m，成本系数 b_m，基金管理公司与基金经理的合力 $\text{cov}(e_m,\ e_c)$，以及基金经理的业绩报酬 β 的影响，每增加一单位的自购量，基金管理公司增加 $(1-\beta)[\delta_c + \dfrac{\partial\text{cov}(e_m,\ e_c)}{\partial e_c}]/b_c$ 单位的努力水平。

$(1-\beta)[\delta_c + \dfrac{\partial\text{cov}(e_m,\ e_c)}{\partial e_c}]/b_c > (k-\beta)[\delta_c + \dfrac{\partial\text{cov}(e_m,\ e_c)}{\partial e_c}]/b_c$，即增加一单位自购量基金管理公司付出的努力比增加一单位基金投资者的投资量多。

3. 基金自购能增加基金的收益率

$r_p^{**} - r_p^* = \delta_m\beta A_1[\delta_m + \dfrac{\partial\text{cov}(e_m,\ e_c)}{\partial e_m}]/b_m + \delta_c(1-\beta)A_1[\delta_c + \dfrac{\partial\text{cov}(e_m,\ e_c)}{\partial e_c}]/b_c > 0$，基金的收益率是基金管理公司与基金经理努力水平的直接体现，自购基金收益率的增加量的影响因素跟努力水平的影响因素相同，主要有基金管理公司与基金经理的信息率 δ_m，成本系数 b_m 及两种的合力 $\text{cov}(e_m,\ e_c)$，基金经理的业绩报酬 β。基金每增加一单位自购量，基金的收益率增加：

$$\delta_m\beta\left[\delta_m + \dfrac{\partial\text{cov}(e_m,\ e_c)}{\partial e_m}\right]/b_m + \delta_c(1-\beta)\left[\delta_c + \dfrac{\partial\text{cov}(e_m,\ e_c)}{\partial e_c}\right]/b_c$$

4. 基金自购能增加基金投资者的投资量，吸引基金投资者的资金

$A_0^{**} - A_0^* > 0$，基金管理公司与基金经理的特性、基金契约特性影响基金自

购对基金投资者的投资量的增加。每增加一个单位的自购量，基金投资者增加的投资量为

$$\frac{\left[\beta b_c \delta_m (1-k) \left(\delta_m + \frac{\partial \mathrm{cov}(e_m,\ e_c)}{\partial e_m}\right) + b_m \delta_c (1-k)(1-\beta)\left(\delta_c + \frac{\partial \mathrm{cov}(e_m,\ e_c)}{\partial e_c}\right)\right]}{b_m b_c \rho_I \sigma_i^2 (1-k)^2 + b_m b_c b_I - 2\beta b_c (1-k)\left[\delta_m + \frac{\partial \mathrm{cov}(e_m,\ e_c)}{\partial e_m}\right]^2 - 2b_m \left[\delta_c + \frac{\partial \mathrm{cov}(e_m,\ e_c)}{\partial e_c}\right]^2 (1-k)(k-\beta)}$$

可以发现，基金自购能够增加基金投资者的投资量，基金自购能增加基金的收益率。基金投资者的投资量和基金的收益率受到市场特征、基金管理公司与基金经理的特性及基金契约的影响，自购行为引起的基金投资者投资量的增加量和基金的收益率的增加量也受到基金管理公司与基金经理的特征和基金契约的影响。

第二节 基金自购激励效果的实证分析

一、实证设计

建立了基金双重委托代理模型，通过理论分析得出基金自购行为能提升基金的业绩和吸引基金投资者的资金。基于模型研究结果，提出了实证研究的思路及方法；对实证的解释变量、被解释变量、控制变量进行测度分析；收集有关数据，并对相关数据进行了统计描述，再进行实证分析。

（一）实证思路

通过理论分析得出，基金自购对基金业绩与基金流量具有正相关关系作用，同时基金自购对基金业绩与流量的作用受到基金特征、市场特征等因素的影响。本节依据模型分析的结果，结合对基金业绩及基金流量的相关研究，将基金业绩与基金流量作为被解释变量，基金自购量作为解释变量，并把对基金业绩与流量具有显著影响的因素作为控制变量，对基金自购进行实证分析。

基金自购激励的效果主要表现在基金经理的努力水平、基金管理公司的努力水平及基金投资者的投资决策行为，而基金经理的努力水平与基金管理公司的努力水平直接表现为基金业绩，基金投资者的投资决策行为直接表现为基金的流量。因此，本节分析基金自购对基金业绩与基金流量的影响，以此来分析基金自购激励的效果。

（二）实证变量分析及测度

1. 解释变量与被解释变量

1）基金自购

基金自购是指基金管理公司申购、赎回旗下基金份额的行为，因此，使用基

金管理公司申购量来衡量基金自购的力度。基金自购可分为正自购和负自购，正自购量是指基金管理公司申购旗下基金的资金量，负自购量是指基金管理公司赎回基金的资金量。

2）基金业绩

基金业绩是本节的被解释变量之一，衡量基金业绩一般有两种方法：一是未经风险调整的业绩，即原始收益率；二是经风险调整的业绩。基金原始收益可能是市场的回报率、投资组合所承担的过多风险带来的，不能准确地反映基金之间的差异，而经风险调整的业绩反映了在承担相应风险水平下基金相应的业绩。本节对业绩的衡量使用詹森指数，詹森指数体现了投资组合超出其承担相应风险的预期收益率的收益率。基金的詹森指数表示为

$$js_t = \tilde{r}_t - \left[rf_t + \beta_t(rm_t - rf_t) \right]$$

其中，$\tilde{r}_t$ 为基金在当期的收益率，rf_t 为当期的无风险收益率，rm_t 为当期的市场收益率，β_t 为基金当期所承担的系统风险。

3）基金流量

基金流量是指流入、流出基金资金的总称，可以分为基金申购、基金赎回及基金净申购。同时考察基金自购对基金申购、基金赎回及基金净申购的影响，基金净申购量＝基金申购量−基金赎回量。

2. 基金自购对基金业绩影响实证的控制变量

1）基金规模

通过分析表明：小基金一般比大基金取得更高的业绩；基金存在一个最优规模，基金业绩与基金规模成 U 型关系；通过建立的委托代理模型分析也发现基金规模与基金业绩具有正相关关系。因此，可以认为基金规模对基金业绩具有显著性影响。本节使用的基金规模为观察期最后一个交易日基金的规模。

2）基金投资风格

证券的类型在一定程度上反映了基金的风险情况和业绩目标，模型分析得出基金的投资风险与基金业绩具有正相关关系。同时结合数据的易得性，从基金的投资类型出发把基金的投资风格分为：价值型基金、混合型基金、成长型基金。基于基金承担的风险程度，成长型的赋值为 3，混合型基金的赋值为 2，价值型基金的赋值为 1。

3）基金家族的规模

基金家族的规模体现出基金管理公司的信誉，反映了旗下基金的获利能力，基金管理公司的规模与基金业绩具有正的相关关系。

本节使用的基金管理公司的规模是指基金管理公司所管理的基金资产，本节

使用基金管理公司季度报表披露基金管理公司的规模。

4）基金年龄

基金的年龄体现了基金运作的经验，基金年龄越大，其形成的投资风格越稳定、投资策略越成熟，研究也表明基金年龄与基金业绩具有正相关关系。

本节使用的基金年龄为数据的统计日基金已成立的月数，如基金成立日期为2009年4月20日，基金在2010年第四季度的基金年龄为2005年4月20日到2010年12月31日，即基金年龄为16个月。

3. 基金自购对基金流量影响实证的控制变量

1）基金前期的业绩

基金投资者进行投资的主要目的是资金增值，以基金的历史业绩作为基金投资者进行投资决策的一个重要的信息，对投资者的投资决策行为具有重大的影响。从以上文献分析表明：在国外，在证券市场发达的西方国家基金历史业绩对基金流量具有正相关关系，并且 FPR 曲线具有凸性；而在国内，基金流量具有"异常赎回"现象，说明了基金的历史业绩与基金流量具有负相关作用。从模型分析中也得出基金业绩与基金投资者的投资量具有正相关关系。

本节在研究基金自购对基金流量的影响时，使用了发生基金自购的前一期的业绩作为其控制变量，使用的业绩也为经风险调整詹森指数：

$$js_{t-1} = \tilde{r}_{t-1} - \left[rf_{t-1} + \beta_{t-1}(rm_{t-1} - rf_{t-1}) \right]$$

其中，$\tilde{r}_{t-1}$ 为基金在前一期的收益率，rf_{t-1} 为前一期的无风险收益率，rm_{t-1} 为前一期的市场收益率，β_{t-1} 为基金前一期所承担的系统风险。

2）基金前期的业绩波动

由 CAPM 资本资产定价模型可以发现，基金承担的风险越大，基金的收益就越大，但在高风险下，基金投资者的效用是下降的。从模型分析得出，在基金投资者风险规避的前提下，基金的风险与基金投资者的投资量成反比。

投资者进行投资决策时，只能依据前一期的基金业绩波动率进行，因此本节使用前一个观察期内基金日收益率的方差表示基金业绩的波动性，基金在前一期的业绩的波动性计量方法为

$$sti_{t-1} = \sqrt{\frac{\sum_{t=1}^{N}(\tilde{r}_{t-1} - \bar{r}_{t-1})^2}{N-1}}$$

3）基金前期的年龄

研究发现，基金年龄对基金的 FPR 特性有着一定的影响，基金年龄对基金

的流量具有影响作用。一方面年龄越大的基金，在长期投资过程中，已形成了稳定的投资策略，得到投资者的青睐；另一方面基金的年龄越大，基金所反映出的历史信息越多，越能被基金投资者了解。

本节使用的基金年龄计算方法与前面的计算方法一致，使用的是前一期的基金的年龄作为基金自购对基金流量影响的控制变量。

4）基金前期的规模

基金规模是基金主要的信息之一，基金规模在反映了基金吸引资金的能力，同时，基金规模也存在着一定的规模效应。文献分析发现，基金规模与基金流量存在较弱的负相关关系。

本节使用的基金规模为前一期观察期最后一个交易日基金的净资产，单位为万元。

5）基金前期的净流量

文献分析表明，基金流量具有正的自相关关系，基金的前期净流量会带来资金持续流入，体现了基金投资者的"惯性效应"。

本节把基金前一期基金的申购量和基金的赎回量之差作为基金的前一期的基金净流量，单位为万元。

6）市场前期的收益率及市场风险

市场状况影响着基金投资者的投资情绪，市场状况越好，投资者的投资情绪越高，投入的资金就越多；相反，市场状况越差，基金投资的入市热情越低。模型分析也得出，基金投资者的投资量与市场收益率正相关，与市场风险负相关。

沪深300指数能很好地描述整个市场的收益率情况，因此本节以沪深300指数的收益率和波动性作为市场收益率和市场风险，前一期的市场收益率、市场风险为沪深300指数前一期的收益率和市场日收益率的方差。

7）基金家族前期的规模

基金家族的规模体现了基金管理公司的声誉，基金管理公司所管理的基金规模越大，越能得到基金投资者的认同。从文献分析发现，基金家族的规模对基金流量的影响取得了比较一致的认同，基金家族规模对基金流量具有正的影响作用。

本节把基金管理公司管理的资产总量作为基金家族的规模，基金家族前期规模是指基金管理公司在前一期最后一个交易日所管理资产的总量。

（三）数据来源及统计性描述

1. 样本的选取

2002年易方达基金首次购买旗下基金——基金科瑞3000万元，开辟了基金自购的先河，直到 2005 年后，基金自购才逐步流行，但自购的量也相对较小，因此本节选取了 2006～2010 年季度数据。从基金自购的数据表明，相当部分基金自购行为是发生在基金募集期，即对新基金的自购，一方面是基金管理公司为了对新基金的宣传，另一方面是为了保证基金规模达到募集成功的最低条件。而本节主要的研究对象为已经募集成功并持续运行的基金，因此选取发生自购时基金已经成功募集并运行了一个季度的基金。封闭式基金的规模一定，基金投资者无法进行申购和赎回，因此本节剔除封闭式基金。QDII 基金主要投资于国际市场，跟一般的开放式基金不可比，因此排除 QDII。同时排除数据不全的样本，共得到 251 个样本。本节的数据主要来源于 WIND 金融数据库。

2. 数据描述性统计

通过 Eviews 的数据统计功能，把本节实证所需要的数据进行统计（表 10-1），并对其进行初步分析。基金净自购量的范围比较大，基金管理公司既发生申购行为也发生赎回行为。在基金自购发生当期基金净申购量比前后期都要大，可以初步说明，基金自购行为对当期基金流量影响较大；基金自购发生后，基金当期、后一期的赎回量是减少的，而申购量在发生自购行为的当期变大，后一期虽变小，但比发生基金自购前期的大；基金的平均詹森指数在自购发生后并没有提高，反而有微略的下降；基金自购前后期，基金业绩波动性变化不大；基金自购当期，基金的规模、基金家族规模的平均值增幅较大；发生自购的基金成立的时间平均年龄只有 2 年多，基金年龄的中值为 24 个月，说明有一半发生自购的基金年龄在 2 年以下，样本中最年轻的基金只刚成立了 3 个月；基金自购当期的市场收益率较低、风险较大，并且其中值小于平均值，说明了基金自购行为一半发生在市场收益率、波动性较大的市场环境下。

表 10-1 变量统计性描述

变量	平均值	中值	最大值	最小值	方差	样本数
t 期自购量（万元）	294.951 5	200	45 000	−27 480	5 670.768	251
$t+1$ 期净申购量（万元）	23 068.24	−4 726.31	2 077 870	−1 364 022	245 548.6	251
t 期净申购量（万元）	45 931.52	−3 509.08	1 891 584	−353 779	258 401	251
$t−1$ 期净申购量（万元）	−13 633.6	−7 973.96	724 960.7	−1 136 090	151 263.8	251
$t+1$ 期赎回量（万元）	109 607.7	52 393.45	2 577 870	58.926 97	200 113.4	251
t 期赎回量（万元）	111 468	56 101.62	2 018 379	1 018.972	176 066.6	251
$t−1$ 期赎回量（万元）	121 522.7	47 449.41	2 238 812	60.019 76	212 310.5	251

续表

变量	平均值	中值	最大值	最小值	方差	样本数
$t+1$ 期申购量（万元）	132 675.9	37 760.61	2 366 120	103.712 9	291 704.8	251
t 期申购量（万元）	157 399.6	51 951.9	3 725 640	14.134 17	355 514.5	251
$t-1$ 期申购量（万元）	107 889.1	29 418.93	2 442 601	53.848 93	232 379.8	251
$t+1$ 期詹森指数	0.000 206	0.000 164	0.003 724	−0.002 1	0.000 725	251
t 期詹森指数	0.000 215	0.000 238	0.002 891	−0.001 97	0.000 733	251
$t-1$ 期詹森指数	0.000 222	0.000 153	0.002 872	−0.002 77	0.000 816	251
t 期业绩的波动性	0.014 312	0.015 599	0.029 531	$8.70×10^{-5}$	0.007 046	251
$t-1$ 期业绩的波动性	0.013 549	0.014 385	0.030 469	$6.53×10^{-5}$	0.007 04	251
t 期基金规模（万元）	564 555.3	307 996.7	2 809 790	3 408.003	656 011	251
$t-1$ 期基金规模（万元）	502 825.9	262 920.8	3 034 989	4 405.444	621 158.8	251
t 期基金年龄	29.370 52	24	105	3	19.897 19	251
$t-1$ 期基金年龄	26.370 52	21	102	0	19.897 19	251
t 期市场收益率	0.079 753	0.054 831	0.489 734	−0.291 46	0.238 274	251
$t-1$ 期市场收益率	0.127 651	0.147 639	0.489 734	−0.291 46	0.240 779	251
t 期市场风险	4.666 696	4.039 432	11.033 57	0.923 063	2.403 983	251
$t-1$ 期市场市场风险	4.362 835	4.039 432	9.251 474	0.733 743	2.254 296	251
t 期基金家族规模（亿元）	525.011 9	445.371 8	1 936.39	0.811 476	471.023 6	251
$t-1$ 期基金家族规模（亿元）	485.881 3	378.204 3	1 972.779	1.092 387	455.185 8	251
基金的风格	2.031 873	2	3	1	0.911 581	251

注：t 期为基金自购当期的数据，$t+1$ 期为基金自购后一期的数据，$t-1$ 为基金自购前一期的数据

分别对各个时期的数据进行统计（表10-2），基金自购活跃时期主要集中在2007 年和 2008 年的第一季度，以及 2009 年和 2010 年；基金自购的方向也是不确定的，但平均赎回的次数较申购的次数多，可以理解为基金管理公司在某个时期一次性大量地对基金进行申购，达到其自购的目的后，再慢慢地撤离资金，以免由于大量赎回产生负面影响；在发生自购的基金中，大部分都获得正的詹森指数，在一定程度上说明了自购基金能获得超过其所承担风险的收益。

表 10-2　不同时期基金自购情况

	t 期自购量	t+1 期净申购量	t 期净申购量	t-1 期净申购量	t+1 期詹森指数	t 期詹森指数	t-1 期詹森指数	t 期市场收益率	t-1 期市场收益率	基金支数
2006 年第一季度	-522	-5 155	-25 006	-12 621	0.001 8	0.000 2	0.000 0	0.15	0.01	2
2006 年第二季度	-1 496	-4 563	-20 418	-19 192	0.000 1	0.002 2	0.000 3	0.34	0.15	3
2006 年第三季度	874	6 830	3 334	-5 549	0.000 2	0.000 3	0.001 9	-0.01	0.34	5
2006 年第四季度	-245	-2 002	-26 097	-25 069	0.000 0	-0.000 1	0.000 4	0.44	-0.01	5
2007 年第一季度	724	269 108	101 909	-8 472	0.000 9	-0.000 1	0.000 3	0.34	0.44	14
2007 年第二季度	1 025	2 711	387 467	-11 119	0.000 1	0.000 4	0.001 2	0.49	0.35	10
2007 年第三季度	-469	403 889	177 478	-141 595	0.000 6	0.000 8	-0.000 3	0.36	0.34	18
2007 年第四季度	2 954	25 830	95 688	-8 144	0.000 3	0.000 2	0.000 2	-0.06	0.49	18
2008 年第一季度	2 043	-14 531	25 314	22 185	0.000 2	0.000 1	0.000 1	-0.29	-0.06	26
2008 年第二季度	-1 188	-12 928	-21 312	-5 593	-0.000 8	0.000 3	0.000 3	-0.26	-0.29	3
2008 年第三季度	-3 223	-11 440	-15 253	1 166	0.000 7	0.000 5	0.000 3	-0.20	-0.29	8
2008 年第四季度	3 342	-334 308	302 253	-16 042	-0.000 3	0.000 5	-0.000 3	-0.18	-0.20	5
2009 年第一季度	-181	-10 313	-47 729	20 594	0.000 0	0.000 4	0.000 8	0.36	-0.18	12
2009 年第二季度	-347	-6 789	-9 228	-30 894	0.000 0	0.000 0	-0.000 3	0.26	0.36	20
2009 年第三季度	478	-21 808	-25 312	-32 215	0.000 30	0.000 34	0.000 02	-0.05	0.26	25
2009 年第四季度	-3 211	18 225	-30 139	339	0.000 30	0.000 16	0.000 15	0.16	-0.05	17
2010 年第一季度	6 012	32 519	3 942	-87 456	0.000 46	0.000 24	0.000 04	-0.07	0.16	14
2010 年第二季度	-618	-4 672	10 031	-21 539	0.001 01	0.000 43	0.000 43	-0.23	-0.07	13
2010 年第三季度	-2 848	-22 661	4 322	14 478	0.000 03	0.000 51	0.000 33	0.15	-0.23	17
2010 年第四季度	-1 058	-13 240	-17 030	-12 974	-0.000 67	0.000 31	0.000 36	0.05	0.15	20

二、实证分析

在实证设计的基础上，先分析基金自购行为是否能提高基金的业绩，以此来考察基金自购是否能提高基金经理、基金管理公司的努力水平；然后分析基金自购是否能吸引基金投资者的资金，分析基金投资者的投资行为。

（一）基金自购对基金业绩的影响实证分析

主要从三个方面来分析基金自购对基金业绩的影响，首先分析基金自购对基金当期业绩的影响，其次分析基金自购对基金后一期业绩的影响，最后分析基金自购的方向对基金业绩的影响。从以上的三个角度上，较全面地考察基金自购跟基金业绩关系，从而分析基金投资者是否能依据自购来进行投资决策。

在基金自购的机理分析中发现，基金自购能增加基金管理公司获取基金投资、基金经理信息的努力，使基金管理公司获得更多投资信息，挑选出出色的基金经理并对其加强约束，站在基金管理公司角度上这类似于股权激励。而在基金自购的情况下，基金经理在基金公司的约束下也会增加搜索投资信息的努力，并在基金管理公司提供的良好环境下，形成良好的工作关系，致使基金经理能获取更多的私人信息，从而提高基金的业绩。为了分析自购行为对不同时期基金业绩的影响，提出以下假设。

假设 17 基金自购能增加基金自购当期的业绩。

假设 18 基金自购能增加基金自购后一期的业绩。

基金自购的方向分为正自购方向和负自购方向，正自购方向是指基金管理公司申购基金，负自购方向是指基金管理公司赎回其申购的基金。基金管理公司在申购基金的作用是持续的，当基金管理公司赎回基金时，正自购的效用不会离开消失，因此提出以下假设。

假设 19 基金正自购与基金负自购对基金自购当期业绩的影响是非对称的。

假设 20 基金正自购与基金负自购对基金自购后一期业绩的影响也是非对称的。

1. 基金自购对当期基金业绩的影响

1）模型的构建

根据以上的假设和分析，基金自购与基金当期业绩具有正相关关系，并结合模型分析、前人的研究把对基金业绩具有显著性影响的因素作为控制变量，建立以下回归模型：

$$js_t = \alpha + \beta zg_t + \gamma_1 js_{t-1} + \gamma_2 ti_t + \gamma_3 a_t + \gamma_4 s + \gamma_5 tf_t \qquad (10\text{-}23)$$

式中，js 为基金的业绩；zg 为基金管理公司的净申购量；ti 为基金的规模；a 为基金的年龄；s 为基金的投资风格；tf 为基金家族的规模；α，β，γ_1，γ_2，γ_3，γ_4，γ_5 为模型相应的参数；t 为基金自购发生的时期；$t-1$ 为发生基金自购前一期。

2）实证结果及分析

通过采用 2006 ~ 2010 年的季度数据，检验基金自购对基金自购当期业绩的影响，运用 Eviews 软件对式（10-23）进行了回归分析得出表 10-3 中的结果。

表 10-3　基金自购对基金当期业绩的影响

解释变量	基金的詹森指数	
	系数	p 值
常数（C）	0.000 191	0.199 2
资金自购量（zg_t）	-2.39×10^{-9}	0.831 8
基金前期业绩（js_{t-1}）	0.060 535	0.292 5
基金规模（ti_t）	-3.55×10^{-11}	0.663 0
基金年龄（a_t）	-3.25×10^{-6}	0.170 6
基金的风格（s）	4.57×10^{-5}	0.398 2
基金家族的规模（tf_t）	7.00×10^{-8}	0.527 5
R^2	0.017 150	
D-W	1.714 498	

基金自购与基金当期业绩存在着负相关关系，但并不显著，说明了基金自购行为并不能使基金得到更好的业绩，这可能是由于基金自购行为大多数发生在市场收益率较差的情况下，即熊市。在基金自购行为下，基金的前期业绩与基金自购当期的业绩具有不显著的正相关关系，说明了发生自购行为基金的业绩的持续性是不显著的；而基金的规模、基金的年龄、基金的风格与基金家族的规模与基金业绩的关系也是不明显的。

基金自购行为与基金当期的业绩具有负的不显著关系，基金自购行为不但没有使基金业绩的增加，反而基金业绩下降的概率较大，拒绝了假设 1。

2. 基金自购对后期基金业绩的影响

1）模型的构建

已证明基金自购与基金当期的业绩不具有显著的关系，因此继续分析基金自购与基金自购后一期业绩的关系，分析基金自购对业绩的影响是否具有一定的时效性，建立以下模型：

$$js_{t+1} = \alpha + \beta zg_t + \gamma_1 js_t + \gamma_2 ti_{t+1} + \gamma_3 a_{t+1} + \gamma_4 s + \gamma_5 tf_{t+1} \qquad (10\text{-}24)$$

式中，js 为基金的业绩；zg 为基金管理公司的净申购量；ti 为基金的规模；a 为基金的年龄；s 为基金的投资风格；tf 为基金家族的规模；α，β，γ_1，γ_2，γ_3，γ_4，γ_5 为模型相应的参数；t 为基金自购发生的时期；$t+1$ 为发生资金自购的后一期。

2）实证结果及分析

通过采用 2006～2010 年的季度数据，检验基金自购对基金自购后一期业绩的影响，运用 Eviews 软件对式（10-24）进行了回归分析得出表 10-4 中的结果。

表 10-4　基金自购对基金后期业绩的影响

解释变量	基金后期业绩（js_{t+1}）	
	系数	p 值
常数（C）	0.000 436	0.003 8
资金自购量（zg_t）	-2.99×10^{-9}	0.787 0
基金前期业绩（js_t）	$-0.036\ 386$	0.565 7
基金规模（ti_{t+1}）	1.28×10^{-10}	0.103 0
基金年龄（a_{t+1}）	-2.02×10^{-6}	0.388 7
基金的风格（s）	-9.84×10^{-5}	0.062 1
基金家族的规模（tf_{t+1}）	-5.06×10^{-8}	0.628 7
R^2	0.023 298	
D-W	1.462 311	

从以上的分析结果发现，基金自购量与基金自购后期的业绩具有不显著的负相关关系，拒绝假设 18 与基金自购当期业绩的关系类似，说明了基金自购行为也不能增加后一期基金的业绩。在自购行为下，基金前期业绩、基金规模、基金年龄、基金风格和基金家族规模都与基金后期的相关关系也是不显著。

基金自购行为对基金自购当期的业绩、基金自购后期的业绩都没有显著的影响作用，可以认为基金自购行为无论在哪个时期都不能增加基金的业绩。

3. 基金自购方向对基金业绩的影响

1）模型的构建

以上从整体上分析了基金自购对基金业绩的影响，继续把基金自购分为正自购和负自购两组，分别分析其对基金业绩的影响。

$$js_t = \alpha + \beta_1 zg_t \times I(zg_t < 0) + \beta_2 zg_t \times I(zg_t \geq 0)$$
$$+ \gamma_1 js_{t-1} + \gamma_2 ti_t + \gamma_3 a_t + \gamma_4 s + \gamma_5 tf_t \qquad (10\text{-}25)$$

式中，js 为基金的业绩；zg 为基金管理公司的净申购量；ti 为基金的规模；a 为基金的年龄；s 为基金的投资风格；tf 为基金家族的规模；α，β_1，β_2，γ_1，γ_2，γ_3，γ_4，γ_5 为模型相应的参数；t 为基金自购发生的时期；$t-1$ 为发生基金自购前一期；$t+1$ 为发生资金自购的后一期；I 为虚拟变量，当 zg_t 的值在括号内时，I

取 1，否则取 0。

2）实证结果分析

通过采用 2006～2010 年的季度数据，检验基金自购方向对基金自购当期业绩的影响，运用 Eviews 软件对式（10-25）进行回归分析得出表 10-5 中的结果。

表 10-5　基金自购方向对基金当期业绩的影响

解释变量	基金的詹森指数	
	系数	p 值
常数（C）	0.000 185	0.225 2
基金自购量（$zg_t < 0$）	2.19×10^{-9}	0.889 9
基金自购量（$zg_t > 0$）	1.07×10^{-9}	0.934 3
基金前期业绩（js_{t-1}）	0.061 443	0.288 5
基金规模（ti_t）	-3.82×10^{-11}	0.644 7
基金年龄（a_t）	-3.18×10^{-6}	0.185 1
基金的风格（s）	4.71×10^{-5}	0.407 6
基金家族的规模（tf_t）	6.98×10^{-8}	0.548 8
R^2	0.017 114	
D-W	1.713 595	

从表 10-5 的结果可以看出，无论是正自购还是负自购，基金自购行为都对基金的当期的业绩只具有不显著的正相关关系，假设 19 得不到验证，因此可以认为无论是基金管理公司申购基金还是赎回基金，其行为对基金的业绩是没有影响的。本节同时把自购分为正自购和负自购对基金后期业绩的影响，两者的结果是一致的，基金自购的正负方向与基金自购后期的业绩的关系也不显著的，假设 20 也得不到验证。

（二）基金自购与基金流量关系的实证分析

依据模型分析的结果，结合对基金流量已有研究，首先分析基金自购对基金当期流量和后一期基金流量的影响，再对基金自购与基金申购、赎回的关系进行分析，并分别控制基金赎回、申购，分析自购行为下短期投资者的投资行为，最后分析基金自购的正负方向及不同自购量对基金流量的影响。

理论分析得出，基金自购行为能增强基金投资者的投资信心，吸引基金投资者的基金。从投资者的决策行为中发现，基金投资的投资决策受到市场信息及个人偏好所影响，其决策过程具有一定的锚定效应、框架效应，在发生基金自购行为时，基金投资者相信基金将会带来超量收益，并跟随其投资。然而基金自购行为在当期就会引起基金投资者的注意，还是在下一期才引起基金投资者的注意，即基金自购行为起作用的时间及持续的时间是未知的。基金投资者的投资决策主要包括基金的申购、赎回，因此本节提出以下的研究假设。

假设 21 基金自购能在当期增加基金的净申购量。

假设 22 基金自购能在当期增加基金的申购量。

假设 23 基金自购能在当期减少基金的赎回量。

假设 24 基金自购能在后一期增加基金的净申购量。

假设 25 基金自购能在后一期增加基金的申购量。

假设 26 基金自购能在下一期减少基金的赎回量。

在基金市场上可以把基金购买者分成两类：一类是基金投资者，这类基金购买者为了获取基金的长期收益，也称长期投资者；另一类是基金投机者，这类基金购买者为了在市场的变动中获取市场差量，也称短期投机者。目前我国整个证券市场尚未完善，市场波动比较大，存在大量的投机者，加剧了证券市场的不稳定。基金管理公司发生的自购行为，是一种长期的投资、营销策略，其持有基金份量的时间较长，可以认为是基金投资者的一种。在基金管理公司投资行为的引导下，因此提出假设。

假设 27 发生基金自购的基金能吸引更多的长期基金投资者。

基金自购的方向分为基金购买和赎回，若基金投资者的投资决策与基金管理公司的行为是一致的，基金自购与基金流量的关系是对称的，则基金管理公司在赎回基金份量时，会引起资金流出基金，基金的规模就会相应地减少，那么基金管理公司为了保持基金的规模，基金管理公司的资金必须长期投资于基金。这对基金管理公司来说并不是一件好事，为了验证基金自购的方向是否与基金流量是对称的，本节提出以下假设。

假设 28 基金自购的方向对基金流量的影响是不对称的。

边际报酬递减规律是指在短期生产过程中，在其他条件不变的前提下，随着一种可变要素投入量的连续增加，所带来的边际产量是递增的，达到最大的值后再递减。边际报酬递减规律是短期生产规律的一条基本规律。例如，把基金管理公司自购的量作为一种投入，基金的净申购作为产出，因此可以假设自购行为也符合边际规模递减规律。另外，基金管理公司自购量过少对基金投资者的刺激是较少的，再增加自购量会对投资者的刺激较大；当购量当基金管理公司自购量达到一定的数量后，再增加自购数量的效果也会变少。因此提出以下假设。

假设 29 不同的基金自购量对基金流量的影响也是不相同的。

1. 基金自购对基金当期流量的影响

1) 模型的构建

根据以上的假设与分析，基金自购在当期对基金流量的影响，主要包括基金自购对当期基金净申购量的影响、基金自购对基金申购量的影响、基金自购对基金赎回量的影响。为了全面考察基金自购行为对基金流量的影响，通过分析文献，把基金前期的业绩、基金前一期的业绩波动性、基金的年龄、基金的前一期规模、市场前一期的收益率、市场前一期的风险及基金家族前期的规模作为本实证的控制变量，分析基金自购行为下各个影响因素对基金流量的影响的变化，以期更全面地分析自购行为。因此分别建立以下三个回归模型：

$$nf_t = \alpha + \beta zg_t + \gamma_1 nf_{t-1} + \gamma_2 js_{t-1} + \gamma_3 sti_{t-1} + \gamma_4 a_{t-1}$$
$$+ \gamma_5 ti_{t-1} + \gamma_6 rm_{t-1} + \gamma_7 stm_{t-1} + \gamma_8 tf_{t-1} \qquad (10\text{-}26)$$

$$gf_t = \alpha + \beta zg_t + \gamma_1 nf_{t-1} + \gamma_2 js_{t-1} + \gamma_3 sti_{t-1} + \gamma_4 a_{t-1}$$
$$+ \gamma_5 ti_{t-1} + \gamma_6 rm_{t-1} + \gamma_7 stm_{t-1} + \gamma_8 tf_{t-1} \qquad (10\text{-}27)$$

$$hf_t = \alpha + \beta zg_t + \gamma_1 nf_{t-1} + \gamma_2 js_{t-1} + \gamma_3 sti_{t-1} + \gamma_4 a_{t-1}$$
$$+ \gamma_5 ti_{t-1} + \gamma_6 rm_{t-1} + \gamma_7 stm_{t-1} + \gamma_8 tf_{t-1} \qquad (10\text{-}28)$$

式中，nf 为基金的净申购量；gf 为基金申购量；hf 为基金赎回量；zg_t 为基金管理公司当期的净申购量；js 为基金的业绩；sti 为基金收益率的波动性；a 为基金的年龄；ti 为基金的规模；rm 为市场收益率；stm 为市场波动性；tf 为基金家族的规模；α，β，γ_1，γ_2，γ_3，γ_4，γ_5，γ_6，γ_7，γ_8 为模型相应的参数；t 为基金自购发生的时期；$t-1$ 为发生基金自购前一期。

2) 实证结果分析

通过采用 2006～2010 年的季度数据，检验基金自购对基金当期流量的影响，运用 Eviews 软件对式（10-26）、式（10-27）、式（10-28）进行回归分析，得出表 10-6 中的结果。

表 10-6　基金自购对基金当期流量的实证结果

解释变量	被解释变量		
	当期净申购量（nf_t）	当期申购量（gf_t）	当期赎回量（hf_t）
常数（C）	−130 983.0 **	−129 921.4 **	1 061.581
	（0.012 6）	（0.067 8）	（0.974 0）
基金当期的自购量（zg_t）	6.125 262 **	10.634 78 ***	4.509 515 **
	（0.029 1）	（0.005 5）	（0.010 2）

续表

解释变量	被解释变量		
	当期净申购量（nf_t）	当期申购量（gf_t）	当期赎回量（hf_t）
基金前期净申购量（nf_{t-1}）	0.176 475 *	0.365 873 **	0.189 397 ***
	(0.092 0)	(0.010 5)	(0.004 0)
基金前期业绩（js_{t-1}）	26 807 949	39 023 840	12 215 891
	(0.172 0)	(0.143 7)	(0.318 5)
基金前期收益率波动性（sti_{t-1}）	5 336 980 **	2 068 088	− 3 268 892 **
	(0.037 7)	(0.551 9)	(0.041 5)
基金前期年龄（a_{t-1}）	600.112 0	−101.877 7	−701.989 7
	(0.452 6)	(0.925 2)	(0.160 0)
基金前期的规模（ti_{t-1}）	− 0.088 322 ***	0.027 529	0.115 851 ***
	(0.002 2)	(0.478 8)	(0.000 0)
市场前期收益率（rm_{t-1}）	211 640.9 ***	332 559.8 ***	120 918.9 ***
	(0.002 6)	(0.000 5)	(0.005 8)
市场前期波动性（stm_{t-1}）	16 118.22 **	35 055.55 ***	18 937.33 ***
	(0.035 8)	(0.000 9)	(0.000 1)
基金家族前期规模（tf_{t-1}）	62.780 18 *	94.566 31 *	31.786 13
	(0.098 9)	(0.067 7)	(0.180 5)
R^2	0.136 581	0.157 174	0.274 857
D-W	2.125 189	1.916 513	1.770 430

* 为统计量在 0.1 水平下显著， ** 为统计量在 0.05 水平下显著， *** 为统计量在 0.01 水平下显著

从以上的分析结果发现，基金自购量无论与基金当期的净申购量、申购量、赎回都显著正相关，其中与基金当期净申购量和总赎回量在 0.05 的显著水平下正相关，而与当期申购量在 0.01 的显著水平下正相关。这验证了假设 21 和假设 22 的结论，但得出了与假设 23 相反的结论。基金自购量与当期基金净申购量显著正相关，说明了基金自购行为确实能增加基金投资者购买基金，达到了基金管理公司的增强基金投资者信心、吸引基金投资者资金的目的。基金自购与当期申购量正相关，说明了基金投资者在基金管理公司行为的影响下，增加了对自购基金的购买量。基金自购与当期基金赎回量正相关，说明了基金自购在吸引基金投资者申购基金的同时也加剧了基金投资者的赎回基金，这也在一定程度上反映了基金市场上存在大量的短期投机者，他们在基金发生自购时，当期买入基金分量，同时在当期赎回。在其控制条件相同的情况下，从基金自购量对三者的影响

系数可以得出，基金自购量对当期基金的申购量影响最大，其次是净申购量，最后总赎回量（10.634 7>6.125 262>4.509 515），可以说明基金自购与基金净流量正相关关系是基金自购吸引大量基金投资者的资金引起的，基金自购增加的申购比增加的赎回量大。基金自购行为增加了基金的总购、赎回，增加了的申购量较赎回量大，因此能增加基金的净申购量，从而增加基金的规模。总之，基金自购能增加基金市场上资金的活跃性，增加基金投资者申购、赎回基金的数量和频率，但申购的数量较赎回的数量多。上一小节研究发现，基金自购与基金业绩不存在显著的负相关关系，这可能是基金投资者在自购信息下出现"自信过度"，而导致了"过度交易"非理性行为。

在基金自购的作用下，基金前期净申购与当期的净申购在0.1的显著水平下正相关，与当期申购量在0.05的显著水平下正相关，与当期总赎回量在0.01的水平下正相关，这与其他学者的相关研究一致。前期净申购量越大的基金在发生自购当期其无论其净申购量、申购量、赎回量都越大，可以理解为前期净申购量越大的基金，其资金的流动越活跃。从其系数0.365 873>0.189 397，也说明前期净申购量对基金申购量作用大于对赎回量的作用。

基金前期的业绩与基金当期的净申购、申购、赎回量不相关，说明了在基金发生自购行为下，基金投资者也不会根据基金前期业绩进行投资决策，与没有考虑基金自购行为得出的结论一致。

基金前期收益的波动性与基金当期的净申购量在0.05的显著水平下正相关，与基金当期的申购正相关但不显著，与基金当期的赎回量在0.05的显著水平下负相关。基金前期收益率的波动性与基金当期的净申购量正相关，说明了在基金自购行为下，基金的波动性越大越能吸引资金流入基金。基金前期收益率的波动性与当期赎回负相关，说明了基金业绩的波动性越小，基金的赎回量越大，说明了基金投资者不愿意把资金投资于投机机会较小的基金中，反映了基金市场上有较多的投机者。

基金前期的年龄与基金当期的净申购、申购、赎回量都不具有显著的关系。在自购行为作用下，这一结论与其他学者研究的结论不一致，这可能是与发生自购行为的基金的年龄都相对集中有关，从以上的描述性统计分析得出，发生自购的基金有半数基金的年龄在24个月以内，平均年龄为29个月，大部分为年轻的基金。

基金前期规模与基金当期净申购量在0.01的显著水平下负相关，与基金当期申购量正相关但不显著，与基金当期赎回量在0.01的水平下显著正相关。基金前期规模与基金净申购量负相关，反映了在基金自购行为下，小规模基金更容易吸引更多的资金。基金前期规模与基金赎回量正相关，即基金规模越大其赎回量就越大，也可以认为大规模基金才有条件被大规模地赎回。总之，基金自购在小基金下能发挥出更好的效果。

市场前期收益率与基金当期净申购、总申购、总赎量回都在 0.01 的显著水平下正相关。在基金自购行为下，市场收益率越大，基金投资者的申购量和赎回量就越大，这与其他学者研究的结论一致。从回归模型的估计值来看 332 559.8>120 918.9，市场收益率越高对申购行为的影响较赎回的影响大，使基金净申购量增大。

市场前期的波动性与基金当期的净申购量在 0.1 的显著水平下正相关，与申购和赎回在 0.01 的显著水平下正相关。在基金自购行为下，市场风险越大，基金投资者的申购量和赎回量都越大，吸引更多的资金流入基金当中。这可能由于在市场上存在大量的投机者，希望在市场的波动中，获取差价收益。

基金家族前期的规模与基金当期的净申购、申购量在 0.1 的显著水平下正相关，与赎回量的正相关关系不显著。基金家族前期规模与基金当期净申购、申购量正相关，说明了大基金管理公司，进行基金自购吸引基金投资者资金的效果更好，这是基金投资者对大公司品质和实力的青睐。基金家族前期规模与基金当期赎回量的关系不显著，说明了在基金自购行为下，基金投资者的赎回行为与基金家族的规模不相关。换句话说，在基金发生自购时，基金投资者在申购的时候考虑基金家族的规模，而在赎回时较少考虑基金家族的规模。

2. 基金自购对基金后期流量的影响

1) 模型的建立

分析了基金自购对当期基金流量的影响，得出基金自购能引起基金净申购量的增加。本节继续分析基金自购效果的持续性，分析基金自购行为对后一期基金流量的影响。按照上一节的实证思路建立以下模型：

$$nf_{t+1} = \alpha + \beta zg_t + \gamma_1 nf_t + \gamma_2 js_t + \gamma_3 sti_t + \gamma_4 a_t + \gamma_5 ti_t + \gamma_6 rm_t + \gamma_7 stm_t + \gamma_8 tf_t$$
(10-29)

$$gf_{t+1} = \alpha + \beta zg_t + \gamma_1 nf_t + \gamma_2 js_t + \gamma_3 sti_t + \gamma_4 a_t + \gamma_5 ti_t + \gamma_6 rm_t + \gamma_7 stm_t + \gamma_8 tf_t$$
(10-30)

$$hf_{t+1} = \alpha + \beta zg_t + \gamma_1 nf_t + \gamma_2 js_t + \gamma_3 sti_t + \gamma_4 a_t + \gamma_5 ti_t + \gamma_6 rm_t + \gamma_7 stm_t + \gamma_8 tf_t$$
(10-31)

2) 实证结果分析

通过采用 2006～2010 年的季度数据，检验基金自购对基金后期流量的影响，运用 Eviews 软件对式 (10-29)、式 (10-30)、式 (10-31) 进行回归分析，得出

表 10-7 中的结果。

表 10-7 基金自购对基金后期流量的实证结果

解释变量	被解释变量		
	后期净申购量（nf_{t+1}）	后期申购量（gf_{t+1}）	后期赎回量（hf_{t+1}）
常数（C）	−69 410.18 (0.212 3)	−86 287.40 (0.157 1)	−16 877.23 (0.641 3)
基金当期的自购量（zg_t）	0.569 224 (0.833 0)	4.339 618 (0.143 0)	3.770 394 ** (0.033 0)
基金当期净申购量（nf_t）	−0.058 812 (0.346 1)	0.209 830 *** (0.002 3)	0.268 642 *** (0.000 0)
基金当期业绩（js_t）	57 499 676 *** (0.005 8)	74 891 185 *** (0.001 1)	17 391 509 (0.197 6)
基金当期收益率波动性（sti_t）	5 266 233 ** (0.041 9)	−649 506.0 (0.818 1)	−5 915 739 *** (0.000 5)
基金当期年龄（a_t）	−375.555 9 (0.624 7)	−614.294 3 (0.465 2)	−238.738 4 (0.633 4)
基金当期的规模（ti_t）	−0.030 864 (0.264 1)	0.062 630 ** (0.039 2)	0.093 494 *** (0.000 0)
市场当期收益率（rm_t）	225 255.6 *** (0.001 6)	388 712.5 *** (0.000 0)	163 456.9 *** (0.000 5)
市场当期波动性（stm_t）	7 943.176 (0.289 1)	32 970.35 *** (0.000 1)	25 027.18 *** (0.000 0)
基金家族当期规模（tf_t）	−36.810 47 (0.321 0)	−1.852 088 (0.963 6)	34.958 38 (0.148 8)
R^2	0.114 883	0.247 618	0.433 545
D-W	1.836 316	1.756 037	1.846 907

* 为统计量在 0.1 水平下显著，** 为统计量在 0.05 水平下显著，*** 为统计量在 0.01 水平下显著

从表 10-7 的回归结果发现，基金自购量与基金后期的净申购量、申购量有正的相关关系，但已经不显著，与赎回量在 0.05 的显著水平下具有正相关关系。基金当期自购量与基金后期的净申购量、申购量不显著，说明了基金自购行为对后一期资金流入不具有显著的影响作用。基金当期自购量与基金后期的赎回依然具有正的显著关系，可以认为基金自购在当期吸引了大量资金（基金自购与基金

当期净申购量具有显著的正相关关系），在后一期基金投资者会陆续地赎回基金份量，基金当期的自购量越大，在当期净申购量就越大，到了后一期赎回量就越大。假设 24 和假设 25 得不到验证，而拒绝了假设 26。

基金在自购当期的净申购量与基金自购后期的净申购量的相关关系不显著，与基金后期的申购量、赎回量在 0.01 的显著水平下正相关。基金自购当期的净申购量越大，基金投资者后期的申购和赎回行为也越活跃，但对后期的净申购量就不显著了，这是由于基金投资者申购与赎回行为双方的力量相当。基金当期的自购量越大，基金自购当期的净申购量就越大（当期自购与当期净申购显著正相关关系），从而使后一期的基金赎回量越大。

基金在自购当期的业绩与基金后以期的净申购量、申购量在 0.01 的水平下正相关，与后期的赎回量具有不显著的正相关关系。基金净申购量、申购量与自购当期的业绩的正相关关系，说明了在自购行为下，基金投资者会根据基金当期的业绩表现来进行投资决策，若自购行为使基金带来好的业绩，就会使基金投资者继续对基金进行申购，若自购当期取得差的业绩，则基金投资者就不会继续进行申购。基金在自购当期的业绩与基金后一期的赎回不具有显著的相关关系，即使发生自购的基金在当期取得不好的业绩，基金投资者也不会在后期大量地赎回基金，这与基金投资者的"后悔厌恶"心理有关。在基金自购的基金中，基金投资者在后一期的投资决策时，会考虑自购当期的基金业绩，这与在没有或不考虑基金自购行为得出的结论不相同，因此，基金自购后期会使基金投资者更理性进行投资。

在基金自购发生当期和后一期，基金收益率的波动性对基金净申购、申购、赎回的影响是一致的。

在基金自购的后一期，基金规模与基金后期的净申购量变成了不显著了，但与基金后期的申购量变成了显著，而与基金赎回量依然显著。基金后期的申购量与基金自购期的规模正相关，说明了基金投资者在进行申购基金时考虑了基金的规模。基金自购后一期的申购量与基金自购期的规模也正相关，这也是因为只有大规模基金，基金赎回的量才会大的缘故。基金自购后一期的净申购量也正由于基金投资者的申购和赎回行为的力量相当而不显著了。

基金在自购后一期的净申购、申购、赎回量都与基金自购当期的市场收益率正相关，说明无论是在基金自购的当期还是后期，投资者的决策都依据市场情况而定。基金自购当期的市场收益波动性与基金自购后期的净申购已不显著，而与总申购、总赎回依然显著，这可能因为市场波动性越大使基金投资者为了获得投机收益频繁地进出基金，并且申购和赎回的力量相当，所以对净申购量影响不显著，在基金自购的后期，市场波动性并没有显著地吸引投资者更多的资金。

基金家族的规模对基金自购后期的净申购量、申购量、赎量都不具有显著的相关关系。说明了在基金自购后期，基金投资者的投资决策不再考虑基金家族的规模，基金家族的规模对基金净流量、申购量、赎回量的影响不再显著了。

3. 基金自购下基金投资者类型分析

1）模型的构建

通过对基金自购与基金自购当期的流量与基金自购后期的流量分析，得出基金自购对基金当期的净申购量、申购量、赎回具有显著的影响，继续在自购行为发生后，对基金投资者的类型进行分析，分析购买自购基金的投资者主要是长期基金投资者还是依然是短期的基金投机者。对基金投资者主要类型的分析，是通过在基金当期赎回模型中控制基金当期申购实现的，这样可以分析基金当期申购量对基金当期赎回量的影响，从而分析基金投资者在发生自购当期购买的基金是否就在当期赎回，因此建立以下模型：

$$
\begin{aligned}
\mathrm{hf}_t = {} & \alpha + \beta \mathrm{zg}_t + \gamma_1 \mathrm{nf}_{t-1} + \gamma_2 \mathrm{js}_{t-1} + \gamma_3 \mathrm{sti}_{t-1} + \gamma_4 a_{t-1} \\
& + \gamma_5 \mathrm{ti}_{t-1} + \gamma_6 \mathrm{rm}_{t-1} + \gamma_7 \mathrm{stm}_{t-1} + \gamma_8 \mathrm{tf}_{t-1} + \lambda \mathrm{gf}_t
\end{aligned} \tag{10-32}
$$

基金自购对基金后一期的净申购量虽然没有显著的影响作用，但是对基金的申购量、赎回量依然有显著的影响。在基金自购后一期赎回模型中，分别对基金自购当期的申购、基金自购后一期的申购进行控制，分析基金自购当期申购量对自购后一期的赎回的影响，考察基金投资者是否在基金自购后期赎回在自购当期申购的基金；分析基金自购发生后，基金自购后期申购量对基金后期赎回量的影响，考察基金自购后一期基金，投资者是否依然当期申购基金当期就进行赎回，因此建立以下回归模型：

$$
\begin{aligned}
\mathrm{hf}_{t+1} = {} & \alpha + \beta \mathrm{zg}_t + \gamma_1 \mathrm{nf}_t + \gamma_2 \mathrm{js}_t + \gamma_3 \mathrm{sti}_t + \gamma_4 a_t \\
& + \gamma_5 \mathrm{ti}_t + \gamma_6 \mathrm{rm}_t + \gamma_7 \mathrm{stm}_t + \gamma_8 \mathrm{tf}_t + \lambda_1 \mathrm{gf}_t
\end{aligned} \tag{10-33}
$$

$$
\begin{aligned}
\mathrm{hf}_{t+1} = {} & \alpha + \beta \mathrm{zg}_t + \gamma_1 \mathrm{nf}_t + \gamma_2 \mathrm{js}_t + \gamma_3 \mathrm{sti}_t + \gamma_4 a_t \\
& + \gamma_5 \mathrm{ti}_t + \gamma_6 \mathrm{rm}_t + \gamma_7 \mathrm{stm}_t + \gamma_8 \mathrm{tf}_t + \lambda_1 \mathrm{gf}_{t+1}
\end{aligned} \tag{10-34}
$$

$$
\begin{aligned}
\mathrm{hf}_{t+1} = {} & \alpha + \beta \mathrm{zg}_t + \gamma_1 \mathrm{nf}_t + \gamma_2 \mathrm{js}_t + \gamma_3 \mathrm{sti}_t + \gamma_4 a_t \\
& + \gamma_5 \mathrm{ti}_t + \gamma_6 \mathrm{rm}_t + \gamma_7 \mathrm{stm}_t + \gamma_8 \mathrm{tf}_t + \lambda_1 \mathrm{gf}_t + \lambda_2 \mathrm{gf}_{t+1}
\end{aligned} \tag{10-35}
$$

2）实证结果分析

通过采用 2006 ~ 2010 年的季度数据，在控制基金当期申购量的情况下，检验基金自购当期申购量对基金自购当期赎回量的影响，运用 Eviews 软件对式（10-28）、式（10-32）进行回归分析，得出表 10-8 中的结果。

表 10-8 基金自购当期基金投资者类型实证结果

解释变量	式（10-28） 当期赎回量（hf_t）	式（10-32） 当期赎回量（hf_t）
常数（C）	1 061.581 (0.974 0)	44 573.65 ** (0.048 4)
基金的自购量（zg_t）	4.509 515 ** (0.010 2)	0.947 814 (0.435 9)
基金前期的净申购量（nf_{t-1}）	0.189 397 *** (0.004 0)	0.066 863 (0.141 2)
基金前期业绩（js_{t-1}）	12 215 891 (0.318 5)	−853 612.4 (0.919 3)
基金前期的收益率波动率（sti_{t-1}）	−3 268 892 ** (0.041 5)	−3 961 517 *** (0.000 4)
基金前期年龄（a_{t-1}）	−701.989 7 (0.160 0)	−667.869 8 * (0.051 7)
基金前期的规模（ti_{t-1}）	0.115 851 *** (0.000 0)	0.106 631 *** (0.000 0)
市场前期收益率（rm_{t-1}）	120 918.9 *** (0.005 8)	9 541.017 (0.755 1)
市场前期波动性（stm_{t-1}）	18 937.33 *** (0.000 1)	7 196.853 ** (0.032 5)
基金家族前期规模（tf_{t-1}）	31.786 13 (0.180 5)	0.114 858 (0.994 4)
基金当期申购量（gf_t）	—	0.334 911 *** (0.000 0)
R^2	0.274 857	0.660 297
D-W	1.770 430	2.091 725

* 为统计量在 0.1 水平下显著，** 为统计量在 0.05 水平下显著，*** 为统计量在 0.01 水平下显著

在基金自购当期的赎回的模型中，对基金自购当期申购进行控制，即表 10-8 的式（10-32），通过对比没有对基金当期自购总申购进行控制的模型，即表 10-8 的式（10-28），发现基金自购当期赎回量与当期的申购量在 0.01 的显著水平下正相关，并且回归方程的拟合度从 0.274 858 提升到 0.660 297。这说明了基金自购当期的申购量是影响总赎回的重要因素之一，自购当期的申购量对总赎回量有

重要的影响，基金投资者在当期申购的资金，在当期卖出的概率较大，因此即使基金发生自购行为，也不能改变短期投机者在基金购买者中占支配地位的局面。

在加入基金当期总申购量后，基金自购量对基金当期的总赎回的影响不再显著了，说明了基金自购行为对基金当期赎回的影响主要是通过影响基金当期的总申购发挥作用的，即基金自购行为，引起基金当期总申购量的增加，从而引起基金当期总赎回量的增加。

通过采用 2006~2010 年的季度数据，在控制基金当期申购量、后期申购量的情况下，检验基金自购当期基金申购量、后期的申购量对基金自购后期赎回量的影响，运用 Eviews 软件对式（10-31）、式（10-33）、式（10-34）、式（10-35）进行回归分析，得出表 10-9 中的结果。

表 10-9　基金自购后期基金投资者类型实证结果

解释变量	式（10-31）后一期总赎回量（hf_{t+1}）	式（10-33）后一期赎回量（hf_{t+1}）	式（10-34）后一期赎回量（hf_{t+1}）	式（10-35）后一期赎回量（hf_{t+1}）
常数（C）	−16 877.23 (0.641 3)	−31 031.29 (0.178 3)	5 589.088 (0.864 6)	−16 238.60 (0.443 6)
基金当期的自购量（zg_t）	3.770 394 ** (0.033 0)	1.159 451 (0.303 5)	2.640 504 * (0.098 3)	0.692 102 (0.503 1)
基金当期净申购量（nf_t）	0.268 642 *** (0.000 0)	−0.637 8 *** (0.000 0)	0.214 009 *** (0.000 0)	−0.595 423 *** (0.000 0)
基金当期业绩（js_t）	17 391 509 (0.197 6)	13 590 240 (0.113 2)	−2 107 617 (0.865 2)	2 090 383 (0.794 3)
基金当期收益率波动性（sti_t）	−5 915 739 *** (0.000 5)	−1 861 557 * (0.088 2)	−5 746 630 *** (0.000 2)	−2 096 579 ** (0.036 4)
基金当期年龄（a_t）	−238.738 4 (0.633 4)	570.412 3 * (0.076 1)	−78.796 95 (0.861 4)	599.975 7 ** (0.041 9)
基金当期的规模（ti_t）	0.093 494 *** (0.000 0)	−0.011 304 (0.373 8)	0.077 187 *** (0.000 0)	−0.012 461 (0.284 6)
市场当期收益率（rm_t）	163 456.9 *** (0.000 5)	65 561.70 ** (0.028 4)	62 249.31 (0.155 3)	12 380.31 (0.662 2)

续表

解释变量	式（10-31）	式（10-33）	式（10-34）	式（10-35）
	后一期总赎回量（hf_{t+1}）	后一期赎回量（hf_{t+1}）	后一期赎回量（hf_{t+1}）	后一期赎回量（hf_{t+1}）
市场当期波动性（stm_t）	25 027.18 ***	7 617.430 **	16 442.81 ***	3 864.697
	(0.000 0)	(0.019 1)	(0.000 4)	(0.199 9)
基金家族当期规模（tf_t）	34.958 38	21.431 23	35.440 60	22.849 55
	(0.148 8)	(0.163 6)	(0.104 5)	(0.105 2)
基金当期的申购（gf_t）	—	0.831 7 ***	—	0.762 444 ***
		(0.000 0)		(0.000 0)
基金后期的申购（gf_{t+1}）	—	—	0.260 366 ***	0.157 780 ***
			(0.000 0)	(0.000 0)
R^2	0.433 545	0.772 617	0.541 923	0.810 066
D-W	1.846 907	1.981 147	1.899 958	2.053 041

＊为统计量在0.1水平下显著，＊＊为统计量在0.05水平下显著，＊＊＊为统计量在0.01水平下显著

在基金自购后期的赎回模型中，对基金自购当期的申购量进行控制［式（10-33）］，发现基金自购当期的申购量与基金自购后一期的赎回量在0.01的显著水平下正相关，并且模型的拟合度从0.433 545上升到0.772 617。说明了基金投资者在基金自购当期购买的基金分量，在基金自购后期进行大量赎回，基金投资者在发生自购行为的基金中停留的时间不长。在考虑了基金自购当期申购量对基金自购后期的赎回的影响后，基金自购量对后起的基金总赎回影响由显著变成不显著，说明了基金自购是通过增加基金自购当期的申购，对基金后期基金的赎回量发挥作用的，即基金自购能在当期吸引基金投资者的资金，大部分的基金投资者在基金自购的后期将陆续赎回申购的基金。

在基金自购后期的总赎回模型中，考虑了基金自购后期申购对基金自购后期赎回的影响［式（10-34）］，基金自购后期的申购量与基金自购后期的赎回量依然在0.01的显著水平下正相关，其模型的拟合程度也由0.433 545提升到0.541 923。这也说明了在基金自购行为发生的后期，当期申购当期赎回的投资者的概率也是比较大，无论是自购发生当期还是自购行为发生后期，短期投机者占主要支配地位。

同时控制基金自购当期的申购量和后一期的申购量［式（10-35）］，发现基金自购后期的赎回量与自购当期的申购量、后期的申购量在0.01的显著水平下正相关，其模型的拟合度由0.433 545提升到0.810 066。说明了基金自购后一期

的赎回主要是由基金自购当期的申购和基金自购后一期的申购引起的，大部分的基金投资者在基金停留的时间不会超过两个观察时期，即半年。通过比较基金自购当期申购量与后期申购量对基金自购后期总赎回的影响估计参数，0.762 444>0.157 780（两者的单位一致，因此可以相互比较），说明了资金自购后期的赎回主要是由自购当期的申购所引起的，基金投资者在基金自购当期购买的基金份量在后期大量赎回，因此可以拒绝假设27。

4. 基金自购的方向对基金流量的影响

1）模型的构建

利用分组检验的方法，首先把自购分成正自购和负自购两组，分析自购的不同方向对基金自购流量的影响，建立以下实证模型：

$$nf_t = \alpha + \beta_1 zg_t \times I(zg_t < 0) + \beta_2 zg_t \times I(zg_t \geq 0) + \gamma_1 nf_{t-1} + \gamma_2 js_{t-1}$$
$$+ \gamma_3 sti_{t-1} + \gamma_4 a_{t-1} + \gamma_5 ti_{t-1} + \gamma_6 rm_{t-1} + \gamma_7 stm_{t-1} + \gamma_8 tf_{t-1} \quad (10\text{-}36)$$

$$gf_t = \alpha + \beta_1 zg_t \times I(zg_t < 0) + \beta_2 zg_t \times I(zg_t \geq 0) + \gamma_1 nf_{t-1} + \gamma_2 js_{t-1}$$
$$+ \gamma_3 sti_{t-1} + \gamma_4 a_{t-1} + \gamma_5 ti_{t-1} + \gamma_6 rm_{t-1} + \gamma_7 stm_{t-1} + \gamma_8 tf_{t-1} \quad (10\text{-}37)$$

$$hf_t = \alpha + \beta_1 zg_t \times I(zg_t < 0) + \beta_2 zg_t \times I(zg_t \geq 0) + \gamma_1 nf_{t-1} + \gamma_2 js_{t-1}$$
$$+ \gamma_3 sti_{t-1} + \gamma_4 a_{t-1} + \gamma_5 ti_{t-1} + \gamma_6 rm_{t-1} + \gamma_7 stm_{t-1} + \gamma_8 tf_{t-1} \quad (10\text{-}38)$$

其中，I 是一个虚拟变量，当 sb_t 的值在括号内时，I 取 1，否则取 0。

与以上分析相同，基金自购对基金自购后期的净申购量没有显著的影响，但对基金自购后期的总申购量、总赎回量依然有显著的影响，继续分析基金自购的方向对后期基金流量的影响，建立以下实证模型：

$$nf_{t+1} = \alpha + \beta_1 zg_t \times I(zg_t < 0) + \beta_2 zg_t \times I(zg_t \geq 0) + \gamma_1 nf_t + \gamma_2 js_t$$
$$+ \gamma_3 sti_t + \gamma_4 a_t + \gamma_5 ti_t + \gamma_6 rm_t + \gamma_7 stm_t + \gamma_8 tf_t \quad (10\text{-}39)$$

$$gf_{t+1} = \alpha + \beta_1 zg_t \times I(zg_t < 0) + \beta_2 zg_t \times I(zg_t \geq 0) + \gamma_1 nf_t + \gamma_2 js_t$$
$$+ \gamma_3 sti_t + \gamma_4 a_t + \gamma_5 ti_t + \gamma_6 rm_t + \gamma_7 stm_t + \gamma_8 tf_t \quad (10\text{-}40)$$

$$hf_{t+1} = \alpha + \beta_1 zg_t \times I(zg_t < 0) + \beta_2 zg_t \times I(zg_t \geq 0) + \gamma_1 nf_t + \gamma_2 js_t$$
$$+ \gamma_3 sti_t + \gamma_4 a_t + \gamma_5 ti_t + \gamma_6 rm_t + \gamma_7 stm_t + \gamma_8 tf_t \quad (10\text{-}41)$$

2）实证结果分析

通过采用 2006～2010 年的季度数据，检验基金自购的方向对基金当期流量的影响，运用 Eviews 软件对式（10-36）、式（10-37）、式（10-38）进行回归分析，得出表 10-10 中的结果。

表 10-10　基金自购的方向对基金当期流量影响的实证结果

解释变量	式（10-36）	式（10-37）	式（10-38）
	当期净申购量（nf_t）	当期总申购量（gf_t）	当期总赎回量（hf_t）
常数（C）	−131 976.1 **	−134 470.2 *	−2 494.132
	（0.012 3）	（0.059 5）	（0.938 9）
基金当期的负自购量（$zg_t < 0$）	4.929 206	5.156 420	0.227 214
	（0.354 0）	（0.474 9）	（0.945 1）
基金当期的正自购量（$zg_t \geq 0$）	6.941 358 *	14.372 78 **	7.431 423 ***
	（0.096 4）	（0.011 5）	（0.004 4）
基金前期净申购量（nf_{t-1}）	0.176 039 *	0.363 875 **	0.187 836 ***
	（0.093 5）	（0.010 9）	（0.004 2）
基金前期业绩（js_{t-1}）	27 008 032	39 940 292	12 932 260
	（0.170 0）	（0.135 0）	（0.290 0）
基金前期收益率波动性（sti_{t-1}）	5 452 236 **	2 595 999	−2 856 237 *
	（0.036 7）	（0.461 9）	（0.077 9）
基金前期年龄（a_{t-1}）	579.235 8	−197.497 9	−776.733 7
	（0.471 4）	（0.856 4）	（0.121 0）
基金前期的规模（ti_{t-1}）	−0.089 613 ***	0.021 615	0.111 229 ***
	（0.002 3）	（0.583 6）	（0.000 0）
市场前期收益率（rm_{t-1}）	211 768.6 ***	333 144.8 ***	121 376.1 ***
	（0.002 6）	（0.000 5）	（0.005 5）
市场前期波动性（stm_{t-1}）	15 927.50 **	34 182.02 ***	18 254.51 ***
	（0.039 3）	（0.001 2）	（0.000 2）
基金家族前期规模（tf_{t-1}）	59.445 75	79.293 46	19.847 71
	（0.138 6）	（0.145 5）	（0.425 5）
R^2	0.136 834	0.159 975	0.281 835
D-W	2.125 107	1.911 624	1.752 106
Prob（F-statistic）	0.000 088	0.000 006	0.000 000

*为统计量在0.1水平下显著，**为统计量在0.05水平下显著，***为统计量在0.01水平下显著

　　实证结果表明，基金流量与基金自购的关系是不对称的。基金管理公司的赎回自购份额对基金当期的净申购、申购、赎回都没有显著的影响，而基金管理公司的净申购量与基金当期的净申购在0.1的显著水平下正相关、与基金当期的总申购量在0.05的显著水平下正相关、与基金当期的赎回也在0.1的显著水平下

正相关。基金发生正自购时，能引起基金流量的变化，但基金发生负自购时，基金的流量变化不大。基金投资者在基金管理公司发生正自购时，会跟随其进行申购基金，但基金管理公司发生负自购时，基金投资者并不会跟随赎回基金。

　　基金的正自购与基金当期的赎回在 0.01 的显著水平下显著，基金的正自购越多则赎回量就越大，这是短期投机者占支配地位的缘故。

　　通过采用 2006～2010 年的季度数据，检验基金自购的方向对基金后期流量的影响，运用 Eviews 软件对式（10-39）、式（10-40）、式（10-41）进行回归分析，得出表 10-11 中的结果。

表 10-11　基金自购的方向对基金后期流量影响的实证结果

解释变量	式（10-39） 后期净申购量（nf_{t+1}）	式（10-40） 后期申购量（gf_{t+1}）	式（10-41） 后期赎回量（hf_{t+1}）
常数（C）	−85 770.14 (0.128 0)	−113 639.4 (0.063 8)	−27 869.28 (0.447 1)
基金当期的负自购量（$zg_t<0$）	−6.604 132 (0.193 0)	−7.653 426 (0.165 1)	−1.049 293 (0.750 5)
基金当期的正自购量（$zg_t\geqslant0$）	5.578 209 (0.166 7)	12.714 08 *** (0.004 0)	7.135 867 *** (0.007 0)
基金当期净申购量（nf_t）	−0.052 111 (0.403 0)	0.221 033 *** (0.001 2)	0.273 144 *** (0.000 0)
基金当期业绩（js_t）	59 013 191 *** (0.004 5)	77 421 612 *** (0.000 6)	18 408 421 (0.171 4)
基金当期收益率波动性（sti_t）	6 032 863 ** (0.021 5)	632 212.9 (0.823 6)	−5 400 650 *** (0.001 7)
基金当期年龄（a_t）	−505.555 1 (0.510 9)	−831.638 3 (0.319 9)	−326.083 2 (0.515 3)
基金当期的规模（ti_t）	−0.037 541 (0.177 5)	0.051 467 (0.089 3)	0.089 008 *** (0.000 0)
市场当期收益率（rm_t）	230 935.6 *** (0.001 2)	398 208.8 *** (0.000 0)	167 273.2 *** (0.000 3)
市场当期波动性（stm_t）	8 588.878 (0.250 6)	34 049.89 (0.000 0)	25 461.02 *** (0.000 0)

续表

解释变量	式（10-39）	式（10-40）	式（10-41）
	后期净申购量（nf_{t+1}）	后期申购量（gf_{t+1}）	后期赎回量（hf_{t+1}）
基金家族当期规模（tf_t）	-54.732 20	-31.815 20	22.917 00
	(0.155 4)	(0.446 6)	(0.360 8)
R^2	0.125 093	0.267 839	0.440 484
D-W	1.862 007	1.770 231	1.824 736

* 为统计量在 0.1 水平下显著，** 为统计量在 0.05 水平下显著，*** 为统计量在 0.01 水平下显著

从实证结果发现，基金的负自购与基金自购后期的净申购量、申购量、赎回量依然不相关，基金的正自购量与基金自购后期的购量、赎回量在 0.01 的显著水平下正相关。基金自购的方向对基金后期申购和赎回的影响与对基金自购当期的申购和赎回的影响方向是一致的，但其影响程度是不相同的，基金的正自购对基金后期的申购的影响和赎回的影响相当，使得基金正自购对基金后期的净申购的影响不显著，这也与基金自购对基金后一期流量的影响结果一致。从基金自购方向对基金当期流量和后期流量影响的实证结果得出，基金自购的方向对基金流量的影响是不对称的，接受假设 28。

5. 不同基金自购量对基金流量的影响

1）模型的建立

分析了基金自购的方向对基金流量的影响，继续分析不同的基金自购量对基金流量的影响，分析基金流量对不同自购量的敏感度。本实证继续利用上小节采用的方法，把基金自购的数量分成四组。首先把基金自购量分成正自购和负自购两组，再分别对两组的数据进行四分位排序，正自购组中在较大的四分位把正自购组分成两组，负自购组中在较小的四分位把负自购组分成两组。第一组为基金自购量，为 [-27 480，-4499]，共 24 个样本；第二组为基金自购量，为 [-4500，0]，共 73 个样本；第三组为基金自购量，为 [0，2999]，共 115 个样本；第四组为基金自购量，为 [3000，45 000]，共 39 个样本，建立以下的回归模型：

$$nf_t = \alpha + \beta_1 zg_t \times I(zg_t < -4500) + \beta_2 zg_t \times I(-4500 \leqslant zg_t < 0) + \beta_3 zg_t$$
$$\times I(0 \leqslant zg_t < 3000) + \beta_4 zg_t \times I(zg_t \geqslant 3000) + \gamma_1 nf_{t-1} + \gamma_2 js_{t-1}$$
$$+ \gamma_3 sti_{t-1} + \gamma_4 a_{t-1} + \gamma_5 ti_{t-1} + \gamma_6 rm_{t-1} + \gamma_7 stm_{t-1} + \gamma_8 tf_{t-1} \qquad (10-42)$$
$$gf_t = \alpha + \beta_1 zg_t \times I(zg_t < -4500) + \beta_2 sb_t \times I(-4500 \leqslant sb < 0) + \beta_3 sb_t$$
$$\times I(0 \leqslant zg_t < 3000) + \beta_4 zg_t \times I(zg_t \geqslant 3000) + \gamma_1 nf_{t-1} + \gamma_2 js_{t-1}$$

$$+ \gamma_3 \mathrm{sti}_{t-1} + \gamma_4 a_{t-1} + \gamma_5 \mathrm{ti}_{t-1} + \gamma_6 \mathrm{rm}_{t-1} + \gamma_7 \mathrm{stm}_{t-1} + \gamma_8 \mathrm{tf}_{t-1} \quad (10\text{-}43)$$

$$\begin{aligned} \mathrm{hf}_t &= \alpha + \beta_1 \mathrm{zg}_t \times I(\mathrm{zg}_t < -4500) + \beta_2 \mathrm{zg}_t \times I(-4500 \leqslant \mathrm{zg}_t < 0) + \beta_3 \mathrm{zg}_t \\ &\times I(0 \leqslant \mathrm{zg}_t < 3000) + \beta_4 \mathrm{zg}_t \times I(\mathrm{zg}_t \geqslant 3000) + \gamma_1 \mathrm{nf}_{t-1} + \gamma_2 \mathrm{js}_{t-1} \\ &+ \gamma_3 \mathrm{sti}_{t-1} + \gamma_4 a_{t-1} + \gamma_5 \mathrm{ti}_{t-1} + \gamma_6 \mathrm{rm}_{t-1} + \gamma_7 \mathrm{stm}_{t-1} + \gamma_8 \mathrm{tf}_{t-1} \quad (10\text{-}44) \end{aligned}$$

不同的自购量对基金后期流量的影响，建立以下实证模型：

$$\begin{aligned} \mathrm{nf}_{t+1} &= \alpha + \beta_1 \mathrm{zg}_t \times I(\mathrm{zg}_t < -4500) + \beta_2 \mathrm{zg}_t \times I(-4500 \leqslant \mathrm{zg}_t < 0) + \beta_3 \mathrm{sb}_t \\ &\times I(0 \leqslant \mathrm{zg}_t < 3000) + \beta_4 \mathrm{zg}_t \times I(\mathrm{zg}_t \geqslant 3000) + \gamma_1 \mathrm{nf}_t + \gamma_2 \mathrm{js}_t \\ &+ \gamma_3 \mathrm{sti}_t + \gamma_4 a_t + \gamma_5 \mathrm{ti}_t + \gamma_6 \mathrm{rm}_t + \gamma_7 \mathrm{stm}_t + \gamma_8 \mathrm{tf}_t \quad (10\text{-}45) \end{aligned}$$

$$\begin{aligned} \mathrm{gf}_{t+1} &= \alpha + \beta_1 \mathrm{zg}_t \times I(\mathrm{zg}_t < -4500) + \beta_2 \mathrm{zg}_t \times I(-4500 \leqslant \mathrm{zg}_t < 0) + \beta_3 \mathrm{sb}_t \\ &\times I(0 \leqslant \mathrm{zg}_t < 3000) + \beta_4 \mathrm{zg}_t \times I(\mathrm{zg}_t \geqslant 3000) + \gamma_1 \mathrm{nf}_t + \gamma_2 \mathrm{js}_t \\ &+ \gamma_3 \mathrm{sti}_t + \gamma_4 a_t + \gamma_5 \mathrm{ti}_t + \gamma_6 \mathrm{rm}_t + \gamma_7 \mathrm{stm}_t + \gamma_8 \mathrm{tf}_t \quad (10\text{-}46) \end{aligned}$$

$$\begin{aligned} \mathrm{hf}_{t+1} &= \alpha + \beta_1 \mathrm{zg}_t \times I(\mathrm{zg}_t < -4500) + \beta_2 \mathrm{zg}_t \times I(-4500 \leqslant \mathrm{zg}_t < 0) + \beta_3 \mathrm{sb}_t \\ &\times I(0 \leqslant \mathrm{zg}_t < 3000) + \beta_4 \mathrm{zg}_t \times I(\mathrm{zg}_t \geqslant 3000) + \gamma_1 \mathrm{nf}_t + \gamma_2 \mathrm{js}_t \\ &+ \gamma_3 \mathrm{sti}_t + \gamma_4 a_t + \gamma_5 \mathrm{ti}_t + \gamma_6 \mathrm{rm}_t + \gamma_7 \mathrm{stm}_t + \gamma_8 \mathrm{tf}_t \quad (10\text{-}47) \end{aligned}$$

2）实证结果分析

通过采用 2006~2010 年的季度数据，检验不同基金自购量对基金当期流量的影响，运用 Eviews 软件对式（10-42）、式（10-43）、式（10-44）进行回归分析，得出表 10-12 中的结果。

表 10-12　不同基金自购量对基金当期流量的影响实证结果

解释变量	式（10-42）	式（10-43）	式（10-44）
	当期净申购量（nf_t）	当期申购量（gf_t）	当期赎回量（hf_t）
常数（C）	−144 589.4 ** （0.013 9）	−137 339.8 * （0.084 9）	7 249.571 （0.842 6）
基金自购量（$\mathrm{zg}_t < -4500$）	2.295 474 （0.676 7）	2.333 974 （0.755 2）	0.038 500 （0.991 1）
基金自购量（$-4500 \leqslant \mathrm{zg}_t < 0$）	19.207 83 （0.297 9）	27.433 99 （0.274 5）	8.226 164 （0.475 4）
基金自购量（$0 \leqslant \mathrm{zg}_t < 3000$）	35.330 71 （0.182 0）	36.295 44 （0.313 1）	0.964 730 （0.953 4）
基金自购量（$\mathrm{zg}_t \geqslant 3000$）	6 950 180 * （0.097 1）	14.190 89 ** （0.013 1）	7.240 712 *** （0.005 9）

续表

解释变量	式（10-42） 当期净申购量（nf$_t$）	式（10-43） 当期申购量（gf$_t$）	式（10-44） 当期赎回量（hf$_t$）
基金前期净申购量（nf$_{t-1}$）	0.173 516 * （0.097 6）	0.362 015 ** （0.011 4）	0.188 499 *** （0.004 2）
基金前期业绩（js$_{t-1}$）	29 331 168 （0.136 5）	42 810 858 （0.110 3）	13 479 690 （0.273 1）
基金前期收益率波动性（sti$_t$）	5 769 709 ** （0.027 5）	3 020 727 （0.394 2）	-2 748 982 * （0.092 2）
基金前期年龄（a_{t-1}）	707.703 7 （0.379 8）	-58.818 41 （0.957 2）	-766.522 1 （0.128 6）
基金前期的规模（ti$_{t-1}$）	-0.095 24 *** （0.001 3）	0.013 9 73 （0.726 5）	0.109 210 *** （0.000 0）
市场前期收益率（rm$_{t-1}$）	208 325.9 *** （0.003 4）	325 031 *** （0.000 8）	116 705.1 *** （0.008 4）
市场前期波动性（stm$_{t-1}$）	16 659.14 ** （0.031 4）	34 744.05 *** （0.001 0）	18 084.91 *** （0.000 2）
基金家族前期规模（tf$_{t-1}$）	54.218 07 （0.188 9）	69.482 82 （0.215 7）	15.264 75 （0.553 3）
R-squared	0.148 236	0.167 428	0.283 448
D-W	2.095 247	1.893 161	1.766 345

* 为统计量在 0.1 水平下显著，** 为统计量在 0.05 水平下显著，*** 为统计量在 0.01 水平下显著

把基金自购量分组后，只有第一组，即基金管理公司大量赎回基金，才对基金流量具有显著的正作用，而在其他组对基金流量的影响作用是不显著的。但是通过对比其影响系数 35.330 71>19.207 83>6.950 180>2.295 474 发现，基金自购量对基金流量的影响并不是线性的，具有凸性，如图 10-3 所示。当基金管理公司申购基金时，每增加一单位的自购量对基金流量的影响程度是不相同的，在基金正自购量较低时，每增加一单位的正自购量带来的基金净申购量较大，在基金正自购量较大时，增加一单位正自购量带来的基金净申购量就较小。相同地，在基金负自购量较小时，即基金公司赎回量较低时，每赎回一单位的基金，减少的基金分量较大，在基金负自购量较大时，基金公司增加一单位的赎回量，减少的基金分量就较小。但自购在正自购量较大时，表现出显著的相关关系，在其他自购量区间的相关关系都在统计上不显著，结合以上自购方向对基金流量的影响

的结论，可以得出：基金公司发生正自购时，除非申购量较大，否则正自购的产生的效果差异是不显著的。

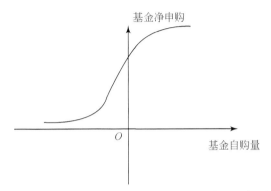

图 10-3　基金自购与基金当期净申购量关系示意图

通过采用 2006~2010 年的季度数据，检验不同的基金自购量对基金后一期流量的影响，运用 Eviews 软件对式（10-45）、式（10-46）、式（10-47）进行回归分析，得出表 10-13 中的结果。

表 10-13　不同申购量对基金后期流量的影响实证结果

解释变量	式（10-45）	式（10-46）	式（10-47）
	后一期净申购量（nf_{t+1}）	后一期申购量（gf_{t+1}）	后一期赎回量（hf_{t+1}）
常数（C）	−120 764.3 * (0.050 1)	−130 935.4 * (0.051 6)	−10 171.12 (0.799 7)
基金自购量（$zg_t < -4500$）	−7.798 470 (0.137 4)	−8.166 466 (0.153 8)	−0.367 996 (0.914 3)
基金自购量（$-4500 \leqslant zg_t < 0$）	−20.574 68 (0.246 7)	−15.146 70 (0.434 0)	5.427 984 (0.639 3)
基金自购量（$0 \leqslant zg_t < 3000$）	43.115 81 * (0.090 2)	30.536 40 (0.270 6)	−12.579 41 (0.447 9)
基金自购量（$zg_t \geqslant 3000$）	6.295 689 (0.121 7)	13.070 98 *** (0.003 4)	6.775 292 ** (0.011 1)
基金当期净申购量（nf_t）	−0.058 785 (0.346 7)	0.217 931 *** (0.001 5)	0.276 716 *** (0.000 0)

续表

解释变量	式（10-45）后一期净申购量（nf$_{t+1}$）	式（10-46）后一期申购量（gf$_{t+1}$）	式（10-47）后一期赎回量（hf$_{t+1}$）
基金当期业绩（js$_t$）	60 281 396 *** (0.003 8)	78 003 948 *** (0.000 6)	17 722 552 (0.188 9)
基金前期收益率波动性（sti$_t$）	5 872 350 ** (0.025 2)	551 278.0 (0.846 5)	−5 321 072 *** (0.002 0)
基金当期年龄（a$_t$）	−462.551 3 (0.549 6)	−815.383 7 (0.334 0)	−352.832 5 (0.484 6)
基金当期的规模（ti$_t$）	−0.037 289 (0.182 2)	0.051 736 * (0.090 2)	0.089 025 *** (0.000 0)
市场当期收益率（rm$_t$）	236 683.1 ** (0.001 0)	400 475.0 *** (0.000 0)	163 791.9 *** (0.000 5)
市场当期波动性（stm$_t$）	9 721.640 (0.196 9)	34 624.49 *** (0.000 0)	24 902.85 *** (0.000 0)
基金家族当期规模（tf$_t$）	−45.328 09 (0.252 6)	−26.908 56 (0.533 2)	18.419 53 (0.476 0)
R^2	0.133 460	0.269 213	0.443 906
D-W	1.830 909	1.754 366	1.831 933

* 为统计量在 0.1 水平下显著，** 为统计量在 0.05 水平下显著，*** 为统计量在 0.01 水平下显著

从以上的实证结果发现，当 zg$_t$ < −4500，−4500 ≤ zg$_t$ < 0 时，基金自购量与基金后一期申购量的具有负的相关关系，基金负自购量越大，即基金管理公司赎回量越大，基金后一期的申购就越大。基金管理公司的赎回行为并没有在后一期引起基金申购量的减少，反而增大。zg$_t$ < −4500 时，基金自购量与基金后一期的赎回量成反比，基金管理公司赎回量越大，基金后一期的赎回量就越大。当 −4500 ≤ zg$_t$ < 0 时，基金自购量与基金后一期赎回量成正比，基金管理公司赎回量越大，基金的赎回量就会越小，基金投资者并不会因为基金管理公司的赎回而赎回基金，反而会减少赎回量。当 zg$_t$ < −4500，−4500 ≤ zg$_t$ < 0 时，基金自购量与基金净申购量成反比，基金管理公司赎回其基金份额时，并不会引起基金的净申购量的减少，反而增大。而在区间 −4500 ≤ zg$_t$ < 0 时，基金管理公司赎回引起的净申购量增大的程度较在区间 sb$_t$ < −4500 的大。

当 0 ≤ zg$_t$ < 3000，zg$_t$ ≥ 3000 时，基金自购量与基金自购后一期净申购、申购量正相关关系，即基金管理公司申购的基金越大，在基金后一期会引起更多的

资金流入基金。当 $0 \leq zg_t < 3000$ 时，基金管理公司申购量越大，基金后一期的赎回量就越小；但当 $zg_t \geq 3000$ 时，基金申购量越大，基金后一期的赎回量反而越大。总体上当 $zg_t \geq 0$ 时，基金管理公司申购基金时，都会在后一期引起资金流入基金，但是这并不是线性的，当 $0 \leq zg_t < 3000$ 时，基金管理公司增加一单位的自购量增加的净申购量较当 $zg_t \geq 3000$ 时的大。

可以发现，无论基金管理公司自购的方向如何，基金后一期的净申购量都会增加，当基金管理公司的申购量和赎回量较大时，引起基金后一期的净申购的变大程度较在申购量和赎回量较小的情况下小，基金自购与基金流量的关系并不对称的（图 10-4），但这种现象在统计上并不严格显著。这种现象可以解释为：基金管理公司正自购，可以带来基金投资者信息，诱使基金投资者购买基金；基金管理公司的自购，一般是发生在市场恢复阶段，市场收益率较高，能使投资者进入基金市场；但在基金管理公司大量赎回和申购时，基金投者的敏感度变小了，因此使基金后一期的净申购也相应地减少。对不同基金自购量进行实证研究得出，不同基金自购量对基金当期、后一期流量的影响是不相同的，但关系是不显著的，因此假设 29 不能得到验证。

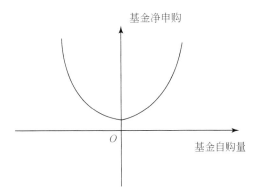

图 10-4 基金自购与基金后一期净申购量的关系示意图

（三）结果与讨论

实证研究发现，无论是基金管理公司申购基金还是基金管理公司赎回基金，基金自购行为并没有提高基金的业绩。基金自购行为并不能促使基金管理公司、基金经理更努力去搜索投资信息增加基金的业绩。从样本描述性统计分析得出，基金自购行为主要发生在市场收益率较低的情况下，即熊市，因此可以认为基金自购行为的主要目的是增强基金投资者的市场信心，吸引基金投资的资金，基金投资者并没有从基金自购行为中获取更多的超量收益，只获得了市场的总体表现所带来的收益。

实证结果表明，基金自购并不能提高基金的业绩，而理论分析得出基金自购能增加基金投资基金的业绩，理论分析与实证分析的结果不一致。这可能是因为在理论模型中假设基金投资者为理性投资者，而在现实市场中，基金投资者多为非理性的；在理论模型中，基金投资者、基金管理公司、基金经理为一阶静态博弈，而在现实中，为多阶段博弈。

基金自购行为在当期能同时增加基金的申购量和赎回量，但申购量的增加较赎回量的大，因此引起资金流入基金。基金自购量越大，资金的净流入越大。在基金自购行为下，基金投资者依然不会根据前期业绩进行投资决策；而基金收益的波动性、市场的收益率、市场收益率波动性及基金家族的规模越大，越能使投资者的资金流入，但对基金投资者的申购和赎回行为的影响不尽一致；基金的年龄对基金投资的投资决策没有影响作用，即基金投资者不再考虑基金的年龄。

基金自购的后一期，基金投资者不再根据基金自购行为进行申购基金，并且赎回在基金自购当期购买的基金，基金自购已不再使资金在自购后一期流入基金。在基金自购的后一期，基金投资者会根据自购当期基金的业绩高低进行投资，自购当期的基金业绩越高，资金流入基金的量就越大，但在基金自购当期不能取得好的业绩时，基金投资者也不会由于低业绩的缘故而赎回基金。说明了基金投资者在自购后一期，会依据基金表现进行投资决策，但是在基金取得差的业绩时，基金投资者也不会立刻赎回其基金，表现出"后悔厌恶"的心理。基金自购引起基金投资者在自购基金当期、后一期频繁买卖基金份额，诱导基金投资者"过度交易"，在这种情况下，基金管理公司收取了更多的手续费用。

基金正自购，即基金管理公司对其旗下的基金进行申购，能增加基金当期的净申购量、申购量、赎回量；也能增加基金自购后一期的申购量和赎回量，但增加的程度相当，致使基金正自购对基金后一期净申购量的影响不显著。基金负自购，即基金管理公司赎回已购买的基金，对基金当期、后一期的基金流量没有显著的影响。因此，可以得出：基金管理公司自购行为在基金当期能有效地吸进基金投资者的资金，增大基金的规模；同时在基金管理公司的资金撤离基金时，并不引起基金投资者资金的撤离。因此基金自购不仅可以吸引基金投资者的资金，并且能够把基金投资者的资金留在基金中。

不同的基金自购量对不同时期的基金流量的影响是不一样的。基金管理公司赎回基金份额，基金当期的净申购量也同时减少，基金管理公司申购基金份额，基金的净申购量也同时增加，当基金管理公司在大量申购、大量赎回时，基金净申购量对基金管理公司的自购变化的敏感性降低，但这些关系都是不显著的。基金公司发生正自购时，除非申购量较大，否者正自购的产生的效果差异是不显著的。

　　基金自购行为发生后，并没有改变基金投资者的类型，短期投资者依然占支配地位。基金投资者在基金自购发生的当期购买的大部分基金都会在当期或者在后一期就会赎回；基金自购发生后一期购买的大部分基金也会在购买当期进行赎回。基金自购引起的基金赎回量的增加，主要是通过增加基金申购量发挥作用的，即基金自购引起基金申购量的增加，同时引起基金赎回量的增加，但申购量较赎回量大，因此引起基金净申购量的增加。

　　综合以上结论，可以发现，基金自购并不能为基金投资者带来更高的收益，也不能为基金管理公司实现资金增值的目的；但基金自购能吸引基金投资者的资金，并诱导基金投资者频繁申购和赎回基金，使基金管理公司从中获得大量的管理费及手续费的收入。

第四篇

实　践　篇

第十一章 中国基金激励机制设计与优化

第一节 国内外基金激励经验借鉴

一、美国基金激励经验

美国共同基金管理费的收取由双方自主协商，但是基金投资者可以对不合理的基金管理费申请司法救济。目前美国基金管理费的收取主要有两种情况：一种是收取固定比率的管理费；另一种是在固定比率的管理费基础上再收取一个激励费。激励费是基金业绩与某一基准比较之后，从差额部分提取一定比例支付给基金管理公司，该基准可以理解为基金投资者的预期收益率。提取激励费的基金管理公司的收入可分为两部分，即固定比例的管理费和可变的激励费。而且激励费比率是围绕着某一基准对称分布，在一个较小的区间内运行，其目的是使基金管理公司的利益与投资者的利益保持一致，从而采取有利于基金投资者利益的行为。在美国，不管是哪一种情况，其总的费率是比较低的，大约在1%左右，有的甚至只有0.7%。研究发现，美国基金管理费的比率波动比较小，一直维持在1%左右。激励费制度在美国共同基金中的运用并不是很广泛，管理费以固定的费率为主，在1999年6716只债券和股票共同基金中，只有108只（1.7%）提取激励费，所有的货币市场基金不提取激励费，但在1990~1999年，提取激励费的基金的资产增长速度超过共同基金的整体增长速度。根据Elton等（2001）的研究发现，在他们所研究的样本中，平均每只基金每年的激励费为净资产的-0.006%，这说明采用激励费安排的基金的整体业绩低于其评价基准，基金获得正的激励费的年数与获得负的激励费的年数相等（样本考察期为1990~1999年）。从不同的基金类型看，股票基金整体上获得略负的激励费，这个结果在10%的水平上是显著的，并且多数股票基金获得负的激励费；国际基金整体上获得正的激励费，这个结果在1%的水平上是显著的，激励费在国际基金的运作中的确发挥了作用。

2005年，美国证券交易委员会为了增加基金经理收入的透明度，给投资者更多信息去判断基金经理是为谁投资，规定所有美国共同基金必须公开基金经理是否持有所管理的基金及投资金额的信息。法规出台后，不少基金经理也随之自购其管理的基金。研究发现基金经理自购行为的确与基金将来的表现相关，基金经理的持有量每增加 1 个基点，基金的超额收益就会增加 3 ~ 5 个基点。晨星美国 2008 年的一份研究报告通过对比晨星精选基金和表现落后的基金发现，晨星精选基金的基金经理自购资金平均在 35. 4 万美元左右，而表现落后基金的基金经理平均仅购买了 5. 2 万美元，相差近 7 倍，在 187 只精选基金中有 32 只的基金经理持有基金资产超过 100 万美元。

二、中国基金激励经验

目前在中国作为基金管理人的基金管理公司对基金经理普遍实行的是固定工资加奖金的激励制度，包括一些隐性福利。基金经理的酬劳是根据其所管理基金的基金管理费的一定比率计提，基金经理的年薪为 30 万 ~ 100 万，有些可达 200 万 ~ 400 万，甚至上千万。酬劳按照其所管理基金的基金管理费的一定比率进行计提，这样可以使基金管理人和基金经理的利益取得一致，实际上是一种收益分成制报酬模式，使基金经理考虑如何提高基金管理费，进而提高基金管理人的收入，这对基金管理人是有利的，可以在一定程度上消除基金经理的代理风险。但是中国公募基金目前实行的是固定管理费制度，按照基金净资产每日计提、按月结算，所以提高基金管理费最主要的是要提高其所管理基金资产的规模，这有多种方式。例如，可以通过努力管理基金使基金净资产收益率上升，投资者增加申购进而使得基金净资产上升，也可以通过基金的持续营销使基金净资产上升，而后一种方式对基金投资者是不利的。这样一种与基金管理费挂钩的显性激励机制，可能不会给一些能力强的基金经理以较强的激励，此时基金经理将有寻租的动机，运用自己的权利为自己增加新的收入，基金经理的"老鼠仓"事件也就是其造成的。

以中国基金在 2009 年度的分红数额与管理费用之间的关系可以看到管理费激励的不足。在这里我们只考虑开放式股票型基金（指数型基金除外），理由是此类基金更能够体现管理费的激励作用。

从图 11-1 可以看出，中国开放式股票型基金在 2009 年度累计分红与管理费用之间没有正向的联系，即基金分红额度高，其收取的管理费用并不一定高。本书第六章的实证从流业绩关系的角度也证明了管理费激励的非有效性。

在只收管理费的情况下，基金经理赚取利润靠做大基金规模，与基金业绩无关，而基金投资者追求基金净值的增长，投资者与基金经理效用函数有偏差。中

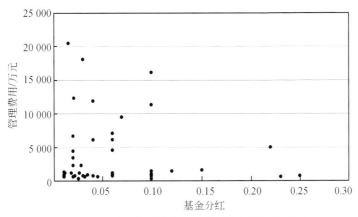

图 11-1 中国基金累计分红与管理费用之间的关系

国基金管理费激励机制的缺陷己引起诸多学者及实践人士的关注，早在 1999 年 6 月 4 日颁布的《中国证监会关于同意设立裕隆证券投资基金的批复》中明确规定，"基金可分配净收益率超过同期银行一年定期储蓄存款利率 20% 以上的部分"，期望通过实行基金业绩提成，将基金投资者和基金经理的利益捆绑在一起，健全激励机制，这实际上是一种业绩比较激励机制，一年定期储蓄存款利率为比较的基准。但在 2001 年 9 月，中国证监会又发布《关于证券投资基金业绩报酬有关问题的通知》，要求新设立的基金不得提取业绩报酬，已设立的基金允许提取业绩报酬的，可执行至 2001 年年底。因为如果实行业绩提成，基金经理为了更高回报，可能会片面追求净值增长而忽视风险。2001 年禁止基金业绩提成，监管层就是出于防范基金运作风险和保护投资者利益的考虑，担心基金经理为了提升业绩，而忽视风险控制。显然，业绩提成激励机制只有奖励，而没有惩罚是被禁止的主要原因。

　　而后基金经理激励一直采取管理费激励的形式，直到 2007 年 8 月 6 日，华宝兴业推出面向基金经理的首份激励计划，具体的安排是：根据基金经理购买的基金份额，公司同时用自有资本金按 1：1 的比例投资和持有相应的基金份额，公司持有基金部分的投资收益最终将归该基金的基金经理所有。激励计划特别设定了每名基金经理持有自己管理的基金份额的时间最少不能低于一年半的锁定期，并且鼓励基金经理长期持有自己管理的基金，相应的，公司资本金投资的那部分基金份额持有时间会与基金经理保持一致。公募基金激励机制不足已经成为一个明显问题，该方案出台让基金公司、基金经理和基金投资者持有同一只基金的份额，将三者的利益有机结合，可能没有什么安排能够比这种安排能更好地建立起彼此信任了。但该方案激励力度明显不够，公司用自有资本购买的基金金额仅为 20 万~45 万元，相对 30 万~100 万的基金经理年薪而言激励程度有限。华宝兴业推出的激励计划，按照基金经理投入 45 万元计算，假设基金一年的收益为 100%，收益最大的基金经理也不过几十万元，这与私募动辄几百万的收入相比，还是相差甚远。虽然对于激励计划的推出，基金经理们普遍表示欢迎，但对于激励计划最终的效果，从目前来看仍然是意义大于实质。

自 2007 年 6 月 14 日中国证监会发布通知放开基金从业人员投资开放式基金后，基金行业推出覆盖旗下全部基金产品并具有强化激励机制的基金经理持基激励机制的基金公司只有华宝兴业基金公司一家，有的基金公司曾想模仿，最后却未能成功。持基激励机制确实是对基金投资者更有利的安排，但同时也对基金经理提出了更高的要求，其推行需要公司管理层和投资研究团队就维护基金投资者的利益达成高度的共识。国内目前在基金经理稀缺的背景下，受制于法规及观念的约束，持基激励机制未能推而广之可以被理解，国内基金投资者想让更多基金经理持有自己管理的基金可能还需要更长的时间。但随着基金投资者的日益理性及基金销售竞争的日益激烈，持基激励机制有望在更多的基金公司得到推行，进而实现基金经理和基金投资者利益更紧密的"捆绑"。

第二节　中国基金激励设计——持基激励机制

一、基金激励机制设计的原则

基金激励机制的创新应当有助于建立起一个针对基金经理的激励-风险平衡的机制。激励-风险平衡是指基金经理激励机制的设计必须在保证基金经理提高基金业绩的同时，有效地降低投资组合的风险水平。对基金经理的激励实践表明，要在强调激励作用的同时，强调约束作用，而且激励与约束作用要对等。一种只有激励而没有约束的激励机制是很难发挥激励效应的，反而会导致基金经理的过度风险承担行为，损害投资者利益甚至危害证券市场的稳定。中国证券投资基金经理激励的缺陷突出体现在基金运作过程中的所有风险绝大部分由基金投资者承担，剩余索取权与风险分担的不匹配是基金合约的本质特征，这将不可避免地导致基金经理"道德风险"问题的产生。为了有效地缓解代理问题，就必须对现行的激励方式进行创新，建立剩余索取权与风险分担相匹配的基金经理激励机制（龚红，2005）。

在第四章及第五章对基金经理线性激励契约及费用结构的激励作用的理论研

究基础上，针对中国目前管理费激励存在的问题以及股票市场存在的问题，本节认为可以从以下三个方面来考虑如何设计基金经理激励机制。

（一）基金激励契约使基金经理的目标函数与基金投资者的目标函数一致

激励机制评价理论主要有激励相容性原理和信息显露性原理。所谓激励相容，就是激励机制设计的行为方式要与人的自然倾向相符合；所谓信息显露性，就是激励机制设计要实现多劳多得和消除不劳而获。也就是说，激励机制设计的基本原理是将基金经理个人效用最大化的追求转化为追求基金投资者权益的最大化，因此，激励的环节和力度就要对应于基金经理力资本实现的环节和程度。

基金经理出现"道德风险"是基金经理的目标函数与基金投资者的目标函数不一致所致。目前在中国基金激励机制下，基金经理的收益与基金规模相关，导致基金经理以追求基金规模最大化为目标，而不是最求基金的业绩最大化，同时基金经理拥有巨额的社会资金的管理权带来了寻租的机会。基金经理的目标函数与基金投资的目标函数捆绑在一起，使两者成为利益相关者。基金经理在追求自身利益最大化的同时也是基金投资者实现收益最大化，基金经理在损害投资者的利益时也使自己的利益受到损害。基金经理与基金投资者的目标函数不一致，导致基金经理存在着"偷懒"行为，为了相对业绩排名采取高风险的投资策略等。基金经理在证券市场上采取"羊群"行为一方面是为了维护自身的声誉，另一方面是不努力导致对私人信息的确信，这也是目标函数不一致的表现。而在"老鼠仓"行为中表现得更突出，基金经理为了自身的效用最大化以牺牲基金投资者的利益为代价。使基金经理的效用函数与基金投资者的目标函数一致，是基金契约设计的根本。

（二）在基金经理激励契约中增加与基准组合的业绩比较成分

激励契约理论认为，代理人是风险规避者，即代理人宁愿拥有一笔较少但稳定的收入，也不愿意去追逐更多一些但受不稳定、受不可预知和不可控制的随机因素影响的收入。由于代理人不承担或较少承担风险，那么他的报酬较少地依赖于代理成果和代理行为。本节理论分析表明，基准组合在基金经理激励契约中是有作用的，因此在基金经理激励契约必须引入基金业绩激励，增强经理人报酬与基金相对基准组合收益水平的相关性，改变原有的单一的显性激励机制对管理人激励低效率的现象。因此，基金管理费可以以基金净资产净值的某一较低的百分比为基数提取，同时根据基金相对于同一时期基准组合已实现的收益提取业绩报酬。这一方面可以保证基金经理按照所管理的基金资产净值获得一定的基本收入；另一方面，由于基金经理的报酬与基准组合收益挂钩，可以激励基金经理去追求基金收益的最大化。在国外的实践运作中，与不采用业绩激励模式的基金相比，采用业绩激励模式的基金展现出了更好的股票选择能力。它激励基金经理更加努力工作，提高组合投资的收益，还可以拒绝那些无能的基金经理，并吸引优秀基金经理加盟。业绩激励条款安排对投资者的最大不利之处在于可能刺激基金经理加大投资组合的风险，因此如果在业绩激励费条款中能够加入适当的风险限制条款，限制基金经理为追求高的业绩而忽视基金资产的稳健成长，这将使激励契约更加完美。对于已有一定发展基础的国内基金业来说，适当地引入业绩激励模式，尝试进行基金管理费的创新设计，将具有非常重要的意义。业绩激励是一种比较容易让我国投资者接受的方式，也是奖优汰劣的良性竞争手段。它将基金持有人的利益和基金经理的利益有机地捆绑在一起，不仅可以保护持有人的利益，也可以维护基金经理的合法利益。业绩激励模式成为基金产品设计和营销的一个利器，也可以成为基金公司引进优秀基金经理的重要砝码，促进基金业的有序竞争。

（三） 在业绩激励模式中要慎用具有激励费用结构的契约

具有激励费用结构的契约与具有对称费用结构的契约相比虽然其能够给基金带来更高的收益，但是同时也会增加基金投资组合的风险，这种风险的增加可能会降低基金投资者的福利，因此，对是否采用具有激励费用结构的契约时必须慎重考虑。美国监管当局规定，基金的费用结构必须是"对称"的，不对称的费用结构给了基金经理一个期权，这个期权价值随着基金波动标准差的增大而增加，因而增大了风险，因此它认为"不对称"的费用结构会使基金经理为了"业绩报酬"，承担高风险，损害投资者的利益。

二、持基激励机制的原理

根据国内外基金经理激励机制的实践经验及上述基金激励机制设计的原则，本节认为，对中国基金经理的激励实行持基激励机制是一个切实可行的改革方向。持基激励机制可以把基金投资者的利益、基金公司和基金经理的利益更紧密地结合起来，在基金投资者、基金公司和基金经理之间建立起更深层次的信任，最终建立起一个"收益共享、风险共担"的激励机制。

持基激励是基金经理使用自有基金购买一定份额自己所管理的基金。规定基金经理自购其管理的基金是基金经理激励机制中的一种有效组成部分，若基金经理把相当一部分的自有资金投资于自己管理的基金中便会形成一套自我激励机制，从其本质上来看，这是一种对称费用的激励契约，因为基金的收益与基金经理的收入成正比，达到了为投资者服务的目的，同时在基金亏损时，基金经理要承担一定的损失。这种激励机制有利于在投资者获得更好收益的同时，在一定程度上避免因基金经理为取得短期目标或高收益而让投资者承担高风险。

　　持基激励类似于股权激励。与股权激励有关的理论在西方发达国家已有近百年的历史。国外的研究已经进行了大量实证研究，Defusco 等（1990）、McConnell 和 Servaes（1990）、Berger 等（1997）、Sesil 等（2000）都认为股权激励对经理确实会存在激励作用，从而使企业业绩上升。股权激励通过促使管理人员做出能够使股东财富增值的管理决策提升公司业绩，有时也会导致管理者进行较为激进的投资来使公司增值（Mehrna et al.，1998）；股权激励能够将员工和股东的目标统一起来，保持富有效率的员工队伍，发挥其能够同时激励员工和增加股东财富方面的独特优势（Core and Guay，1999）。股票期权激励所产生的激励和约束作用远高于其他形式的报酬机制（Bebchuk and Fried，2003）；并且通过对将要离职的管理人员实施股权激励可以缓解其过分专注于短期利益而忽视企业长期价值的矛盾，减少管理人员激励的总成本（Dechow and Sloan，1991）。实证研究表明，对于上市公司来说，管理人股权激励计划的公布会显著增加公司股票的收益（Brickly et al.，1985）。在欧美国家企业中实行的股权激励大体分激励性和限制性股权激励、法定和非法定的股权激励四种类型。最近几年，西方国家纷纷增加股权改革实施强度，在很大程度上加强了股权激励的作用，同时扩大了股权激励的范围，这不仅局限于管理层，更惠及广大雇员（王慧，2009）。

三、持基激励机制的机理分析

（一）持基激励模型的相关假设

　　假设1　市场是不完善的、非有效的，基金经理可以通过自己的努力寻找更多的获利信息，提高投资组合的边界。

　　假设2　投资者是没有能力进入市场，或者进入市场的成本过高，只能委托基金经理进行投资；市场是信息不对称的，基金投资者无法观察到基金经理的投资行为。

　　假设3　基金经理通过在市场上公开的信息可以得到一个投资组合的随机收益率 π，$\pi = r_i + z$，$z \in N(0, \sigma_i^2)$，r_i 为投资组合期望收益率，σ_i^2 为投资组合的收益方差，则有 $\pi \in N(r_i, \sigma_i^2)$，由 CAPM 模型得 $r_i = r_f + \rho_{im}\sigma_i \dfrac{r_M - r_f}{\sigma_M}$，$r_f$ 为市

场无风险利率，r_M 为市场收益率，σ_M 为市场风险，ρ_{im} 为投资组合与市场的相关系数，设 $\lambda = \rho_{im} \dfrac{r_M - r_f}{\sigma_M}$ 为单位风险补偿系数，则有 $r_i = r_f + \lambda \sigma_i$。

假设 4 基金经理通过自己的努力在市场上获取一个私人信号，由信号所带来的可能收益为 s，信号精度为 p，$0 < p < 1$，p 为基金经理的努力函数，可以理解为基金经理的努力水平，基金经理努力水平越高信号精度 p 越大，信号精度 p 所带来的超额收益为 ps，信号精度在带来超额收益的同时也能减少投资组合的风险 $(1 - p)\sigma_i^2$，那么基金经理通过努力获取私人信息获得的收益为 $\pi \in N(r_i + ps, (1 - p)\sigma_i^2)$。

假设 5 由于目前基金公司收取基金管理费是与基金的规模相关，基金规模越大，收取的管理费越多，所以，基金经理的收入也与基金的规模相关。考虑线性契约 $S(A) = \alpha + \beta A$，$\alpha > 0$，$0 < \beta < 1$；α 为基金经理的固定收入；A 为基金投资者持有的基金规模，有 $A = A_0(1 + \pi)$，A_0 为投资者持有基金的原始规模；β 为基金经理的分享的收益，即基金规模 A 增加一个单位，基金经理的报酬增加 β 单位。

假设 6 基金经理持有自己所管理的基金的份额为 v，则基金经理的收入调整为两部分：一部分是持基收入为 $v(1 + \pi)$；另一部分是线性契约下的管理费收入为 $\alpha + \beta A = \alpha + \beta A_0(1 + \pi)$。则基金经理的总收益为

$$S(\pi) = \alpha + v(1 + \pi) + \beta A_0(1 + \pi)$$

假设 7 基金经理的努力获取信息的成本函数为 $C(p) = \dfrac{1}{2}bp^2$，$b > 0$ 为基金经理的成本系数，在一定程度上反映了基金经理的能力，即基金经理能力越高获取信息付出的努力成本越小。

假设 8 基金投资者和基金经理是理性的，基金投资者是风险中性的（由于市场上有大量的基金投资者），基金经理是风险规避的，其效用函数 $u = e^{-\rho w}$，$\rho > 0$，$w > 0$，ρ 为基金经理的风险规避度，w 为基金经理的确定性收入。

假设 9 基金经理的保留效用函数为 $\bar{u}$。

（二）持基激励模型的构建

根据持基激励模型的相关假设，由于基金经理是风险规避的，则基金经理的收益效用 U_m 为

$$U_m = E[S(\pi)] - \frac{1}{2}\rho\mathrm{var}[S(\pi)] - C(p)$$

$$= E[\alpha + v(1 + \pi) + \beta A_0(1 + \pi)] - \frac{1}{2}\rho\mathrm{var}[S(\pi)] - \frac{1}{2}bp^2$$

$$= \alpha + v(1 + r_f + \lambda\sigma_i + ps) + \beta A_0(1 + r_f + \lambda\sigma_i + ps)$$

$$- \frac{1}{2}\rho(v + \beta A_0)^2(1 - p)\sigma_i^2 - \frac{1}{2}bp^2$$

$$(11\text{-}1)$$

其中，$E[S(\pi)]$ 为基金经理的期望收入，$\frac{1}{2}\rho[v^2 + \beta^2 A_0^2](1 - p)\sigma_i^2$ 为基金经理的风险成本，$\frac{1}{2}bp^2$ 为基金经理的努力成本。

由于基金投资者是风险中性的，所以基金投资者的效用 U_I 等于期望收入。

$$U_I = E[A - S(\pi)]$$

$$= A - S(\pi_p) = A_0(1 + \pi) - \alpha - \beta A_0(1 + \pi)$$

$$= -\alpha + (1 - \beta)A_0(1 + r_f + \lambda\sigma_i + ps) \qquad (11\text{-}2)$$

基金经理的保留效用为 $\bar{u}$，即基金经理效用必须大于保留效用，否则基金经理不接受契约，因此基金经理的参与约束为

$$\alpha + v(1 + r_f + \lambda\sigma_i + ps) + \beta A_0(1 + r_f + \lambda\sigma_i + ps)$$

$$- \frac{1}{2}\rho(v + \beta A_0)^2(1 - p)\sigma_i^2 - \frac{1}{2}bp^2 \geq \bar{u} \qquad (11\text{-}3)$$

即基金经理可以控制控制努力水平去获取私人信息和持基份额及选择投资组合的风险水平使自己的效用最大化。同时基金投资者在使自己的效益最大化的同时，必须保证基金经理的效用大于其保留效用。

（三）持基激励模型分析

在信息不对称的市场环境中，投资者无法观察到基金经理的努力水平，但可以观察到基金经理的持基份额，而基金经理可以调整努力水平，从而获取不同的信号精度，同时调整投资组合的风险水平和选择持基份额使其效用最大化。

$$\max_{p, v, \sigma_i} \{\alpha + v(1 + r_f + \lambda\sigma_i + ps) + \beta A_0(1 + r_f + \lambda\sigma_i + ps)$$

$$- \frac{1}{2}\rho(v + \beta A_0)^2(1 - p)\sigma_i^2 - \frac{1}{2}bp^2\} \qquad (11\text{-}4)$$

对式 11-4 分别求 p，σ_i，v 一阶导数得

$$p^* = \frac{1}{2b}[\rho\sigma_i^2\beta^2 A_0^2 + 2\beta A_0 s + 2sv + 2\rho\sigma_i^2\beta A_0 v + \rho\sigma_i^2 v^2]$$

$$(11\text{-}5)$$

$$\sigma_i^* = \frac{1}{(1-p)(v+\beta A_0)\rho} \tag{11-6}$$

$$v^* = \frac{1 + r_f + \lambda\sigma_i + ps - \rho\beta A_0\sigma_i^2 + \rho\beta A_0 p}{\rho(1-p)\sigma_i^2} \tag{11-7}$$

（1）通过 p^* 可以发现，由于 $v \geqslant 0$，基金经理的努力水平随着基金经理持基份额 v 的增长而增长，对 p^* 求二次导数得 $\frac{\partial^2 p^*}{\partial v^2} = \frac{\rho\sigma_i^2}{b} > 0$。基金经理的努力水平增值程度也随着基金经理持基份额增加而增加，可以看出基金经理持基可以增加基金经理的努力水平，这是基金经理的目标函数跟基金投资者的目标函数一致的结果；基金经理的努力水平与基金经理选择的风险水平 σ_i 成正比，即基金经理选择的风险水平越大，付出的努力多。

（2）通过与基金经理对基金风险的控制可以发现，基金经理的风险规避度 ρ 及持基份额 v 越大，基金经理选择的风险水平越小，基金经理的持基可以有效地防范基金经理为了业绩排名提高基金的风险水平，损害基金投资者的利益。从 σ_i^* 看出，基金经理越努力，越会选择市场上风险较大的投资组合，但是基金经理的努力获取私人信息可以降低市场投资组合的风险，实际风险并没有增大。从 CAPM 模型可以看出，投资组合的市场风险越大，基金的投资收益越大，也就是说，由于基金经理通过努力获取了私人信息，基金经理从市场上选择了风险较大的资产，获取更高的收益，但是私人信息能降低投资组合的不确定性，降低投资组合的风险，或者说市场风险增大了，但实际风险并没有增大。

（3）从 v^* 可以看出，为了使基金经理的效用最大化，并不是持基份额越多越好，它受到基金投资组合的风险和基金经理的风险规避度的影响。对 v^* 化简得 $v^* = \frac{1 + r_f + ps + \rho\beta A_0 p}{\rho(1-p)\sigma_i^2} + \frac{\lambda}{\rho(1-p)\sigma_i} - \frac{\rho\beta A_0}{\rho(1-p)}$，可以发现基金经理的持基份额是基金投资组合风险的减函数，同理对 v^* 化简得 $v^* = \frac{1 + r_f + \lambda\sigma_i + ps}{\rho(1-p)\sigma_i^2} + \frac{\beta A_0 p - \beta A_0\sigma_i^2}{(1-p)\sigma_i^2}$，可以看出基金经理的持基份额是基金经理风险规避度的减函数，虽然基金经理持基份额越多，可以增加基金经理的努力水平，但是持基份额是受基金的风险和自身的规避度的制约，要求基金经理过多地持有基金份额会降低基金经理的效用，损害基金经理的利益，不利于基金经理市场的发展，基金经理的效用受式（11-3）的约束。

（4）从基金投资者的效用函数可以看出，基金投资者的效用跟基金经理的投资行为 p^*，σ_i 密切相关。基金经理越努力，能直接影响基金投资者的收益，同时也会使基金经理选择更高的市场投资风险增加投资者的收益；基金经理选择的风险水平越大，能直接增加基金投资者的收益，同时也可以促使基金经理更加努力地获取私人信息，增加收益率及降低投资组合的风险。

从上面的模型分析可以看出，基金经理持有自己所管理的基金份额可以提高基金经理的努力水平，从而获取更多的私人信息，增加投资收益和降低基金组合的收益风险；同时也可以使基金经理选择更低的风险的投资组合，保护基金投资者的利益。虽然基金经理持有的基金份额越大，基金经理更努力去获取私人信息，选择低风险的投资组合，但是基金经理的持基份额受到基金经理的风险规避度及投资风险的制约，所以在采用持基激励机制时必须同时考虑基金投资及基金经理的利益，才能使持基激励促进基金行业的健康发展。

第三节　持基激励对基金经理投资行为影响的实证研究

本节的主要内容是在理论研究的基础之上，通过构建面板数据模型对持基激励与基金经理努力水平、基金经理风险选择水平之间的关系进行实证检验，进而对持基激励的影响因素进行实证检验。同时加入控制变量，试图展现我国基金管理公司持基激励的真实状况。

一、实证设计

（一）实证研究思路与方法

1. 实证研究思路

理论研究把基金经理持基激励引入到了委托代理模型中，理论分析结果表明，持基激励对基金经理的努力水平的影响具有正的非线性效应；持基激励与基金经理的风险选择水平是负相关的，并同时受到基金规模、基金经理的风险规避度等相关因素的影响；持基激励受到无风险利率、市场收益率、市场风险、基金经理的风险规避度等因素影响。本节根据理论分析结果并结合以往的研究，围绕持基激励对基金经理投资行为的影响与持基激励的影响因素进行实证进行设计。

持基激励对基金经理努力水平的影响。理论分析得出基金经理的努力水平与持基激励二次相关，而以往对股权激励的研究结论表明股权激励同时具有"利益趋同""利益侵占"效用，两种正、负效用相互叠加决定股权激励的最终效用，使得持股与公司的绩效形成一种三次方的曲线关系。本节探索性的建立基金经理的努力水平与持基激励的三次方、二次方、一次方模型，分析基金经理的努力水平与持基激励的关系。根据理论分析的结果，结合以往对基金经理努力水平的影响因素的相关研究，模型中选取基金规模、基金经理风险规避度作为控制变量。

持基激励对基金经理风险选择水平的影响。理论分析发现，基金经理与基金经理风险选择水平具有负相关关系，根据持基激励模型分析的结果并结合以往研究结论把基金经理规模与基金经理风险规避度作为控制变量引入实证模型。

持基激励的影响因素分析。以上的两个实证从持基激励效果的角度对持基激励进行分析，本实证对持基激励可能的影响因素进行实证分析，寻找对持基激励有显著性影响的因素，这对今后建立并完善持基激励机制有重要的借鉴意义。

2. 实证研究方法

面板数据（panel data）是指对不同时刻的截面个体进行连续观察所得到的多维时间数据，面板数据有以下优点：①观测值的增多，可以增加估计量的抽样精度；②对于固定效应模型能得到参数的一致估计量，甚至有效估计量；③面板数据建模与单截面数据建模相比可以获得更多的动态信息。本节所研究的对象恰好是不同时期的多只基金，而所以本节选择面板数据模型进行实证研究。

本节首先对样本数据进行描述性统计分析，分析样本数据的特征；其次对样本数据进行平稳性检验，判断数据是否能进行面板数据分析；再次建立面板数据模型，并对模型进行 Hausman 检验，检验计量方法的合理性；最后利用样本数据进行实证模型参数的估计，分析解释变量对被解释变量的影响。

（二）样本选取及数据来源

1. 样本选取

2002 年 2 月 28 日，易方达基金首先施行基金管理人员购买所管理基金份额，率先申购了 3000 万元旗下封闭式基金基金科瑞。随后 2005 年 1 月华富基金分两次共购买了 2000 万元旗下偏股混合型基金华富竞争力优选。目前，基金管理人员持有基金份额已得到许多基金公司认可，以自有资金购买自家资金，正成为基金公司时下流行。Wind 数据库从 2007 年开始用基金管理公司披露的半年报与年报中的数据对基金管理人购买自己所管理的基金份额进行统计，本节选取了 2007 年 1 月到 2010 年 6 月中国全部开放式基金的相关数据，根据以往学者研究的文献和研究的需要按步骤对样本进行如下筛选。

首先，中国证监会下发的《关于基金从业人员投资证券投资基金有关事宜的通知》中明确规定基金管理人持有基金份额的期限不得少于 6 个月，Wind 数据库中关于基金管理人员持基份额的数据是以中报和年报的形式出现，故据此将样本的观察周期定为半年，自 2007 年中报至 2010 年中报共计 7 个样本观察周期。

其次，截至 2011 年 3 月 25 日，我国证券投资基金共有开放式基金 739 只，封闭式基金 26 只，货币型基金 75 只，私募基金 206 只。在开放式基金中，股票型基金 355 只，混合型基金 166 只，债券型基金 166 只，上市型开放式基金（LOF）55 只，交易型开放式指数基金（ETF）25 只，合格境内机构投资者（QDII）旗下基金 38 只。由于债券型基金、货币型基金风险相对较小且收益相对稳定，QDII 主要投资于境外资本市场，与我国的市场环境有些差别，所以研究样本没有将债券型基金、货币型基金及 QDII 纳入进来，主要的研究对象是投资于股票的基金。

最后，为了满足面板数据模型对样本的要求，检验短期的动态行为和保证每一只基金持基数据的连续性，本节选取至少有两个观察期数据的基金，因此剔除了 2009 年 6 月 30 日之后成立的基金；同时剔除已经退市和暂停上市的基金，只保留正常上市的基金；最后并且剔除数据不可得的基金。经过筛选后得到了 310 只基金样本，7 个观察期的数据，即 310 个截面，7 期时间序列。

2. 数据来源

按基金经理的投资风格将基金划分为五种类型，分别为成长型基金、股票型基金、收益型基金、平衡型基金、指数型基金，分类方式来源于国泰安数据库。本节中涉及的无风险利率（RF）来源于中国人民银行网站，市场收益率（MARKETRETURN）、市场风险（MARKETRISK）的计算采用的沪深 300 指数，数据来源于湘财证券金禾金融终端，其他数据来源于 Wind 资讯金融终端。对于有些缺失的数据通过和讯基金网和天相基金网等相关网站提供的数据进行多方比对和计算补齐。此外还对数据进行了抽样核对，以保证数据的可靠性和真实性。

(三) 实证变量样本描述性分析

1. 样本描述性统计

根据实证设计原理与指标测度，共有基金经理努力水平（EFFORT）、基金经理风险选择水平（RISK）、基金经理的持基比例（HFR）、基金经理持基份额（HF）、基金规模（ASSET）、基金经理的风险规避度（RV）、无风险利率（RF）、市场收益率（MARKETRETURN）、市场风险（MARKETRISK）9 个测度指标。用 EviewS6.0 描述性数据统计中的 Balanced 统计方法，这种统计方法需有效观察变量值必须是所有截面成员、所有变量在同一时期都有数据的方法，对数据进行描述性统计，统计结果如表 11-1 和表 11-2 所示。

表 11-1   混合数据描述性统计

变量	平均值	中值	最大值	最小值	方差	变量	截面数
努力水平	0.000 277	0.000 2	0.001 8	−0.001 4	0.000 421	620	310
风险选择水平	0.014 328	0.014 55	0.022 2	0.000 9	0.004 383	620	310
持基比例	0.123 218	0.01	7.129 4	0	0.508 177	620	310
持基份额	1 070 823	302 938	13 286 589	58.8	1 938 111	620	310
基金规模	$5.55×10^9$	$3.63×10^9$	$3.94×10^{10}$	$5.03×10^7$	$6.01×10^9$	620	310
风险规避度	2.587 097	2	5	1	0.992 945	620	310
无风险利率	3.6	3.6	3.6	3.6	0	620	310
市场风险	−0.076 98	−0.076 98	0.129 232	−0.283 19	1.000 141	620	310
市场收益率	3.520 443	3.520 443	4.519 777	2.521 109	0.206 379	620	310

表 11-2   时期数据描述统计

变量	统计量	2007 年（上）	2007 年（下）	2008 年（上）	2008 年（下）	2009 年（上）	2009 年（下）	2010 年（下）
努力水平	均值	0.000 114	0.000 246	0.000 080	0.000 011	−0.000 15	0.000 216	0.000 338
	中值	0.000 1	0.000 3	0.000 1	0.000 1	−0.000 1	0.000 2	0.000 3
	方差	0.000 606	0.000 387	0.000 431	0.000 515	0.000 421	0.000 45	0.000 379
风险选择水平	均值	0.020 994	0.016 541	0.022 46	0.018 663	0.014 171	0.016 421	0.012 235
	中值	0.021 6	0.017 2	0.023	0.018 9	0.014 9	0.017 5	0.012 8
	方差	0.002 188	0.002 889	0.004 504	0.006 08	0.003 915	0.004 364	0.003 262
持基比例	均值	0.022 321	0.013 813	0.014 613	0.165 441	0.133 935	0.132 84	0.113 596
	中值	0.003 05	0.003 15	0.005	0.01	0.01	0.01	0.01
	方差	0.052 177	0.027 518	0.027 339	1.040 199	0.457 478	0.515 809	0.501 077
持基份额	均值	419 276.1	567 269.3	722 012.9	1 037 386	1 127 763	1 078 480	1 063 166
	中值	60 591.99	141 414.7	272 027	340 277.8	367 118.2	335 596.2	275 006.9
	方差	926 466.1	1 096 994	1 333 515	1 949 991	2 016 756	1 931 180	1 948 109
基金规模	均值	$2.96×10^9$	$7.22×10^9$	$1.22×10^{10}$	$6.53×10^9$	$4.14×10^9$	$5.44×10^9$	$5.66×10^9$
	中值	$1.86×10^9$	$5.96×10^9$	$9.74×10^9$	$4.89×10^9$	$2.97×10^9$	$3.57×10^9$	$3.69×10^9$
	方差	$3.44×10^9$	$6.28×10^9$	$9.62×10^9$	$5.70×10^9$	$4.06×10^9$	$5.80×10^9$	$6.21×10^9$
风险规避度	均值	2.602 564	2.575	2.615	2.576 763	2.579 505	2.587 097	2.587 097
	中值	2.5	3	2	2	2	2	2
	方差	1.023 614	1.000 314	1.030 575	1.005 878	0.987 441	0.993 748	0.993 748

续表

变量	统计量	2007 年（上）	2007 年（下）	2008 年（上）	2008 年（下）	2009 年（上）	2009 年（下）	2010 年（下）
无风险利率	均值	4.42	5.55	5.85	5.32	3.6	3.6	3.6
	中值	4.42	5.55	5.85	5.32	3.6	3.6	3.6
	方差	0	0	0	0	0	0	0
市场风险	均值	6.332 414	4.408 518	9.566 37	8.984 4	3.820 337	4.519 777	2.521 109
	中值	6.332 414	4.408 518	9.566 37	8.984 4	3.820 337	4.519 777	2.521 109
	方差	0	0	0	0	0	0	0
市场收益率	均值	0.844 188	0.418 216	−0.477 02	−0.348 91	0.742 001	0.129 232	−0.283 19
	中值	0.844 188	0.418 216	−0.477 02	−0.348 91	0.742 001	0.129 232	−0.283 19
	方差	0	0	0	0	0	0	0

　　从表 11-1 可以看出，基金经理的持基份额相差比较大，最大的持基份额（13 286 589 份）与最小的持基份额（58.8 份）相差非常大，中值为 302 938 份，而平均值 1 070 823 份，说明基金管理人持基份额大部分都在平均水平之下，少数基金的管理人持有较多的基金份额，把基金的平均值提高。从基金持基比例来看，基金管理人持基比例是比较小的，平均值只有基金份额的 0.12%，持基最少的基金的持基比例接近 0，持基比例与持基份额的方差较大，说明不同的基金持基份额差异性较大。此外，我国基金规模的差异性也比较大，因此把基金规模作为控制变量加入到实证模型中是合理的。由于每只基金所面临的无风险收益率是相等的，无风险收益率的差异性主要体现在不同的观察期中，所以表 11-1 中的无风险收益率的统计量相等。

　　通过对各个时期的数据进行统计分析发现，持基份额总体来说是上升的趋势，每个时期的增幅也相当大，从 2007 年的平均 419 276.1 份到 2010 年的 1 063 166 份，在 2009 年上半年最大，值得注意的是基金管理人持基份额在 2008 年下半年和 2009 年上半年持基额急速增加，主要受 2008 年上半年全球金融危机的影响。金融危机对基金管理人持基份额带来的影响体现在多方面：一方面，基金经理预期金融危机过后股票市场将会迎来一个上涨的行情，因此在低点买入基金；另一方面，基金管理公司为提振基金投资者对基金市场信心，增大了基金管理人员持基份额，吸引投资者购买基金。各年基金管理人的持基份额的平均值均比中值大，说明大部分的基金管理人持基份额停留在较低水平。从基金规模的增长速度来看，中国基金业正处于蓬勃发展阶段。从市场收益率的变动情况可以看出，由于受国际金融危机的影响，2008 年全年的市场收益率为负值；而 2010 年上半年中国经济又遭遇通货膨胀预期，中央采取了一系列的紧缩的财政政策和货币政策，这也导致了市场收益率为负值。从整体上看，证券市场的风险是逐步下降的，在一定程度上说明了中国证券市场日趋走向成熟。

2. 面板数据模型的相关检验

实证所需样本数据需要通过平稳性检验才能使用面板数据模型对其进行分析。本节对样本数据进行单位根检验，检验结果如表 11-3 所示。基金经理的努力水平、基金经理的风险选择水平、持基比例、持基比例的二次方、持基比例的三次方、持基份额、基金规模及市场收益率都通过单位根检验，都为平稳性序列。而无风险收益率与市场风险也通过一阶平稳性检验。所以样本数据能够很好地符合面板数据模型的要求。

表 11-3 变量单位根检验

变量	LLC	IPS	Fisher-ADF	Fisher-PP
努力水平	−42. 694 7 （0. 000 0）	−12. 708 2 （0. 000 0）	814. 80 0 （ 0. 000 0）	1 015. 92 （0. 000 0）
风险选择水平	−89. 922 0 （0. 000 0）	−14. 127 9 （0. 000 0）	627. 725 （0. 000 0）	715. 966 （0. 000 0）
持基比例	−35. 099 8 （0. 000 0）	−16. 602 8 （0. 000 0）	790. 974 （0. 000 0）	961. 834 （0. 000 0）
持基比例的二次方	−257. 470 （0. 000 0）	−63. 630 2 （0. 000 0）	856. 347 （0. 000 0）	968. 214 （0. 000 0）
持基比例的三次方	−1614. 76 （0. 000 0）	−449. 903 （0. 000 0）	846. 814 （0. 000 0）	940. 876 （0. 000 0）
持基份额	−100. 842 （0. 000 0）	−25. 756 6 （0. 000 0）	744. 826 （0. 000 0）	882. 456 （0. 000 0）
基金规模	−105. 059 （0. 000 0）	−26. 826 8 （0. 000 0）	984. 332 （0. 000 0）	1 319. 94 （0. 000 0）
无风险收益率	−5. 526 38 （0. 000 0）	5. 949 83 （100 00）	233. 508 （1. 000 0）	262. 018 （1. 000 0）
Δ无风险收益率	−18. 768 6 （0. 000 0）	−6. 181 91 （0. 000 0）	419. 081 （0. 245 8）	543. 003 （ 0. 000 0）
市场收益率	−29. 607 7 （0. 000 0）	−8. 758 33 （0. 000 0）	645. 793 （0. 000 0）	898. 866 （0. 000 0）

续表

变量	LLC	IPS	Fisher-ADF	Fisher-PP
市场风险	−27.074 5 (0.000 0)	−2.138 81 (0.016 2)	366.385 (1.000 0)	422.865 (0.975 4)
Δ市场风险	−37.074 9 (0.000 0)	−13.892 0 (0.000 0)	693.561 (0.000 0)	1 057.21 (0.000 0)

二、持基激励与基金经理努力水平的关系分析

本章第二节的模型分析结果显示，基金经理的努力水平与持基份额正相关。同时也受到基金经理的风险规避度和基金规模等因素的影响。因此本书将基金经理的努力水平作为被解释变量，将基金管理人员持基比例作为解释变量，同时将基金经理的风险规避度和基金规模作为控制变量构建模型，来研究持基激励与基金经理努力水平之间的关系。

(一) 持基激励与基金经理努力水平关系的测度指标

1. 被解释变量——基金经理努力水平

基金经理的努力水平（EFFORT）。基金经理的努力水平本身是难以衡量的，因而要对努力水平进行量化，必须寻找一个能衡量基金努力水平的可观测的指标。不同的学者对于激励效应的理解存在差异。Vroom 和 House 等学者提出激励效应动力测度理论，他们认为激励效应是由激励而引发的工作动力（曾康林，2003）。还有一些学者认为在实证研究中可以用绩效来测度激励效应，以弥补动力论的不足（朱治龙，2004）。詹森指数表示基金实际业绩与证券市场线的期望收益率之差，即基金业绩与其所承担风险的期望收益率之差，詹森指数综合考虑了基金收益率与风险因素，能表明基金经理努力工作而获得超过基金所承担风险的超额收益率，Golec（1992）利用詹森指数来衡量基金经理的努力水平。因此，本实证采用詹森指数来测量基金经理的努力水平。

2. 解释变量——持基比例

基金经理的持基比例（HFR）。基金经理的持基比例是基金管理人持有自己所管理基金的份额与基金发行总份额的比例。

$$HFR = \frac{基金管理人持基份额}{基金总规模（份额）}$$

3. 控制变量——基金规模、风险规避度

基金的规模（ASSET）。Chevalier 和 Ellison（1997）、Sirri 和 Tufano（1998）研究发现，基金流量与基金规模存在很弱的正相关关系。秦耀华（2010）对基金管理费对基金经理努力水平的影响进行研究发现，基金规模对基金经理的努力水平具有显著的正相关关系。但鲁炜（2007）研究发现，开放式基金规模与业绩的正相关关系是不显著的。为了研究不同规模的基金对基金经理持基比例与基金经理努力水平关系的影响，在本实证中把基金规模作为控制变量，基金规模是以期初基金的净值总额来测量。

基金经理的风险规避度（RV）。基金经理把自有资金投资到自己所管理的基金中，基金经理同时兼具管理者与投资者的身份，基金投资者是风险规避的，因而可以认为基金经理的风险规避度对基金经理的努力水平是有影响的，理论分析也证明了这一点。基金经理的风险规避度是不可观察的，本节采用了基金经理所管理基金的投资风格来衡量基金经理的风险规避度，基金经理所管理的基金的风险越大，代表基金经理的风险规避度越小。对于不同类型的基金，其代表的风险程度是不同的。如果基金经理管理的基金为成长型基金，则其风险规避度为1；如果管理的为股票型基金，则风险规避度为2；如果管理的为收益型基金，则风险规避度为3；如果管理的是平衡型基金，则风险规避度为4；如果管理的基金为指数型基金，则风险规避度为5。龚红（2009）认为，不同的风险规避度对基金经理的投资行为有很大影响，如风险规避型的基金经理往往愿意采取反转投资策略。基金经理努力水平测度指标如表11-4所示。

表11-4　基金经理努力水平测度指标

测度内容	变量	意义	文献依据	类型
基金经理	HFR	基金经理持基比例		解释变量
努力水平	ASSET	基金规模	秦耀华（2010）等	控制变量
（EFFORT）	RV	风险规避度	龚红（2009）等	控制变量

（二）实证研究假设

基金经理的努力水平代表着基金经理管理的有效性，包括基金经理的努力程度和他的努力方向两个方面，具体指基金管理人对基金经营管理活动所花费的时间、精力、工作态度、主动性等。一只基金业绩的好坏体现着基金管理者的主观努力。通过基金业绩的变化能够观测出基金经理的主观努力程度，能够体现出基

金经理管理的有效性。

假设 10　管理人员持基比例与基金经理的努力水平正相关。

如本章第二节理论分析所述，持基激励越大基金经理的努力水平越高，他们两者之间体现的是典型的正相关关系。由于持基激励在激励原理上有许多与股权激励的相似性，部分学者在研究中发现管理层持股比例与其努力程度之间存在显著的正相关关系，所以做出假设 10。

假设 11　管理人员持基比例对基金经理的努力水平的影响存在区间效应。

在本章第二节关于持基比例的大小和基金经理努力水平之间关系的分析中，认为若使基金经理的效用达到最大化，并非持基额越多越好，同时受到其他因素的制约。基金经理持基份额的提高在一定程度上可以增加基金经理的努力水平，但如果基金经理过多地持有基金份额会降低基金经理的效用，损害基金经理的利益，不利于基金经理市场的持续、稳定、健康的发展。类似的现象也出现在股权激励当中，Jensen 和 Meckling（1976）在对股权激励的效用进行实证研究时发现，管理层持股比例与其努力程度之间存在区间效应，即"利益趋同"和"掘壕自守"两种正负相反的效应。股权激励的效果取决于两者效应的叠加，在管理层持股比例的某些区间，"利益趋同"效应比"掘壕自守"效应强，管理层的努力程度随着管理层持股比例的增加而上升；但在另外的某些区间，由于管理层持股对公司的利益产生了侵占，"掘壕自守"的效应大于"利益趋同"的效应，所以管理层的努力程度随着其持股比例的增加而降低。国内学者李维安和李汉军（2006）、王慧（2009）、刘中文（2009）等也做了相关的实证分析。因此，本节借鉴国内外学者的相关研究做出假设 11。

（三）实证研究模型构建

在股权激励的实证研究中，管理层持股比例与其努力程度之间存在的"利益趋同"和"掘壕自守"效应，使得他们之间的这一关系实际上是一种较为复杂的曲线关系，大体上呈现了三次方曲线的形式。持基激励与股权激励在性质上有很强的相似性，因此本节借鉴股权激励实证模型，探索性地构建了三次方模型、二次方模型和一次方模型。

三次方模型为

$$EFFORT_{it} = a_0 + a_1 HFR1_{it} + a_2 HFR2_{it} + a_3 HFR3_{it} + a_4 \log(ASSET)_{it} + a_5 RV_{it} + \varepsilon_{it}$$

$$(11\text{-}8)$$

二次方模型为

$$EFFORT_{it} = b_0 + b_1 HFR1_{it} + b_2 HFR2_{it} + b_3 \log(ASSET)_{it} + b_4 RV_{it} + \varepsilon_{it}$$

$$(11\text{-}9)$$

一次方模型为

$$EFFORT_{it} = c_0 + c_1 HFR1_{it} + c_2 \log(ASSET)_{it} + c_3 RV_{it} + \varepsilon_{it} \qquad (11\text{-}10)$$

式中，EFFORT 表示基金经理的努力水平，HFR1 表示管理人员持基比例，HFR2 表示管理人员持基比例的平方，HFR3 表示管理人员持基比例的立方，log（ASSET）表示基金规模的对数，RV 表示基金经理的风险规避程度，ε 表示随机误差项，满足零均值、同方差且相互独立的条件。

（四）实证研究结果

本研究采用 2007 年至 2010 年上半年的样本数据，运用 Eviews 6.0 将全部解释变量分别带入模型（11-8）、模型（11-9）、模型（11-10）进行了面板数据模型的回归分析。

1. 三次方模型实证结果

通过 Hausman 检验模型（11-8），结果显示接受时期随机效应模型的假设，因此本节采用时期随机效应模型对变量进行参数估计，估计结果如表 11-5 所示。

表 11-5　持基比例与基金经理努力水平关系实证结果（1）

变量	系数	标准误	t 统计量	p 值
C	0.000 648	0.000 197	3.292 904	0.001 0 ***
持基比例（HFR1）	2.50×10^5	7.34×10^5	0.339 923	0.734 0
持基比例的平方（HFR2）	-4.50×10^6	2.16×10^5	$-0.208\ 551$	0.834 8
持基比例的立方（HFR3）	7.43×10^7	1.29×10^6	0.576 208	0.564 6
基金规模（ASSET）	-2.09×10^5	8.69×10^6	$-2.402\ 460$	0.0164 **
风险规避度（RV）	-2.73×10^5	1.11×10^5	$-2.448\ 254$	0.014 5 **

** 表示在 0.05 显著性水平下显著，*** 表示在 0.01 显著性水平下显著

由表 11-5 管理人员持基比例与基金经理努力水平关系实证结果（1）可以看出，解释变量持基比例及其平方和立方项与被解释变量基金经理努力水平均不在0.05 的显著性水平下相关。基金经理的努力水平与持基比例的关系没有呈现类似于股权激励模型中的三次方曲线型的相关关系。因此，考虑到在本章第二节理论研究的模型（11-7）中，化简后的基金经理努力水平与持基比例的关系中同时存在平方项和一次项，因此对模型（11-8）进行调整，去除持基比例的立方项得到模型（11-9），对该模型进行面板数据回归分析。

2. 二次方模型实证结果

通过 Hausman 检验模型（11-9），结果显示接受时期随机效应模型的假设，采用时期随效应模型对变量进行参数估计，估计结果如表 11-6 所示。

表 11-6　持基比例与基金经理努力水平关系实证结果（2）

变量	系数	标准误	t 统计量	p 值
C	0.000 719	0.000 225	3.202 898	0.001 4 ***
持基比例（HFR1）	1.43×10^6	4.25×10^5	0.033 711	0.973 1
持基比例的平方（HFR2）	7.13×10^6	4.44×10^6	1.605 533	0.108 6
基金规模（ASSET）	-2.41×10^5	8.93×10^6	-2.701 502	0.007 0 ***
风险规避度（RV）	-2.78×10^5	1.11×10^5	-2.493 894	0.012 7 **
Random Effects（Period）				
2007（上半年）—C	-2.20×10^5			
2007（下半年）—C	0.000 132			
2008（上半年）—C	-1.67×10^5			
2008（下半年）—C	-0.000 110			
2009（上半年）—C	-0.000 282			
2009（下半年）—C	8.89×10^5			
2010（上半年）—C	0.000 210			

** 表示在 0.05 显著性水平下显著，*** 表示在 0.01 显著性水平下显著

通过观察表 11-6 管理人员持基比例与基金经理努力水平关系实证结果（2）发现，解释变量持基比例及其平方项与被解释变量基金经理努力水平的相关性在 0.05 的显著性水平下并不显著。这与本章第二节理论分析得到的结论不一致。因此对模型（11-9）做进一步的调整，剔除持基比例的平方项得到模型（11-10），并对该模型进行面板数据回归分析。

3. 一次方模型实证结果

通过 Hausman 检验模型（11-10），结果显示接受时期随机效应模型的假设，采用时期随机效应模型对变量进行参数估计，估计结果如表 11-7 所示。

表 11-7　持基比例与基金经理努力水平关系实证结果（3）

变量	系数	标准误	t 统计量	p 值
C	0.000 640	0.000 213	2.997 801	0.002 8 ***

续表

变量	系数	标准误	t 统计量	p 值
持基比例（HFR1）	$6.08×10^5$	$2.09×10^5$	2.917 200	0.003 6 ***
基金规模（ASSET）	$-2.07×10^5$	$8.68×10^6$	-2.388 974	0.017 0 **
风险规避度（RV）	$-2.69×10^5$	$1.11×10^5$	-2.419 816	0.015 6 **
Random Effects（Period）				
2007（上半年）—C	$-1.77×10^5$			
2007（下半年）—C	0.000 132			
2008（上半年）—C	$-1.75×10^5$			
2008（下半年）—C	-0.000 109			
2009（上半年）—C	-0.000 283			
2009（下半年）—C	$8.66×10^5$			
2010（上半年）—C	0.000 208			

** 表示在 0.05 显著性水平下显著，*** 表示在 0.01 显著性水平下显著

通过观察表 11-7 管理人员持基比例与基金经理努力水平关系实证结果（3）发现，解释变量持基比例与被解释变量基金经理努力水平在 0.01 的显著性水平下正相关，假设 10 得到了实证支持。被解释变量基金经理努力水平与控制变量基金规模和基金经理的风险规避度在 0.05 的显著性水平下负相关，这说明基金的规模和基金经理的风险规避度对基金经理的努力水平是存在影响的，本节将其纳入模型作为控制变量是合理的。

综合研究表 11-5、表 11-6、表 11-7 的实证结果可以看出，基金经理的努力水平与基金管理人员持基比例的三次方和二次方模型没有通过显著性检验，因而他们之间不是本节之前预想的三次方曲线的关系，也无法进一步对样本回归函数进行求解和绘制图形。实证回归结果表明，基金管理人员持基比例对基金经理的努力水平的影响并不存在类似于股权激励的区间效应，假设 11 没有得到实证支持。

（五）实证结果讨论

本节对 2007～2010 年上半年开放式基金经理努力水平与基金管理人员持基比例的关系进行实证研究，目的在于了解他们之间是否存在正相关关系。同时本节探索性的研究在管理人员持基比例与基金经理努力水平之间是否存在类似于股权激励理论中的区间效应，借此来为我国基金经理持基激励划定一个合理的区间提供实证上的借鉴。

　　基金管理人员持有基金是基金经理激励机制的一部分。根据基金业存在的委托代理关系，基金投资者将其资金委托给基金经理代为投资，基金经理作为代理人，不仅其努力程度很难被投资者观测，而且对于基金经理自身也没有一定的约束机制。在现行的固定费率的管理费条件下，基金经理及基金管理公司在很大程度上是"旱涝保收"的状态，无论基金投资组合是否盈利，基金经理都可以坐享管理费收入，这对于基金投资者来说有失公平。此时若基金管理人员持有一定份额的基金，这样就可以将基金经理和基金投资者的利益"捆绑"在一起，使两者的目标函数相一致，消除不劳而获，并且通过激励来实现多劳多得。通过持基激励，激发基金经理的努力水平，将基金经理个人效用的最大化同基金投资者个人效用的最大化统一起来。实证研究的结果也支持了持基激励对基金经理的努力水平具有正向联系，表明持基激励对基金经理的努力水平产生了正向的激励作用。

　　在确立了基金经理努力水平与基金管理人员持基比例之间的正向联系之后，问题的重点就不在于是否进行管理人员持基行为，而是在于如何合理的制定一个区间，使得管理人员持基行为既能起到约束和激励作用，又不会给基金管理人员带来财务压力等负效应。在以往众多的学者对股权激励的研究中，大量的实证结果都表明股权激励的效应与管理层持股比例存在区间效应，即在某些特定的区间，管理人员持基比例与基金经理努力水平正相关；在另一些区间，管理人员持基比例与基金经理努力水平负相关。但在本节的非线性面板数据回归模型实证中，拒绝了管理人员持基比例对基金经理的努力水平的影响存在区间效应的假设。

　　我们认为，持基激励对基金经理努力水平的影响并没有出现类似于股权激励的区间效应的原因可能在于以下几个方面。

　　激励的对象在性质上虽然具有相似性，但还是有所区别。股权激励的对象是上市公司高级管理人员，按股权激励计划一般是指总经理、副总经理、董事会秘书、财务总监等；持基激励的对象是基金管理公司的基金经理和基金公司投研部门核心研究员等。

　　所处的行业性质不同。股权激励主要存在于上市公司当中，公司的经营绩效与公司高级管理人员个人素质和决策水平等密切相关；证券投资基金是一种信托资产，持基激励是面向基金管理公司的高级管理人员的，基金经理努力程度不仅取决于其个人能力，同时还可能受到基金业的投资市场环境、国际金融环境乃至国际政治局势等系统和非系统风险的影响。

　　发展的完善程度不同。股权激励开始于 20 世纪中叶，美国辉瑞公司（Charles Pfizer）在 1952 年第一个推出面向所有雇员的股权激励计划，以股票期权计划为代表的股权激励机制在美国已经经历了半个多世纪的发展历程，形成了较为完善的体系，同时伴随着立法的不断修改与完善，并且美国政府在这当中起着重要的引导和推动作用。在我国，中国证监会在 1999 年 10 月 14 日做了关于"在高科技上市公司中可以试行股票认股权"的讲话，标志着中国政府主管部门向上市公司发出了推动开展股权激励制度建设的信号。经过十几年的快速发展和对国外股权激励理念的借鉴，我国股权激励无论在操作模式、政策配套还是管理层和执行层对制度的理解程度均比较深入。与股权激励不同，持基激励的起步在我国较晚。自中国证监会在 2007 年 6 月 14 日发布通知，允许放开基金从业人员投资开放式基金后，华宝兴业基金管理公司率先在 2007 年 8 月在基金业内推出首家"基金经理持基激励计划"，并随后将该激励计划更加全面地升级为"核心投研人员持基激励计划"。持基激励尚处在理论探索阶段，具体的操作模式还没完善，基金经理持基激励的物理架构还处于建设当中，随着我国基金业的蓬勃发展和各项法律法规制度的进一步完善，持基激励一定能发挥出更加有效的激励效果。

三、持基激励对基金经理风险选择水平影响的实证分析

本章第二节的模型分析结果显示，基金经理的风险选择水平与基金管理人持基份额负相关。同时也受到基金经理的风险规避度和基金规模等因素的影响。因此本节将基金经理的风险选择水平作为被解释变量，将基金管理人员持基比例作为解释变量，同时将基金经理的风险规避度和基金规模作为控制变量构建模型，以此来研究持基激励与基金经理风险选择水平之间的关系。

（一）持基激励对基金经理风险选择水平影响的测度指标

1. 被解释变量——基金经理风险选择水平

基金经理风险选择水平（RISK）。与传统的委托代理模型不同，在持基激励的委托代理模型中，基金经理不仅能控制其努力水平，由于基金投资组合的独有特点，基金经理还可以选择基金的风险水平。基金的风险包括两部分：一是系统风险，二是非系统风险。系统风险是指某种因素的影响和变化导致证券市场上所有股票或有价证券价格的下跌，从而给股票或有价证券持有人带来损失的可能性；非系统风险是指某些因素的变化造成单个股票价格或者单个期货、外汇品种及其他金融衍生品种价格下跌，从而给有价证券持有人带来损失的可能性。系统风险对整个市场的有价证券都会带来影响，这一影响是无法避免的，但基金经理

可以通过努力获取个人信息，减少持有有价证券的比例或选取受市场风险影响小的证券，减少市场风险带来的损失；而非系统风险只是某些证券受到影响，因此基金经理通过获取私人信息有效地分散非系统风险，从而基金经理能控制基金的非系统风险水平。综上所述，本实证研究选用基金的总风险来测量基金经理风险的选择水平。计算方法是采用观察期内（半年）基金日收益标准差表示观察期内基金的总风险，具体计算公式如下式所示。

$$\text{RISK} = \sqrt{\frac{\sum (R_d - \overline{R_d})^2}{N}}$$

其中，R_d 表示基金的日收益率；$\overline{R_d}$ 表示基金半年的平均收益率；N 表示基金在半年内交易的天数。

2. 解释变量——基金经理持基份额

基金经理的持基份额（HF）。基金持基份额是指基金管理人购买自己所管理基金的份额。本指标选择样本观察期最后一天基金管理人员持有的基金份额。在第三章的研究中，持基份额与基金经理的风险选择水平有负相关关系。因此本实证将其作为解释变量来研究它对基金经理风险选择水平的影响。

3. 控制变量——基金规模、风险规避度

基金规模（ASSET）。基金规模由选定时间窗口期初每只基金的资产净值表示。本节在建立面板数据回归模型时，取基金规模的对数值。目前我国采用固定管理费率，按基金总规模的一定比例提取管理费，基金规模与基金经理的收入有着直接的关系，收入能直接影响到基金经理的风险选择水平，因此认为基金的规模在一定程度上影响基金经理的投资行为，影响基金经理风险选择水平。普继平和马永开（2005）对基金风险与组合规模进行的实证研究表明，基金风险随着基金规模扩大而下降。

基金经理的风险规避度（RV）。一个人的风险偏好直接影响着一个人的行动决策，因此基金经理的风险规避度也影响着基金经理风险水平的选择。同时，基金经理持有基金的份额，作为投资者，基金经理的风险类型也直接也影响到基金经理的风险选择，模型的理论分析也证明了一点。本实证研究使用的测量基金经理风险规避度的方法与上一实证研究的方法相同。基金经理风险选择水平测度指标如表11-8所示。

表 11-8　基金经理风险选择水平测度指标

测度内容	变量	意义	文献依据	类型
基金经理风险选择水平（RISK）	HF	基金经理持基份额		解释变量
	ASSET	基金规模	普继平和马永开（2005）	控制变量
	RV	风险规避度	龚红（2009）等	控制变量

（二）实证研究假设条件

假设 12　基金经理风险选择水平与基金管理人员持基份额负相关。

关于基金经理投资组合风险选择水平的影响因素，国内外许多学者在以往做了许多研究。Cohen 和 Starks（1988）发现，基金经理和基金投资者之间的矛盾同其他的委托代理关系具有相同的特点，都是两者之间的信息不对称引发利益冲突。因为基金投资者很难观测到基金经理的所有投资组合行为，导致基金经理倾向于选择使自身利益最大化的风险水平，而非选择基金投资者利益最大化的风险水平。Grinblatt 等（1995）通过研究发现，许多基金经理更加倾向于选择其他基金经理的风险选择水平，规避产生不良职业声誉的可能性，而不是选择更加有利于基金投资者利益的风险选择水平。Chevalier 和 Ellison（1997）通过研究发现，基金经理的风险选择水平与基金业绩相关，当基金业绩不佳时他们往往会提高基金的风险选择水平。在本章第二节关于基金经理风险选择水平与基金管理人员持基份额之间的关系的模型分析结果中，基金管理人员的持基比例与基金经理的风险选择水平是负相关的。因此，本节结合理论研究结果和其他学者的研究做出假设 12。

（三）实证研究模型构建

模型的设计参考了第三章中的理论研究结论。将基金经理的风险选择水平作为被解释变量，将管理人员持基比例作为解释变量，同时考虑到基金规模和基金经理风险规避度对基金经理风险选择的影响，将基金规模、基金经理风险规避度作为控制变量引入模型，以剔除他们对模型的影响。因此将持基激励对基金经理风险选择水平的影响实证模型构建如下：

$$\text{RISK}_{it} = d_0 + d_1 \text{HF}_{it} + d_2 \log(\text{ASSET})_{it} + d_3 \text{RV}_{it} + \varepsilon_{it} \qquad (11-11)$$

式中，RISK 表示基金经理的风险选择水平，HF 表示管理人员持基份额，log（ASSET）表示基金规模的对数，RV 表示基金经理的风险规避程度，ε 表示随机误差项，满足零均值、同方差且相互独立的条件。

（四）实证研究结果

本节仍采用2007～2010年上半年的样本数据，运用 Eviews 6.0 将全部解释变量分别带入模型（11-11）进行了面板数据模型的回归分析。首先对模型（11-11）进行 Hausman 检验，结果显示接受时期随机效应模型的假设，因此本节仍采用时期随机效应模型对变量进行参数估计，估计结果如表11-9所示。

表11-9 基金经理风险选择水平与持基份额关系实证结果

变量	系数	标准误	t统计量	p值
C	−0.002 316	0.002 006	−1.154 816	0.248 3
持基份额（HF）	1.90×10^{10}	5.69×10^{11}	3.329 850 *	0.000 9 ***
基金规模（ASSET）	0.000 902	7.66×10^{5}	11.775 71 *	0.000 0 ***
风险规避度（RV）	-9.08×10^{5}	0.000 101	−0.894 779	0.371 0
Random Effects（Period）				
2007 年（上半年）—C	0.004 270			
2007 年（下半年）—C	−0.001 030			
2008 年（上半年）—C	0.004 251			
2008 年（下半年）—C	0.001 111			
2009 年（上半年）—C	−0.002 876			
2009 年（下半年）—C	−0.000 784			
2010 年（上半年）—C	−0.004 943			

＊表示在0.1显著性水平下显著，＊＊＊表示在0.01显著性水平下显著

表11-9显示，解释变量基金管理人员持基份额与被解释变量基金经理的风险选择水平在0.01的显著性水平下正相关，基金管理人员持基份额越大，基金经理的风险选择水平越高。这也意味着持基激励的实行对基金经理的投资行为并没有产生约束作用。同时也发现，控制变量基金规模与被解释变量在0.01的显著性水平下正相关，基金的规模越大，基金经理的风险选择水平越高，说明基金规模对基金经理的风险选择水平存在影响，将其作为控制变量是合理的。本节实证研究的结果得到了与假设12完全相反的结论，与预想的结论有些偏差。假设12没有得到实证支持。

（五）实证结果讨论

本节对2007～2010年上半年开放式基金经理风险选择水平与基金管理人员持基比例的关系进行实证研究，目的在于了解他们之间是否存在负相关关系。然

而，本节的实证研究结果却与理论研究的结果不同，基金经理的风险选择水平并没有随着基金管理人员的持基份额的增加而降低，反而随着基金管理人员持基份额的增加而提高，出现这种情况的原因可能有以下几个方面。

从经典的 CAPM 模型可以看出，基金投资组合的风险越大，基金的投资收益越高。随着基金管理人员持基份额的增加，基金经理并没有因此而回避高投资风险的投资组合，反而更加积极地从市场上选择了风险较大的投资组合，以获取更高的投资收益，与此同时在增加了投资者收益的情况下也使其投资在其管理的基金的资本得到了增值。此外，基金经理在选择了高风险的投资组合后，由于其持有了旗下相当一部分的基金，无论从维护基金投资者的利益还是从保证其个人财产不受损失的角度出发，基金经理都会更加努力的提高其信息获取能力，即使选择了风险较大的股票，他们也会有足够的信心使他们选择的投资组合在资本市场上取得较好的收益。

从对称费用的激励契约角度分析，基金管理人员持有其管理的基金，这样一来基金的收益会与基金经理的个人收入成正比，在基金没有运作好而亏损时，基金经理也要承担一定的损失，避免了在固定管理费制度下基金经理"旱涝保收"，为了追求短期目标而一味地提高投资风险。但与此同时，在基金经理在对市场的行情有准确把握的时候，也会准确出击，提高自身投资的风险选择水平，为基金投资者和基金经理创造更多的财富。

此外，在不同的市场环境和不同的前期业绩表现的情况下，基金经理对风险的态度是存在差异的。周永峰等（2008）通过对 2004～2007 年的 201 只开放式股票型基金样本进行的实证研究发现，证券投资基金在不同的市场行情下对基金风险调整行为略有不同。例如，在股市上升期间其对基金行业中前期业绩表现差的基金经理的风险激励较大，他们更加倾向于提高投资的风险调整比率，而前期表现好的基金却恰好相反。但是从整体上看，无论前期业绩表现差的基金还是前期业绩表现好的基金，基金在股市上升期的风险激励强度都比在股市低迷期间更大，基金经理倾向于提高风险选择水平。Terrence 和 Robert（2009）等学者研究澳大利亚证券投资基金后发现，基金经理在前期业绩较差的情况下会在后期调整投资策略，提高其风险选择水平，而在前期业绩较好的情况下则会采取稳健的策略，下调其风险选择水平。从本节所选取的实证样本期来看，2007 年伴随着成交量的大幅上升，我国证券市场经历了一次前所未有的大幅度上涨，随之而来的2008 年，我国证券市场又经历了一次大规模的下跌，股指一落千丈，直到当年11 月到 2009 年 8 月的小幅度上涨后一直呈现着震荡整理行情。鉴于样本所处市场环境的复杂性，在股市上升的情况下，基金经理出于洞悉市场的职业敏感，增大其基金风险选择水平的行为也在情理之中，并且在前期市场表现差的基金为了提高收益率，也往往倾向于提高风险选择水平。

四、持基激励影响因素的实证分析

根据本章第二节的模型分析结果显示，基金管理人员的持基比例受当前的无风险利率、证券市场的风险、证券市场收益率、基金经理的风险规避度和基金规模的影响。因此本节将基金管理人员的持基比例作为被解释变量，将其他因素作为解释变量构建了多因素的面板数据模型，来研究持基激励与多个影响因素之间的关系。

（一）持基激励影响因素的测度指标

1. 被解释变量——基金经理持基比例

基金经理的持基比例（HFR）。以上两个实证对持基激励对基金经理投资行为进行了分析，本实证继续深入对基金经理持基激励的影响因素进行分析。以上两个实证中持基激励作为解释变量研究，而本实证中，将持基激励作为被解释变量。基金经理的持基比例测度方法同上。

2. 解释变量——无风险利率、市场收益率等

无风险利率（RF）。无风险利率是指将资金投资于某一项没有任何风险的投资对象而能得到的利息率，无风险利率受到市场的平均利率、资金供求、国家调控、通货膨胀等因素的影响，反映了市场的投资环境及国家调控的方向。市场的投资环境和国家的调控政策影响到基金经理的投资意愿，理论分析表明无风险理论与基金持基比例成正相关。在美国，证券分析师们通常采用三个月政府债券（treasure notes）的年收益率作为无风险利率，它比较好地表示了无风险利率的指标特征（Richard and Brealey，1999）；英国以两周国债的回购利率作为无风险利率；国际金融市场上通常采用伦敦同业拆借率作为无风险的基准利率。宋健和曾勇（2003）认为，我国国债利率、银行间拆借利率和债券回购利率缺乏无风险特征，而在我国高储蓄率的情况下，居民储蓄利率具有一定的无风险特征，因此本节采用五年期定期银行存款利率作为无风险利率。本实证使用从 2007 年初到 2010 年 6 月 30 日的数据，每半年为一个样本的观察周期，把观察期内的五年期定期银行利率的加权平均值作为观察周期的无风险利率，如表 11-10 所示。

表 11-10   无风险利率调整及年度利率表

年份		利率调整	天数	基准利率/%	加权平均后利率/%
2007	上半年	2007-1-1 ~ 2007-3-17	76	4.14	4.42
		2007-3-18 ~ 2007-5-18	62	4.41	
		2007-5-19 ~ 2007-6-30	43	4.95	
	下半年	2007-7-1 ~ 2007-7-20	20	4.95	5.55
		2007-7-21 ~ 2007-8-21	32	5.22	
		2007-8-22 ~ 2007-9-14	24	5.49	
		2007-9-15 ~ 2007-12-20	97	5.76	
		2007-12-21 ~ 2007-12-31	11	5.85	
2008	上半年	2008-1-1 ~ 2008-6-30	182	5.85	5.85
	下半年	2008-7-1 ~ 2008-10-8	100	5.85	5.32
		2008-10-9 ~ 2008-10-29	22	5.58	
		2008-10-30 ~ 2008-11-26	27	5.13	
		2008-11-27 ~ 2008-12-22	26	3.87	
		2008-12-23 ~ 2008-12-31	9	3.6	
2009	上半年	2009-1-1 ~ 2009-6-30	181	3.6	3.6
	下半年	2009-7-1 ~ 2009-12-31	184	3.6	3.6
2010	上半年	2010-1-1 ~ 2010-6-30	181	3.6	3.6

资料来源：中国人民银行网站

市场收益率（MARKETRETURN）。市场收益率表示证券市场的总体平均收益率，市场收益率越高，资金回报率越大，资金回报率直接影响到投资者的投资意向，理论分析也说明市场收益率越大基金经理持基的比例也越大，因此把市场收益率作为基金经理持基激励的影响因素。沪深 300 指数是由上海和深圳证券交易所联合发布的能够反映我国 A 股市场整体走势的指数，并能够作为投资业绩的评价标准，鉴于该指数的优点，本实证使用沪深 300 指数半年内的收益率作为观察期的市场收益率。

市场风险（MARKETRISK）。市场风险是影响投资者投资的一个重要因素，市场上多数的投资者是风险规避的，因此本实证使用市场风险作为持基激励的影响因素之一，探讨市场风险对持基激励的影响。本实证使用沪深 300 指数半年期的日收益的标准差作为观察期的市场风险，具体计算公式如下所示。

$$MARKETRISK = \sqrt{\frac{\sum (R_m - \overline{R_m})^2}{N}}$$

其中，R_m 表示沪深 300 指日收益率；$\overline{R_m}$ 表示沪深 300 指观察期内平均收益率；N 表示观察期内的交易日天数。

基金经理风险规避度（RV）。以上三个影响因素均涉及市场环境，而基金经理风险规避度是基金经理的本身特征。本实证对基金经理风险规避的测度继续沿用以上实证对基金经理风险规避度的测度方法。

基金的规模（ASSERT）。前两个实证可以分析出基金规模对基金经理的努力水平、基金经理的风险选择水平的影响，持基的大小作为基金经理投资行为的一部分，本实证继续探讨基金规模对持基比例的影响，前面理论分析得出基金规模对持基激励有正相关关系。持基激励的影响因素的测度指标如表 11-11 所示。

表 11-11　持基激励影响因素测度指标

测度内容	变量	意义	文献依据	类型
基金经理 持基比例（HFR）	RF	无风险利率	宋健和曾勇（2003）	解释变量
	MARKETRETURN	市场收益率		解释变量
	MARKETRISK	市场风险		解释变量
	RV	风险规避度	龚红（2009）等	解释变量
	ASSET	基金规模	普继平和马永开（2005）	解释变量

（二）实证研究假设条件

假设 13　无风险利率与基金管理人员持基比例正相关。

无风险利率是一个可观测的变量，它在一定程度上反映市场环境、国家货币政策调控的方向，此外从机会成本的角度上看，无风险利率也代表了基金管理人员持有旗下基金的机会成本。

假设 14　证券市场风险与基金管理人员持基比例负相关。

证券市场风险也是反映证券市场环境的指标。当证券市场风险较大时，由于基金经理对未来预期的不确定性，可能会倾向于降低自身的持基份额，以规避风险。

假设 15　证券市场收益率与基金管理人员持基比例正相关。

证券市场的收益率反映了证券市场环境的好坏。在证券市场收益率较高的情况下，基金的表现往往较好，基金管理人员对其管理的基金更加有信心，因此会倾向于增加持基比例。

假设 16　基金经理的风险规避度与基金管理人员持基比例负相关。

基金经理的风险规避度体现了基金经理对风险的厌恶程度，也体现了基金经理的投资风格。对于风险规避度越大的基金经理，他们往往倾向于投资固定收益类产品，这类产品风险较小但收益也较小，因此基金管理人员会利用自身的知识和信息，将资金投入到有更高收益的金融产品上，而不是投资于其管理的基金。

假设 17 基金规模与基金管理人员持基比例正相关。

以往的研究表明，基金规模的大小会对基金管理人员的激励程度产生影响。对于规模较大的基金，往往能够吸引和雇佣到具有更高管理才能的基金经理，这些基金管理人员具有更加专业化的理论知识、管理才能和执行能力，能够更好地促进基金公司的发展。Chen 等（1992）学者对 87 个月份的 93 只基金进行实证研究发现基金规模较大的基金的收益比规模较小的基金的收益高，即基金规模与基金业绩正相关。另有学者 Gorman（1991）和 Cobelas（1995）通过研究发现，在以基金资产净值为基础收取基金管理费的情况下，基金经理更加愿意扩大基金的规模，以增加基金的管理费收入。罗真和张宗成（2004）通过实证研究发现，规模较大的基金的基金经理在基金业绩较差的情况下面临离职的概率比规模较小的基金经理小。规模大的基金对基金经理的激励程度强，因此可以带来较高的收益，并且基金规模大的基金往往由能力较强的基金经理管理，他们对自己的投资水平更加有信心，因此愿意增加对其管理基金的持有，在为基金投资者服务的同时也为自己增加了财富，体现了持基激励机制使基金投资者和基金经理的目标函数相一致的优点。

（三）实证研究模型构建

本节多因素模型的构建参考了本章第二节中的理论研究结论，将基金管理人员持基比例作为被解释变量，同时将无风险收益率、市场风险、市场收益率、基金经理风险规避度和基金规模作为解释变量。因此，持基激励的影响因素实证模型构建如下：

$$\mathrm{HFR}_{it} = e_0 + e_1 \mathrm{RF}_{it} + e_2 \mathrm{MARKETRISK}_{it} + e_3 \mathrm{MARKETRETURN}_{it}$$
$$+ e_4 \mathrm{RV}_{it} + e_5 \log(\mathrm{ASSET})_i t + \varepsilon_{it} \qquad (11\text{-}12)$$

式中，HFR 表示管理人员持基比例，RF 表示无风险利率，MARKETRISK 表示市场风险，MARKETRETURN 表示市场收益率，RV 表示基金经理风险规避度，log（ASSET）表示基金规模的对数。

（四）实证研究结果

本节仍采用 2007～2010 年上半年的样本数据，运用 Eviews 6.0 将全部解释变量分别带入模型（11-12）进行了面板数据模型的回归分析。通过 Hausman 检验模型（11-12），结果显示接受时期随机效应模型的假设，采用时期随机效应模型对变量进行参数估计，估计结果如表 11-12 所示。

表 11-12 持基激励的影响因素实证结果

变量	系数	标准误	t 统计量	p 值
C	2.576 936 *	0.223 916	11.508 50	0.000 0 ***
无风险利率（RF）	−0.030 715	0.024 765	−1.240 274	0.215 1
市场风险（MARKETRISK）	0.013 353	0.009 323	1.432 247	0.152 3
市场收益率（MARKETRETURN）	−0.059 546 ***	0.032 610	−1.825 992	0.068 0 *
风险规避度（RV）	−0.034 424 **	0.013 431	−2.563 039	0.010 5 **
基金规模（ASSET）	−0.106 010 *	0.010 068	−10.529 57	0.000 0 ***

* 表示在 0.1 显著性水平下显著，** 表示在 0.05 显著性水平下显著，*** 表示在 0.01 显著性水平下显著

由表 11-12 持基激励的影响因素实证结果可以看出，基金管理人员持基比例与无风险利率没有显著关系，假设 13 没有得到实证支持；此外还可以看出基金管理人员持基比例与市场风险没有显著关系，假设 14 没有得到实证支持；基金管理人员持基比例与市场收益率在 0.1 的显著性水平下负相关，证券市场的收益率越高，基金管理人员的持基比例越小，与原假设刚好相反，假设 15 没有得到实证支持；基金管理人员持基比例与基金经理的风险规避度在 0.05 的显著性水平下负相关，基金经理的风险规避度越大，基金管理人员持基比例越小，假设 16 得到实证支持；基金管理人员持基比例与基金规模在 0.01 的显著性水平下负相关，基金规模越小，基金管理人员持基比例越大，与原假设刚好相反，假设 17 没有得到实证支持。

通过实证研究发现，基金管理人员持基比例的大小受证券市场收益率、基金经理的风险规避度和基金规模的影响，但无风险利率和证券市场的总风险对其影响并不显著。

（五）实证结果讨论

对 2007～2010 年上半年开放式基金管理人员持基比例的影响因素进行实证研究，目的在于了解他们之间是否存在相关关系以及存在怎样的相关关系。在本章第二节理论研究的结果中，基金管理人员持基比例受到无风险利率、市场风险、市场收益率、风险规避度和基金规模的影响，因此本节将上述六个变量作为被解释和解释变量进行实证分析，实证研究假设只有部分得到了实证支持，有些实证得到了与研究假设完全相反的结果，出现这种情况的原因可能有以下几个方面。

所采用的无风险利率和市场风险在这一面板数据模型中具有特殊性，此二者随时间的变化而不同，是典型的时间序列数据。然而，对于每个截面来说，所有基金在同一时刻的无风险利率和市场风险又都是相同的。因此，在对基金管理人员持基比例的影响研究上，他们的相关性并不显著。

经过实证研究发现，基金规模越小，基金管理人员持基比例越大，这与第三章的理论研究结果出现了偏差，这可能与我国大规模基金难以运作，很难取得较高的收益有关。国内学者梅月（2008）通过对 2003 年 7 月至 2007 年 6 月的 200 多只偏股型开放式基金运用不同的基金业绩评价指标和不同的回归方法分别进行的实证研究均得出了基金规模和基金业绩呈现负相关关系。大规模基金的基金经理管理着比一般基金资产规模大数倍的基金，基金规模的过度庞大严重地制约了基金经理的管理水平的发挥。基金经理的选股择时能力受到基金规模的制约，当基金规模达到一定的程度时，基金经理的选股变得没有实际的意义，基金的收益随着规模的扩大越来越与市场的收益趋同，基金经理选股的优势被庞大的基金规模所吞噬。当基金经理出现投资失误的时候，由于基金规模的过于庞大，基金经理很难迅速调转"船头"来避免损失，往往出现"尾大不掉"的状况。所以，在基金规模和基金管理人员持基份额的关系上会出现反向的联系，基金规模越大，基金管理人员越不愿意将自有资金投入其中。基金经理的持基份额相比于过度膨胀的基金规模，这种激励作用也是微乎其微的。

第四节　持基激励的效果分析

一、弥补管理费激励不足

持基激励能有效地克服中国目前基金管理费激励机制的不足。本书通过对中国管理费激励机制进行了理论与实证研究，研究结果表明在目前管理费激励机制中，基金的业绩与基金的净流入的关系不显著，中国基金市场中存在着"异常赎回现象"，业绩不好的基金规模不会降低，然而基金管理费率较高，即使基金业绩不好，基金经理也能获取巨额的管理费，换句话说，基金经理由于业绩差所需要承担的成本较低。导致基金管理费激励效果不显著的根源是基金经理与基金投资的目标函数不一致，已经对此进行过分析。引入持基激励机制后，使基金经理的收益直接与基金业绩挂钩，基金业绩差，从而使基金经理的资产收益受到了损害，加大了基金经理"偷懒"的成本。以上持基激励的模型分析中，可以发现引入了持基激励，使基金经理努力去增加自己的信号精度，获取超额收益。

从管理费对基金经理投资行为影响研究中，基金管理费对基金经理缺乏风险约束，基金经理为获得高收益可能会采取过度投机的行为，使基金投资承担着大的投资风险，当基金的收益不能达到基金经理的预期时，基金投资者就要为基金经理的这种风险偏好行为买单，严重损害了基金投资人的利益，并违背了基金市场运行的规律。引入持基激励，使基金经理为自己采取过度投资行为承担了相应的风险，由于基金经理是风险规避的，持基使基金经理为了自己的资产更少地承担的风险，基金经理在选择投资组合风险的时候会更加谨慎，这一点也从以上的理论分析中可以得到解释。持基激励可以看成是与业绩挂钩的对称线性激励契约，研究表明，基于业绩的契约结构由于基于资产净值的契约结构。

二、避免相对业绩激励负作用

在对相对业绩激励进行研究中得出，具有较高前期业绩差距排名的基金经理为了保持排名相对于竞争对手在后期会降低投资组合风险，采取保守的投资策略，具有较低前期业绩差距排名的基金经理在后期为了挽救自己的排名而增加基金投资组合的风险，孤注一掷。无论降低还是增加基金的风险对基金投资者来说都是不利的，根据资产定价模型，降低风险意味着放弃风险带来的资本收益，增加风意味着使投资者收益的不确定性增加，都不符合基金投资者的收益需求。当基金经理持有自己所管理的基金的份额时，基金经理选择风险时会采取更加谨慎的态度，不会随意减少风险或增加风险，因为这样会使他自己的资产的收益受到威胁。在基金经理风险规避的情况下，持基能使基金经理努力地获取市场上的私人信息，降低投资组合的风险和增加基金的收益。持基激励能克服相对业绩激励的不足。这也正是基金经理与基金投资者目标函数一致的结果。

三、减弱基金经理"羊群"行为

基金经理"羊群"行为的产生主要是出于以下两个方面原因：一方面，基金经理出于与同行业绩的比较，会倾向于采取与其他基金经理相似的投资行为以避免业绩落后于别人，维护自身正向的激励效应，而且当"羊群"行为所产生的基金业绩并不理想时，在基金经理市场上将产生一种"分摊责任效应"，也就是说基金经理受到"法不责众"心理的影响，并不会对基金的现金流产生显著影响，导致基金投资者大量撤资或者转投其他基金。简而言之，在"羊群"行为下，基金经理的经济效益并不会受到严重的影响。另一方面，基金经理在进行投资策略的选择时会先去判断别的投资经理交易行为中所包含的看不见的信息，投资经理之间的互相猜测和模仿，而忽略了自身信息的价值。这种现象的出现也与基金经理的努力水平不够，对自身信息的精确度不确定具有重要关联。基金经理持基激励的引入则能够有效地避免或者减轻了以上两个因素的影响。具体来说，基金经理购买自己管理的基金份额，也就成为基金投资者，承担着基金投资的风险，基金业绩的好坏直接影响了基金经理的收入水平，基金经理面临的压力不单纯来自于基金管理公司和基金投资者。因此，基金经理的目标也不仅是满足于业绩不落后于同行业的其他基金经理，而会尽最大的努力来追求基金业绩收益的最大化，"羊群"行为不再是基金经理的最优选择，持基激励有效地促使基金经理提高努力水平，减少了道德风险行为产生的可能性。同时，由于在持基激励的约束下，基金经理努力水平的提高，其掌握信息的信号精度也大幅度提升，基金经理对于自身信息的价值也能给予更加客观、准确、全面的评估，减轻了盲目跟随、模仿市场上其他经理投资信息的行为，这将进一步有效的约束基金经理的"羊群"行为。

四、规范基金经理"老鼠仓"行为

在对"老鼠仓"的分析中得出，"老鼠仓"行为确实危害者着基金投资者的利益，驱使基金经理从事"老鼠仓"行为主要有以下因素："老鼠仓"能为基金经理带来巨额的收益，这是驱使基金经理铤而走险的动机；基金经理手中持有大量的社会资本，并能利用职务之便获取基金的投资信息，这是基金经理能够建"老鼠仓"的必要条件，即是基金经理管理的基金具有寻租机会；基金经理从事"老鼠仓"行为的成本低，基金经理只损害了基金投资的利益，降低基金的收益，而对基金经理提取管理费的收入影响不大（前文通过实证证明，基金业绩与基金流量的关系不显著），同时，基金监管制度力度不够，基金经理的隐蔽性较大，被查处的成本也较小，这是基金经理"老鼠仓"行为的成因之一。

引入持基激励，当基金经理拥有自己所管理的基金份额时，在基金经理从事的"老鼠仓"行为损害基金投资者的利益的同时，实际上也在侵害自己的利益，加大基金经理建仓的成本。当同时加大监管力度、加大惩罚力度和完善基金经理声誉机制等，从各个角度增大基金经理建仓的成本，基金经理在衡量收益和成本时，自然会减少"老鼠仓"行为。在对"老鼠仓"行为进行分析时，注意到基金经理自身拥有相当量的财富，而目前的证券准入制度，使基金经理不能够使用自己的专业知识为自己的财富增值。引入持基激励，使基金经理的资产流入到自己所管理的基金，能够很好地解决这一问题，基金经理由于持基获得的收益，这也成为了基金经理从事"老鼠仓"行为的一种机会成本。

　　总之，持基激励能够在一定程度上弥补了目前基金市场激励机制的不足，并且能够有效地规范基金经理的行为，避免"道德风险"的发生。这主要原因持基激励使基金经理的利益直接与投资者的利益"捆绑"，基金经理为了使自己效用最大化的同时也增加了基金投资者的利益，基金经理在损害基金投资的利益时同时也在损害自己的利益。

　　本章首先对国内外基金经理激励的经验进行借鉴。目前美国基金管理费的收取主要有两种情况：一种是收取固定比率的管理费；另一种是在固定比率的管理费基础上再收取一个激励费。经研究发现基金经理自购旗下基金的确与基金将来的表现相关。目前在中国作为基金管理人的基金管理公司给基金经理普遍实行的是固定工资加奖金的激励制度，包括一些隐性福利。基金经理的酬劳是根据其所管理基金的基金管理费的一定比率计提；但是在只收管理费的情况下，基金经理赚取利润靠做大基金规模，与基金业绩无关，而基金投资者追求基金净值的增长，投资者与基金经理效用函数有偏差。

第十二章 完善基金激励机制促进股市稳定发展的相关建议

第一节 建立持基激励机制

持基激励能使基金经理与基金投资者的目标函数趋向一致，并且能够提高基金经理的努力水平及避免基金经理"道德风险"。

一、在基金经理激励契约中引入一个适当的持基额度

持基额度决定了持基激励机制的激励强度。如果投入的资金量占基金净值较小，对基金经理的激励作用也随之减小，持基激励机制必须对基金经理持有的基金份额数量做出一定的限制，这一数量要做到既能产生激励作用，又不至于让基金经理感觉有财务压力，特别是年轻的基金经理。基金经理持有的基金份额数量也不能太高，由于基金经理是风险规避的，持基额度过高导致基金经理投资于低风险的证券，影响基金的收益，不符合基金投资者的期望。持基激励的效果如何，一个合理的持基额度是关键。

2008 年基金评级机构晨星公司对美国排行前 500 名共同基金的一份调查报告显示，基金经理们是否将钱投入自己管理的基金对业绩有着直接的影响，投入多的基金业绩相对较好。晨星调查显示，掌管那些费率较低、业绩优良基金的基金经理，自己购入基金的平均金额达到为 35.4 万美元，而那些费率较高、业绩平庸的基金，基金管理者自购的平均金额只有 5.4 万美元。调查结果表明，基金经理们是否将钱投入自己管理的基金对业绩有着直接的影响，这是因为当基金经理们把自有资金投入基金的时候，投资者会发现他们可以获取到及时的信息，向基金管理者咨询也会变得更加顺畅，基金经理们对于基金的表现的敏感程度也会明显提高。

二、公布基金经理的持基信息

及时公布基金经理持有的其管理的基金份额，增强市场的透明度，有利于基金投资者有更多的信息去判断基金经理的投资能力、投资努力程度，有利于投资者进行正确的投资决策，促进投资者进行理性投资。公布基金经理的持基信息，可以增加基金经理收入的透明度，为投资者提供更多的信息。公布持基信息，在竞争的基金经理市场中，促使基金经理能持有更多的基金份额。

第二节　进一步细化管理费激励机制

当前基金运作中出现的许多问题，都与以净值提取管理费、费率固定有关，如果对基金管理公司没有完善的约束和激励评价机制，基金有逐渐堕落到"管理费提取工具"的可能。

一、对细分类型基金采用不同的管理费率

管理费率与基金经理努力水平关系的实证结果显示，管理费率与基金经理努力水平的关系不显著，由于本书采用基金经风险调整后的收益作为基金经理努力水平的测量，这一结果同样说明了管理费率与基金业绩之间的相关关系不显著。中国目前开放式基金大多采用1.5%的费率，费率在基金之间的变化并不明显可能是造成这种结果的一个原因。但是，投资者需求的多样化带来了基金品种的多样化，而针对不同类型的基金，其激励契约也应按照基金的性质有所区别。所有基金都的激励方案若没有区分，会造成基金风格趋同和基金品种单一化，这与投资者进行投资的初衷相违背。例如，对于收益型基金，由于其具有收益稳定，风险小的特点，其费率应小于其余类型的基金。在本书所研究的基金样本中，平衡型基金、普通股票型基金、偏股混合型基金的管理费率基本都为1.5%，但是相对来说，普通股票型基金的风险会高于平衡混合型基金和偏股混合型基金，由于不同类型基金面临的风险不同，基金经理管理不同基金的难度也不尽相同，市场机制并不会允许一只基金的管理人在承担高于市场的平均风险水平的同时，收取比市场平均水平低的管理费，这样的激励机制并不能对基金经理起到明显的激励作用。基金管理费率实行政府统一的费率标准削弱了市场本身对于管理费的调节作用，使得资产市场的资源不能得到合理的配置。因此，本书认为应适当调整管理费率，针对细分类型基金设置不同的管理费率。

二、在激励机制中引入基于业绩的费用结构

由于中国公募基金实施的是基于资产的固定费用结构，所以本书仅实证检验了固定费用结构的基金的显性激励的问题。但是本书实证检验发现中国目前的费用结构对基金经理的激励作用不显著，因此本书认为可以考虑引入目前呼声较高的"基于业绩的费用结构"，即基金管理费可以基金净资产净值的某一百分比基数提取，同时根据基金相对某一基准水平提取业绩报酬，这一基准水平可以为市场在同一时期同一行业的平均业绩水平。这样一方面可以保证基金经理按照所管理的基金资产净值获得一定的基本收入，另一方面，由于基金管理人收益与业绩挂钩，可以激励基金管理人去追求基金收益的最大化。国外对基于业绩费用的研究表明，与不采用业绩激励模式的基金相比，采用业绩激励模式的基金展现出了更好的股票选择能力，同时站在投资者福利的角度来看，基于业绩费用结构更加合理，可以激励基金管理人更加努力工作，提高组合投资的收益，同时，可以提高基金市场上基金经理的整体水平。

三、适当调低基金管理公司管理费率

目前，大多数国家采用的是基于资产的固定费用的管理费收费模式，但发达国家费率相对于中国的管理费率要低，在美国等基金业发达的国家和地区，基金的管理年费率通常为 1% 左右。实证研究结果表明，业绩不好的基金虽然规模小，但却得到了较高的管理费用，由于管理费用为管理费率与基金规模的成绩，从而，可以看出，针对业绩差的基金管理费率偏高，而对于业绩好的基金，其收取的管理费反而少，这对于优秀的基金经理是反向激励，对基金业绩不利。

第三节　完善声誉激励机制

声誉机制是一种动态激励，随着中国基金产业的发展，基金市场竞争必然日趋激烈，在竞争的基金管理人市场上，基金管理人的市场价值决定于其以前所管理的基金的经营业绩，从长期来看，声誉机制使得基金管理人必须对自己的行为负完全责任。

一、定期公布基金相对业绩差距排名

完善相对业绩激励机制，重视相对业绩差距评估的激励作用。基金评级机构定期公布基金相对业绩差距排名，监管部门及投资者可以及时了解基金差距排名情况，减少与基金经理之间的信息不对称情况，从而达到规范基金经理投资行为的目的。即使基金经理相对业绩激励机制导致基金经理选择过低或过高的基金风险，但是相对业绩激励机制确实能提高基金经理的努力水平。在公布基金相对业绩排名的同时，加强对基金绝对业绩的公布，主要是考虑基金俩俩的业绩差距，这样能有效地规避基金经理在后期的风险选择行为。

二、延长基金经理的任期

不管是普通的相对业绩比较，还是相对业绩差距比较，它们发生作用的一个重要前提是基金业绩要具有持续性，但基金经理频繁更换会导致基金业绩不具有持续性。基金监管部门应要求投资管理人员要具有长期、稳健、对持有人负责的理念，不应该过于浮躁，为了个人利益，频繁跳槽，损害持有人利益。基金监管部门应强调基金公司不得为了短期利益，频繁变更基金经理。基金公司在聘用基金经理前，应当对其能力和投资理念、诚信记录进行详细了解，基金经理在应聘时，也应该对公司的管理风格和投资理念进行了解，双方签订合同前要审慎考虑，一旦签订，就应该认真履行。

三、引入更多的社会监督力量

声誉机制的建立也需要一定的外部条件，美国市场上的外部监督力量强大，媒体、基金评级机构、独立的审计机构等共同构成了基金外部强大的社会监督力量。社会的监督力量能及时快速地为投资者提供更多的市场信息，更有效准确地了解基金经理的相关信息，对基金经理的社会声誉产生巨大的影响。因此，我们也要引入更多的社会监督力量，努力完善基金行业的声誉机制。

第四节　基金激励机制运行的保障性措施

一个好的激励机制必须需要一个好的外部环境，这才能保障激励机制得以顺利运行以及发挥良好的效果。本节主要从以下几方面来谈保障持基激励机制的运行措施。

一、完善基金公司治理机制，改善外部监督环境

除了基金当事人等各方面实施约束与鼓励的内部治理外，基金还受政府监督部门、同业协会、产品市场竞争及社会舆论的约束与监督。内部激励机制需要在大环境健全完善的基础上才能发挥作用，在一个系统的制度的复合体中，通过各个有机机制安排的相互作用，构成一个有效的激励约束机制。

第一，把控制证券投资基金经理的重心放在切实发挥基金托管人的作用和重视基金持有人大会的建设上。建立基金托管人的收益——风险机制；改变目前基金持有人大会名存实亡的现象，使基金持有人大会真正成为投资基金的最高权力决策机构；在基金治理结构中引入独立的受托人委员会，由基金持有人选择基金受托人作为其利益代表，基金受托人选择基金管理公司和基金托管人，基金托管人作为基金持有人的利益代表对基金管理公司进行监督。

第二，切实加强基金管理公司的产权改革和制度建设。允许符合条件的多种所有制成分的股东进入基金公司，改善基金公司目前股权结构过度集中在国有公司股东的状况，优化法人治理结构和内部组织结构，使基金管理公司真正成为具有核心竞争能力的现代企业。

第三，通过引进独立董事制度来弥补基金持有人缺位的问题。使之成为基金投资者特别是中、小投资者利益的代表。建立和完善独立董事制度，赋予独立董事承担中、小投资者利益代表的权力和使命，切实维护基金投资者利益。

第四，建立规范、有效的证券市场。大力培育和发展证券市场，并加大对证券市场的监管力度，进一步规范证券市场，以促进基金经理显性激励机制的建立和完善。

二、规范基金投资者的投资行为，促进基金激励机制效用的发挥

事实上，对于很多其他的激励方式（如声誉激励、业绩激励等），如果基金投资者是非理性的，那么它们的激励效果将会大打折扣。因此，必须规范基金投资者的投资行为，使其向理性的方向发展。

第一，加强基金投资者的教育以尽量避免投资者在基金投资中的投机行为。投资者教育是一项系统的社会化活动，需要全社会，特别是市场参与者的广泛参与，在这里证券机构的作用是非常重要的，它们作为投资者与资本市场间的桥梁，更应明确自身在投资者教育中的地位和作用，承担和强化投资者教育的职能。

第二，改善基金投资者的结构以提高机构投资者比例，推动机构投资者多元化。相比机构投资者，个人投资者的投资行为呈现出一种冲动和非理性，出于投机目的的短期行为较多，一旦基金的业绩达不到他们的预期，不理性的赎回也就随时发生。因此，基金业应该积极推动机构投资者多元化，改变目前保险公司独大的局面，引入企业年金、财务公司、企业等多元化主体进入，丰富机构资金的来源和结构。

三、建立多层次的约束体系、促进行业的长期成长

从中国的监管实践来看，中国证监会在监管中承担了相对较大的监管责任，容易养成投资者的依赖心理。从各国基金产业发展的实践来看，目前越来越重视行业自律监管与集中监管的有效组合。以美国为例，其行业自律组织主要有投资公司协会（ICI）、投资管理和研究协会（AIMR）及美国证券交易商协会（NASD），这些组织承担基金行业自我管理及对投资者的基金知识的教育功能，负责监督分销共同基金股份的经纪自营商、制定公平交易规则、负责从业人员培训等，在维护基金行业的职业道德，督促会员机构及基金从业人员规范经营方面发挥了重要作用。

第五篇

总 结 篇

第十三章 结论与展望

第一节 研 究 结 论

本书主要是在委托代理理论的基础上，从激励的角度来研究基金经理的行为。通过对基金激励相关文献的综述，认识到在基金激励的研究方面还存在不少未解决问题。另外，目前系统地研究各种激励机制对基金经理行为影响的文献很少，因此本书具有较重要的理论与实践意义。

本书比较全面地研究了各种激励机制对基金经理行为的影响，针对已有文献研究的不足，重点研究了基金经理的特定行为、基于特定基金经理行为的基金线性激励契约、费用结构对基金经理风险承担的影响、管理费激励的效果、相对业绩评估对基金经理风险承担行的影响，以及激励机制对股票市场的影响等问题，并得到了一些有意义的结论。

第一，考虑到基金经理有能力同时控制自身的努力水平及投资组合的风险，通过构建模型，从信号精度的角度分析了基金经理的努力程度及风险选择行为。经理人的努力程度会影响实现的信号的精度，信号精度又会影响证券的收益率以及风险，由于投资组合的特征，经理人的努力增加能够在不降低收益率的情况下，降低风险，或者在不增加风险的情况下，提高收益率，从而推动经理人的有效投资组合前沿向上移动。但是，经理人的这种努力是有成本的，如机会成本、搜集与分析信息的费用支出等。类似于努力成本函数，定义了信号精度成本函数，最终同时解决了经理人努力与风险的选择问题。结果发现，经理人对信号精度的选择跟经理人的信号精度的边际收益以及精度成本系数有关。

第二，考虑了基金经理的努力水平及风险选择的同时，建立了一个线性激励契约模型，模型分析结果表明在信息对称的情况下，最优合同表明经理人承担的风险为零，但由投资者任意指定经理人投资组合的风险大小，在信息不对称的情况下，经理人可以使自己的净风险收益处于一个固定的水平。另外，经理人的风险规避度越大，他应该承担的风险就越小，经理人越是害怕努力工作，他应该承担的风险反而越大，并且单位风险补偿系数对最优合同的设计也会带来影响。

第三，分析了基准组合引进线性合同后的作用。同时考虑了基金经理的努力以及风险选择能力，通过模型设置把经理人的努力与风险选择联系起来，再分别在经理人努力可被观察到及不可观察到的情形下，研究基准组合对激励合同参数选择的影响。研究发现，在经理人努力可被观察到的情形下，基准组合对合同参数没有任何影响，但基于基准的合同对经理人有甄别能力。在经理人努力不可观察到的情形下，把基准组合引进合同能够起到激励的效果，因为经理人是风险厌恶的，如果基准组合风险增加，也就是市场的系统风险增加，那么投资者提供给经理人的合同对于基金绝对收益的分享比例要提高，而相对基准组合收益的分享比例要降低，以降低经理人的风险承担，反之亦然。另外，研究发现，把基准组合写进合同可以增加投资者对经理人的了解。

第四，假设经理人的投资组合及市场基准投资组合两者均呈现几何布朗运动，考察激励费用结构对经理人风险选择的影响。分析结果表明，激励费用必然会导致经理人过度的风险投资行为，但是这种分析并没有考虑经理人的风险态度。因此，接下来在考虑经理人是风险规避的情况下，研究两种费用结构对经理人风险选择的影响。对两种费用结构下经理人的风险承担水平的比较分析结果表明，在激励费用结构安排下，即使考虑经理人的风险规避，经理人所选择的最优风险水平也一定会高于对称费用下经理人所选择的最优风险水平。

第五，通过分析总结得到管理费激励的原理，发现对管理费激励有效性的研究最终归结为对基金流业绩关系的研究。通过总结流业绩研究文献的结论，建立了一个全面的回归模型，首先对中国基金市场存在的"赎回异象"进行了实证研究，然后，对中国基金市场中的流业绩关系的特征进行了实证研究。两个实证研究均发现在目前的市场状况下，基金流量与基金业绩之间存在正向的联系，表明"赎回异象"现象正在中国基金市场中弱化，说明随着中国资本市场的发展，政府投资教育的深入，投资者的投资理念变得越来越成熟，投资者正在往理性投资的方向发展。

构建了管理费对基金经理投资行为影响的理论模型，并进行了实证研究。研究结果表明，目前中国管理费率并没有对基金经理起到应有的激励作用，越是害怕风险的经理人其努力水平越低；管理费与基金系统风险的正相关关系显著，基金管理费对基金经理缺乏风险约束，基金经理为获得高收益可能会采取过度投机的行为，因为高的基金收益会带来基金资产净值的增加，进而增加基金经理的管理费收入；中国管理费用与基金收益呈负相关的关系，基金规模与基金收益呈正相关关系，说明了我们管理费激励存在的问题；在管理费率的影响因素中，无风险利率、期初资产、基金经理风险规避度与系统风险与管理费率正相关，信息率与管理费率负相关，风险规避度与费率的正相关关系与理论研究结论不一致，从另一个角度表明中国费率的不合理性。

第六，从理论上研究了相对业绩目标对经理人风险选择的影响。研究表明，基金经理会根据排名情况调整投资组合的风险，但调整方向是不明确的，因此 BHS 结论有可能是不正确的。应用 BHS 方法进行实证，结果表明 BHS 结论在中国基金市场中是不成立的。但建立的新的实证方法却表明，在中国基金市场中基金经理具有相对业绩排名目标，但此相对业绩排名是业绩差距排名。实证结果表明，有较高前期业绩差距排名的基金相对于竞争对手在后期会降低投资组合风险，因此，研究结论实际上从另一个角度支持了 BHS 结论。

第七，本书选取了股票市场上最为关注的三个问题——"羊群"行为、"老鼠仓"行和基金自购行为对股票市场的影响进行研究。通过构建委托代理模型，从理论上分析隐性激励必要性和必然性，在隐性激励下，基金经理在市场竞争环境中会自觉的提高努力程度，基金投资者可以比不存在基金经理市场竞争时更低的激励成本来维护投资收益。通过基金经理的博弈分析得出，声誉激励与相对业绩激励机制排名都会促使基金经理基于保持隐性激励效应，选择投资策略时会偏向于"羊群"行为。对基金经理隐性激励影响因素、隐性激励与"羊群"行为，以及隐性激励下基金经理"羊群"行为影响因素进行了实证分析发现：基金相对业绩排序、基金规模、基金管理公司规模、基金管理公司业绩是影响基金经理隐性激励效应的重要因素且显著正相关；相对业绩下降时，小规模基金经理对消极隐性激励更敏感；大规模基金管理公司和业绩良好的基金管理公司的基金经理对消极隐性激励更敏感；基金和基金管理公司规模越大，基金经理越有可能采取"羊群"行为；基金投资风格风险越小，大规模基金、相对业绩排序靠前的基金经理更可能偏向"羊群"行为。

构建了存在"老鼠仓"情况下的委托代理模型，研究发现存在"老鼠仓"的情况下基金经理降低努力水平和承担投资风险的意愿，严重影响到基金投资者的利益；引入基金经理声誉激励机制，发现其能够直接和间接地增加基金经理从事基金收益的努力水平，保护基金投资者的利益。最后通过对"老鼠仓"行为进行了案例分析表明，"老鼠仓"危害着基金的投资收益，为基金经理获取巨额收益；随着检查力度的加强，"老鼠仓"行为也越来越隐蔽，手段越来越高明，在短期内，加强监管是防范"老鼠仓"行为的有效措施；在加强对基金公司的监督的同时，增加基金公司堵塞"老鼠仓"行为的责任；建立透明的基金经理资金入市制度在一定上防止基金经理利用自有基金从事"老鼠仓"行为。

构建了更符合实际情况的基金经理、基金管理公司、基金投资者三者间的基金双重委托代理模型，通过模型分析得出：基金自购能增加基金经理、基金管理公司的努力水平，从而提高基金的业绩，同时也能增加基金投资者的投资量。在模型分析及文献分析的基础上，对基金自购量与基金业绩、基金自购量与基金流量的关系进行实证分析，实证研究结果表明：基金自购对基金的业绩并没有显著的影响，对基金流量有着显著的影响；基金自购能引起基金投资者的流量流入基金。总之，基金自购行为不能激励基金管理公司、基金经理更努力工作，从而使基金获取更高的收益，但是基金自购行为能向基金投资者释放获利信息，影响基金投资者的投资决策行为。因此可以发现，基金自购的激励效果并不明显。

第八，对基金激励机制进行了研究，并且借鉴国内外基金激励的经验，提出了使基金经理与基金投资者目标函数一致的基金激励机制——持基激励。阐述持基激励的原理，并且建立了持基激励机制的机理模型，分析了持基激励可以增加基金经理的努力水平并且能促使基金经理选择具有更低风险的基金投资组合，从而增加基金的收益，保护基金投资者的利益。并且对基金经理持基份额进行了分析，结果表明基金经理的持基份额受到基金经理的风险规避度及投资风险的制约，所以在采用持基激励机制时只有必须同时考虑基金投资及基金经理的利益，才能使持基激励促进基金行业的健康发展。

最后本书根据研究的结构对完善中国基金激励机制促进股票市场稳定发展提出了一些相关的对策。

第二节　研　究　展　望

目前对基金激励机制进行系统研究的文献还很少，本书也只是在这方面做了一定的工作，实际上，值得后续研究的内容还很多。

第一，本书在分析基金经理、基金管理公司、基金投资者的行为时，只考虑了三者静态下的博弈模型，而现实中，该模型为多阶段动态博弈，因此研究多重委托代理关系的动态博弈，是进一步的研究方向。

第二，本书只研究了基金线性激励契约，而没有考虑非线性激励契约问题，如二次合同等。

第三，对于基金线性激励契约及费用结构的研究，本书是在静态分析的框架下进行的，如果在动态分析的框架下进行研究，可能会得到更有意义的结论。另外，本书研究了费用结构对基金经理风险承担的影响，并做了比较分析，但是没有进一步考虑不同的费用结构对投资者福利的影响。

第四，本书对管理费激励的效果的实证研究考虑的变量很多，但还可能存在其他的影响因素，也许这些因素对管理费激励效果的影响更重要，这是后续研究方向。

第五，本书通过实证研究验证了相对业绩差距评估确实对基金经理风险承担行为有影响，但是没有在理论上给出证明，这是后续研究的一个重点内容。

　　第六，本书基于激励机制对股票市场的研究，只从"羊群"行为、"老鼠仓"行为两个问题进行了分析，而股票市场上还存在着其他各种问题，如短视行为有待进一步探索。

　　第七，本书的研究对象及研究样本都来源于公募基金，随着中国私募基金的发展，私募基金的激励机制问题也是一个重要的研究领域。

　　因此，对于基金经理激励机制的研究，还有很多工作要做，以上所述的关于本书撰写过程中存在的问题是今后进一步研究的方向。

参 考 文 献

陈三梅 . 2006. 证券投资基金管理费用的实证分析［J］. 商业研究，（06）：163-165.

丁振华 . 2006. 基金过去的业绩会影响未来的风险选择吗［J］. 证券市场导报，（4）：52-55.

方志国 . 2007. 产业基金管理公司报酬分配激励机制研究［D］. 广州：华南师范大学 .

龚红 . 2005. 证券投资基金经理激励问题研究［D］. 长沙：湖南大学 .

龚红 . 2009. 基金经理投资行为研究影响因素及绩效［J］. 商业时代，（23）：87-88.

龚红，付强 . 2007. 基金管理费激励契约对基金经理努力程度与风险选择的影响［R］. 第九届中国管理科学学术年会 .

何诚颖，程兴华 . 2005. 基于中国证券市场的有效性研究——以高 B/M 类上市公司为例［J］. 管理世界，（11）：145-151.

何晓晴 . 2001. 中国股票市场：猫鼠同宗［J］. 国际商务，（6）：50-52.

胡昌生，丰赋，黄卓 . 2003. 委托投资中的最优风险分担合同［J］. 预测，（3）：62-64.

荆新，王化成，刘俊彦 . 2005. 财务管理学［M］. 北京：中国人民大学出版社 .

李俊青，郑丕谔，李昌青 . 2004. 基金经理相对业绩激励契约［J］. 天津大学学报，（1）：89-93.

李维安，李汉军 . 2006. 股权结构、高管持股与公司绩效——来自民营上市公司的证据［J］. 南开管理评论，9（5）：4-10.

李昕，霍鸣庆，苏焱 . 2010. 基金"老鼠仓"治理问题的博弈分析［J］. 会计之友（上旬刊），（22）：104-106.

李曜，于进杰 . 2004. 开放式基金赎回机制的外部效应［J］. 财经研究，30（12）：111-120.

李豫湘，刘栋鑫 . 2009. 开放式基金管理费与基金业绩、规模间的关系研究［J］. 财会月刊，（21）：78-80.

刘芳芳，周洪文 . 2010. 基于博弈论的基金监管制度分析［J］. 金融与经济，（4）：53-55.

刘慧，刘造林 . 2008. 开放式证券基金费用率的实证研究［J］. 中国物价，232（8）：31-33.

刘志远，姚颐 . 2005. 开放式基金的"赎回困惑"现象研究［J］. 证券市场导报，（2）：37-41.

刘中文 . 2009. 我国国有控股上市公司股权激励效用研究［D］. 北京：中国矿业大学 .

鲁炜，蔡冬梅 . 2007. 开放式基金规模与业绩关系的实证研究［J］. 经济纵横，（8）：21-24.

陆蓉，陈百助，徐龙炳，等 . 2007. 基金业绩与投资者的选择——中国开放式基金赎回异常现象的研究［J］. 经济研究，（6）：39-50.

罗真，张宗成 . 2004. 职业忧虑影响基金经理投资行为的经验分析［J］. 世界经济，（4）：63-71.

马红军 . 2002. 基金管理公司业绩评价系统与激励约束机制［J］. 企业经济，（11）：175-177.

梅月 . 2008. 开放式基金业绩与规模相关性的实证分析［D］. 厦门：厦门大学 .

倪受彬 . 2007. 基金黑幕的法律规制——以"上投摩根老鼠仓"事件为例［J］. 检查风云，2007（12）：11.

倪苏云，肖辉，吴冲锋.2002. 中国证券投资基金业绩持续性研究［J］. 预测，(6)：23-26.

倪苏云，肖辉，吴冲锋.2004. 证券投资基金的管理费率设计研究［J］. 系统工程理论与实践，(1)：25-29.

彭耿.2009. 证券投资基金经理激励机制研究［D］. 长沙：中南大学.

普继平，马永开.2005. 我国证券市场中基金风险组合与组合规模关系的实证分析［J］. 电子科技大学学报社会版，(6)：19-22.

秦耀华.2010. 显性激励对基金经理投资行为的影响研究［D］. 长沙：中南大学.

任淮秀，汪涛.2007. 中国开放式基金赎回行为的实证分析［J］. 经济理论与经济管理，(6)：42-47.

盛积良，马永开.2006. 考虑信息成本的委托资产组合管理合同研究［J］. 系统工程，(1)：18-22.

盛积良，马永开.2008. 两类不对称对基金风险承担行为的影响研究［J］. 系统工程学报，23 (4)：398-404.

盛积良，马永开.2009. 显性激励和隐性激励对基金风险承担行为的影响［J］. 管理学报，6 (5)：692-697.

施东晖.2001. 证券投资基金的交易行为及其市场影响［J］. 世界经济，10 (4)：26-31.

史晨昱，刘霞.2005. 从竞赛观点探讨基金经理的风险调整行为［J］. 证券市场导报，(2)：28-32.

束景虹.2005. 开放式基金赎回现象的实证研究［J］. 数量经济技术经济研究，(4)：117-126.

宋健，曾勇.2003. EVA 计算中无风险收益率指标选取方法的探讨［J］. 电子科技大学学报社科版，(4)：9-11.

孙静，高建伟.2006. 相对业绩报酬契约及其对基金经理投资决策的影响［J］. 管理工程学报，(4)：67-72.

唐宇.2003. 中国内地开放证券投资基金的费率制度问题［J］. 管理科学，(02)：55-58.

汪丽.2006. 管理者声誉对决策质量影响作用的实证研究［J］. 商业经济与管理，(12)：28-31.

王慧.2009. 经理层股权激励与公司绩效的关系分析——基于我国上市公司数据［D］. 成都：西南财经大学.

王茂斌，毕秋侠.2006. 业绩排名、投资者选择和投资基金行为［J］. 证券市场导报，(4)：52-55.

王明好，陈忠，蔡晓钰.2004. 费率结构对证券投资基金风险承担行为的影响研究［J］. 系统工程理论与实践，(10)：117-121.

王明好，陈忠，蔡晓钰.2004. 相对业绩对投资基金风险承担行为的影响研究［J］. 中国管理科学，(5)：1-5.

吴航.2006. 证券投资基金激励约束机制绩效的实证研究［J］. 统计与对策，(5)：116-117.

武凯.2005. 基金管理费制度安排的激励效应与优化选择［J］. 证券市场导报，(8)：33-37.

向志恒.2008.职业生涯考虑影响开放式基金经理投资行为的实证研究［D］.长沙：中南大学.

肖奎喜.2007.开放式基金的费用率与其业绩关系实证分析［J］.价格月刊,363（8）：28-30.

肖条军,盛昭瀚.2003.两阶段基于信号博弈的声誉模型［J］.管理科学学报,6（1）：27-31.

薛强军.2006.开放式基金申购赎回：基于分离现金流量的研究［J］.南京农业大学学报（社会科学版）,6（4）：25-39.

叶芳.2008.中国证券投资基金羊群行为研究［D］.重庆：重庆大学.

殷洁.2007.论基金"老鼠仓"的防治［J］.金融与经济.2007（11）：38-40.

曾德明,查琦,龚红.2006.基金特征、管理特性与基金绩效关系的实证研究［J］.管理学报,3（3）：347-353.

曾德明,刘颖,龚红.2005a.管理费激励与基金绩效：对中国基金的实证研究［J］.湖南大学学报,（2）：35-38.

曾德明,周再望,刘颖.2005b.证券投资基金费用与管理质量实证研究［J］.财经理论与实践,（4）：49-52.

曾康林.2003.解读行为金融学［J］.经济学动态,34（6）：59-61.

曾勇,唐小我,郑维敏.2000.一种组合证券选择和资产定价分析［J］.管理工程学报,13（1）：1-7.

张维迎.2004.博弈论与信息经济学［M］.上海：上海人民出版社.

张羽,李黎.2005.证券投资基金交易行为及其对股价的影响［J］.管理科学,（4）：77-85.

赵家敏,彭虹.2004.中国证券投资基金羊群行为及其对股价影响的实证研究［J］.系统工程,（7）：38-43.

周仁才,吴冲锋.2009.存在老鼠仓时证券市场多方博弈分析［J］.系统管理学报,18（5）：487-491.

周仁才,吴冲锋.2010.存在老鼠仓时的投资、消费与风险溢价［J］.管理科学学报,13（7）：60-67.

周永峰,严瑾孟,孙增光,等.2008.相对业绩排序对我国开放式基金风险调整行为的影响［J］.金融发展研究,（12）：55-59.

周泽炯,史本山.2004.中国开放式基金业绩持续性的实证分析［J］.经济问题探索,（9）：19-27.

朱少醒,张则斌,吴冲锋.1999."羊群效应"与股票收益分布的厚尾特性［J］.上海交通大学学报（社科版）,4（7）：40-43.

朱雪琴,孙振峰.2002.试析投资基金中的委托—代理关系和道德风险控制［J］.世界经济状况,（11）：14-17.

朱毅飞.2006.证券投资基金的羊群行为分析［D］.长沙：湖南大学.

朱治龙.2004.上市公司绩效评价与经营者激励问题研究［D］.长沙：湖南大学.

庄正欣,朱琴华.2006.我国证券市场噪音交易问题分析［J］.财贸研究,（3）：84-88.

Admati A R, Pfleiderer P. 1997. Does it all add up? Benchmarks and the compensation of active portfolio managers ［J］. Journal of Business, 70 （3）: 323-350.

Arnott R J, Stiglitz J E. 1988. The basic analutics of moral hazard ［J］. Scandinavian Journal of Economics, 90 （3）: 383-413.

Arora N, Ou- Yang H. 2001. Explicit and implicit incentives in a delegated portfolio management problem: theory and evidence ［R］. Working Paper.

Arrow K. 1976. Essays in the Theory of Risk- Bearing ［M］. Amsterdam: North- Holland.

Avery C, Zemsky P. 1998. Multidimensional uncertainty and herd behavior in financial markets ［J］. American Economic Review, （88）: 724-748.

Banerjee A V. 1992. A simple model of herd behavior ［J］. Quarterly Journal of Eeonomies, （108）: 797-817.

Barber B M, Odean T, Zheng L. 2003. Out of sight, out of mind: the effects of expenses on mutual fund flows ［R］. Working Paper.

Barnett M L, Jermier J M, Lafferty B A. 2006. Corporate reputation: the definitional landscape ［J］. Corporate Reputation Review, （1）: 26-38.

Bebchuk L A, Fried J M. 2003. Executive compensation as an agency problem ［J］. Journal of Economic Perspectives, （17）: 71-92.

Berger P G, Ofek E, Yermack D L. 1997. Managerial entrenchment and capital structure decisions ［J］. Journal of Finance, （52）: 1411-1438.

Bergstresser D, Poterba J. 2002. Do after- tax returns affect mutual fund inflows? ［J］. Journal of Financial Economics, （63）: 381-414.

Berk J B, Green R C. 2002. Mutual fund flows and performance in rational markets ［R］. National Bureau of Economic Research.

Berkowitz M K, Kotowitz Y. 2002. Managerial quality and the structure of management expenses in the US mutual fund industry ［J］. International Review of Economics & Finance, 11 （3）: 315-330.

Bhargava R, Gallo J, Swanson P. 2001. The performance, asset allocation and investment style of international equity managers ［J］. Review of Quantitative Finance and Accounting, （17）: 377-395.

Bhattacharya S, Pfleiderer P. 1985. Delegated portfolio management ［J］. Journal of Economic Theory, （36）: 1-25.

Bikhchandani S, Hirshleifer D, Weleh I. 1992. A Theory of ads, fashion, custom, and cultural changes as informational cascades ［J］. Journal of Political Economy, （100）: 992-1026.

Black F. 1972. Capital market equilibrium with restricted borrowing ［J］. Journal of Business, （45）: 444-455.

Blasi J, Kruse D, Sesil J, et al. 2000. Stock Options, Corporate Performance, and Organizational Change ［M］. Oakland, CA: National Center for Employee Ownership.

Brammer S J, Pavelin S. 2006. Comporate reputation and social performance: the importance of fit ［J］. Journal of Management Studies, 4 （3）: 435-455.

Brickly J A, Bhagat S, Lease R C. 1985. The impact of long-rang managerial compensation plans on shareholder wealth [J]. Journal of Accounting and Economics, (7): 115-129.

Brown K C, Harlow W V, Sarks L T. 1996. Of tournaments and temptaiton: an analysis of managerial incentives in the mutual fund industry [J]. Journal of Finance, 51 (1): 85-110.

Brown S J, Goetzmann W N. 1995. Performance persistence [J]. Journal of Finance, (50): 679-698.

Busse J. 2001. Another look at mutual fund tournaments [J]. Journal of Financial and Quantitative Analysis, (36): 53-73.

Capon N, Fitzsimons G J, Weingarten R. 1994. Affluent investors and mutual fund purchases [J]. International Journal of Bank Marketing, (12): 17-25.

Carpenter J N. 2000. Does option compensation increase managerial risk appetite? [J]. Journal of Finance, 55 (5): 2311-2331.

Chen C R, Lee C F, Rahman S, et al. 1992. A cross-sectional analysis of mutual fund'market timing and security selection skill [J]. Journal of Business Finance & Accounting, 19 (5): 659-675.

Chen H L, Pennacchi G. 2002. Does prior performance affect a mutual fund's choice of risk? Theory and further empirical evidence [R]. Working Paper.

Chevalier J, Ellison G. 1996. Career concerns of mutual fund managers [J]. Quarterly Journal of Economics, (114): 389-432.

Chevalier J, Ellison G. 1997. Risk taking by mutual funds as a response to incentives [J]. The Journal of Political Economy, (105): 1167-1199.

Chevalier J, Ellison G. 1999. Are some mutual fund managers better than others? Cross-sectional patterns in behavior and performance [J]. The Journal of Finance, 54 (3): 875-899.

Cohen S I, Starks L T. 1988. Estimation risk and incentive contracts for portfolio managers [J]. Management Science, 34 (9): 1067-1079.

Core J E, Guay W R. 1999. The use of equity grants to manage optimal equity incentive levels [J]. Journal of Accounting and Economics, (28): 151-184.

Coval J D, Moskowitz T J. 2001. The geography of investment: informed trading and asset prices [J]. Journal of Political Economy, 109 (4): 811-841.

Crocker K J, Snow A. 1985. The efficiency of competitive equilibrum in insurance markets with adverse selection [J]. Journal of Public Economics, 26: 207-219.

Culter D, Poterba J M, Summers L H. 1991. Speculative dynamics and the role of feedback trades [R]. National Bureau of Economic Research Working Paper.

Cuoco D, Kaniel R. 2001. Equilibrium prices in the presence of delegated portfolio management [R]. Working Paper.

Das S R, Sundaram R K. 2002. Fee speech: signaling, risk sharing, and the impact of fee structures on investor welfare [J]. Review of Economic Studies, 15 (5): 1465-1497.

Dechow P M, Sloan R G. 1991. Executive incentives and the horizon problem [J]. Journal of Accounting and Economics, 14 (1): 51-89.

Deephouse D L. 2000. Media reputation as a strategic resource: an integration of mass communication and resource based theories [J]. Journal of Management, 26: 1091-1112.

Defusco R A, Johnson R R, Zom T S. 1990. The effect of executive stock option plans on stockholders and bondholders [J]. Journal of Finance, (45): 617-627.

Demsetz H. 1983. The structure of ownership and the theory of the firm [J]. Journal of Law & Economics, 26 (3): 375-390.

Detzel F L, Weigand R A. 1998. Explaining persistence in mutual fund performance [J]. Financial Service Review, 7 (1): 45-55.

Devenow A, Welch I. 1996. Rational Herding in Financial Economic [J]. European Economic Review, (40): 603-615.

Dixit A K, Pindyck R S. 1993. Investment Under Uncertainly [M]. New Jersey: Princeton.

Dow J, Gorton G. 1997. Noise trading, delegated portfolio management, and economic welfare [J]. Journal of Political Economy, 105 (5): 1024-1050.

Droms W G, Walker D A. 1996. Mutual fund investment performance [J]. The Quarterly Review of Economics and Finance, 36 (3): 347-363.

Elton E, Gruber M, Blake C. 1996. Survivorship bias and mutual fund performance [J]. Review of Financial Studies, (9): 1097-1120.

Elton E J, Gruber M J, Blake C R. 2001. A first look at the accuracy of the CRSP mutual fund database and a comparison of the CRSP and morningstar mutual fund databases [J]. Journal of Finance, 56 (6): 2415-2430.

Elton E J, Gruber M J, Blake C R. 2003. Incentive fees and mutual funds [J]. The Journal of Finance, 58 (2): 779-804.

Elton E, Gruber M, Das S, et al. 1993. Efficiency with costly information: a reinterpretation of evidence from managed portfolios [J]. Review of Financial Studies, (6): 1-22.

Falkenstein E G. 1996. Preference for stock characteristics as revealed by mutual fund portfolio holdings [J]. Journal of Finance, (51): 111-135.

Fama F E. 1970. Efficient capital markets: a review of theory and empirical work [J]. Journal of Finance, (25): 383-417.

Fama F E. 1980. Agency problems and the theory of the firm [J]. Journal of Political Economy, (88): 288-307.

Fant L F, O'Neal E S. 2000. Temporal changes in the determinants of mutual fund flows [J]. Journal of Financial Research, (23): 353-371.

Festinger L. 1957. A Theory of Cognitive Dissonance [M]. Stanford: Stanford University Press.

Fombrun C J. 1996. Reputation: Realizing Value from the Corporate Image [M]. Boston, MA: Harvard Business School Press.

Froot K, Scharfstein D, Stein J. 1992. Herd on the street: informational efficiencies in a market with short-term speculation [J]. Journal of Finance, 47 (4): 1461-1484.

Garcia D. 2001. Optimal menus of linear contracts in portfolio selection problems ［R］. Working Paper.

Gehrig TP, Lütje T, Menkhoff L. 2009. Bonus payments and fund managers' behavior: transatlantic evidence ［J］. CESifo Economic Studies, 55 (3-4): 569-594.

Goetzmann W N, Ibboston R. 1994. Do winners repeat? Patterns in mutual fund behaviour ［J］. Journal of Portfolio Management, 20 (2): 9-18.

Goetzmann W N, Peles N. 1997. Cognitive dissonance and mutual fund investors ［J］. Journal of Financial Research, (20): 145-58.

Goldman E, Slezak S L. 2003. Delegated portfolio management and rational prolonged mispricing ［J］. Journal of Finance, 58 (10): 283-311.

Golec J H. 1992. Empirical test of a principal-agent model of the investor-investment advisor relationship ［J］. Journal of Financial and Quantitative Analysis, 27 (1): 81-95.

Golec J H. 1996. The effects of mutual fund managers' characteristics on their portfolio performance, risk and fees ［J］. Financial Services Review, 5 (2): 133-148.

Gollier C, Koehl P F, Rochet J C. 1997. Risk taking behavior with limited liability and risk aversion ［J］. Journal of Risk and Insurance, (64): 347-370.

Goriaev A, Nijman T E, Werker J M. 2005. Yet another look at mutual fund tournaments ［J］. Journal of Empirical Finance, (12): 127-137.

Goriaev A, Palomino F, Prat A. 2001. Mutual fund tournament: risk-taking incentives induced by ranking objectives ［R］. CEPR Discussion Paper.

Graham J R. 1999. Herding among investment news letters: theory and evidence ［J］. The Journal of Finance, 54 (1): 237-268.

Gray E R, Balmer J M T. 1998. Managing corporate image and corporate reputation ［J］. Long Range Planning, 31 (5): 695-702.

Green J, Stokey N. 1983. A comparison of tournaments and contracts ［J］. Journal of Political Economy, 91 (3): 349-364.

Grinblatt M, Titman S. 1989a. Adverse risk incentives and the design of performance-based contracts ［J］. Management Science, 35 (7): 807-822.

Grinblatt M, Titman S. 1989b. Mutual fund portfolio choice of performance based contracts ［J］. Management Science, (51): 43-52.

Grinblatt M, Titman S. 1992. The persistence of mutual fund performance ［J］. Journal of Finance, (47): 1977-1984.

Grinblatt M. Titman S, Wermers R. 1995. Momentum investment strategies, portfolio performance and herding: a study of mutual fund behavior ［J］. The American Economic Review, (85): 1088-1105.

Grossman S, Hart O. 1983. An analysis of the principal-agent problem ［J］. Econometrica, (51): 7-45.

Gruber M. 1996. Another puzzle: the growth in actively managed mutual funds ［J］. Journal of Finance, (51): 783-807.

Guercio D, Tkac P A. 2002. The determinants of the flow of funds of managed portfolios: mutual funds versus pension funds ［J］. Journal of Financial and Quantitative Analysis, 37 (4): 523-557.

Gómez J P, Sharma T. 2006. Portfolio delegation under short- selling constraints ［J］. Economic Theory, 28 (1): 173-196.

Hart O, Holmstrom B. 1987. Theory of Contracts, in Advances in Economic Theory: Fifth World Congress ［M］. Cambridge: Cambridge University.

Heinkel R, Stoughton N M. 1994. The dynamics of portfolio management contracts ［J］. Review of Financial Studies, 7 (2): 351-387.

Hendricks D, Patel J, Zeckhauser R. 1993. Hot hands in mutual funds: short- run persistence of relative Performance 1974—1988 ［J］. Journal of Finance, (48): 93-130.

Hendricks D, Patel J, Zeckhauser R. 1994. Investment flows and performance: evidence from mutual funds, cross- border investments, and new issues//Sato R, Levich R, Ramachandran R. Japan, Europe and International Financial Markets: Analytical and Empirical Perspectives ⌊M⌋. England: Cambridge University Press.

Hill P, Knowlton J. 2006. Return on Reputation: Corporate Reputation Watch 2006 ［J］. Maroh, New York.

Hirshleifer D, Subrahmanyam A, Titman S. 1994. Security analysis and trading patterns when some investors receive information before others ［J］. Journal of Finance, American Finance Association, 49 (5): 1665-1698.

Holmstrom B. 1979. Moral hazard and observability ［J］. Bell Journal of Economics, (10): 74-91.

Holmstrom B. 1982. Moral hazard in teams ［J］. Bell Journal of Economics, 13 (2): 324-340.

Holmstrom B. 1999. Managerial incentive problem—a dynamic perspective ［J］. Review of Economic Studies, (66): 169-182.

Holmstrom B, Milgrom P. 1987. Aggregation and linearity in the provision of intertemporal incentives ［J］. Econometrica, (55): 303-328.

Holmstrom B, Milgrom P. 1991. Multi- task principal- agent analyses: incentive contracts, asset ownership and job design ［J］. Journal of Law, Economics and Organization, (7): 24-52.

Hooks J A. 1996. The effect of loads and expenses on open- end mutual fund returns ［J］. Journal of Business Research, 36 (2): 199-202.

Hu P, Kale J R, Subramanian A. 2002. Relative risk choices by mutual fund managers ［R］. Working Paper.

Huberman G, Kandel S. 1993. On the incentives for money managers: a sigalling approach ［J］. European Economic Review, (37): 1065-1081.

Hugonnier J, Kaniel R. 2004. Mutual fund portfolio choice in the presence of dynamic flows ［R］. Working Paper.

Hugonnier J, Kaniel R. 2010. Mutual fund portfolio choice in the presence of dynamic flows [J]. Mathematical Finance, 20 (2): 187-227.

Hvide H K. 2002. Tournament rewards and risk taking [J]. Journal of Labor Economics, 20 (4): 877-898.

Ippolito R A. 1989. Efficiency with costly information: a study of mutual fund performance, 1965—1984 [J]. The Quarterly Journal of Economics, 104 (1): 1-23.

Ippolito R A. 1992. Consumer reaction to measures of poor quality: evidence from the mutual fund industry [J]. Journal of Law&Economics, (35): 45-70.

Jensen M C. 1968. The performance of mutual funds in the period 1945—1964 [J]. Journal of Finance, 23 (2): 389-416.

Jensen M, Meckling W. 1976. Theory of the firm: managerial behavior agency costs and ownership structure [J]. Journal of Financial Economics, (3): 305-360.

Kempf A, Ruenzi S. 2004. Status- quo bias in the mutual fund market- relevance of the number of alternatives [R]. Working Paper.

Keynes J M. 1936. The general theory of employment, interest and money [M]. Cambridge: Macmillian Cambridge University Press.

Khorana A, Servaes H, Tufano P. 2005. Explaining the size of the mutual fund industry around the world [J]. Journal of Financial Economics, (78): 145-185.

Koski J, Pontiff J. 1999. How are derivatives used? Evidence from the mutual fund industry? [J]. Journal of Finance, 54 (2): 791-816.

Koys D J. 1997. Human resource management and fortune's corporate reputation survey [J]. Employee Responsibilites&Rights Journal, 10 (2): 93-101.

Kreps D, Wilson R. 1982. Reputation and imperfect information [J]. Journal of Economic Theory, 27 (1): 253-279.

Lakonishok J, Shleifer A, Vishny R W. 1992a. The impact of intitutional trading on stock prices [J]. Journal of Financial Economics, 32 (1): 23-43.

Lakonishok J, Shleifer A, Vishny R W. 1992b. The structure and performance of the money management industry [J]. Brookings Papers on Economic Activity, Microeconomics, 339-391.

Lambert R. 1983. Long term contracts and moral hazard [J]. Bell Journal of Economices, (14): 441-452.

Lazear E, Rosen S. 1981. Rank-order tournaments as optimal labor contracts [J]. Journal of Political Economy, 89 (4): 841-864.

Leonard J. 1990. Executive pay and firm performance [J]. Industrial and Labor Relations Review, 43 (3): 13-29.

Lintner J. 1965. The valuation of risky assets and the selection of risky investments in stock portfolios and capital budgets [J]. Review of Economics and Statistics, (47): 13-37.

Lynch A W, Musto D K. 1997. Understanding fee structure in the asset management business [R].

NYU Working Paper.

Lynch A W, Musto D K. 2003. How investors interpret past returns [J]. Journal of Finance, (53): 2033-2058.

Malhotra D K, McLeod R W. 1997. An empirical analysis of mutual fund expenses [J]. Journal of Financial Research, 20 (2): 175-190.

Malkiel B. 1995. Returns from investing in equity mutual funds 1971—1991 [J]. Journal of Finance, (50): 549-573.

Markowitz H M. 1959. Portfolio Selection: Efficient Diversification of Investments [M]. New York: John Wiley&Sons: 1959.

Maug E G, Naik N Y. 1995. Herding and delegated portofolio management: the impact of relative performance evaluation on asset allocation [R]. Working Paper.

McConnell J J, Servaes H. 1990. Additional evidence on equity ownership and corporate value [J]. Journal of Financial Economics, (27): 595-612.

Mehrna H, Nogler G, Schwartz K. 1998. CEO incentive plans and corporate liquidation policy [J]. Journal of Financial Economics, (50): 319-349.

Mendoza A C D, Sedano MÁM. 2009. The choice of performance- based fees in the mutual fund industry: the case of Spain [J]. Investment Management and Financial Innovations, 6 (3): 7-17.

Meyer M A, Vickers J. 1997. Performance comparison and dynamic incentive [J]. The Journal of Political Economy, 105 (3): 547-581.

Milgrom P, Roberts J. 1982. Predation, reputation and entry deterrence [J]. Journal of Economic Theory, 27 (2): 280-312.

Mirrlees J. 1974. Notes on Welfare Economics, Information and Uncertainty, in Essays on Economic Behavior under Uncertainty [M]. Amsterdam: North-Holland, 1974.

Mirrlees J. 1976. The optimal structure of authority and incentives within an organization [J]. Bell Journal of Economics, (6): 105-131.

Mirrlees J. 1999. The theory of moral hazard and unobservable behavior: part I [J]. Review of Economic Studies, (66): 3-22.

Modigliani F, Pogue G A. 1975. Alternative investment performance fee arrangements and implications for SEC regulatory policy [J]. The Bell Journal of Economics, 6 (1): 127-160.

Myers D H. 2001. Asset flow and performance in pension funds [R]. Working Paper.

Nalebuff B, Stiglitz J. 1983. Prizes and incentives: towards a general theory of compensation and competition [J]. Bell Journal of Economics, 14 (1): 21-43.

Navone M. 2002. Universal versus segmented competition in the mutual fund industry [R]. Working Paper.

Odean T. 1998. Are investors reluctant to realize their losses? [J]. Journal of Finance, (53): 1775-1798.

Ou-Yang H. 2003. Optimal contracts in a continuous-time delegated portfolio management problem ［J］. The Review of Financial Studies, 16（1）: 173-208.

Ozerturk S. 2004. Equilibrium incentives to acquire precise information in delegated portfolio ［J］. Journal of Financial Services Research, 25（1）: 25-36.

Page G, Fearn H. 2005. Corporate reputation: what do consumers really care about? ［J］. Journal of Advertising Research, 45（3）: 305-313.

Palomino F, Prat A. 2003. Risk taking and optimal contracts for money managers ［J］. RAND Journal of Economics, 34（1）: 113-137.

Prather L, Bertin W J, Henker T. 2004. Mutual fund characteristics, managerial attributes, and fund performance ［J］. Review of Financial Economics. 13（4）: 305-326.

Radner R. 1981. Monitoring cooperative agreement in a repeated principal-agent relationship ［J］. Econometrica,（49）: 1127-1148.

Rajan U, Srivastava S. 2000. Portfolio delegation with limited liability ［R］. GSIA Working Paper.

Richard A, Brealey S C. Myers. 1999. Principles of Corporate Finance ［M］. New York: 5th ed. Mc Graw-Hill Education.

Rogerson W. 1985. The first-order approach to principal-agent problems ［J］. Econometreca,（53）: 1357-1368.

Rose C, Thomsen S. 2004. The impact of corporate reputation on performance: some danish evidence ［J］. European Management Journal, 22（2）: 201.

Rosen S. 1986. Prizes and incentives in elimination tournaments ［J］. American Economic Review, 76（4）: 701-715.

Rosenbaum J. 1979. Tournament mobility: career patterns in a corporation ［J］. Administrative Science Quarterly,（24）: 220-241.

Ross S. 1973. The economic theory of agency: the principal's problem ［J］. American Economic Review,（63）: 134-139.

Ross S. 1976. The arbitrage theory of capital asset pricing ［J］. Journal of Economic Theory,（13）: 341-360.

Ross S. 2004. Compensation, incentives, and the duality of risk aversion and riskiness ［J］. Journal of Finance, 59（1）: 207-225.

Roston M N. 1996. Mutual fund managers and lifecycle risk: an empirical Investigation ［D］. University of Chicago, Department of Economics.

Rubbinstein A. 1979. Offenses that May Have Been Committed by Accident- An Optimal Policy of Retribution ［J］. Applied Game Theory, 1979（25）: 406-413.

Rubinstein A. 1981. An Optimal Conviction Policy for Offenses That May Have Been Committed by Accident ［M］. Wein: Physical Verlag.

Scharfstein D, Stein J. 1990. Herd behavior and investment ［J］. American Economic Review, 80（3）: 465-475.

Sharpe W F. 1964. Capital asset prices: a theory of market equilibrium under conditions of risk [J].
Journal of Finance, (19): 425-442.

Sharpe W F. 1966. Mutual fund performance [J]. Journal of Business, 39 (1): 119-138.

Shleifer A R, Vishny. 1997. The limits of arbitrage [J]. Journal of Finace, (52): 35-55.

Sirri E R, Tufano P. 1998. Costly search and mutual fund flows [J]. Journal of Finance, 53 (5):
1589-1622.

Spence M, Zeckhauser R. 1971. Insurance, information and individual action [J]. American
Economic Review, 61 (2): 380-387.

Starks L T. 1987. Performance incentive fees: an agency theoretic approach [J]. Journal of Financial
and Quantitative Analysis, 22 (1): 17-32.

Stoughton N M. 1993. Moral hazard and the portfolio management problem [J]. Journal of Finance,
(48): 2009-2028.

Tadelis S. 1999. What's in name? Reputation as a tradable asset [J]. American Economic Review,
89 (3): 548-563.

Terrence H, Robert F. 2009. Tournament behavior in australian Superannuation Funds A Non-
parametric Analysis [J]. Global Finance Journal, (19): 307-322.

Treynor J L. 1965. How to Rate management investment funds [J]. Harvard Business Review, 43
(1): 63-75.

Trueman B. 1994. Analyst Forecasts and Herding Behavior. [J]. Review of Financial Studies, 7
(1): 97-124.

Tufano P, Sevick M. 1997. Board structure and fee- setting in the U. S. mutual fund industry [J].
Journal of Financial Economics, 46 (3): 321-355.

Volkman D A, Wohar M E. 1996. Abnormal profits and relative strength in mutual fund returns [J].
Review of Financial Economics, 5 (2): 101-116.

Volkman D A. 1992. The impact of incentive fees on return and risk of investment companies [D].
University of Nebraska.

Warner J B, Wu J S. 2006. Why do mutual fund advisory contracts change? Fund versus family
influences [J]. SSRN eLibrary.

Welch I. 2000. Herding among security analysts [J]. Journal of Financial Economics, 58 (3):
369-396.

Wermers R. 1999. Mutual fund herding and the impact on stock prices [J]. Journal of Finance, 54
(2): 581-623.

Winfrey F L, Logan J E. 1998. Are reputation and power compensating differentials in CEO
compensation? [J]. Corporate Reputation Review, 2 (1): 61-76.

Winter R A. 1992. Moral hazard and insurance contracts [J]. Contributions to Insurance Economics,
13: 61-96.

Zeckhauser R, Patel J, Hendricks D. 1991. Nonrational actors and financial market behavior [J].

Theory and Decision, (1): 257-287.

Zyglidopoulos S C. 2005. The impact of downsizing on corporate reputation [J]. British Journal of Management, 16 (3): 253-259.

后　　记

　　切实维护资本市场稳定健康发展一直是我国经济工作中的重点，也是党的十八大所明确的国家层面战略。2008 年，我和我的团队非常荣幸地主持了国家社会科学基金项目"基金行业激励机制设计与中国股票市场健康发展问题研究"（项目编号：08BJY152），经过三年的艰苦努力，到 2011 年初步完成全部研究内容。经过一年整理，该项目研究成果于 2012 年 8 月通过了全国哲学社会科学规划办公室的通讯评审并顺利结题。

　　回顾本书的研究，其实远远超过了课题的三年起止时间，自 2005 年国家提出维护资本市场稳定健康战略之初，我便率领我们团队围绕上述问题展开了相关研究，从而奠定了坚实的研究基础。项目开展三年多来，取得了一系列的重要成果，为政府规范基金经理的投资行为、促进股票市场健康发展提供理论支持，针对我国基金市场激励机制，设计了符合中国实情的持基激励机制。这对规范基金经理的投资行为，避免一些不理性的、影响股票市场稳定的投资行为，在理论上和实践上都具有重要的作用。

　　在项目研究期间，围绕该项目的研究，我与我的团队共撰写了 10 多篇的学术论文，在《管理科学学报》《中国软科学》《系统工程》《财经理论与实践》等期刊上发表；并培养了博士生 1 人，硕士生 5 人，他们全部毕业并获得了学位。

　　本书是集体创作的成果，我要感谢他们的辛勤劳动。其中，彭耿博士，以及杨春白雪、邬陈锋、秦耀华、聂雁威、龙凤珍等硕士参与了本书第二章到第十二章的研究和撰写，并以此作为博士和硕士论文选题，完成学业。此外，衷心感谢我的团队中的其他教师、研究生对本书研究所做的辛苦工作，衷心感谢中南大学人文社科处、中南大学商学院及湖南工业大学商学院等在本书的研究过程和最终成果出版中提供的无私帮助。

　　课题在研究期间和结题评审中得到了很多专家的宝贵意见，这让我们在后期的文稿修改完善中获益良多。此外，在本书的写作过程中，我们参阅了大量国内外学者的文献成果，在此，对文献作者表示诚挚的谢意，引用资料在参考文献中进行了列举，如有遗漏，敬请谅解。

书稿的出版得到了科学出版社的大力支持与协助，对他们辛勤劳动表示深深的感谢。

曹 兴

2013 年 7 月于长沙